LA PHILOSOPHIE

DE

ROSMINI

THÈSE DE DOCTORAT

PRÉSENTÉE A LA FACULTÉ DES LETTRES DE L'UNIVERSITÉ DE PARIS

PAR

F. PALHORIÈS

PARIS
FÉLIX ALCAN, ÉDITEUR
108, BOULEVARD SAINT-GERMAIN, 108
—
1908

LA PHILOSOPHIE
DE
ROSMINI

LA PHILOSOPHIE

DE

ROSMINI

THÈSE DE DOCTORAT

PRÉSENTÉE A LA FACULTÉ DES LETTRES DE L'UNIVERSITÉ DE PARIS

PAR

F. PALHORIÈS

PARIS
FÉLIX ALCAN, ÉDITEUR
108, BOULEVARD SAINT-GERMAIN, 108
—
1908

AVANT-PROPOS

Il y a peu de philosophes qui aient autant écrit que Rosmini[1] : politique, économie, droit, littérature, religion, morale, philosophie, il a tout abordé et partout il a laissé l'empreinte de sa puissante originalité.

Les théories de ce grand philosophe sont presque ignorées en France, ou, du moins, la plupart ne les connaissent que par de vagues allusions ou des réfutations sommaires. Nous croyons que cet oubli est injuste et immérité. Rosmini fut, sans doute, au XIX⁰ siècle, l'homme qui exerça la

---

1. Antonio Rosmini Serbati naquit à Rovereto, petite ville située au sud de Trente, près de la frontière du Tyrol, le 25 mars 1727. Il entra dans les Ordres en 1821 et consacra, dès lors, sa vie et sa fortune aux études philosophiques. Doué d'une merveilleuse puissance de travail que secondait un rare talent, il parvint, dans un âge encore peu avancé, à se faire sur les principaux problèmes philosophiques des idées originales ; il les condensa peu à peu en une puissante synthèse qu'il aimait à appeler le *système de la vérité*. Son érudition était immense, comme ses écrits en font foi. Paoli atteste que Rosmini étudia à fond les six cent vingt auteurs qu'il consulta pour écrire sa *Logique* et sa *Philosophie du Droit*.

En 1849, le conseil des Ministres du Piémont chargea Rosmini d'une mission diplomatique pour jeter avec le Saint-Siège les bases d'une confédération italienne. Dans toute cette affaire il fit preuve d'un sens politique, d'une entente des hommes et des choses qui auraient certainement abouti aux meilleurs résultats, si les événements, en se précipitant, n'avaient eux-mêmes apporté aux difficultés en question la solution des faits accomplis.

Rosmini se retira ensuite à Strésa, sur les bords du lac Majeur, dans une maison de l'Institut de la Charité dont il était le fondateur. Strésa devint le rendez-vous des meilleurs esprits. Newman, Wiseman, Lacordaire vinrent rendre visite au célèbre philosophe ; Manzoni et Ruggiero Bonghi se fixèrent auprès de lui. Paoli dans sa Vie de Rosmini et Bonghi dans ses *Stresianes* nous ont laissé un tableau charmant de leurs longues causeries.

Rosmini mourut le 30 juin 1855. Voir la bibliographie a la fin du volume.

plus haute influence intellectuelle sur la pensée italienne. Pendant trente ans, il a lutté pour la dégager des ornières du sensualisme où elle se traînait sans éclat et sans vie ; il a su grouper autour de lui un certain nombre d'esprits d'élite, Manzoni, Gustave de Cavour, Tarditi, Pestalozza, Ruggiero Bonghi et tant d'autres qui, à la suite de leur maître, ont créé en Italie un véritable mouvement d'idées et ont rajeuni, sur le sol de la Péninsule, les antiques gloires de la spéculation italique.

Enfin, cette recherche de l'harmonie et de l'unité qui fait le fond de sa pensée, Rosmini a su la faire pénétrer dans sa vie qui tout entière a été celle d'un philosophe et d'un vrai sage.

Il faut lire, surtout dans l'*Introduzione alla filosofia* et dans la préface de ses différentes œuvres, les idées qu'il se fait sur la nature et le rôle éminemment purificateur de la haute culture intellectuelle ; on ne saurait s'empêcher de les admirer et d'y voir là marque d'une forte pensée et d'un grand caractère.

La philosophie tout entière n'est pour Rosmini qu'une recherche libre, ardente et amoureuse de la vérité ; son but est d'arriver à cette unité qui est le besoin le plus impérieux de la pensée et dans laquelle, lorsque l'esprit l'a trouvée, il se complait comme dans son bien essentiel et sa fin.

Rosmini nous raconte lui-même comment, un soir, il n'avait alors que dix-huit ans, rentrant lentement de promenade seul et pensif, il trouva la première idée et comme le germe de toute sa philosophie. Son attention s'arrêtait, au hasard des rencontres, tantôt sur un objet, tantôt sur un autre. Tout à coup il s'aperçut que chacun de ces objets était loin d'être simple. « Au contraire, racontait-il plus tard, chacun d'eux me paraissait être la réunion d'un grand nombre d'objets. Mais, en y regardant de plus près, je vis que ce grand nombre d'objets n'étaient que les nombreuses déterminations d'un seul objet plus universel et moins déterminé qui les renfermait tous. Alors, en renouvelant sur cet objet l'analyse que j'avais appliquée aux autres, je trouvai qu'il avait le même caractère, et que, si, au moyen de l'abstraction, je le dépouillais de ses déterminations moins définies qu'il conservait encore, il se résolvait en un nouvel objet plus universel et moins déterminé que le premier. Je dis *nouveau* par rapport à moi, puisque je ne l'avais pas encore considéré sous son nouvel aspect, mais il n'était pas nouveau en lui-même, car il renfermait non seulement l'objet dont mon esprit faisait en ce moment l'analyse, mais encore tous les autres qui avaient été précédemment analysés. En poursuivant ce travail, je vis que, quel que fût le point de départ, j'arrivais invariablement à l'objet le plus universel, l'être idéal, dépouillé de toute détermination. Je vis encore que je ne pouvais plus rien y retrancher sans anéantir la pensée, et, en même temps, que cet objet renfermait en lui-même tous les objets auxquels j'avais déjà appliqué mon esprit. J'entrepris alors de vérifier par une contre-épreuve le résultat obtenu. Je cherchai à découvrir quelles étaient les premières déterminations possibles de l'être indéterminé, quelles étaient celles qui venaient ensuite, et ainsi jusqu'à la fin. Par ce moyen je découvris que la synthèse ramenait devant mes yeux tous les objets que l'analyse avait fait disparaître graduellement. Alors je fus convaincu que l'être idéal indéterminé doit être la première vérité, le premier objet saisi par une intuition immédiate et le moyen universel d'acquérir toute connaissance, soit perceptive, soit intuitive. »

La philosophie de Rosmini n'est, en effet, que le développement de cette constatation ; dans tous ses objets, la pensée recherche cet élément premier et irréductible qui seul, pour le philosophe italien, rend possibles la science et la certitude.

Ce n'est pas tout : l'être idéal et indéterminé n'est, en dernière analyse, qu'une conception de l'esprit ; son existence repose tout entière sur l'affirmation d'un être essentiellement réel. La pensée n'a qu'à s'abandonner à son mouvement naturel pour remonter directement vers Dieu d'où elle tire son origine.

Combattons donc l'erreur parce qu'elle est un esclavage de l'intelligence et s'oppose à ce retour de l'âme vers son Principe; apprenons à nous connaître nous-mêmes et pénétrons de plus en plus dans les secrets de la nature, puisque le langage des sciences est un hymne qui monte vers l'Éternel; réunissons en un seul faisceau les rayons épars de la vérité pour en former, par une puissante synthèse, un système cohérent qui embrasse toutes les parties du savoir humain. Mais ne nous arrêtons pas là, car nous ne sommes encore qu'à mi-chemin : élevons-nous au-dessus du monde des phénomènes, des apparences vaines et passagères; fixons notre pensée dans la contemplation de l'immuable vérité, éternelle et nécessaire; sur les ailes de la pensée et de l'amour élevons-nous enfin d'un vol bienheureux vers l'Être Suprême, source éternelle des possibles et des êtres, souveraine réalité!

Telle est la philosophie de Rosmini : elle sait allier les envolées d'une poésie toute platonicienne avec la rigueur la plus stricte des démonstrations scientifiques; elle excelle assez souvent dans les recherches psychologiques, forte également dans les analyses de détail et dans les vastes vues d'ensemble. Une immense lecture et une solide érudition la soutiennent. Quelles que soient les réserves qu'une critique impartiale croit devoir y apporter, il faut reconnaître dans l'œuvre du penseur italien un véritable monument philosophique, capable de durer et digne d'attirer l'attention de tous les penseurs.

Inutile de dire que dans ce travail nous nous sommes placé en dehors de toute considération d'école ou de parti; d'ailleurs, la *question rosminienne* n'a jamais existé en France; politique autant que religieuse, elle est essentiellement locale.

Enfin, pour donner à notre sujet tout l'intérêt qu'il comporte, et suivant en cela les utiles indications d'un éminent interprète de l'histoire de la philosophie, nous nous sommes appliqué d'une manière spéciale à mettre en relief dans cette étude les points de contact que la philosophie de Rosmini offre avec les théories de Kant.

Avons-nous complètement réussi dans notre exposition de la pensée de Rosmini ? Nous n'oserions nous en flatter. Nous ne nous dissimulons pas que notre travail contient sans doute plus d'une lacune, peut-être même quelques inexactitudes. Qu'il nous suffise d'avoir fait tous nos efforts pour être le moins traître possible.

Le champ est vaste, il est profond ; le sol en a été peu remué, du moins chez nous : le travail du pionnier qui d'abord le défriche, ne dispense pas d'y passer après la charrue.

C'est un mérite d'avoir été pionnier. Si à ce mérite s'ajoutait la douce joie d'avoir fait connaître une belle pensée, nous ne croirions pas avoir perdu notre temps.

Bruxelles, 1ᵉʳ janvier 1908.

INTRODUCTION

Il est très important, si l'on veut comprendre la signification de la philosophie de Rosmini, de la replacer dans son cadre naturel, et d'esquisser, aussi brièvement que possible, l'état général de la spéculation italienne, au moment où le philosophe italien fit paraître le *Nuovo Saggio*.

Deux grands courants partageaient alors la Péninsule : la philosophie des sens, connue plus encore par les sensualistes français que par Locke et Hume; et l'idéalisme, avec toutes les nuances intermédiaires qu'un semblable système peut affecter et qui se retrouvent à toutes les phases de l'histoire de la philosophie. Ce sont ces deux courants qu'il nous faut analyser pour bien saisir dans son originalité vivante et concrète la portée de la philosophie de Rosmini.

Déjà, dès le milieu du xviii° siècle, le sensualisme de Locke avait trouvé dans la Péninsule de fervents adeptes; et malgré l'influence profonde que le cartésianisme exerçait alors sur un certain nombre d'esprits, et non des moindres [1], il ne tarda pas à s'infiltrer à travers toutes les parties du savoir. De cette marche parallèle, de cette fusion entre les principes du cartésianisme et la philosophie des sens, se développa d'abord une sorte d'éclectisme assez difficile à caractériser, mélange de sensualisme et d'idéalisme, juxta-

---

1. Bouillier, *Histoire de la philos. cartésienne*, vol. II, ch. xxvii.

position purement mécanique qui laisse l'entrée libre aux vues parfois les plus opposées.

Nous trouvons un exemple de cet état d'esprit dans la doctrine même d'un fameux sensualiste de ce temps, Genovesi[1]. Dans un de ses principaux ouvrages, l'*Arte logica*, publié en 1745, ce philosophe allie, peut-être sans même s'en rendre bien compte, dans une même théorie, l'innéisme de Descartes et l'empirisme de Locke ; il admet avec le philosophe français que certaines idées sont innées et irréductibles aux sens, et, quelques pages plus bas, il enseigne avec Locke que toutes nos idées sans distinction viennent des sensations[2]. C'est par les sens aussi qu'il explique l'origine des notions rationnelles du devoir et du bien.

Vers la même époque, le P. Soave, jésuite, traduisait un résumé de l'*Essai* de Locke sur l'Entendement humain, et publiait ses *Institutions de Logique, de Métaphysique et d'Éthique*.

Ces ouvrages de vulgarisation, aujourd'hui complètement oubliés, obtinrent dans leur temps un succès retentissant et furent adoptés dans la plupart des établissements d'enseignement secondaire.

La philosophie du penseur anglais envahit ainsi peu à peu tous les esprits. Cicognara et Giordani établissaient sur les principes mêmes de l'empirisme toute une philosophie du beau[3] ; la rhétorique elle-même s'inspirait du sensualisme dans les livres du professeur Costa[4] ; Borelli enfin, s'engageant définitivement sur les traces de *Broussais*[5],

---

1. GENOVESI, né 1712, mort 1769. — Principaux ouvrages philosophiques : *L'Arte logica*, Naples, 1745 ; — *Éléments de Métaphysique*, 5 vol. in-8°, Naples, 1743 ; — *Méditations philosophiques*, in-8°, Naples, 1758 ; — *Des sciences métaphysiques*, in-8°, Naples, 1766.
2. Voy. *Arte logica*, § III et II, c. I, lib. II.
3. Cf. *Del Bello*, ragionamenti del conte Leopoldo Cicognara, Pavia, 1808.
4. PAOLO COSTA, *Del modo di comporre le idee e di contrassegnarle con vocaboli precisi a fine di ben ragionare e delle forze e dei limiti dell' umano sapere*. — Firenze, 1837, terza ediz.
5. BROUSSAIS, cf. surtout *Traité de l'Irritation et de la Folie*, 1828.

entreprenait de décrire et d'analyser la génération physique de la pensée.

Dans un terrain aussi bien préparé, Condillac, le père du sensualisme français, n'eut pas de peine à faire pénétrer ses doctrines. Appelé à Parme, pour diriger l'éducation du jeune duc Ferdinand I de Bourbon (1758-1768), l'auteur du *Traité des Sensations* n'eut qu'à exposer ses théories pour les voir accepter par la cour qui était alors le rendez-vous de tous les esprits cultivés.

De là, la philosophie des sens se répandit dans les universités et les écoles, s'empara de presque tous les esprits et excita un véritable enthousiasme.

En vain le cardinal *Gerdil*[1] essaya-t-il d'enrayer ce mouvement en exposant les principes du cartésianisme français qu'il corrigeait par le platonisme de saint Augustin et la Vision en Dieu de Malebranche; en vain le savant *Pini*[2] entreprit-il dans sa *Protologia* de montrer l'incompatibilité irréductible que la seule observation découvre entre les sensations et les idées de la raison : le mouvement était trop fort; d'ailleurs, l'influence de ces deux savants esprits fut peu considérable, ne s'étendit guère, et, en tout cas, ne dura pas.

Avec Melchior Gioia[3], le sensualisme entre de plain-pied sur le domaine des sciences économiques.

Ce philosophe mérite une attention spéciale : il venait de

BUFALINI, sous le pseudonyme de Lallebasque: *Principii della genealogia del pensiero, opera del Signor Lallebasque*, 2 vol., Lugano, 1825.
Sur l'influence du sensualisme, à cette époque, en Italie, voir BARTHÉLEMY SAINT-HILAIRE : *M. Victor Cousin, sa vie, sa correspondance*, Paris, 1895, vol. III, p. 379, etc.

1. SIGISMOND GERDIL (1718-1802), auteur de nombreux ouvrages en français, en italien et en latin. Cartésien malebranchiste. Œuvres complètes, Rome, 1806-1820, 15 vol. Voyez BOUILLIER, *Histoire de la philos. cartésienne*, t. II, ch. XXVIII. Gerdil, ainsi que Pini, appartenait à l'Ordre des Barnabites.

2. ERMENEGILDO PINI (1741-1825) connu de son temps par sa « *Protologia, analysim scientiæ sistens ratione prima exhibitam*, Milan, 1803, 3 vol. in-8°.

3. MELCHIOR GIOIA (1741-1828). Œuvres: *Nuovo Galateo, Logique statistique, Idéologie;* Milan, 2 vol., 1822. *Exercice logique*, Milan, 1823.

mourir (1828) quand Rosmini fit paraître (1830) son premier grand traité de philosophie, et, en plus d'une rencontre, l'auteur du *Nuovo Saggio* eut à aborder de front et à discuter les théories accréditées par Gioia.

A vrai dire, ce penseur est moins un philosophe de goût et de profession qu'un économiste et un sociologue. Son esprit, éminemment pratique, s'attache aux faits et n'aborde guère qu'incidemment les questions purement spéculatives. Il n'entreprend pas d'exposer par le détail et encore moins de défendre et de fortifier les théories philosophiques de ses maîtres préférés, Locke, Condillac, Bentham. Il les accepte telles quelles, et, par une application aussi sévère que possible des règles de la méthode baconienne, il se contente de résoudre par les seuls principes de la philosophie des sens les graves problèmes que soulèvent les sciences sociales et économiques.

C'est là ce qui distingue Melchior Gioia et lui crée une place à part au milieu des autres philosophes sensualistes. L'élan qu'il sut imprimer dans sa patrie aux études sociales, l'influence qu'il exerça sur l'esprit de ses concitoyens, l'opportunité même de ses ouvrages, qui répondaient d'une manière toute particulière aux besoins et aux aspirations de ces temps inquiets et agités, tout contribua à donner en Italie à la philosophie des sens une vogue toujours grandissante et une autorité indiscutée[1].

Et cependant, au milieu même de cet engouement général, la philosophie de l'Idée ne disparut pas complètement. Sur cette terre classique de l'idéalisme, dans cette patrie des Eléates, des platonisants chrétiens, de Marcile Ficin, de Pic de la Mirandole, de Patrizzi, elle conserva des défenseurs.

Faible d'abord, incertaine et irrésolue avec Romagnosi, obéissant plus à un instinct du cœur qu'à une direction réfléchie et intellectuelle, elle va se précisant : peu à peu avec

---

1. Voir Luigi Ferri, *Essai sur l'histoire de la philosophie en Italie*, Paris, 1869, 2 vol., Didier et Cie, I, p. 5, 6.

Galuppi elle se purifie, elle se débarrasse de ses attaches sensualistes ; elle dépose, dans sa course, le limon de ses éléments hétérogènes ; elle aboutit enfin avec Rosmini à une théorie purement logique, ontologique même.

Il y a là une démarche, une évolution de la pensée philosophique à laquelle il est tout particulièrement intéressant d'assister. — Gerdil et Pini étaient oubliés. Romagnosi va faire revivre la tendance générale de leur pensée.

Ce philosophe semble occuper une place intermédiaire entre les sensualistes et les idéalistes : il reconnaît dans l'âme l'existence d'une activité propre et, par là, il dépasse de beaucoup la théorie de la Sensation transformée. Bien plus : il proteste hautement de son divorce avec la philosophie des sens et à ceux qui l'accusent de n'être qu'un disciple de Condillac il répond : « Je n'ai jamais dit et je ne dirai jamais que nos connaissances ne soient que des sensations transformées. » Il est vrai qu'aussitôt il ajoute : « Mais je ne dirai jamais non plus que notre intelligence ait des lois indépendantes de notre sensibilité[1]. » Romagnosi cherche donc une voie moyenne entre le sensualisme de Locke et la théorie des idées innées : il croit la trouver en distinguant, au-dessus des pures sensations, une faculté spéciale douée d'une activité propre et qu'il appelle le *Sens logique*. Quel est au juste le rôle de cette faculté ? La pensée de Romagnosi n'est pas toujours précise sur ce point.

Toute sensation suppose et exige, de la part du sujet sentant, une réaction ; il y a donc dans l'âme humaine une faculté d'appropriation et de discernement qui nous permet de dire, par exemple, « *je sens* » et non « *je vois* » ; *je sens de telle manière* et non *de telle autre*. Jusqu'ici nous ne sortons pas du sensible.

Mais l'intelligence a un objet propre. Dans la sensation elle-même, elle est douée de la faculté de percevoir l'être

---

[1]. *Vedute fondamenti sull' arte logica*, lib. II, c. VI.

et l'activité des choses, « *l'essere ed il fare delle cose* ». Voilà, dans tout ce que nous présente le monde des phénomènes, l'élément suprasensible ; l'être et la causalité sont seuls intelligibles ; l'acte essentiel du sens logique consiste à saisir et à dégager cet élément d'intelligibilité. C'est à l'occasion des sensations, c'est dans les choses senties elles-mêmes que l'esprit atteint l'être et l'activité ; mais il ne peut le faire que parce que lui-même d'abord se connaît à la fois comme existant et actif. Les sensations qui lui viennent du dehors il les ramène aux catégories fondamentales qui régissent les phénomènes du dedans. Tel est, à proprement parler, pour Romagnosi, le rôle du sens logique.

Cette faculté ne se confond pas avec l'attention, puisqu'elle fait plus que de remarquer la sensation ; elle n'est pas non plus le jugement ; ce dernier, en effet, suppose déjà en nous la faculté de discerner les idées, ce qui est précisément la fonction propre du sens logique.

Ainsi, Romagnosi se sépare assez nettement du pur empirisme de Condillac et de Locke. L'objet du sens logique n'a plus rien de sensible : c'est l'idée, l'intelligible, l'être ; et si Romagnosi donne encore à cette faculté rationnelle le nom de « sens », ce ne peut être que par une inconséquence de langage, qui trahit une longue pratique de la philosophie sensualiste.

Cette théorie, cependant, ne saurait satisfaire aux justes exigences de la pensée. L'être et l'activité qu'affirme le sens logique, qu'est-ce, dans la pensée de Romagnosi, sinon l'être concret et l'activité particulière que chaque homme constate immédiatement en lui-même dans le développement de sa vie consciente ? Le sens logique ne nous fait donc pas sortir du moi ; il ne résout pas le véritable problème de la connaissance.

La philosophie de Romagnosi est un mélange de sensualisme et d'idéalisme. L'auteur s'aperçoit bien qu'au delà des sensations il y a encore quelque chose ; il semble même s'élever jusqu'à la conception du pur intelligible. Mais, au moment où il va le saisir, sa vue se trouble par un reste de ses attaches sensualistes; il retire d'une main ce qu'il donne de l'autre, ou plutôt il ne retire rien et laisse subsister côte à côte, dans sa théorie, des éléments hétérogènes.

Galuppi marque une nouvelle phase et un pas en avant dans l'acheminement de la philosophie italienne vers l'idéalisme.

Ce penseur concentre toute son attention sur le problème de la connaissance. Comme Romagnosi, il reconnaît l'insuffisance de la philosophie des sens : il y aurait bien le criticisme de Kant que Galuppi a profondément étudié et dont il est imprégné, mais cette philosophie n'a-t-elle pas le grave, le capital défaut de refuser toute valeur objective aux principes mêmes de la raison? Comment embrasser le kantisme et ne pas aboutir au scepticisme? N'y aurait-il pas un moyen de garder la critique de Kant, de dépasser ainsi toute théorie sensualiste, mais aussi d'assurer par quelque heureuse correction l'objectivité de la connaissance? C'est ce que Galuppi entreprend d'établir. La véritable méthode, dit-il, consiste dans l'observation et l'analyse de notre vie intérieure. L'observation, en effet, nous découvre le seul point de départ sérieux sur lequel puisse s'appuyer la spéculation philosophique, qui est notre existence consciente. C'est le « *Cogito, ergo sum* » de Descartes.

Une fois que, par l'acte immédiat et premier de la conscience, nous sommes en possession de la substantialité du moi, l'affirmation de l'objectivité réelle du monde externe n'offre plus, si nous en croyons Galuppi, aucune difficulté. Avec le moi, en effet, nous saisissons les sensations qui le modifient. Or, la sensation est essentiellement objective; elle ne nous apparaît pas seulement comme un mode, une simple modification de notre moi; elle se rapporte toujours à un objet extérieur, dont l'action sert à expliquer les modifications que subit notre sensibilité. Le moindre fait de conscience nous révèle donc, et avec une certitude égale, le fait de l'existence du sujet et le fait non moins primitif et évident de l'existence d'un objet.

Ainsi, l'élément objectif nous est révélé dans l'élément subjectif, mais, de sa nature même, il s'en détache et le dépasse. La réalité de la connaissance repose d'abord sur le sentiment immédiat de la substantialité du moi; puis, sur le caractère d'objectivité qui est inhérent à toute sensation, et, enfin, sur une affirmation de l'être absolu, en tant qu'il est condition dernière de la double réalité intérieure et extérieure.

Ainsi, d'après Galuppi, est corrigé le pur subjectivisme du philosophe de Kœnigsberg. Kant absorbe l'objet dans le sujet; le philosophe italien croit trouver dans le sujet lui-même la preuve de la distinction radicale et de l'objectivité de l'objet.

Sensualisme toujours persistant et Kantisme plus ou moins mitigé, tel était donc l'aspect général qu'offrait la philosophie italienne au moment où Rosmini va faire paraître ses premiers travaux philosophiques.

La philosophie de Rosmini prend, elle aussi, son point de départ dans le problème de la connaissance.

Elle est la suite toute naturelle des théories qui l'ont précédée. Elle s'en distingue cependant en ce qu'elle prétend constituer, au moins dans ses grandes lignes, par rapport à la pensée de l'époque, un retour vers la tradition des écoles catholiques et l'enseignement de la scolastique.

Rosmini recourt sans cesse à saint Augustin, à l'auteur de la *Somme*, à saint Anselme, à tous les docteurs attitrés dans l'enseignement de l'Église : voilà les autorités qu'il cite et sur lesquelles il affecte toujours de s'appuyer.

Ne nous y trompons pas cependant. Notre philosophe a lu aussi les modernes ; il connaît la *Critique* de Kant et l'état des esprits auquel elle répondait; il a suivi le développement du criticisme dans Fichte, Schelling et Hégel ;

il n'ignore pas la tentative de conciliation esquissée par Galuppi; et, sous son enveloppe généralement scolastique, sa pensée est souvent beaucoup plus moderne que lui-même ne veut en convenir.

Le problème de la connaissance, qui, à proprement parler, n'existait pas pour les scolastiques, tel est, dit Rosmini, et en cela il s'accorde parfaitement avec l'auteur de la *Critique*, le point central de toute la spéculation philosophique[1]. Il importe donc au suprême degré d'approfondir la nature et l'origine de toutes nos connaissances; il importe de savoir si les idées ont une véritable valeur objective, si elles nous mettent de quelque manière en relation avec ce qui n'est pas nous : tant que nous n'aurons pas résolu ce problème, nous nous trouverons dans une impuissance radicale de diriger notre raison, ballottée à la fois par les flots toujours montants du scepticisme et les vagues sans cesse déplacées des opinions du vulgaire.

C'est donc bien à tort que Mamiani prétendait que ces deux questions de l'origine des idées et du fondement de la certitude sont indépendantes[2]. Bien au contraire, répond Rosmini, elles sont si peu séparées, qu'il est impossible de donner à notre connaissance une assise fixe et inébranlable, si d'abord la critique ne fortifie ces principes premiers d'où découle toute science; il y a entre l'une et l'autre question, un lien indissoluble[3].

L'idéologie est nécessaire, mais en même temps elle est possible, et cette possibilité fonde notre espoir d'atteindre à la certitude.

---

1. *Teosofia*, I, *Il problema dell' Ontologia*, ch. I, art. III, p. 37; ch. VIII, p. 65.
2. Cf. *Rinnovamento della filosofia in Italia esaminato da Rosmini*, lib. I, particulièrement ch. I, p. 7-9 — Cf. *Rinnovamento della filosofia antica in Italia* dal Conte Mamiani, part. I, ch. XV, 7 aforismo.
3. Cf. *Nuovo Saggio*, III, p. 16, tout l'article VI : Il principio della cognizione dee esser anco il principio della certezza. — *Saggio storico critico sulle Categorie e la Dialettica*, p. 210.

Comment allons-nous procéder dans cette étude scabreuse et pleine de difficultés?

On ne peut connaître la nature du savoir humain qu'à la condition de l'observer tel qu'il est.

L'observation intérieure, voilà donc la méthode propre et toute naturelle de l'idéologie.

« On aurait tort d'objecter que la vérité de l'observation n'ayant pas encore été reconnue, nous n'avons pas le droit de compter sur elle ; car nous n'employons pas au début l'observation comme un moyen de démonstration. Nous l'employons provisoirement comme un moyen d'établir ce qui devra être démontré dans la suite, quand le résultat de l'observation, pris d'abord comme une simple apparence, se changera pour nous en vérité certaine, parce que nous trouverons en lui-même la preuve indubitable de sa vérité et de sa certitude.

« Observons donc attentivement les connaissances que nous possédons. Elles sont innombrables. Si nous voulions les examiner une à une, ce serait un travail infini.

« D'ailleurs, nous ne cherchons pas par où elles diffèrent les unes des autres, mais en quoi elles se ressemblent.

« Elles se ressemblent en un point : c'est qu'elles sont toutes des connaissances, et ce que nous voulons déterminer par l'observation et méditer, c'est précisément la nature de la connaissance. Il faut donc, avant tout, chercher ce qu'elles ont de commun, car cet élément commun sera précisément l'essence de la connaissance[1]. »

Les philosophes modernes, ajoute l'auteur du *Nuovo Saggio,* se sont exclusivement occupés à analyser notre faculté de connaître, mais ont négligé, en général, l'étude de ses manifestations, et c'est dans ce vice de méthode qu'il faut chercher la source et l'explication des erreurs que nous rencontrons dans Locke, Condillac et Kant[2].

---

1. *Introduzione, Sistema filosofico,* 12-13.
2. *Nuovo Saggio,* II, p. 16, art. V. Cf. *Psic.,* II, n°ˢ 735, 736.

Suivons donc le procédé inverse : analysons d'abord les différents actes de connaissance ; il nous sera ensuite plus facile de déterminer au juste ce que peut bien être la faculté elle-même. D'ailleurs, en agissant ainsi, nous ne ferons que nous conformer à la règle que nous nous sommes imposée, de ne demander nos premières informations qu'à l'observation intérieure.

Or, si nous recherchons ce *quid commune* qui doit se retrouver sous chacune de nos connaissances, nous constatons que l'homme ne peut penser à quoi que ce soit sans faire intervenir l'idée de l'*être*. Au fond de chacune de ses pensées se retrouve cette forme commune[1] ; c'est là un fait qu'on ne saurait nier sans contredire le bon sens et les données les plus certaines de l'observation, sans violenter le langage ; il suffit de rentrer en soi-même pour constater sur le vif la réalité de ce fait.

L'existence est, de toutes les déterminations, la plus commune et la plus universelle, *genus generalissimum*. L'extension de cet attribut est indéfinie, précisément parce que sa compréhension est aussi limitée que possible.

Ainsi, dit notre philosophe, prenez un objet ; dépouillez-le d'abord de ses déterminations propres, puis de celles qui sont plus communes. Il arrivera un moment où la seule détermination qui restera à cet objet sera justement l'existence possible, qualité sans laquelle il cesserait d'être intelligible. Aussi loin qu'il pousse l'abstraction, il faut nécessairement que l'esprit s'arrête devant cette détermination ultime et fondamentale : l'être.

C'est donc enfin une loi constitutive de notre entendement qu'il pense l'être indéterminé et universel ; c'est là la forme commune sous laquelle se présentent toutes nos connaissances.

L'être, voilà le point de départ de toute spéculation

---

1. *Nuovo Saggio*, II ; *ibid.* : « L'uomo non può pensare a nulla senza l'idea dell' essere universale. »

philosophique : les différents aspects sous lesquels il se présente à la pensée vont nous servir pour déterminer tout naturellement les grandes divisions du savoir humain, en même temps qu'ils nous permettront d'embrasser dans l'unité d'une vaste synthèse la diversité multiple des formes dont se revêt l'existence.

Ces différents aspects de l'être, ces catégories, dit Rosmini, on ne peut pas les déduire à priori; c'est à l'observation que nous devons recourir pour les déterminer. Or, voici ce que nous découvre l'observation :

« Quelle que soit l'entité à laquelle nous pensons, elle se réduit à l'une de ces trois catégories : elle peut être 1° un *sentiment*, ou une chose qui tombe dans le domaine du sentiment...; 2° une *idée*; 3° une relation entre le sentiment et l'idée. Dans ces trois catégories, l'être se retrouve identique : en tant qu'il est du domaine du sentiment, nous l'appelons être *réel*; en tant qu'il est du domaine de l'idée, nous l'appelons être *idéal*; en tant qu'il consiste dans l'harmonie de l'être réel avec l'être idéal, nous l'appelons être *moral*[1]. »

En d'autres termes, l'être est idéal, lorsqu'il resplendit devant notre intelligence et fait de nous des êtres capables de connaître et de comprendre; il est réel, lorsque nous entrons en contact avec lui par les sensations, qui sont toutes des modifications de ce que Rosmini appelle le sentiment; ces deux formes enfin en impliquent une troisième[2] : l'être idéal et l'être réel tendent à s'harmoniser, à s'adapter réciproquement; cette harmonie fonde la troisième forme de l'être en le revêtant de moralité.

Il n'y a, dès lors, que trois sortes de sciences possibles : les unes traitent de la nature de l'être idéal; ce sont ce que Rosmini appelle les Sciences d'*intuition*, l'idéologie, la logique; les autres s'occupent du monde des corps, des

---

1. *Psic.*, II, n°⁸ 951-953, p. 112, trad. Segond. — *Teosofia*, I, p. 112, 115-134.
2. *Psic.*, II, n° 860, note 1 ; n° 1304. — *Teosofia*, II, p. 3.

phénomènes que constate l'expérience; ce sont les sciences de *perception* : l'anthropologie, la cosmologie, la psychologie; d'autres enfin cherchent à déterminer le rapport qui existe entre l'être idéal et l'être réel : ce sont des sciences de *raisonnement;* elles ne se bornent pas uniquement à la constatation pure et simple de ce qui est; elles recherchent, de plus, ce qui doit être : de là ce nom très général de sciences déontologiques que notre philosophe leur donne; tels sont le droit, l'éthique, l'esthétique[1].

Idéalité, Réalité, Moralité, voilà donc les trois grandes catégories sous lesquelles se range tout ce qui est pensable et tout ce qui est actuellement réalisé; telles sont aussi les trois grandes divisions de la spéculation philosophique que nous devons aborder à présent. Le sens que Rosmini donne à cette division tripartite qui, à elle seule, est déjà toute une théorie, s'éclaircira pour le lecteur à mesure que se développera sous ses regards la pensée du philosophe italien.

1. *Sistema filosofico,* 115, 116, 164, 189. — *Psic.*, I, préfac., p. LXXIII.
2. Rosmini lui-même prend soin de nous faire observer qu'il est impossible de traiter les différentes formes de l'être d'une manière absolument séparée : ces trois formes, en effet, s'appellent et s'impliquent réciproquement. Cf. *Teosofia,* V, p. 1. — CALZA e PEREZ : *Esposizione ragionata della filos. di Rosmini,* 2 vol. Intra, BERTOLOTTI, 1878, vol. II, p. 14 suiv.
Cette remarque suffira pour justifier la marche de notre étude et le lecteur ne s'étonnera pas si parfois ces trois parties semblent empiéter l'une sur l'autre.

LA PHILOSOPHIE DE ROSMINI

PREMIÈRE PARTIE

L'ÊTRE IDÉAL

CHAPITRE PREMIER

LA MÉTAPHYSIQUE DE L'ÊTRE

L'idée de l'être se retrouve comme élément commun au fond de chacune de nos pensées et de nos connaissances. C'est sur cette constatation, uniquement psychologique, que Rosmini établit le point de départ de toute la spéculation philosophique.

Mais qu'est-ce donc que cet être? Quels en sont les caractères? Sous quelle forme se présente-t-il à la pensée?

D'abord *l'être est* : voilà le point de départ de la connaissance et de la certitude. Nous n'avons pas encore à rechercher de quelle manière il est; arrêtons-nous pour le moment à cette donnée primitive, évidente, au-dessus de toute démonstration : l'être est.

« La pure essence de l'être, par le seul fait qu'elle est présente à l'esprit, est connue immédiatement et en elle-même, de sorte qu'aucune intelligence humaine ne peut ignorer ce qu'est l'être ; et personne ne pourrait l'enseigner à qui ne le saurait pas : ignorer l'être, c'est être privé d'intelligence [1]. »

Ici, semble-t-il, Rosmini ne fait guère que reproduire plus ou moins consciemment la première partie du Περὶ φύσεως de Parménide, τὰ πρὸς ἀλήθειαν : « L'être est et le non-être n'est pas », s'écrie dans son poème philosophique le chantre enthousiaste de l'unité absolue et immobile; voilà la seule route qui s'ouvre devant l'esprit et lui permette d'arriver à la vérité et à la science :

Ἡ μὲν (ὁδὸς) ὅπως ἔστιν τε καὶ ὡς οὐκ ἔστι μὴ εἶναι,
Πειθοῦς ἐστι κέλευθος, ἀληθείῃ γὰρ ὀπηδεῖ [2];

en dehors de l'être, l'esprit ne rencontre partout qu'incertitude, obscurité et épaisses ténèbres :

Ἡ δ' (ὁδὸς) ὡς οὐκ ἔστι τε καὶ ὡς χρεών ἐστι μὴ εἶναι,
Τὴν δή τοι φράζω παναπειθέα ἔμμεν ἀταρπόν [3].

Le philosophe de Rovereto reproduit, en effet, ces enthousiastes affirmations de l'unité; il fait sienne cette sorte de protestation contre la désespérante mobilité des phénomènes.

Entraînée elle-même dans ce fleuve impétueux où les vagues se poussent d'un heurt continu et se succèdent sans relâche (πάντα ῥεῖ), la pensée cherche avec angoisse un point fixe où elle puisse s'attacher et résister, au moins un moment, au courant qui semble devoir l'emporter.

L'être, voilà ce point infrangible, voilà l'ancre jetée à l'esprit, voilà le salut de la pensée.

Quels sont les caractères de cet être considéré en lui-même, indépendamment de ses relations temporelles et sensibles, de cet être absolu qui s'impose, pour ainsi dire, à la pensée et paraît indépendant de l'intelligence humaine?

---

1. *Teosofia*, IV, n° 58, p. 76.
2. *Fragmenta philosophorum græcorum*, Mullach, Parisiis, 1860. PARMÉNIDE, vers 35-36.
3. *Ibid.*, vers 37-38.

D'abord, l'être n'a pas commencé : s'il avait commencé, en effet, d'où serait-il venu? de l'être? — Mais alors il existait déjà. — Du non-être? c'est absurde : la sagesse grecque l'a déclaré depuis longtemps, rien ne sort de rien : ἐκ μὴ ὄντος οὐδέν.

L'être n'est donc pas créé, comme semble l'avoir cru saint Thomas, ou, du moins, s'il est permis de lui appliquer cette appellation, elle ne lui convient que d'une manière toute relative, en tant qu'il devient pour nous objet d'intuition.

On peut dire aussi qu'il est créé, en tant qu'il participe, lorsque nous le pensons, à l'imperfection essentielle de notre intelligence; mais, considéré en lui-même, l'être est absolument éternel et incréé [1].

De plus, s'il n'a pas commencé, il ne peut finir, car ce qui est éternel ne renferme en soi aucun principe de dissolution : ce qui est éternel est nécessaire [2]. Dire que l'être n'est pas nécessaire, c'est poser la plus intolérable des contradictions : c'est affirmer que l'être peut ne pas être [3].

Dès lors aussi, l'être est immuable. « L'esprit qui contemple un être possible ne peut imaginer en lui absolument aucun changement... l'être possible se présente à l'esprit comme essentiellement immuable. L'esprit ne peut non plus concevoir aucun temps où l'être possible n'était pas ce qu'il est actuellement et sera toujours. L'immutabilité et l'éternité de l'être représentent l'impuissance où se trouve l'esprit humain d'attribuer à l'être aucun changement ni aucune limitation dans le temps [4]. »

---

1. *Psic.*, I, p. 128, n° 238. — Lettre inédite de Rosmini à Battista Tonini, écrite le 17 août 1834, publiée dans la *Sapienza*, I anno, fasc. 11 et 12, p. 321-322. — *Teosofia*, II, p. 28. — *Teosofia*, I, p. 404 : Rosmini donne à l'être le nom de *prima creatura*, mais dans un sens spécial.

2. *Psic.*, I, n°s 628, 906.

3. *Teosofia*, V, p. 179, Lemma I.

4. *Nuovo Saggio*, II, p. 25, § 6. Cf. *Psic.*, II, n° 1140. — Nous aurons l'occasion de voir plus loin comment Rosmini cherche à concilier cette immutabilité absolue de l'être avec le devenir, qui semble constituer la loi même de la nature (plus bas, partie II, ch. IV).

L'être est absolument simple, homogène, un et identique à lui-même ; et cette unité se prouve par la nature même de la connaissance. « L'acte de l'esprit, par lequel nous avons l'intuition de l'être pur, est un et absolument simple : c'est que l'objet que nous atteignons ainsi est lui-même d'une simplicité absolue[1]. »

L'homogénéité entraîne l'indivisibilité : car si l'être est partout homogène, il est impossible d'y concevoir des divisions, tout en lui étant identique dans tous les sens.

Un autre caractère de l'être, que nous signalons simplement, parce que nous aurons l'occasion d'en parler plus longuement[2], c'est son indétermination. Cet être, dit Rosmini, ne revêt aucune forme particulière ; il est vide de toutes *notæ individuantes*, il n'exprime qu'une pure possibilité d'être[3].

L'être est objectif, et c'est là pour la théorie de Rosmini un point d'une importance capitale. Déclarer que cet être fût subjectif, c'était s'interdire à tout jamais la possibilité d'arriver à démontrer la valeur objective de la connaissance. Aussi Rosmini revient-il avec insistance sur ce point. L'être est objectif, c'est-à-dire qu'il se pose devant l'intelligence comme un objet véritablement distinct d'elle, comme un objet réel, en soi, indépendant de cette intelligence. « L'objectivité est une condition tellement essentielle de l'être, que ce qui n'est pas un objet, dans la mesure où il ne l'est pas, n'est pas non plus un être[4]. »

Dès lors, cette idée de l'être n'est pas une simple modification de notre faculté de connaître et par là nous échappons au subjectivisme. Il est si vrai que l'être est distinct

---

1. *Teosofia*, IV, p. 346, n° 20.
2. Voir plus loin, partie II, ch. IV, p. 228.
3. *Teosofia*, IV, p. 363, n° 33 ; V, p. 180-181. — *Nuovo Saggio*, II, p. 26 suiv. — TRULLET, *op. cit.*, p. 68-69. — *Psic.*, II, p. 324, ch. VI.
4. *Psic.*, II, n° 1332. — Cf. *Nuovo Saggio*, p. 16, 21.
Nous verrons, dans la troisième partie de ce travail, comment Rosmini fonde sur ce caractère de l'être la possibilité même de la morale.

de nous, que bien loin de se confondre avec l'intelligence, il s'impose plutôt à elle, de sorte que, par rapport à l'appréhension de l'être, l'homme est passif; il subit, il reçoit : « *l'uomo è recettivo di quel ente* [1] ».

Qui ne voit que ces caractères d'universalité, de nécessité, d'immutabilité que nous reconnaissons dans l'être, s'opposent formellement à l'individualité, à la contingence, à la mobilité de nos intelligences finies et créées? Et d'ailleurs, si l'idée de l'être, qui est la première et le fondement de toutes nos idées, est subjective, l'esprit humain se trouve dans l'impossibilité d'expliquer jamais l'idée que nous avons de l'extériorité en général [2] et la croyance à la valeur objective de cette notion.

Le langage lui-même affirme, par l'emploi du verbe *être*, l'objectivité et la valeur absolue de cette idée fondamentale : le langage est essentiellement objectif, comme l'être même qui le rend possible.

Aussi ne pouvons-nous rien penser ou dire qui ne se présente nécessairement sous la forme d'un objet : « *tutto ciò che si pensa ha necessariamente la forma di oggetto* [3] ». C'est en lui-même que cet être est connu, comme objet et indépendamment de sa relation avec nous.

Nous connaissons l'être : c'est là, dit notre philosophe, un fait qui suppose que l'être nous est, de quelque manière, manifesté. Mais, s'il nous est manifesté, c'est qu'il se manifeste, se révèle à notre intelligence — et comment le pourrait-il, s'il n'était en lui-même connaissable et essentiellement intelligible?

Rosmini attribue donc à l'être ces trois caractères qu'il est assez difficile de bien rendre en français : il est à la fois *manifestato*, *manifestante* et *manifesto* [4].

---

1. *Teosofia*, IV, p. 368, art. I, n° 37; *Psic.*, II, n° 1328, etc. Voir aussi plus loin, partie I, ch. IV : Certitude et Vérité.
2. *Teosofia*, IV, p. 369.
3. *Teosofia*, III, p. 86.
4. *Teosofia*, IV, p. 335 suiv. Cf. aussi *Teosofia*, II, p. 264 suiv.

Ce dernier caractère rend ontologiquement possibles les deux autres, ce qui revient à dire que nous ne pouvons connaître l'être que parce qu'il est souverainement connaissable; mais, considéré en lui-même, ce caractère de *manifesto* est le dernier que nous découvrons : de prime abord, en effet, nous ne connaissons que l'être *manifestato*, et ce n'est que par un retour ultérieur de la réflexion que nous concluons à son intelligibilité essentielle. Avant de considérer l'être en lui-même, nous commençons par remarquer ce qu'il est par rapport à nous [1].

De cette intelligibilité intrinsèque de l'être se dégage une conséquence capitale : c'est que l'être, indépendant de notre esprit, est essentiellement relatif à une intelligence [2]. Ces termes *intelligible* et *pensé* sont absolument identiques; et pour que l'être soit pensé, il faut de toute nécessité qu'il y ait une intelligence qui le pense. Un pur possible, qui n'est pas la pensée d'un esprit, est une contradiction dans les termes [3]. Il y a donc un rapport essentiel de l'être avec l'intelligence en général; ce rapport même fonde la possibilité de l'être, et c'est bien là, sans doute, ce que veut exprimer Rosmini, quand il écrit qu'il est essentiel à l'être d'être *manifesto* et intelligible.

Mais quoi! l'être sera-t-il donc à la fois objectif et subjectif, essentiellement indépendant de la pensée et essentiellement relatif à une intelligence? Comment concilier deux affirmations si opposées?

Contradiction purement apparente, répond Rosmini : il s'agit de s'entendre sur le véritable sens de cette objectivité et de cette relativité. Gardons-nous d'exagérer l'objec-

---

1. *Teosofia*, IV, p. 338, n° 13.
2. *Teosofia*, II, p. 44, 46, 48 ; IV, 513 ; V, 170.
3. *Teosofia*, II, p. 44, n° 772, 46, 50; cf. aussi *ibid.*, p. 29, note 1: « E essenziale cosi fattamente all' essere la sua presenza ad una mente, che questa presenzialità è un costitutivo dell' essere » ; cf. *Teosofia*, IV, p. 335 : « Un tal essere o non è o è manifesto », « tolta via ogni mente, non ci sarebbe più nessun essere ». Voir aussi *Teosofia*, I, p. 137, n° 173; IV, « Idea », n°s 86, 102.

tivité au point de creuser entre l'esprit et l'être un abîme que la pensée ne saurait franchir ; gardons-nous aussi d'entendre la relativité en un sens si étroit que l'être et la pensée se confondent absolument. Nous dirons donc qu'il n'y a d'être que par la pensée, et par là nous montrons la relativité de l'être, mais nous ajouterons aussitôt qu'il n'est pas renfermé uniquement dans les limites de la pensée et, ainsi, nous indiquons suffisamment que l'être est un objet donné à l'esprit, donné comme distinct : *essere è il pensiero, ma non ogni essere è il pensiero*[1]. Sans doute, continue Rosmini, l'être serait limité, déterminé et, de quelque manière, subjectivé par la pensée, s'il n'y avait, en face de lui, dans l'univers, que notre intelligence finie et créée ; mais n'oublions pas que si nous concevons l'être objectif et indépendant de notre connaissance, c'est que nous le rapportons, non à notre esprit, mais à une intelligence éternelle, toujours en acte, et qui, par cet acte même, fonde éternellement la possibilité et l'existence idéale de l'être. Ainsi, « l'être dont la vue intuitive constitue l'intelligence humaine, n'est pas une partie de l'homme ni une production de son esprit : indépendant de lui et supérieur à lui, il resplendit devant son intelligence [2] ». Et voilà, du moins si nous en croyons Rosmini, ce qui empêche son idéalisme de dégénérer en subjectivisme.

Mais, si l'on se place au point de vue de l'intelligence divine, il est vrai de dire que l'être et la pensée coïncident en Dieu : c'est dans ce sens que Rosmini écrit : « Supprimez toute intelligence et du même coup vous supprimez l'être » :

---

1. *Teosofia*, II, p. 45 ; cf. aussi p. 273.
Il y a simplement une relation entre l'intelligence et l'être, de sorte que l'être reste toujours radicalement objectif et, en lui-même, distinct de l'esprit qui le pense.
C'est ce que le philosophe italien appelle *una relazione di puro sintesismo*.
2. SECOND, *Vie de Rosmini*, trad., p. 459, note 1 ; cf. *Teosofia*, II, p. 46. « Ma quest' essere non è la mente stessa che lo intuisce, perchè la mente, che lo intuisce, è un sussistente e determinato, ed egli è un indeterminato ».

tolta via ogni mente, non ci sarebbe più nessun essere [1], non pas, sans doute, qu'en Dieu l'intelligence et l'être idéal soient une seule et même chose, mais parce que cet être idéal n'existe que par la pensée qui le pense éternellement. Dieu et l'être absolu ne sont absolument qu'une seule et même essence éternellement réalisée ; l'être idéal est cette essence éternellement pensée [2].

Ainsi, de toute manière, l'être idéal ne se conçoit que par sa relation avec une intelligence qui le pense : en Dieu, l'être et l'intelligence sont adéquats. Quant à l'intelligence humaine, elle ne peut exister et penser que par l'idée de l'être, et c'est là sa ressemblance avec l'intelligence divine ; mais l'être ne saurait dépendre d'elle, et c'est par là qu'elle en diffère, si toutefois nous avons bien interprété la pensée de Rosmini [3].

Ces considérations sur l'intelligibilité de l'être nous permettent d'aborder directement les deux problèmes fondamentaux de la philosophie rosminienne : quelles relations l'être idéal entretient-il avec Dieu et avec notre intelligence finie ?

Limitons-nous, pour le moment, aux relations qui unissent ensemble la forme de l'être et l'Intelligence infinie.

L'être indéterminé et idéal, dit Rosmini, trouve dans l'intelligence divine le « τόπος [4] » de son éternelle possibilité : mais comment expliquer ce lien d'origine et de dépendance ?

Ici, Rosmini s'élève sur les traces de Platon, à la suite de Malebranche, et nous jette d'un seul coup dans le sein de la divinité. C'est, en effet, dans la nature même des opéra-

---

1. Cf. *Teosofia*, II, p. 46-48 ; IV, p. 356-357.
2. Cette intelligence divine, dit Rosmini, est l'être lui-même, de la même manière que l'être est adéquat à la pensée éternelle, *Teosofia*, III, p. 99 suiv.
3. *Teosofia*, II, p. 264 suiv., n 941 ; IV, p. 341, n° 16, p. 526-527 ; V, p. 399 suiv.
4. Cf. ARISTOTE, *De anima*, III, 4-8, τόπος εἰδῶν et PLATON, *République*, τόπος νοητός.

tions de l'intelligence de Dieu qu'il croit trouver l'origine métaphysique de cette idée de l'être, son premier fondement et son éternelle raison.

D'ailleurs, à ne tenir compte que de ses attributs, nous pouvons d'avance affirmer que l'être est quelque chose de divin. Et, en effet, dit Rosmini, ne possède-t-il pas des caractères qui ne sauraient se concilier avec la nature des choses contingentes, essentiellement périssables et soumises au devenir? Il ne dépend donc en rien du monde contingent; c'est en lui-même qu'il est connaissable, et l'ensemble des réalités particulières vînt-il subitement à être anéanti, tant qu'il y aura une intelligence, l'être continuera à briller devant elle de cette souveraine intelligibilité qui le caractérise. « Et si l'être possible est en dehors des réalités contingentes, il faut qu'il soit quelque chose de l'Être nécessaire, puisque le néant est inconcevable et ne saurait exister [1]. »

Montrer que l'être est quelque chose de divin, c'est déterminer le rapport qui existe entre cette idée et l'Intelligence suprême.

L'objet de la connaissance, en passant par notre entendement, emprunte une sorte de multiplicité qui convient bien à la nature de l'intelligence humaine; mais, objectivement, il ne saurait y avoir qu'un seul objet intelligible, comme il n'y a qu'un seul être absolu et qu'un seul principe des êtres créés [2].

Il est donc impossible de traiter de l'être indéterminé et idéal sans parler en même temps de l'être déterminé et absolu; et, ajoute Rosmini, pour comprendre à fond et dans tous ses détails la nature créée, il faudrait avoir auparavant sondé les mystérieuses profondeurs de la Trinité divine [2].

---

1. *Teosofia*, I, n° 294, p. 236 : « Conviene che sia qualche cosa dell' ente necessario » et *ibid.*, n° 293 : « dev' essere qualche cosa dell' Ente Assoluto, e non degli enti contingenti ».

2. *Teosofia*, I, p. 21, 22.

Nous expliquerons donc l'être indéterminé par la connaissance que nous avons de la nature de Dieu; et, si, plus tard, nous disons que nous ne pouvons connaître Dieu que par l'idée de l'être indéterminé, il ne faudra pas voir là un cercle vicieux, mais plutôt un lien de relation (*nesso circolare*) qui tient à l'unité essentielle de l'être [1].

C'est le propre des dogmes chrétiens, ajoute Rosmini, de rester inconnus et absolument incompréhensibles, aussi longtemps que Dieu ne nous les a pas révélés. Mais, une fois manifestés à notre intelligence, ils servent de fondement à l'explication de toute la nature. A la lumière de la foi, la raison s'élève, se fortifie, découvre de nouvelles vérités; et ces vérités deviennent, à leur tour, une preuve et une explication des mystères : ainsi, la raison prend contact avec le dogme; le mystère devient objet de démonstration, au moins d'une manière négative et indirecte : nous le prouvons, dit le philosophe italien, en montrant que sans lui tout devient inintelligible à la raison [2].

C'est ce que nous allons constater ici en particulier, dit Rosmini, au sujet du mystère de la Trinité.

Dieu est une intelligence éternelle et toujours en acte; de toute éternité, donc, il se considère lui-même; il se voit tel qu'il est dans sa parfaite infinitude; il se pense lui-même, il s'exprime [3]. Dans cette éternelle contemplation de son essence, Dieu se forme le concept de l'être absolu, infini, éternel, nécessaire; et, en vertu de la perfection des opérations divines, cette pensée de lui-même est subsistante; c'est une personne, c'est le Fils, en tout semblable à son Père qu'il exprime essentiellement, c'est le Λόγος, c'est le

---

1. *Teosofia*, I, n° 296 : « è impossibile separare le tre dottrine dell' essere, di Dio, del mondo, essendo veramente una dottrina sola che da per tutto s'intreccia ».

2. *Teosofia*, III, p. 92, etc.— *Teosofia*, I, n°ˢ 191,193,194, p. 155-158; n°ˢ 190-196. *Introduzione del Vangelo secondo Giovanni*, lez. 65, p. 200. Cette théorie de Rosmini sur les dogmes chrétiens constitue la xxv° des propositions condamnées à Rome en 1887. — Cf. Densinger, *Enchiridion*.

3. *Teosofia*, I, p. 405. — Voir tout l'art. VII du ch. v, Sect. IV, p. 399.

Verbe prononcé de toute éternité. Rosmini l'appelle « l'Être absolu Objet » (*Essere assoluto Oggetto*)[1].

Puis, l'intelligence divine produit un second acte[2] : le Père, Être absolu sujet, pense le Fils, et il distingue en lui, pour ainsi dire, une forme et une matière, *inizio e termine* : une forme, la possibilité pure et simple de l'être ; une matière, la personne subsistante qui est le Verbe et qui réalise cette possibilité. Par un acte absolument volontaire et libre, *il abstrait*, il laisse de côté la matière, pour ne porter son attention que sur l'élément formel (*iniziale*), et ainsi, de toute éternité, Dieu pense l'être possible et indéterminé et se forme à lui-même l'idée d'être universel[3].

Sans doute, cette forme et cette matière ne sauraient être réellement distinctes et séparées, mais rien ne s'oppose à ce que l'intelligence divine ait le pouvoir d'abstraire. Ce pouvoir qui, chez l'homme, dénote la faiblesse de son entendement[4], constitue en Dieu, affirme Rosmini, une souveraine perfection, par laquelle il distingue et sépare logiquement le possible du réel.

Ainsi, l'Être absolu sujet se pense, et par cette pensée produit le Verbe, l'Être absolu objet ; de cet objet Dieu abstrait la forme, et produit ainsi de toute éternité l'être idéal possible.

Cherchons maintenant à dégager la vraie nature de cet être indéterminé.

Nous ne reviendrons pas ici sur ses caractères, nous les avons suffisamment analysés plus haut ; mais il importe de

---

1. *Teosofia*, II, p. 364, n° 1031. — Cf. aussi S. Augustin, *De Trinitate*, XV : — « Proinde tanquam seipsum dicens Pater genuit Verbum sibi æquale per omnia. Non enim seipsum integre perfecteque dixisset si aliquid minus aut amplius esset in ejus Verbo quam in ipso. » S. Thomas, *Contra Gent.*, lib. IV, c. xxi.
2. Ou, du moins, nous sommes obligé de nous exprimer ainsi, car on sait qu'en Dieu il n'y a aucun ordre de succession. « Les opérations divines ne comportent aucune espèce de succession ; elles s'accomplissent toutes simultanément au sein de l'éternité. » *Teosofia*, I, sez. IV, cap. v, p. 401-408.
3. *Teosofia*, I, p. 401, n° 461.
4. *Psic.*, II, n° 1319 suiv.

bien comprendre le lien, à la fois logique et ontologique, qui rattache l'être idéal à la Pensée divine.

Par rapport à l'intelligence de Dieu, cet être est au Verbe ce que, pour l'homme, l'idée de la *chevalité*, comme dirait Platon, est au cheval réel : un pur concept sans existence en dehors de l'esprit qui le pense.

Nous voyons, dès lors, et c'est là un point sur lequel Rosmini reviendra plus d'une fois, qu'il est impossible de confondre cette idée avec la seconde personne de la Trinité, avec l'Être absolu objet.

L'être initial, contemplé par le Père dans le Fils, Être absolu objet, ne saurait se confondre avec cet objet lui-même, puisque cet être est un pur abstrait « tandis que l'Être absolu objet représente une personne réellement subsistante[1]. « L'abstrait, continue Rosmini, est un concept purement mental, un terme que l'intelligence se donne à elle-même en imposant une limite au regard qu'elle promène sur la réalité. L'abstrait n'existe donc pas en lui-même, il n'a d'existence que dans la pensée, que par la pensée, et cela tient à sa nature même d'être incomplet, d'être dépouillé de son terme réel...

« Au contraire, l'Être absolu objet est un être en soi ; il ne peut être ce qu'il est qu'à la condition d'être uni à son terme infini. »

Le Verbe est essentiellement subsistant, éternel, réel et nécessaire comme l'intelligence divine elle-même. Il n'y a pas d'assimilation ni de réduction de l'un à l'autre.

Cependant, cet être indéterminé, sans être Dieu, est quelque chose de divin : il est de quelque manière une partie, une dépendance du Verbe lui-même: *l'essere iniziale è qualche cosa del Verbo divino.... è una sua partenenza*[2].

Il ne saurait, en effet, exister en dehors de l'intelligence

---

1. *Teosofia*, I, n° 461. — Cf. *Psic.*, II, n°ˢ 1316-1394-1445. — *Teosofia*, I, p. 419, 420, 444.
2. *Teosofia*, II, p. 404.

divine [1]; il n'est que dans la mesure où il est pensé; éternelle pensée de Dieu, il participe aussi à ses attributs essentiels, sauf, évidemment, à l'existence concrète et substantielle. Pensée de Dieu, il est divin, et s'il ne saurait être Dieu, c'est que la pensée ne s'identifie pas avec l'intelligence et l'objet demeure toujours irréductible au sujet.

Ainsi, en pensant sa propre pensée, en abstrayant la forme de son Verbe, Dieu crée l'idée de l'être; mais qu'est-ce à dire, sinon qu'il conçoit comme possible l'être en dehors de lui; sinon encore qu'il se considère comme une nature qui peut être — au moins en partie et par imitation — communiquée à d'autres êtres? Nous dirions aujourd'hui que Dieu se forme le concept d'*altérité* : il conçoit l'être possible en dehors de lui-même.

Cet être idéal rend possible la connaissance que Dieu a des êtres finis; il est aussi la lumière qui illumine les intelligences créées : il est la forme de la raison. C'est ce qu'il faut expliquer à présent.

---

1. Et voilà pourquoi nous avons dit que l'être est idéal essentiellement, c'est-à-dire, qu'il ne peut exister que par sa relation avec une intelligence. — Cf. *Psic.*, II, p. 513. — *Psc.*, III, n° 2231, p. 275. — *Storia Critica dei sistemi morali*, p. 168.

Il y a, dans toute cette analyse de Rosmini, un écho manifeste des spéculations théologiques de l'école chrétienne platonisante.

Qui ne serait frappé, par exemple, de l'analogie que cette théorie du philosophe de Rovereto offre avec ces paroles de saint Thomas:

« Quicumque cognoscit perfecte aliquam naturam universalem, cognoscit modum quo *natura illa potest haberi*; sicut qui cognoscit albedinem scit quod recipit magis aut minus... *Deus cognoscendo se, cognoscit naturam universalem entis.* — *Contr. Gent.*, lib. I, cap. L. — Cf. aussi *Ibid.*, cap. XLIX.

Somme toute, en faisant abstraction des termes et des explications plus ou moins claires de Rosmini, cette « *natura universalis entis* », que Dieu connaît, voilà bien, croyons-nous, ce qu'il appelle l'idée de l'être indéterminé, éternelle comme Dieu même, divine par son origine et le lien logique qui la rattache à l'intelligence suprême.

Nous verrons plus loin qu'il y a cependant de profondes différences dans la manière dont ces deux philosophes entendent l'idée de l'être et expliquent la connaissance que nous en avons.

CHAPITRE II

L'ÊTRE ET LA PENSÉE HUMAINE : L'INTUITION

« L'essence de l'être est connaissable par elle-même et elle sert à l'esprit de moyen pour connaître tout le reste ; elle est donc la lumière de la raison, *il lume della ragione*[1]. »

Nous avons dans ces paroles de Rosmini le résumé même de toute sa théorie de la connaissance.

L'idée de l'être se retrouve au fond de chacune de nos connaissances ; elle est, selon l'expression chère à Rosmini, la *forme de notre entendement*.

Qu'est-ce donc que cette forme ?

Ce mot, dit en substance notre philosophe, demande une explication, car il ne s'emploie pas toujours dans le même sens. On s'en sert d'une manière générale pour désigner ce par quoi un être a son acte propre et primitif. Mais, tantôt la forme se confond complètement avec cet acte, tantôt, au contraire, elle en est essentiellement distincte. Ainsi, dans le premier sens, la forme d'un instrument tranchant est le tranchant même ou le fil de cet instrument ; au contraire, la forme d'un fer brûlant est le feu qui ne se confond nullement avec le fer.

Or, il est évident que c'est dans ce second sens que nous disons que l'être idéal est la forme de l'intelligence. Nous ne sommes intelligents, il est vrai, qu'en vertu de l'essence

---

[1]. *Sistema filosofico*, n° 34 : l'essenza dell' ente è « conoscibile per se ed è il mezzo che fa conoscere tutte le altre cose ».

de l'être qui nous est toujours présente, mais il nous est impossible de croire que l'être soit nous-mêmes ou une partie de nous-mêmes.

C'est donc une forme qui diffère de nous, qui n'est pas nous, bien qu'elle soit en nous. Mais, même pris dans ce sens, le mot « forme » ne s'applique à l'être idéal que d'une manière qui lui est tout à fait propre. — C'est uniquement en se faisant connaître, en révélant son intelligibilité naturelle que l'essence de l'être devient la forme de notre raison ; de là vient que cette essence prend le nom d'objet, par où elle s'oppose à l'esprit, auquel est réservé le nom de sujet [1].

C'est par une prise de possession sans intermédiaire aucun que l'esprit entre en contact avec l'idée de l'être ; il la voit de quelque manière, il en a l'intuition. Rosmini est formel sur ce point ; il y revient en maint endroit : « *l'essere in quanto atto puro e communissimo è oggetto, almeno secondo noi, dell' intuizione* [2] ». Nous pouvons donc dire, en empruntant une expression toute scolastique, que notre raison est « informée » par l'essence de l'être [3].

Il s'agit de savoir en quoi consiste au juste, pour le philosophe italien, cette connaissance première, ou mieux, cette vue intuitive : tout repose sur la distinction qu'il établit entre l'acte intuitif et l'acte cognitif.

Il y a, dit Rosmini, une très grande différence entre avoir l'idée d'une chose et affirmer l'existence de cette chose : c'est là une distinction fondamentale pour l'idéologie.

Par exemple, je sais que j'existe et qu'il existe des êtres semblables à moi. Or je vois clairement que si je connais l'existence de ces êtres, c'est uniquement parce que je me suis dit qu'ils existent. Cette connaissance se réduit donc à un jugement, à une affirmation que je porte sur mon exis-

---

1. *Sistema filosofico*, n° 35 suiv. ; cf. Trullet, *ouvrage cité*, p. 110-111.
2. *Teosofia*, II, p. 95 ; IV, p. 335 ; *ibid.*, p. 388. — *Psic.*, I, n°ˢ 53-628-684-568-138 ; II, n°ˢ 1303, 1196-1291.
3. *Psic.*, I, p. 6-7, n° 13.

tence ou la leur. Et ce jugement n'est possible, et il n'a pour moi de signification, que si déjà je sais ce qu'est l'être et l'existence en général [1].

Ainsi, cette notion est antérieure à toute affirmation des êtres particuliers; elle ne vient pas de l'expérience, puisqu'elle est nécessaire pour la formuler; elle est connue immédiatement et sans intermédiaire aucun : dans l'ordre de la connaissance, l'intuition de l'être précède toute affirmation particulière et notre esprit débute nécessairement par la connaissance ou la vue intuitive de l'universel, de l'idéal, du possible [2] ».

Nous appelons *intuition*, dit Rosmini, « l'acte qui nous révèle l'être idéal, et cet acte, première forme de la connaissance, est de beaucoup antérieur à la réflexion [3].

Il existe une ligne de démarcation très accentuée entre l'intuition primitive et la connaissance qui se développe ultérieurement, et cela tient à la nature même des opérations de l'activité intellectuelle [4].

On peut, en effet, distinguer deux sortes d'actes dans l'intelligence : d'abord, l'*acte premier* dont le terme est l'être indéterminé; puis, les *actes seconds*, qui représentent le développement naturel de la connaissance discursive [5].

Or, c'est cet acte premier qui constitue l'essence même de l'intelligence. Il n'y a là, de la part de l'esprit, aucune activité, aucune opération proprement dite; il est plutôt

---

1. *Nuovo Saggio*, II, part. I, cap. I, art. 2, p. 14-15.
2. *Introduzione alla filosofia. Sistema*, p. 264, n° 14. — *Nuovo Saggio*, II, p. 139, fin du paragraphe 2.
3. *Introduzione*, p. 149, n° 68. — Cf. *Psic.*, I, p. 33, n° 53; p. 295, n° 567 suiv. — *ibid.*, II, p. 211, note 1.
4. *Psic.*, I, p. 357 suiv. : Quel est le premier objet de l'intellection humaine. — *Ibid.*, II, n° 1303, etc., art. III : Loi de l'intuition- « L'intuition, dit Rosmini, n'a pour objet propre que l'être idéal : elle n'atteint donc ni le réel, ni le moral. » Cf. aussi *Saggio critico sulle categorie e la dialettica*, p. 372, tout le chapitre XI.
5. *Teosofia*, IV, « Idea », p. 389, n°s 57, 58. *Sistema filosofico*, p. 273, n° 35. — *Psic.*, II, n° 1151 et p. 233, n° 1196.

passif, il ne réagit pas [1] ; il reçoit et il voit irrésistiblement l'être à la fois essentiellement intelligible et relatif à une intelligence, *manifesto* et *manifestato ;* dans ce contact immédiat avec lui, il trouve simplement sa forme ; de sorte qu'à ce stade de son développement, la raison n'est pas encore constituée, elle se forme et devient simplement capable de produire les actes seconds, qui surviendront dans la suite [2]. C'est de ces actes que résulte la connaissance en général ; elle suppose, en effet, que l'intelligence est déjà capable de réfléchir, de comprendre, qu'elle est pleinement constituée.

L'intuition n'est donc que le commencement et la condition de toutes les connaissances ultérieures, elle ne saurait les remplacer.

« L'intuition ayant pour objet l'être idéal, on voit que cet acte de la pensée est limité à la forme idéale de l'être et ne s'étend pas à ses deux autres formes, la réalité et la moralité [3]. »

Elle nous fait connaître par elle-même, non l'existence actuelle des êtres particuliers, mais uniquement l'existence possible de l'être en général [4].

Et cet être, forme de notre intelligence, nous n'avons plus à nous demander ce qu'il représente : il est une pensée de Dieu ; c'est une lumière qui, de l'Intelligence divine, se répand dans la nôtre par l'acte même de l'intuition primitive, nous « rend capables de penser, de comprendre, et nous révèle la vérité dans son intégralité formelle [5] ».

L'être idéal, expression du Verbe éternel, manifestation de la Vérité subsistante, voilà pour Rosmini le foyer où

---

1. *Sistema filosofico*, p. 273, n° 35. *Teosofia*, II, p. 267. Cf. aussi *ibid.*, p. 265.

2. Cf. *Logica*, Introduzione, n° 65, p. 1.

3. *Psic.*, II, n° 1303, p. 299. Cf. *Saggio Critico sulle Categorie*, p. 272-273.

4. « L'idea dell' essere che è in noi, non ci fa conoscere da se sola niun ente particolare, ci mostra soltanto la possibile esistenza di un ente qualunque. »

5. *Introduz.*, p. 184, p. 157. *Teosofia*, IV, p. 388, n° 57.

viennent s'éclairer les intelligences créées; c'est là, selon l'expression de saint Jean, cette lumière qui illumine tout homme venant en ce monde.

Dieu, voulant que notre nature fût douée d'intelligence, a disposé les choses de telle manière que, dès le premier moment de notre existence, la vérité nous est rendue présente, non pas en partie, mais dans sa totalité, comme il convient à ce qui est éminemment simple et ne peut, par conséquent, subir de division. Cette vérité, c'est l'être intelligible par soi.

Aussi peut-on et doit-on dire que notre entendement ne possède pas naturellement et de lui-même l'activité et la lumière[1]. Il reçoit de Dieu une lumière participée, la lumière de la raison, qui nous aide à découvrir, au sein même de la réalité sensible, l'idée, le type, l'essence dont cette réalité n'est qu'une copie imparfaite et périssable.

Rosmini donne ici libre cours à son génie essentiellement idéaliste et épris du divin. Dans ce domaine des essences éternelles où il s'élève, il semble éprouver une sorte d'enthousiasme intellectuel que tant d'autres ont éprouvé avant lui; il quitte les voies difficiles de l'analyse, il ne décrit plus, il chante.

Il veut jouir de cette communication de la divinité; il suit jusqu'à la source d'où il jaillit le rayon de l'éternelle lumière; il semble ne plus vouloir quitter cette région des purs intelligibles où l'a conduit Platon, « cet homme divin ».

« Nous aussi, s'écrie-t-il, nous déclarons, à la suite de ce grand philosophe, que les choses réelles... ne sont connues de nous que dans leurs essences, lesquelles sont éternelles et intelligibles par elles-mêmes et se nomment « idées », lorsqu'elles entrent en communication avec l'âme. Or, ces essences se réduisent toutes à une première

---

1. *Introduzione*, p. 271, p. 184. — *Psic.*, I, n° 13, p. 6.

lumière qu'on appelle la lumière de la raison, et qui n'est pas autre chose que l'être connu de l'âme ou, ce qui revient au même,... que l'essence de l'être, dont nous avons l'intuition, et qui se découvre à nous sans limites et sans déterminations aucunes[1]. »

C'est donc l'intuition de l'être qui fait de nous des natures capables de connaître et de comprendre. Rosmini attache une très grande importance à cette idée qui constitue le cœur même de sa théorie de la connaissance.

Dans la *Psychologie*[2], le philosophe italien se demande d'où vient au principe animal, qui constitue l'un des éléments de l'homme, la puissance de voir l'être. Et voici comment il répond : « C'est l'être même qui, en s'unissant à ce principe, crée en lui la puissance en question : car, l'être étant par essence intelligible, il ne peut s'unir à un sujet sans être entendu, puisque c'est en cela même que son union avec un sujet consiste. L'être a donc la vertu de créer les intelligences[3]. »

Avant d'entrer en communication avec l'être, l'homme ne possède qu'une intelligence en puissance ; mais, dès que son terme naturel lui est offert, cette puissance passe nécessairement à l'acte.

Quelque chose de nouveau s'ajoute ainsi au principe animal ; c'est, dit Rosmini[4], « une sorte de création », dont la nature reste assez mystérieuse.

« Lorsque nous disons que la vérité dans l'intelligence humaine est créée, cela revient à dire que la vérité, qui est éternelle, est devenue le terme d'une intelligence créée[5]. » Cette création se manifeste sous forme de modification du sujet.

---

1. *Introduzione alla filosofia*, p. 164, n° 72.
2. I, p. 340-341, n° 656 ; cf. aussi II, ch. vii, p. 141 ; I, p. 125, n° 233.
3. Cf. *Saggio Critico sulle Categorie*, p. 273.
4. *Psic.*, I, p. 126, n° 234.
5. *Psic.*, I, p. 128, n° 238.

Lorsque l'être resplendit devant la raison, il se produit entre ces deux termes une sorte de contact.

Or, « dans l'intuition, l'objet du contact, l'être idéal, n'est susceptible ni de changer, ni de s'altérer, ni de se mêler à autre chose [1] : la communication de l'être idéal n'apporte de changement que dans le sujet. Ce changement consiste à le mettre en possession de l'intelligence ou de la lumière, mais l'objet possédé ne se confond pas avec le possesseur bien qu'il l'enrichisse [2] ».

Tant que l'homme n'a pas reçu l'intuition de l'être, il ne mérite pas encore le nom d'homme, puisqu'un des éléments essentiels au composé humain lui fait défaut. « L'homme reçoit l'individualité qui lui est propre, de l'intuition de l'être universel qui fait de lui un être intelligent [3]. » — « L'homme, à titre d'être intelligent, a sa forme dans l'être idéal ; c'est par l'être idéal qu'il existe [4]. »

Enfin cet être est le même pour toutes les intelligences, puisqu'il est essentiellement un.

Il ne s'ensuit pas cependant qu'il n'y ait au monde qu'une seule conscience et qu'une pensée unique.

Rosmini ne voit aucune raison de conclure « de l'identité du spectacle à l'identité des spectateurs [5] ».

Chaque pensée reste personnelle, parce qu'elle est la pensée d'un sujet particulier et distinct, et le philosophe italien s'efforcera de caractériser nettement cette distinction, en l'établissant sur le sentiment qui constitue, d'après lui, la réalité, la nature et la notion même d'un véritable sujet [6].

C'est également en faisant appel à la réalité du sujet pensant que Rosmini explique les variétés qui se rencon-

---

1. Cf. *Rinnovamento*, lib. III, ch. xxxix.
2. *Psic.*, I, p. 128, n° 239.
3. *Psic.*, I, n° 568, p. 295.
4. *Ibid.*, I, p. 296, n° 570 ; cf. *ibid.*, II, p. 233, n° 1196.
5. Piat, *L'Idée*, p. 29, Paris, Poussielgue, 1895.
6. Voyez, sur ce sujet, plus loin, part. II, ch. iii, p. 207 suiv.

trent, nuancées à l'infini, entre les différents esprits. On ne saurait nier, en effet, qu'il y ait des hommes incomparablement plus intelligents que le reste de leurs semblables. Mais ces différences, explique Rosmini, ne tiennent en aucune manière à l'être lui-même qui resplendit également devant tous les esprits.

D'ailleurs, l'essence de l'être idéal est constituée tout entière par son intelligibilité, de sorte que celui qui a l'intuition de l'être l'embrasse nécessairement dans sa totalité. Au-dessus de l'intelligibilité pure, il n'y a que l'existence réelle, qui, dans l'espèce, est Dieu, puisqu'en lui seul l'existence s'identifie avec l'essence. Il n'y a que celui qui atteindrait Dieu directement en lui-même, dans son existence individuelle, qui pourrait se flatter de mieux posséder la forme de l'être. Mais c'est là une hypothèse absolument chimérique et irréalisable, au moins pour la vie présente[1].

S'il y a des inégalités, des différences de degré dans l'intelligence des hommes, cela tient uniquement aux conditions particulières dans lesquelles s'accomplit pour chaque sujet l'intuition de l'être universel. Cette intuition, en effet, dit Rosmini, peut varier de trois manières :

« 1° Par l'intensité de l'acte, de sorte que l'être idéal produise dans le sujet une impression plus profonde et se montre dans une plus vive lumière ;

« 2° Par une facilité plus grande de réfléchir sur l'idée et sur l'intuition ;

« 3° Par une facilité plus grande à appliquer l'idée, ce qui fait que la perception et le raisonnement deviennent plus prompts et plus parfaits[2]. » C'est là ce qui explique la diversité des esprits.

Aussi, conclut Rosmini, « l'intelligence peut s'accroître et se fortifier sans que l'objet intelligible reçoive aucun accroissement... Dès lors, les intelligences renfermées dans

---

1. *Psic.*, I, p. 129-130, n° 242; cf. *ibid.*, p. 106-107, art. V.
2. *Psic.*, I, p. 129, n° 241.

les limites de l'ordre naturel ne peuvent différer les unes des autres par la portion plus ou moins grande de l'intelligible qui leur est donné en intuition[1] », mais seulement par la plus grande quantité des objets qu'elles perçoivent dans la réalité.

Si maintenant nous demandons comment se fait cette intuition, Rosmini nous répond qu'elle est le résultat d'une synthèse toute subjective entre l'être et notre intelligence. Mais la question est par là peu avancée, si le philosophe italien ne nous dit pas ce qu'est à son tour cette synthèse.

« *L'être idéal se trouve dans l'intelligence; il est présent à l'esprit...* Ces expressions et d'autres semblables que l'on emploie souvent, ne doivent pas se prendre dans un sens matériel, comme si l'être se trouvait dans l'intelligence à la manière d'un liquide qui est contenu dans un vase, ou comme les corps sont présents au regard qui les contemple dans l'espace. Non, ces expressions, sous leurs différentes formes, reviennent à dire que l'être idéal est connu par l'esprit[2]. »

Au fond, c'est là tout ce que nous pouvons savoir de la synthèse subjective. Ne nous étonnons pas cependant, ajoute notre philosophe, de cette impuissance où nous nous trouvons, quand nous voulons rendre compte de cet acte premier de l'intelligence, car nous ne pouvons jamais l'atteindre directement; et, si nous en avons quelque idée, ce ne peut être que par un retour de la réflexion sur nos démarches intellectuelles. Nous devons, en effet, remarquer que l'intelligence atteint son objet sans se saisir elle-même; elle constate donc le résultat de l'acte intellectuel[3], mais cet acte même reste toujours en dehors de ses prises. La raison qui saisit tout ne se connaît pas elle-même[4].

1. *Ibid.*, p. 130-131, n° 243.
2. *Saggio Critico sulle Categorie*, etc., p. 273.
3. *Teosofia*, IV, « Idea », p. 422, n° 86.
4. *Psic.*, I, n° 138, p. 83 : l'intuition demeure entièrement renfermée dans les limites de son objet; le sentiment qu'elle en a ne « lui révèle rien en dehors de l'objet qui en est le terme », cf. aussi *Psic.*, II, n° 1151, p. 211 : « Aucun acte de l'esprit ne se connaît lui-même, parce que l'acte tend toujours à la connaissance, non de lui-même, mais de son objet. »

Et comment, en effet, se connaîtrait-elle, si d'abord elle ne sait pas ce qu'est l'être? l'intuition précède nécessairement la connaissance, voilà pourquoi il sera toujours impossible de projeter quelque lumière dans la région où l'intelligence humaine est, d'une certaine manière, illuminée par l'intelligence divine.

Cependant, si nous devons renoncer à pénétrer la nature intime de cette synthèse qui s'établit, dans l'intuition, entre l'être et l'esprit, Rosmini espère néanmoins faire entrevoir de quelque manière sa possibilité, et, par conséquent, sa raison d'être.

Considérons-la d'abord du côté de l'être idéal.

Nous avons constaté qu'il lui est essentiel d'être uni à une intelligence. Il suffit, sans doute, pour que cette condition soit réalisée, que Dieu pense l'être de toute éternité et lui communique ainsi son caractère d'idéalité. Mais ne soyons pas dupes des apparences. Si nous parlons des relations qui existent entre l'être et une intelligence autre que la nôtre, ce ne peut être que par un retour ultérieur de l'esprit sur ses propres connaissances; avant de savoir si l'être est en rapport avec l'intelligence divine, il faut que nous le connaissions, il faut qu'il soit idéal par rapport à nous. Par rapport à nous, il est donc essentiel à l'être d'être une pensée de notre intelligence [1].

Et voilà, ajoute Rosmini, ce qui rend possible, — et même ce n'est pas assez dire, — ce qui rend absolument nécessaire cette présence de l'être en nous, présence qui constitue ce que nous avons appelé la synthèse subjective.

En lui-même, et par rapport à nous, l'être idéal est pensé ou il n'est rien, et l'on peut dire de lui avec Parménide : τὸ γὰρ αὐτὸ νοεῖν ἐστίν τε καὶ εἶναι [2].

---

[1]. *Teosofia*, IV, « Idea », p. 425, nos 89-90-91. — *Psic.*, II, p. 320, ch. v. La loi de corrélation, *Sintesismo*.

[2]. Parménide, Ed. Mullach, vers 39-40. Cf. *Teosofia*, IV, p. 425. « Se non fosse conosciuto, non esisterebbe ».

D'ailleurs, l'être est tel de sa nature, qu'il peut réunir en soi, et sans contradiction aucune, deux modes d'existence assez différents : une existence en soi, si du moins on la considère indépendamment de la connaissance que nous en avons; et une existence relative à cette même connaissance; ou plutôt, l'être n'a qu'une seule existence, mais qui revêt ces deux formes et rend possible, de cette sorte, sa présence dans notre esprit.

Si maintenant, laissant de côté l'être en tant qu'objet de l'intuition, nous venons à considérer l'intelligence elle-même, sujet de la synthèse qui nous occupe, nous voyons qu'à ce point de vue encore la présence de la forme de l'être dans notre esprit est possible et nécessaire.

C'est là, d'ailleurs, une conséquence de ce que nous venons de dire. Si, en effet, l'être indéterminé est connu par l'acte de l'intuition, cette intuition implique de la part du sujet intelligent une collaboration [1]. Dire : l'être ne se conçoit que par rapport avec la pensée qui le pense, c'est affirmer du même coup que l'intelligence n'est pas exclue de l'acte de l'intuition, qu'elle y joue un rôle aussi important que l'être lui-même.

L'intuition est objective dans son terme qui est l'être; mais, en elle-même, elle est avant tout un acte du sujet pensant, et c'est pour cela que nous lui donnons le nom de subjective. Elle suppose à la fois que l'être se manifeste et que la pensée entre en contact avec lui et l'atteint directement. Il y a entre ces deux termes une union si intime que si l'un venait à manquer, l'autre par là même cesserait immédiatement : il y a corrélation, et c'est ce que Rosmini appelle une relation de pur synthétisme (relazione di puro sintesismo) [2]. Cette union cependant ne fait qu'accuser davantage la distinction radicale de ces deux termes : « Si l'objet s'unit au sujet de telle sorte que, loin de se con-

---

1. *Teosofia*, IV, « Idea », p. 431, n° 102.
2. *Psic.*, II, p. 320, etc., n° 1337.

fondre avec lui par l'acte même qui les unit, il se sépare de lui et se pose tel qu'il est en lui-même, si l'acte qu'il suscite dans le sujet a son terme, non dans le sujet, mais dans l'objet, il s'ensuit que dans cette union le sujet et l'objet sont tellement en corrélation l'un avec l'autre que leur union est essentielle à l'un et à l'autre, les constitue l'un et l'autre, mais dans une distinction telle que l'un est non seulement séparé de l'autre, mais opposé à l'autre. »

Enfin, quelque difficulté que nous trouvions à expliquer cet acte premier de la vie de l'esprit, il n'en reste pas moins vrai que nous connaissons l'être, nous en avons l'intuition. C'est là le fondement assuré et le point de départ nécessaire de toute spéculation et de toute science. « Que l'on demande, dit Rosmini, à un homme : Sur quel fondement affirmez-vous telle chose? »... il pourra vous répondre : Je l'affirme et je la connais, parce que je l'ai déduite, au moyen du raisonnement, de telle autre. — Pressez-le et dites-lui : « Mais cette autre, d'où la connaissez-vous? » il pourra vous répondre encore.....; un moment viendra où la dernière chose connue à laquelle il remontera sera nécessairement l'être, objet de l'intuition mentale. — Arrivé à ce terme il n'y a plus de déduction possible. — A cette question : « D'où le connaissez-vous? » il ne peut faire qu'une réponse : Je vois l'être, je ne le déduis pas[1]. »

Pour échapper à l'accusation d'idéalisme, notre philosophe a soin de faire remarquer que synthèse subjective et subjectivisme pur sont loin d'être des termes identiques. Le subjectivisme ramène l'objet au sujet et l'identifie de quelque manière avec lui; la synthèse rosminienne, au contraire, suppose l'objectivité de son terme par la distinction, l'opposition même qu'elle établit entre l'intelligence, sujet, d'une part, et l'être initial, objet, de l'autre[2].

C'est là, ajoute Rosmini, un point très important et qui

---

1. *Psic.*, I, p. 9, n° 16.
2. *Teosofia*, II, p. 273.

coupe court à bien des objections. L'être est essentiellement objet de connaissance [1]; il ne se confond donc pas avec l'esprit qui le pense, bien que l'intelligence ne puisse rien connaître que par lui.

Si l'être resplendit devant la raison, il s'ensuit qu'il n'est point une production du sujet qui pense. Ce n'est pas nous qui ordonnons la vérité, qui l'organisons, pour ainsi dire, du dedans; le rôle de l'intelligence se borne à la découvrir, à la contempler en elle-même, à la voir extérieure à soi et indépendante de l'acte de la connaissance..... C'est en lui-même que l'intuition atteint son objet, revêtu de lumière et d'intelligibilité [2].

Par rapport à la connaissance que nous avons de l'être, Rosmini nous rappelle qu'il y a deux manières de l'avoir présent à l'esprit et de le penser.

Tant que l'esprit se contente de connaître l'être sans analyser ses attributs et surtout sans considérer sa prérogative d'être une lumière, il le pense d'une manière irréfléchie, *anoétiquement*. Sans doute, dès là que l'être est *per se manifesto*, il existe toujours un rapport très étroit entre lui et l'intelligence qui le pense, mais, dans la pensée anoétique, ce rapport est complètement négligé et passe inaperçu [3]! C'est ainsi que la plupart des hommes, qui sont incapables de s'élever aux nobles spéculations de la philosophie, pensent toujours d'une manière anoétique, sans faire retour sur la nature et la forme de leur entendement.

Mais, peu à peu, la puissance de réflexion se développe; l'homme rentre en lui-même; il saisit dans leur réalité vivante ses actes de connaissance; il les analyse, en recherche la forme commune, la distingue de ses propres

---

1. *Logica*, p. 87, n° 301. « L'indole propria dell' atto di vedere colla mente, consiste in questo, che con esso gli oggetti si riguardano in sè, senza relazione col soggetto. » Cf. *ibid.*, p. 88, n°s 303-308.

2. *Teosofia*, IV, « Idea », p. 337, n° 11, p. 471, n° 136.

3. *Teosofia*, IV, « Idea », p. 337, n° 12; p. 345, n° 19; p. 459, n° 122; *Introduz. alla filosofia*, p. 151.

opérations. Il pense l'être dans sa forme idéale et objective : c'est la pensée *dianoétique*. Et cette réflexion qui se considère elle-même, cette pensée qui se pense deviennent le point de départ de la spéculation philosophique tout entière.

La grande difficulté à laquelle se heurte constamment Rosmini, c'est l'explication de cette action illuminatrice que l'être exerce sur l'entendement.

D'une part, notre philosophe déclare que l'être est une lumière divine qui resplendit devant l'intelligence et fait de nous des êtres capables de connaître et de comprendre. Ainsi, Rosmini ne le nie pas, — bien au contraire, — l'intelligence est constituée tout entière, et dans son essence même, par cette lumière. Mais il nous affirme, d'autre part, que l'être idéal, considéré en lui-même, est radicalement distinct de notre entendement et qu'il ne se présente à lui que comme un objet de connaissance intuitive. Comment concilier ces deux affirmations?

Pour que l'intuition puisse se produire, ne faut-il pas déjà que l'intelligence existe et soit capable de saisir l'être et de le comprendre? Nous craignons fort que Rosmini tourne dans un cercle sans issue : l'être est nécessaire pour que nous soyons intelligents; nous devons déjà être doués d'intelligence, pour connaître l'être : nous voilà au rouet [1].

Sans doute, et nous l'entendons bien, Rosmini répond que ces deux actes, être intelligent et avoir l'intuition de l'être, sont absolument simultanés. Ce n'est que par un artifice de logique et de langage que nous les distinguons. En fait, dès le premier moment de notre existence, nous avons l'intuition de l'être; dès lors aussi, sans qu'il y ait lieu d'établir là aucune distinction de temps, nous deve-

---

1. Cf. d'Hulst, *Mélanges philosophiques*, p. 488 ; Paris, Poussielgue, 1892.

nons des êtres intelligents, nous sommes capables de connaître.

— Soit ; mais, même en nous plaçant à cet instant précis où simultanément l'être et la pensée se rencontrent, encore faut-il déterminer quel est celui de ces deux termes qui logiquement précède l'autre, et la difficulté revient tout entière.

L'âme et l'être sont distincts, dit notre philosophe. Mais il faut donc une sorte de pont pour passer de l'un à l'autre.

Le pont, reprend Rosmini, c'est l'être idéal. Mais qu'est-ce donc que cet être idéal, sinon l'être connu? et ce que nous voulons savoir, c'est précisément le moyen de cette connaissance. Comment se fait cette compénétration de l'être idéal, divin, et de l'âme? voilà ce que Rosmini ne dit pas et ce qu'il serait cependant très intéressant de connaître[1].

Il y a donc là une certaine imprécision dans la pensée du philosophe italien, et Malebranche est plus exact quand il avoue que le « comment » de la vision de Dieu lui échappe complètement[2].

D'ailleurs, cette assimilation de l'idée de l'être à la lumière ne nous paraît pas absolument irréprochable. Savons-nous, au juste, ce qu'est la lumière et comment elle nous permet de percevoir les objets? Il n'y a donc là qu'une métaphore et non une explication véritable.

On a beaucoup discuté et beaucoup écrit, pour savoir s'il

---

[1]. Rosmini n'a pas eu le loisir d'achever le traité de l'*Idée* (*Teosofia*, IV). Le point qui nous occupe ici n'a guère été qu'ébauché par le philosophe italien. Dans la IIe partie de ce traité, il se propose de démontrer que la synthèse subjective ne soulève aucune difficulté : 1° de la part de l'objet, l'être idéal; 2° de la part du sujet intelligent. C'est cette seconde partie qui est restée incomplète. Nous doutons fort d'ailleurs que Rosmini ait pu se tirer du cercle dans lequel l'enferme, croyons-nous, sa théorie de l'intuition.

[2]. MALEBRANCHE, *Méditations*, IV : « Ce n'est point que je répande la lumière dans les esprits comme une qualité qui les éclaire... c'est que je les pénètre et je remplis toutes les capacités qu'ils ont de me recevoir; *mais tu n'es pas en état de comprendre clairement comment je me communique aux hommes* » (c'est la Vérité éternelle qui parle).

fallait, oui ou non, placer Rosmini parmi les ontologistes. Malheureusement, dans toutes ces discussions, on a eu le tort de considérer l'ontologisme comme une doctrine nette et précise, formant un tout bien défini, nous allions dire comme une étiquette que l'on peut attacher à un système pour le caractériser. Ce n'est pas ainsi qu'il en va dans la réalité et il est enfantin d'assimiler une théorie à un casier. Cette épithète d'ontologisme s'applique, dans l'histoire de la philosophie, à des formes de pensée parfois profondément différentes. Nous ne chercherons donc pas à caser Rosmini dans un clan philosophique, ce serait le trahir. Aussi bien, ce qui importe ici, c'est de mettre en relief l'effort d'un esprit vigoureux, pour en dégager ce qui est définitif et doit faire avancer la science philosophique. Tout le reste est discussion vaine.

L'homme, dit Rosmini, n'est intelligent que parce qu'il a l'intuition de l'être idéal, et c'est à la lumière de cette idée qu'il connaît, comme nous le verrons[1], toutes les réalités particulières.

Cet être est quelque chose de divin, et cependant il ne saurait se confondre avec Dieu : nous avons vu dans le chapitre précédent la principale raison sur laquelle Rosmini établit cette distinction.

Si l'on tient absolument à faire du philosophe italien un ontologiste, il y a là cependant une différence de point de vue qui lui assigne une place tout à fait à part parmi les partisans de cette théorie[2].

D'ailleurs, ajoute notre auteur, la théorie de la *Vision en Dieu* est absolument insoutenable, car elle est en con-

---

1. Voir plus loin, II⁰ partie, ch. ɪ, *La perception intellectuelle*.
2. C'est ce qui n'a pas échappé à Mgr d'Hulst : *Mélanges philosophiques, Les Propositions de Rosmini*, p. 466. Cette différence de points de vue entre Rosmini et Malebranche a été aussi très heureusement soulignée dans une intéressante étude de M. Bazaïllas, *Rosmini et Malebranche*, Paris, Chernovicz, 1901. — Cf. aussi G. Morando : *Ottimismo e pessimismo*, Milano, Cogliati, 1890, p. 473 suiv.

tradiction avec les lois les plus certaines de la connaissance. Ce n'est jamais que par leurs idées que nous pouvons connaître les réalités que nous pensons, or Dieu ne fait pas exception à cette loi générale.

On objecte à Rosmini qu'en Dieu il ne saurait y avoir de distinction réelle entre l'essence et l'existence : posséder par intuition l'idée de Dieu ou l'être idéal, n'est-ce pas atteindre directement l'essence divine qui est inséparable de son concept?

Le philosophe italien ne songe pas à nier en Dieu cette identité entre l'essence et l'idée [1], puisqu'il ne cesse de répéter que Dieu est un acte pur, qu'il représente l'essence même de l'être, qu'il est éminemment réel, Dieu est *un atto infinito d' intelligenza e quest' atto è l' essere puro* [2]. Mais Rosmini ne cesse également de répéter que l'intuition primitive, dont le terme est purement idéal, ne saurait en aucune manière nous faire atteindre directement Dieu, l'être subsistant et essentiellement réel.

Lorsque l'intelligence divine, ajoute notre philosophe, prend connaissance d'elle-même, elle ne le fait sans doute qu'en se formant une idée qui exprime adéquatement l'être divin tout entier, cette idée est subsistante, elle est une personne. Mais c'est là un mode de connaissance qui ne peut appartenir qu'à l'intelligence divine. Quant à l'homme, l'idée qu'il se forme de Dieu ne dépasse pas l'ordre des purs concepts; elle représente Dieu, sans doute, mais d'une ma-

---

1. Et même, en rétorquant l'argument, Rosmini y trouve une preuve nouvelle pour appuyer sa théorie. Si du concept de Dieu, dit-il, on abstrait par la pensée quelque élément essentiel, l'objet que nous pensons ainsi n'est plus Dieu. Or, il est essentiel à Dieu qu'en lui l'essence et l'existence soient une seule chose; donc l'essence idéale, conçue séparément de l'existence concrète, n'est pas Dieu; et l'intuition de l'être idéal se distingue radicalement de la vision même de l'essence divine. *Psic.*, II, p. 363, n° 1394.

Rosmini dit encore : Dieu n'est pas une pure idée; or l'intuition n'atteint que l'être idéal, donc elle n'atteint pas Dieu. *Ibid.*, II, n° 1343. — Cf. *Teosofia*, I, p. 413, 419.

2. *Teosofia*, III, p. 99, art. II.

nière purement idéale [1]. En Dieu, l'être est à la fois sujet et objet, mais il ne se présente à l'intelligence humaine que sous la forme d'objet; aussi n'est-ce pas Dieu lui-même que nous saisissons dans l'intuition primitive, mais seulement l'objet de sa pensée, et encore ne l'atteignons-nous uniquement que sous la forme d'objet, c'est-à-dire de concept.

Mais les adversaires de Rosmini ne se tiennent pas pour battus; et il faut convenir que le point de vue spécial où se place notre philosophe prête le flanc à plus d'une critique.

L'être idéal, d'après Rosmini, est le premier intelligible, il est essentiellement *manifesto* : mais si cet être ne reçoit son intelligibilité d'aucune autre source, s'il la possède en lui-même et ne fait ensuite que la communiquer à tout ce qui est pensable, il s'ensuit que, dans son genre, il est absolument indépendant, il est Dieu; et l'intuition que nous en avons, que Rosmini le veuille ou non, nous révèle immédiatement l'essence divine.

Oui, répond le philosophe italien, Dieu est *per se manifesto;* il est, au sens absolu de l'expression, le premier intelligible, mais cela n'empêche pas qu'il existe un autre être également *per se manifesto*, pourvu que ce second être ne soit pas absolu, mais n'existe que par sa relation essentielle avec une intelligence. Or tel est précisément le cas où se trouve l'être idéal. Il est relatif, il ne saurait dès lors se confondre avec Dieu, qui est, par définition, l'être nécessaire et absolu [2].

On insiste : Si l'être idéal n'est pas Dieu, il faut conclure qu'il existe pour nous deux principes d'intelligibilité, Dieu, d'abord, puis, l'être indéterminé. Mais c'est là une proposition absurde, le principe d'intelligibilité devant nécessairement être unique.

Rosmini a recours à la même distinction : Sans doute, ces deux êtres sont *per se manifesti*, mais ils ne le sont pas

---

1. *Teosofia*, I, p. 446.
2. *Teosofia*, IV, p. 356, 357.

de la même manière : l'un, Dieu, l'est en lui-même, en vertu de son essence; l'autre, l'être idéal, ne l'est que par rapport à nous. Aussi, pour l'homme, il ne saurait y avoir deux principes d'intelligibilité, puisqu'il n'y a que l'être idéal qui s'offre à la vue de l'esprit. Quant à Dieu, fondement métaphysique de toute intelligibilité, il ne se manifeste jamais à nous dans son essence [1].

D'ailleurs, poursuit Rosmini, l'intuition de l'être idéal n'implique nullement celle du réel; cela est trop évident, et l'on ne saurait le nier qu'en détruisant la distinction fondamentale qui existe entre l'ordre des réalités et celui des purs possibles [2].

L'intuition de l'être idéal est donc impuissante à nous révéler l'être infini réel qui est Dieu [3].

Mais ici encore les adversaires du philosophe italien l'arrêtent par leur objection favorite et lui opposent qu'en Dieu, précisément, et en vertu de la plénitude de son être, l'ordre réel et l'ordre idéal s'identifient et se confondent absolument. Et aussi invariablement Rosmini leur répond que cela est vrai en Dieu, mais que, par rapport à notre mode de connaître, il y a toujours lieu de faire cette distinction et qu'elle est parfaitement légitime. « Le réel, si on le considère dans toute sa plénitude, le réel infini, est en lui-même absolument inséparable de l'idéal, parce qu'ils ne sont l'un et l'autre qu'un seul et même être [4] »; mais l'esprit humain, par la faculté qu'il a d'abstraire, peut parfaitement ne considérer que l'être idéal.

Mais l'abstraction elle-même, pour pouvoir s'exercer, ne suppose-t-elle pas que le terme réel, et ici c'est Dieu lui-même, soit donné à l'esprit? Voilà qui est captieux et semble pousser Rosmini dans son dernier retranchement : sa réponse

---

1. *Ibid.*, *Teosofia*, IV. Lire tout le chapitre VI, p. 355 suiv.
2. Pour bien comprendre la pensée de Rosmini, voir plus loin sa « Théorie de la connaissance », IIe partie, ch. I : « La perception intellectuelle ».
3. *Psic.*, II, n° 1316, p. 309.
4. *Ibid.*

témoigne assez de son embarras. En fait, dit-il, le réel infini n'est jamais donné à l'homme, et quand l'esprit humain croit séparer l'idéal du réel, il est simplement le jouet d'une illusion. « Quand l'homme abstrait l'idéal et le sépare du réel infini par voie de jugement, il croit faire ce qu'il ne fait pas, séparer ce qu'il ne sépare pas; car, dans ce cas, l'objet de la réflexion abstractive n'est pas vraiment le réel infini, mais un concept négatif et analogique qui, dans l'esprit humain, tient lieu du réel infini. » Et Rosmini ajoute un peu plus bas : « Il y a là une réfutation de l'erreur des pseudo-mystiques. Ils prétendent que dans l'homme l'objet de l'intuition naturelle est Dieu même, qui contient la réalité infinie, et que de l'être réel ainsi perçu dans son infinité l'homme tire ensuite par voie d'abstraction l'être idéal. »

D'ailleurs, si l'intuition de l'être idéal révélait à l'homme l'être infini réel, « il devrait voir en même temps deux choses : 1° que l'idéal est dans le sein du réel; 2° qu'il est absurde de le considérer... comme séparé du réel. Mais il est manifeste que l'homme, dans sa condition présente, ne voit pas cette absurdité, et c'est pourquoi il pense à l'idéal sans penser au réel, ne trouvant à cela aucun inconvénient : ce qui démontre qu'il ne perçoit pas par nature le réel absolu comme le veulent ces pseudo-mystiques [1] ».

Aussi, ce n'est jamais par voie d'intuition que l'homme arrive à connaître Dieu; ce n'est que par une suite de raisonnements que nous pouvons nous élever jusqu'à l'affirmation de cet être absolu [2], et encore toutes ces démarches de l'esprit ne le conduisent-elles qu'au seuil du temple où

---

[1]. *Psic.*, II, p. 309, 310, et *Teosofia*, IV, p. 335. Le *manifestante* n'est connu que par l'être *manifestato*. Cf. *Teosofia*, V, p. 400, art. IV. Rosmini remarque que par l'intuition nous atteignons l'être *in un modo assoluto*, mais que nous n'atteignons pas l'absolu en lui-même.

[2]. *Psic.*, II, p. 364. — Cf. *ibid.*, n°s 1394, 1660, 1664, 1658. *Teodicea*, n°s 55, 74. *Teosofia*, II, p. 80. *Sistema filosofico*, n° 182.

Dans le *Nuovo Saggio* (II, p. 71, art. IV), Rosmini nous fait observer que nous ne pouvons percevoir que ce qui modifie notre sensibilité; or Dieu ne saurait en aucune manière agir directement sur nos sens, donc...

mystérieusement se dissimule la Divinité : nous atteignons le fait de son existence, mais il ne nous est pas donné de porter nos regards avides dans l'intérieur même du sanctuaire, et l'essence intime de Dieu nous restera toujours cachée, au moins dans cette vie. « Le raisonnement conduit l'homme à connaître que Dieu est, mais non de quelle manière il est. » Et voilà pourquoi il y a des athées, pourquoi aussi on discute indéfiniment sur la nature et les attributs de Dieu, ce qui ne saurait avoir lieu, si nous en avions une intuition immédiate et naturelle : « Si l'existence de Dieu était l'objet de l'intuition des hommes, ce serait une vérité d'un si grand prix que nul ne l'ignorerait [1]. »

De plus, la vision de Dieu accordée à l'homme dès cette vie ne manquerait pas de le faire mourir, parce que l'âme, ainsi élevée, exercerait sur le corps une telle action pour le perfectionner de plus en plus, qu'elle le désorganiserait [2]. Enfin, cette théorie est manifestement contraire à la foi chrétienne qui réserve la vue immédiate de Dieu aux bienheureux dans le ciel [3].

Ainsi, c'est un fait bien certain : Rosmini se défend d'adhérer à la théorie de la Vision en Dieu, et il reproduit contre elle la plupart des arguments que les adversaires de Malebranche n'avaient pas manqué d'opposer aux sublimes rêveries du grand métaphysicien français.

Au fond, le philosophe italien se retranche surtout derrière la distinction fondamentale qu'il établit, *non pas en Dieu*, mais uniquement par rapport à nous, entre l'idéalité et la réalité, et c'est précisément cette distinction qu'il re-

---

1. *Psic.*, II, p. 363, n° 1394. Rosmini ajoute encore : « Avec l'intuition de Dieu chacun pourrait être heureux à volonté, parce qu'il aurait avec elle, sous la main, la source de la béatitude, ce qui n'est pas. » Enfin si l'homme avait la vue directe de Dieu, il verrait en lui les trois personnes de la Trinité, ce qui n'est pas, *Teosofia*, I, p. 215.

2. *Psic.*, I, p. 365, n° 692, note 1. Cette remarque se rattache à la théorie générale de l'organisation du corps par l'âme, telle que la comprend Rosmini. Voyez plus loin, IIe partie, ch. III, p. 204 suiv.

3. *Psic.*, II, p. 364, p. 512, n° 1660, 1664. — *Teosofia*, I, p. 446.

proche à Malebranche de n'avoir pas su garder. Le passage témoigne d'une critique pénétrante et vaut la peine d'être cité. Rosmini remarque d'abord que Malebranche accorde, dans sa théorie, la plus haute importance à l'idée de l'être universel et il rapporte à ce sujet quelques expressions très caractéristiques du IIIe livre de la *Recherche de la Vérité*[1]; puis il ajoute : « Qu'il s'en faut peu que ce penseur saisisse enfin le fil qui conduit à travers l'inextricable labyrinthe des idées! Déjà il le tient à la main, mais il ne s'en rend pas compte; et, au lieu de dire avec S. Thomas que cette idée de l'être est une lumière créée, il s'obstine à la confondre avec Dieu lui-même, et de là vient toute son erreur. Jusquelà, appuyé sur une exacte observation de la nature humaine, il s'était avancé avec une logique impeccable : à présent, sa méthode l'abandonne, et, sur les ailes de l'imagination, il franchit l'immense intervalle qui sépare la créature et le créateur. Et pourtant n'est-ce point lui-même qui avait reconnu que cette idée de l'être est une idée *vague,* qu'elle n'exprime que l'être *indéterminé*? Or l'idée de Dieu n'est pas *vague,* l'être qu'elle représente est, sans doute, infini, mais non pas indéterminé. Dieu est l'être réel par excellence et l'on s'étonne qu'un si grand penseur ait pu confondre cet être réel avec une pure idée[2]. »

Connaître directement l'idée de Dieu, c'est connaître quelque chose de divin, mais ce n'est pas atteindre Dieu, qui est infiniment plus qu'une idée. Ainsi, la distinction qu'il pose en Dieu entre la réalité et l'idéalité, voilà ce qui permet à notre philosophe de garder intacte la séparation

---

1. MALEBRANCHE, *Recherche*, Ed. Jules Simon, Paris, Charpentier, 1854, liv. III, ch. VIII, p. 309-310. « Cette présence claire, intime, nécessaire de Dieu, je veux dire de l'être sans restriction particulière, de l'être infini, de l'être en général, à l'esprit de l'homme, agit sur lui plus fortement que la présence de tous les objets finis. Il est impossible qu'il se défasse entièrement de cette idée générale de l'être. » — « On peut bien être quelque temps sans penser à soi-même, mais on ne saurait, ce me semble, subsister un moment sans penser à l'être, etc. »

2. *Nuovo Saggio*, II, p. 300.

qui existe essentiellement entre l'intelligence divine et les intelligences créées. Que vaut cette distinction? Nous ne chercherons pas à le déterminer ici. Peut-être est-elle subtile? peut-être aussi renferme-t-elle un élément d'explication que les adversaires de Rosmini n'ont pas voulu comprendre.

Il est vrai, pour Rosmini, que Dieu est par son Verbe la lumière de toutes les intelligences finies, mais encore faut-il déterminer dans quel sens et avec quelles restrictions il entend cette lumière. Dieu, en effet, dit-il, peut être la lumière des intelligences de trois manières différentes. Il est d'abord cette lumière parfaite que contemplent les élus et qui constitue l'objet de la vision béatifique. Il est aussi ce que la tradition appelle la lumière de la foi, clarté surnaturelle qui élève l'homme au-dessus de lui-même et lui donne sur Dieu des connaissances auxquelles par ses propres forces il n'aurait jamais pu atteindre. Enfin le Verbe de Dieu est la lumière des intelligences dans l'ordre naturel; c'est dans ce sens que Rosmini l'appelle *il lume della ragione*. La lumière, qui nous est communiquée dans l'intuition et qui fait de nous des êtres raisonnables, est constituée par l'être idéal et indéterminé; la lumière de la vision béatifique est encore l'être, mais l'être subsistant et réel qui est Dieu. C'est celui qui a dit de lui-même : Je suis l'être : *Ego sum qui sum*[1]. S'étant servi du pronom *Je*, fait observer le philosophe italien, il s'est manifesté comme une *personne :* il est un véritable sujet; il se distingue donc radicalement de l'être purement idéal et indéterminé.

« L'idée, voilà l'être dont l'homme a l'intuition, mais elle n'est pas le Verbe, parce qu'elle n'est pas, comme lui, un être subsistant. Elle est l'être qui cache sa personnalité et ne laisse voir que son objectivité indéterminée et impersonnelle; dans l'intuition de l'idée n'entre pas celle de la

---

1. *Exod.*, III, 14.

personnalité de l'être ni de sa réalité subsistante et c'est pourquoi l'esprit humain ne voit pas Dieu[1]. »

C'est là une affirmation sur laquelle Rosmini revient constamment et qui décidément sépare sa théorie de celle de l'Oratorien français. Le Verbe de Dieu éclaire nos intelligences; mais ce n'est pas à dire qu'il se communique lui-même tout entier à elles, dans sa réalité; car il ne peut les illuminer que d'une manière conforme à leur nature finie et limitée[2].

La pensée du philosophe italien n'offre absolument aucun doute sur ce point. « Dieu se communique à nous comme objet et non comme sujet[3]. » « Quant à leur fond, les idées humaines sont identiques à celles de l'intelligence divine[4] »; elles sont, pour ainsi dire, faites de la même étoffe; c'est en Dieu qu'elles se trouvent[5]; c'est de quelque manière en lui que nous en avons l'intuition; mais, d'autre part, « il est indubitable que la lumière communiquée par Dieu à l'intelligence humaine n'est pas toute la lumière divine; ou plutôt, jamais cette lumière incréée ne se révèle à nous telle qu'elle est en elle-même. En se manifestant à l'homme, elle revêt quelque chose de l'imperfection essentielle des créatures[6]; elle se limite, se rétrécit de quelque manière et ne se découvre qu'en partie. Cette limitation dépend aussi de la volonté du Créateur... En

---

1. *Introduzione alla filosofia*, p. 182 à 185.
2. Selon l'heureuse expression de M. Bazaillas, d'après Rosmini, Dieu se verra *divinement*; l'homme verra *humainement* Dieu. *Op. cit.*, p. 30.
3. *Teosofia*, I, p. 446.
4. *Rinnovamento*, p. 282 : « Le idee dunque dell' uomo doveano essere, quanto al fondo, identiche alle idee della mente divina. »
5. C'est là, dit Rosmini, à la suite de S. Augustin, un point de foi chrétienne; cf. S. Augustin, LXXXIII, 22, XLVI. « Infidelis est qui negat ideam in mente divina. » — S. Thomas, *de Veritat.*, quæst. III, art. I.
6. Cf. *Rinnov.*, p. 288 : « Questa limitazione dell' essere da noi veduto, è al tutto soggettiva; cioè nasce dalla parte nostra e non dalla parte dell' essere stesso, cioè di Dio. » C'est la théorie même de S. Augustin que Rosmini cite en note, p. 282, note 2. « Les intelligences finies atteignent la lumière divine, quantum id capere possunt. » *Retract.*, lib. I, c. VIII.

elle-même, la lumière divine est un soleil ; elle n'est plus qu'un flambeau ou qu'une simple clarté, quand elle parvient aux esprits créés : *in se stessa è sole, partecipata è luce*[1]. » Et enfin, conclut Rosmini, voilà pourquoi et comment nous n'avons cessé de dire que l'être, dont nous avons l'intuition, est purement idéal, indéterminé, par conséquent limité sous le rapport de l'existence concrète[2] : il est impossible de confondre un tel être avec l'essence divine réellement subsistante.

« Ainsi, l'être ne se communiquant au sujet humain que sous la forme d'objet idéal, l'intuition que nous en avons ne nous révèle pas l'acte divin qui le produit ; il nous est donné absolument séparé de l'essence divine : en voyant l'être indéterminé, l'homme ne voit pas Dieu en lui-même, il n'en saisit, si l'on peut dire, qu'un côté, une *appartenenza*[3]. »

1. *Rinnov.*, p. 285.
2. *Rinnovamento*, p. 287, 288.
3. *Teosofia*, I, p. 446, 447 ; cf. aussi *ibid.*, n⁰ˢ 131, 632.

CHAPITRE III

LA CONNAISSANCE A PRIORI

Nous voici en possession de cette idée, de cette forme de l'entendement qui se trouve dans les esprits avant toute expérience particulière et constitue le point de départ de la connaissance.

Jusqu'ici nous restons dans le domaine de la pensée à priori. Nous ne pourrons, en effet, exposer le développement ultérieur de la connaissance, le mode de formation de toutes les idées particulières, la prise de possession de la réalité concrète par l'esprit, que lorsque d'abord nous aurons déterminé ce qu'est, pour Rosmini, la seconde catégorie de l'être, le *réel*.

Pour rester fidèle à la pensée générale de notre philosophe, nous devons à présent explorer ce domaine de la connaissance pure, et voir comment, sous le regard de l'esprit, de l'idée de l'être se dégagent les grands principes de la pensée et les concepts à priori.

Dans les *Seconds Analytiques*, Aristote distingue deux grandes classes de principes, les *principes propres* et les *principes communs*. Les premiers sont nécessaires à celui qui veut acquérir telle ou telle science particulière; ils ne font donc qu'énoncer des rapports entre des êtres déterminés, tel est le cas, par exemple, des définitions, qui servent de point de départ aux différentes sciences.

Logiquement, ces vérités particulières dépendent de propositions plus générales, dont elles ne sont que des conséquences et comme des illustrations. Ces vérités plus générales, voilà ce qu'Aristote appelle les principes communs ou axiomes : elles sont nécessaires pour apprendre quoi que ce soit : ἣν ἀνάγκη ἔχειν τὸν ὁτιοῦν μαθησόμενον [1].

Ces principes communs expriment la condition de la pensée en général ; ils établissent ou affirment des rapports entre des êtres déterminés, ou plutôt, ils analysent l'essence même de l'être, et, à ce titre, ils constituent la règle de la pensée : la double nécessité d'affirmer l'être qui est et de ne point affirmer l'être qui n'est pas.

Ce sont ces principes qu'il importe, en premier lieu, d'analyser, pour en montrer le contenu et la constitution intime.

D'après Rosmini, avons-nous vu, l'essence de l'intelligence est constituée par la forme de l'être universel : il faut donc que les principes communs, les jugements absolus, qui expriment les conditions mêmes du fonctionnement de la pensée, se ramènent à l'idée de l'être et n'en soient que les premières applications.

Et c'est bien là, en effet, d'après le philosophe italien, ce que l'analyse nous découvre.

Le principe de connaissance ou d'identité et celui de contradiction sont de véritables jugements, c'est-à-dire qu'ils établissent, comme tout jugement, un rapport entre deux termes, un sujet et un prédicat [2].

La question est de savoir s'il est possible de ramener ce rapport à une affirmation de l'être. Analysons, par exemple, le principe de contradiction.

Sous sa forme la plus simple ce principe s'énonce ainsi [3] :

« Ce qui est ne peut pas ne pas être ».

---

1. *II Analytiques*, II, 19 ; cf. ROSMINI, *Logica*, p. 104, n° 339.
2. *Nuovo Saggio*, II, sez. v, part. III, cap. I, p. 91.
3. *Ibid.*, p. 92, cf. *Logica*, p. 104, n° 342 : « l'essere esclude il non essere », et n° 346.

Ce qui est, voilà le sujet de la proposition ; *ne pas être* en constitue le prédicat ; et, *ne peut pas*, voilà la copule, le lien logique qui relie ces deux termes. Ainsi nous voyons, dit notre auteur, que ce principe n'est autre chose qu'un jugement par lequel nous affirmons une incompatibilité radicale entre l'être et le non-être, impossibilité logique et absolue, tenant au fond même des choses et à la nature de l'intelligence.

L'opposition irréductible entre le néant et l'être, voilà tout le principe de contradiction. Ce qui n'est pas l'être est impensable, l'être est donc seul intelligible, à la fois condition et forme de la pensée.

On voit, dès lors, ajoute Rosmini, d'où dérive la valeur absolue de ce principe. Résumant les conditions de la pensée, il vaut ce que vaut l'intelligence elle-même ; il n'y a plus lieu de se demander s'il est légitime ou non, objectif et absolu ou seulement relatif au sujet pensant ; car, pour poser cette question et lui donner une réponse, fût-elle négative, il faut se servir de ce principe même dont on met en question la valeur. Ainsi l'esprit ne saurait un instant le mettre en doute sans se détruire lui-même : « Ce principe est indépendant de toute pensée individuelle ; il est au-dessus de la discussion, il précède et la pensée et la critique qui ne sont possibles que par lui[1]. »

Quant au principe de contradiction, il formule simplement le fait intellectuel le plus général : nous ne pouvons penser en même temps et sur le même objet l'être et le non-être, ou encore : nous ne pouvons penser que l'être. Il dérive donc directement de cette idée et n'en est même, selon l'expression de Rosmini, que l'application la plus générale. Il présente, dès lors, la même origine psychologique ; il est inné, c'est-à-dire que dès le premier usage de la raison, il préside au développement de la pensée

---

1. *Nuovo Saggio,* II, p. 92.

et la suit dans ses applications particulières. Remarquons cependant que, jugement ou proposition, ce principe suppose une certaine élaboration de l'esprit, un raisonnement. Or, pour Rosmini, un jugement ne saurait être absolument primitif : le principe de contradiction suppose donc un fait logiquement antérieur que nous appellerons avec lui principe de connaissance ou d'universelle intelligibilité [1].

Étant posée cette donnée irréductible, dont l'évidence immédiate est due à l'intuition et non à une démonstration qui aurait elle-même besoin d'un nouveau point de départ évident par lui-même, nous nous élevons à la conception réfléchie du principe de contradiction par le raisonnement suivant : l'objet de la pensée est nécessairement l'*être* (fait primitif et immédiat); or, le *non-être* constitue la négation de l'être, le néant; le *non-être* n'est donc pas intelligible; il ne saurait être l'objet de pensée : dès lors, l'*être* et le *non-être* ne sauraient non plus exister dans la pensée à propos d'un même objet et dans le même temps : penser l'*être*, c'est exclure radicalement le *non-être*.

Ainsi, selon Rosmini, le principe de contradiction n'est pas absolument primitif, puisque logiquement il suppose déjà des idées, un jugement; mais, considéré en lui-même, il n'est qu'une application à priori de l'idée innée de l'être universel : et c'est là ce qui fonde son inéluctable certitude [2].

C'est à la nécessité où se trouve toute intelligence de penser l'être que Rosmini ramène les principes de contradiction et celui de connaissance. La même nécessité logique engendre les deux principes de substance et de cause qui, d'ailleurs, se rattachent très étroitement aux premiers. Ces principes,

---

1. *Nuovo Saggio*, II, p. 93. — *Psic.*, II, p. 295 suiv., cap. II, art. 1 et 2. — *Logica*, nos 338, 344, 348. — *Saggio storico sulle Categorie e la Dialettica*, p. 320, 321.
2. Voir plus loin, ch. IV, *Certitude et Vérité*. — Cf. *Logica*, p. 106, n° 348.

Rosmini commence par les étudier à part, sous leur forme de règles universelles et nécessaires[1], et il se réserve de rechercher dans une section distincte l'origine des idées de substance et de cause. Mais, au fond, ces deux questions ne sauraient se séparer, surtout si nous nous plaçons au point de vue du philosophe italien[2].

Nous venons de voir comment l'idée de l'être, s'appliquant à un objet quelconque, devient, par le fait même de cette application, le principe suprême de la connaissance. De ce principe dérivent ensuite tous les autres.

L'idée de l'être, en effet, peut s'appliquer de manières bien différentes aux objets, selon que l'esprit considère tel ou tel caractère particulier de l'être[3]; et c'est cette diversité même qui fait que cette idée de l'être, une en elle-même, semble se multiplier et donner naissance à plusieurs principes. Ainsi, l'idée du bien, caractère spécial de l'être envisagé dans son rapport avec l'ordre, devient le principe de la morale; l'idée de beauté sert de point de départ au jugement esthétique, et le principe de la logique repose tout entier sur le concept de vérité.

Le mode de formation de tous nos principes ne varie pas : il se réduit à une affirmation de l'être, envisagé non plus dans l'indétermination de son universalité, mais dans une de ses relations particulières. Aussi, sans nous embarrasser à rechercher, avec Rosmini, l'origine de tous ces principes plus ou moins directement dérivés, demandons-nous quelles sont l'origine et la valeur des idées qui servent à les constituer. Notre exposition y gagnera en brièveté et en clarté.

Ces idées peuvent se classer en deux groupes : d'abord, celles qui n'expriment qu'un caractère de l'être, c'est-à-dire les idées d'unité, de nombre, de possibilité, d'universalité,

---

1. *Nuovo Saggio*, II, p. 94, 95.
2. *Ibid.*, II, p. 95, ch. IV.
3. *Nuovo Saggio*, vol. III, sez. VI, cap. III, a. 1, p. 57

de nécessité, d'immutabilité et d'absolu. Ces différentes notions forment un seul faisceau lumineux qui nous permet de saisir l'idée de l'être dans toute sa compréhension; elles s'impliquent et s'exigent réciproquement[1]. Un autre groupe comprend les idées du bien, du beau et du vrai, qui expriment moins des caractères de l'être que l'être lui-même considéré dans son rapport avec la pensée, l'action et la sensibilité esthétique. Nous n'avons pas à nous appesantir sur les idées renfermées dans ce second groupe : nous les retrouverons en exposant les différentes branches de la philosophie de Rosmini[2].

Ces idées, notre philosophe les appelle *pures,* pour marquer qu'elles n'empruntent rien à l'expérience sensible. Elles sont tout entières constituées par leur élément formel et ne requièrent aucune *matière* spéciale. C'est pour souligner cette particularité que Rosmini leur donne encore le nom d'idées *élémentaires*[3] : elles entrent à titre d'éléments dans l'idée fondamentale de l'être, elles en jaillissent d'elles-mêmes sous le regard dissolvant de l'analyse et n'en expriment que les différents caractères. Elles ne sont donc que les divers aspects d'un seul et même concept, elles n'ont pas d'objet propre et ne nous font jamais connaître que les *notes* de l'être, immuables comme lui, comme lui éternelles et irréductibles absolument aux données de l'expérience[4], dans lesquelles elles trouvent seulement l'occasion et comme le choc excitateur qui les fait apparaître au regard de l'esprit[5].

Cette innéité des idées pures, qui nous choque si fort aujourd'hui, est cependant une conséquence à laquelle on ne saurait se soustraire, dès que l'on admet, avec les onto-

---

1. *Nuovo Saggio*, II, p. 96; cf. p. 19-20 suiv.
2. Sur le vrai, voir plus loin partie I, ch. IV; sur le bien, part. III, ch. I; sur le beau, part. III, note 2, p. 264.
3. *Nuovo Saggio*, II, p. 96. — Cf. *Logica*, p. 484, n° 1056.
4. *Nuovo Saggio*, II, p. 97.
5. *Ibid.*, II, p. 102.

logistes, le caractère absolument à priori de l'idée de l'être. Rosmini, d'ailleurs, ne fait guère que répéter ici, et presque dans les mêmes termes, l'enseignement d'une longue tradition philosophique [1].

Ces idées rentrent toutes dans le domaine de la connaissance pure et à priori [2]; elles sont même, comme le dit Rosmini [3], condition de tout usage de la raison; elles constituent le point de départ et le résumé de toutes nos connaissances à priori et de tous nos jugements absolus. Et c'est là, enfin, ce qui explique pourquoi ces idées, tout comme celle de l'être, se trouvent, sous une forme plus ou moins précise, dans toutes les intelligences, même les plus incultes; pourquoi aussi les enfants en font usage dans leur langage et leurs raisonnements, avant d'être capables d'observation et d'analyse [4]. De même que nous avons distingué une connaissance anoétique de l'idée de l'être [5], il y a aussi une connaissance irréfléchie et spontanée de ses caractères essentiels.

Aux idées pures nous rattacherons, avec Rosmini, les deux grandes notions de substance et de cause qui sont également à priori, et ne s'expliquent que par l'idée de l'être. Elles se distinguent, cependant, des précédentes en ce qu'elles ne se bornent pas à exprimer un caractère de l'être, mais elles y ajoutent quelque chose, comme nous allons l'expliquer; elles ne sont donc pas élémentaires [6].

---

1. S. Augustin, *Retract.*, lib. I, cap. III; *De Vera Relig.*, cap. XXX-XXXI; *De lib. arbitrio*, lib. II, cap. XI; *De Trinit.*, lib. XII, cap. II, XXIV. — *Conf.*, X, 65; XII, 35. — S. Anselme, *Monol.*, c. XXXI-XXXIV. — Thomassin, *Tract. de Deo*, lib. I, cap. XIV, art. 1; lib. VI, cap. X, art. 2 sqq., tout le livre III : De Deo ut est Esse ipsum et Mens et Veritas, etc. — Gerdil, *Défense du sentiment du P. Malebranche sur l'origine et la nature des idées*, Turin, 1748, dissert. préliminaire. Cf. *passim* Malebranche, Leibniz, Bossuet, Fénelon, S. Bonaventure.
2. *Nuovo Saggio*, II, p. 28.
3. *Ibid.*, part. IV, cap. II, p. 102.
4. *Ibid.*, II, p. 96, cap. I, art. 1.
5. Ire partie, ch. II, p. 40, 41.
6. *Nuovo Saggio*, part. IV, c. II, p. 103.

Il semble, à première vue, que ces idées de substance et de cause soient bien autre chose qu'une simple et primitive application de l'idée de l'être et requièrent un élément matériel, une donnée empirique. Comment aurions-nous jamais l'idée de substance en général, si nous n'avions perçu un être réellement existant et permanent? Et la notion de cause n'est-elle pas inintelligible pour quiconque n'aurait pas saisi, au moins une fois, dans sa réalité vivante et concrète, le fait de la causalité? Mais remarquons que, pour Rosmini, la question se pose d'une manière bien différente. L'intelligence humaine, d'après lui, débute par le général et l'universel; elle a l'intuition de l'être indéterminé avant de connaître un être particulier, que dis-je? jamais nous ne connaîtrions une existence particulière quelconque si déjà nous n'étions en possession de l'idée de l'être. Ce qu'il dit de cette idée, notre philosophe doit aussi, pour être logique, le dire de toutes les notions fondamentales de l'esprit humain; elles nous sont présentes indépendamment de la connaissance empirique des êtres particuliers auxquels elles correspondent.

On a beaucoup discuté sur cette fameuse idée de substance qui se trouve à la base même de toute métaphysique. Et il ne faut pas s'en étonner, ajoute Rosmini; séparée de l'idée de l'être, cette notion offre, en effet, d'inextricables difficultés. Ajoutons à cela que le problème relatif à l'origine de l'idée de substance a souvent été confondu avec une question connexe : l'existence des substances particulières. C'est là une confusion que rien ne justifie[1]; car, de ce que nous ne parvenons pas à saisir, à palper, pour ainsi dire, ces dernières, il ne s'ensuit nullement que nous ne possédions pas l'idée de substance en général, c'est-à-dire, pour notre philosophe, l'idée de cette « énergie interne qui

---

1. Voyez ce que Rosmini dit à ce sujet dans sa critique du sensualisme de Locke, *Nuovo Saggio*, I, p. 11 suiv.; cf. p. 103.

fonde l'existence actuelle et indépendante d'un être particulier ¹ ». « Nous pourrions, en effet, avoir l'idée de substance en général et ne connaître à fond aucune substance des choses particulières². » Et, en fait, on est loin de s'accorder sur la nature intime de la substance ; c'est là un problème à part, métaphysique et non point logique ou psychologique. Et, cependant, il n'y a que ce dernier aspect du problème que nous ayons à considérer ici.

Nous avons l'idée de substance, nous pensons la substance : c'est là un fait contre lequel les objections ne peuvent rien ; c'est une donnée directe de la conscience qui s'impose, se constate et ne se discute pas³. Non seulement cette idée existe, mais, continue Rosmini, il est même impossible qu'elle n'existe pas ; sans elle, en effet, l'esprit humain ne saurait former le moindre raisonnement, formuler la moindre affirmation ; sans elle, il est impossible de concevoir l'existence de quoi que ce soit : elle se retrouve nécessairement au fond de toutes nos pensées, et il en est d'elle comme de toutes les données primitives : ceux qui veulent la nier l'affirment par leur négation même⁴. Rosmini passe à l'analyse de la substance et cherche à en dégager nettement la notion ⁵.

Qu'est-ce que nous pensons quand nous parlons de substance ? Quel est le contenu de cette idée ?

D'abord, nous devons nous garder de confondre la substance en général avec l'essence.

Le mot *essence* peut revêtir deux significations totalement différentes qu'il importe de bien distinguer pour saisir exactement la pensée de Rosmini.

---

1. *Nuovo Saggio*, II, p. 104 : — « Sostanza è quella energia per la quale gli esseri attualmente esistono, o sia quella energia che costituisce la loro attuale esistenza. » Cf. *Psic.*, II, n° 771-772.
2. *Nuovo Saggio*, II, p. 103.
3. *Ibid.*, p. 104.
4. *Nuovo Saggio*, I, p. 13.
5. *Nuovo Saggio*, II, p. 104, Analisi del concetto di sostanza.

On l'emploie généralement aujourd'hui pour exprimer le principe caché et insaisissable qui est la source de toutes les propriétés que nous découvrons dans les objets. C'est dans ce sens que Bossuet parle, au sujet des corps, de ce « quelque chose de plus foncier que ce que nous y reconnaissons[1] »; dans ce sens aussi nous disons que les essences des choses nous seront toujours inconnues.

Rosmini donne au mot essence une signification tout opposée. « L'essence, dit-il, est ce qui est pensé dans l'idée de la chose »; c'est l'ensemble des caractères distinctifs de cette chose connue et pensée par nous comme possible. Ainsi, l'essence de l'arbre exprime simplement l'idée que les hommes se font d'un arbre d'après les caractères qu'ils en perçoivent dans l'expérience.

Pour Rosmini, l'essence est ce qui est compris dans la définition d'une chose[2]. « Par le mot *essence*, dit-il, les modernes ont entendu, non ce que nous connaissons d'une chose, mais ce qui pourrait encore s'y trouver d'inconnu »; et s'ils prétendent que nous ne pouvons atteindre les essences, c'est qu'ils les confondent avec ce principe caché qui sert à expliquer les diverses propriétés des êtres. Mais cette confusion est absolument injustifiée et contraire à la vraie langue philosophique.

Au fond, il y a là une pure dispute de mots. Rosmini, lui aussi, admet qu'il y a dans la nature un élément inconnaissable[3]; seulement, au lieu de l'appeler essence, il le nomme *subsistance* ou réalité pure des choses. D'ailleurs, en plus d'un endroit le philosophe italien emploie le mot essence dans son acception ordinaire de principe caché, par exemple, lorsqu'il fait consister l'essence du corps « dans une énergie qui nous rend passifs et que notre intellect per-

---

1. Voir dans Arnaud, *Œuvres*, Paris, 1780, t. I, p. 279-280.
2. *Nuovo Saggio*, III, cap. v, p. 89 : « Della cognizione delle essenze ». Cf. II, p. 140.
3. Voyez plus loin, IIIe partie, chap. iv.

çoit comme un être différent de nous qui opère en nous[1] ». Quoi qu'il en soit, prenons le mot essence avec l'acception que Rosmini lui donne.

La substance ajoute quelque chose à l'essence ; à la pure possibilité logique elle unit l'idée de l'existence indépendante et en soi.

« La substance, écrit notre philosophe [2], est ce que l'esprit conçoit dans un être sans avoir besoin de recourir à autre chose pour s'en former un premier concept. Il est clair que l'on ne peut concevoir l'accident isolé, mais qu'on doit le rapporter à la substance par laquelle il existe[3]. De même, on ne peut concevoir les actes seconds isolés, mais l'esprit, pour les concevoir, doit recourir à un principe qui les produise, parce que les actes seconds ne peuvent exister sans le principe qui en est la cause. Mais, quand je suis parvenu à trouver le premier principe des actions, en quelque ordre d'activité que ce soit, je ne peux pas aller plus loin et je dois m'arrêter. Ce premier principe est donc conçu par l'esprit sans qu'il ait besoin de s'élever à un autre principe qui lui soit antérieur dans l'être dont il s'agit; dès lors l'esprit s'y arrête et le déclare existant en lui-même. » Aussi pouvons-nous définir la substance « l'acte propre qui fait subsister l'essence d'un être particulier [4] ».

On voit, ajoute Rosmini, que l'indépendance qui caractérise la substance doit être conçue d'une manière relative. La substance est un être *per se*, mais non pas nécessairement un être *a se*. Lorsqu'on définit la substance l'acte par lequel

---

1. *Nuovo Saggio*, II, p. 161, c. III et *passim* dans tout le chap. précédent, p. 153 suiv.
On pourra lire avec intérêt et profit une dissertation de Gioberti sur ce point particulier. *Introduction à l'Étude de la Philosophie,* trad. Tourneur et Defourny, Paris, Lecoffre, 1847, vol. III, note 20, p. 257 suiv.
2. *Psic.*, I, p. 95, n° 167, 168.
3. « L'accident est une entité qui ne peut se concevoir qu'en une autre entité, par laquelle elle existe et à laquelle elle appartient. » *Psic.*, I, p. 32, n° 52.
4. Cf. *Nuovo Saggio*, II, p. 144 : « La Sostanza è l'atto onde sussiste l'essenza della cosa. » — Cf. *Psic.*, II, p. 51, n° 827-828; p. 373, n°s 1412, n° 1621.

un être existe en soi, « il ne faut pas prendre les mots *en soi* absolument, mais avec cette restriction : par rapport à l'activité dont il n'a pas besoin pour être conçu[1] ».

Deux éléments entrent dans le concept de substance : d'abord, l'essence, c'est-à-dire le concept des propriétés qui caractérisent un être particulier; puis l'idée d'existence indépendante et en soi, idée qui détermine le mode de cette existence possible que nous concevons par l'essence[2].

Remarquons bien qu'en définissant ainsi la substance, il ne s'agit pas pour l'esprit d'affirmer l'existence actuelle, réelle, d'aucun être particulier, mais seulement la pure possibilité d'un être quelconque, que nous concevons comme subsistant et n'ayant d'autre détermination que l'existence indépendante et en soi, conçue comme possible[3]. Cette définition ne nous fait donc pas passer de l'ordre des possibles à celui du réel. Aussi bien que l'idée d'essence, la notion de substance est un pur concept renfermé tout entier dans les limites de la connaissance à priori.

Et de même, lorsque nous pensons une substance particulière, nous n'affirmons pas nécessairement la réalité objective de l'objet qui est censé lui correspondre; simplement nous concevons cet objet comme existant en soi, comme subsistant. L'idée de substance, comme toute idée, est la conception d'une pure possibilité : pour qu'elle exprime un être concret, doué à la fois de l'existence en soi et de l'existence réelle, il faut une affirmation spéciale de l'esprit, un jugement qui constitue, pour Rosmini, l'acte même de la perception intellectuelle[4]. Et si le philosophe italien nous dit souvent que la substance est l'acte par lequel subsiste l'essence[5], il n'entend par là qu'une *subsi-*

---

1. *Psic.*, I, n°.52, corollaire. — Cf. *Nuovo Saggio*, II, p. 144, note 1.
2. *Nuovo Saggio*, II, p. 104.
3. *Nuovo Saggio*, II, p. 105-106.
4. Voyez plus loin, part. II, ch. I.
5. *Nuovo Saggio*, II, p. 144, § 5.

stance (*sussistenza*) abstraite et possible; il ne pose comme subsistante aucune réalité substantielle particulière. Il veut dire que la substance est l'aspect sous lequel se présente à nous un objet quand, par la pensée, nous le *concevons* comme subsistant. Il faut avouer, du reste, que le langage de notre philosophe est assez imprécis sur ce point et semblerait parfois vouloir dire tout le contraire.

La subsistance réelle exprime l'existence actuelle en soi, indépendante; la substance, elle, ne représente que l'énergie possible qui fait subsister les êtres; et la substance, condition de la subsistance, ne l'implique pas nécessairement [1].

On a reproché à Rosmini de confondre, dans sa définition de la substance, l'idée d'action avec celle d'existence. « Avant de concevoir l'énergie, l'action exercée par l'être, dit-on, il faut concevoir l'être déjà constitué [2] », car l'opération n'appartient qu'à l'être subsistant. Sans doute, et cela est trop évident : aussi devons-nous y regarder à deux fois avant de prêter à Rosmini une telle confusion d'idées. Son expression peut-être est défectueuse, mais nous croyons que sa pensée n'offre aucune contradiction. Quand notre philosophe définit la substance « l'énergie par laquelle est constituée l'existence actuelle des êtres », il n'entend par là aucune opération, aucune activité spéciale, mais bien la propriété d'exister en soi, d'être en acte (ἐνέργεια) [3], ce qui est du domaine de l'existence et non de celui de l'activité.

---

1. *Psic.*, I. *Définitions*, § V, p. 32.
2. *Métaphysique générale*, Dupont, Louvain, p. 144. Nous retrouvons la même objection dans le livre de Liberatore : *La conoscenza intellettuale* (V⁰ partie, ch. I, p. 387) et dans l'*Histoire de la philosophie d'Augusto Conti* (II partie, XXII⁰ leçon, p. 501), trad. Collas, Paris, Victor Palmé.
3. Quelques considérations suffiront pour justifier notre manière de voir : 1⁰ Rosmini établit très clairement (*Nuovo Saggio*, II, chap. VI, art. 5, p. 129) une distinction bien tranchée entre la substance et la cause; il définit aussi la substance, une pure existence en soi, et la cause, une substance qui agit : il distingue donc la substance, en ce qu'elle *est* simplement, sans agir.

Par l'analyse qui précède, nous voyons que l'idée de substance, dans sa forme générale, n'est pas absolument primitive; elle peut se décomposer, en effet, en trois éléments facilement séparables : l'idée d'existence actuelle conçue simplement comme possible; puis, ce caractère spécial qui fait qu'un être existe en soi et se suffit; et enfin l'idée de l'individu, du sujet, dans lequel se trouve, ou, du moins, peut se trouver réalisée cette existence[1]. Cette dernière idée est le nerf même de l'idée de substance. Elle est impliquée d'abord dans la notion de substance en général, par laquelle nous concevons une existence telle, que l'être qui la possède, s'il existe, existe en soi; et le concept d'un être qui existe en soi, et non en autrui, constitue la définition même du sujet.

Cette idée de sujet entre aussi à titre d'élément constitutif dans les notions de substance générique et de substance spécifique; mais, tandis que par la notion de substance en général, nous concevions un sujet possible et indéterminé absolument, par ces deux dernières idées (mais toujours en restant dans les limites de la pure possibilité), nous déterminons ce sujet par ses notes génériques ou spé-

---

2° Dans le jugement que nous portons sur la substance, nous n'affirmons qu'une seule chose, l'être; il n'y est pas question d'activité.

3° Rosmini explique bien ce qu'il faudrait entendre tout au plus par une action inhérente à la substance (*Nuovo Saggio*, II, part. IV, cap. v, a. 5, p. 131) : « La substance est un être qui produit une action que nous considérons comme immanente, qui ne sort pas de la substance elle-même, tandis que l'action de la cause est extérieure; l'action de la cause, c'est l'effet; l'action de la substance, c'est l'accident. » Ainsi la substance n'est pas douée de véritable activité, et s'il est permis de parler d'action à son sujet, cette action n'est pas autre chose que l'*acte de l'existence*. D'ailleurs, Rosmini ajoute aussitôt (p. 131, note 1) : « En ce sens, on peut dire que la substance est cause de ses accidents. Mais ce terme de cause, appliqué à la substance, est tout à fait impropre. Quand on parle de substance, on ne considère jamais le concept d'action, *mais seulement le concept d'être en acte* par rapport aux accidents qui sont dans et par la substance : Quando si dice sostanza, mai si considera sotto il concetto di produttrice, ma sotto il concetto di atto di essere, relativamente a suoi termini, che per esso atto ed in esso esistono. »

1. *Nuovo Saggio*, II, cap. ii, p. 106.

cifiques, qui le classent dans tel genre ou telle espèce[1].

Aussi voyons-nous que les deux premières notions ne sont que des abstractions[2] de l'idée de substance spécifique ou individuelle[3]. Une fois en possession de cette idée, nous n'avons qu'à négliger ses *notes* propres et spécifiques pour acquérir la notion de substance générique, et si nous dépouillons cette dernière des caractères qui classent l'individu dans tel genre déterminé, nous nous élevons enfin à la conception de la substance universelle.

Ainsi, tout le problème relatif à l'idée de substance se ramène à une analyse du concept d'individu ou de substance spécifique.

Quelle est donc l'origine de cette idée d'individu?

Nous verrons plus loin, et en détail, par quel procédé l'esprit affirme l'existence actuelle d'un individu particulier[4]. Pour le moment, il nous suffit de savoir qu'en appliquant l'idée de l'être en général aux données de l'expérience sensible nous formulons ce jugement : il existe un être dont nos sensations ne sont que la manifestation. C'est la perception intellectuelle.

Mais ce jugement suppose une idée antérieure; pour le formuler, il faut déjà que nous ayons la notion de l'existence en soi; la perception intellectuelle d'un individu, bien loin de nous fournir l'idée de substance, la suppose, au contraire, et s'appuie nécessairement sur elle[5].

L'homme ne serait jamais parvenu à se former l'idée d'une substance particulière, si déjà son esprit n'était en possession de l'idée de substance en général.

Nous percevons les êtres particuliers en pensant l'énergie spéciale par laquelle ils subsistent; mais, cette énergie,

1. *Nuovo Saggio*, II, p. 105-106.
2. In una parola, le idee di sostanza universale e generica non sono che astrazioni della idea di sostanza speciale (part. IV, a. 3, p. 108).
3. *Nuovo Saggio*, II, art. 3, p. 108.
4. Plus bas, II, ch. i.
5. *Nuovo Saggio*, II, p. 109.

l'esprit la pense d'abord d'une manière absolument générale et indéterminée, c'est-à-dire qu'il ne se représente aucun être particulier, mais conçoit seulement une pure possibilité d'existence indépendante et en soi[1].

L'idée de substance, qui seule rend possibles les jugements sur la subsistance des êtres (*sussistenza*), n'est donc qu'une des formes de l'être universel; c'est l'être considéré, non plus seulement sous le rapport de la pure possibilité, mais encore dans son mode d'être, en tant qu'il est conçu comme se suffisant à lui-même, comme indépendant et en soi[2].

D'après cette théorie, « l'idée de substance n'est point déduite des sensations et n'en est point cependant complètement séparée; elle n'est pas non plus considérée comme innée, et l'esprit y voit autre chose qu'une pure apparence phénoménale et subjective; l'idée de substance découle de la première, de la plus objective de toutes nos idées, l'être, qui seule est innée et se suffit pleinement à elle-même »[3]. L'expérience sensible ne constitue que l'occasion, le choc, qui met l'esprit en éveil et lui fait appliquer l'idée d'existence en soi. Aussi, ajoute Rosmini, il est impossible d'expliquer l'idée de substance par les seules données de l'expérience. Interne ou externe, une sensation ne fait qu'un avec nous; elle n'est qu'une modification accidentelle de notre sentiment fondamental, où notre raison n'intervient d'aucune manière. La substance, au contraire, c'est en elle-même que nous la pensons, comme une existence en soi, non comme une modification de notre sensibilité[4].

La sensation est subjective : la substance est absolument objective : elle est un objet de pensée qui s'oppose à nous, distinct de nous et se présentant aux regards de la raison.

---

1. *Nuovo Saggio*, II, p. 105.
2. *Ibid.*, art. III, p. 110.
3. *Nuovo Saggio*, II, p. 112, art. III.
4. *Nuovo Saggio*, I, art. IV, p 13-14.

La sensation ne nous révèle que l'existence des qualités sensibles ; c'est à la seule pensée qu'il est réservé d'ajouter avec certitude : *ces qualités sensibles ne sauraient exister sans une énergie,* une substance qui explique leur existence. Et d'où vient donc, encore une fois, un semblable principe? Serait-ce des sensations elles-mêmes? Évidemment non : puisque l'expérience sensible ne nous découvre jamais que des phénomènes, des qualités. Il vient de l'esprit.

Si, en effet, nous déclarons que les accidents ne peuvent exister en eux-mêmes, c'est que notre esprit saisit une contradiction manifeste entre le fait d'être accident (d'être en autrui) et d'exister en soi ; et nous ne répugnons invinciblement à cette contradiction que parce que nous ne saurions jamais penser que l'être[1].

L'idée de substance nous conduit tout naturellement à celle de cause. « Ces deux notions, bien qu'irréductibles l'une à l'autre, sont inséparables ; la substance implique la permanence, et la cause, le changement ; permanence et changement ne se conçoivent pas l'un sans l'autre[2]. »

Le changement, par opposition à l'être stable, l'action, par opposition à l'acte pur de l'existence, voilà bien, pour Rosmini, ce qui distingue la cause de la substance. La substance, dit-il, en effet, se définit uniquement par l'existence en soi et n'implique aucune idée d'activité. « La cause est une substance qui opère[3]. » Ainsi, la substance n'est pas nécessairement une cause, mais la cause ne se suffit pas à elle-même, et nous ne pouvons jamais la concevoir que comme une substance, sinon elle perd cette unité

---

[1]. *Nuovo Saggio*, II, p. 42 à 115 ; cf. 118, art. IX, p. 123. — Cf. *Psic.*, I, p. 32-33, définition, § 6 : « L'accident est une entité qui ne peut se concevoir qu'en une autre entité par laquelle elle existe et à laquelle elle appartient. »

[2]. LIARD, *La science positive et la métaphysique*, 4ᵉ éd., Paris, 1898, Alcan, p. 254.

[3]. *Nuovo Saggio*, II, p. 129 : « Una sostanza che fa un azione. »

et cette permanence qui seules rendent possible son action.[1]. Rosmini se sépare donc de Leibniz pour qui être c'est agir, et qui, dès lors, définit la substance une cause une et permanente, comme la cause est une substance agissante[2].

A chaque fois que nous voyons se produire un événement, et, plus généralement, à chaque fois que nous percevons une action, nous affirmons l'existence d'un agent, d'une cause de ce changement; et, nous fût-elle inconnue en elle-même, nous ne laissons pas de croire à l'existence réelle de cette cause.

Il est de la plus haute importance de déterminer avec précision l'origine et la valeur de cette idée, car, aussi bien que la notion de substance, elle se trouve à la base même de la métaphysique, et, de plus, constitue le point de départ de la science et le ressort caché de toutes ses démarches[3].

Tout ce qui commence à exister, tout événement, toute action, doit avoir une cause : telle est, dit Rosmini, la formule la plus claire du principe de causalité. Si nous l'analysons, nous trouvons dans ce principe deux éléments distincts, les idées d'*action* et d'*agent,* et, de plus, un lien logique qui rattache ces deux termes l'un à l'autre d'une manière nécessaire.

L'idée d'action n'offre aucune difficulté spéciale. Comme toutes les idées acquises, elle trouve son élément matériel dans les données de l'expérience, qu'il s'agisse, d'ailleurs, d'action physique, de mouvement mécanique ou de détermination psychologique[1].

La notion d'agent nous est fournie de la même manière, mais surtout par l'expérience interne, par la conscience, qui nous atteste un grand nombre d'actions que nous pro-

---

1. Cf. Balmès, *Philosophie fondamentale*, liv. IX, ch. x.
2. Voir Nourrisson, *Phil. de Leibniz,* p. 205 suiv., Paris, Hachette, 1860.
3. *Nuovo Saggio,* II, p. 125.
4. *Nuovo Saggio,* II, p. 125-126.

duisons nous-mêmes; tels sont, par exemple, les actes volontaires, l'effort attentionnel [1].

Mais pourquoi sommes-nous, de quelque manière, nécessités à affirmer un agent quand nous percevons une action; pourquoi l'idée d'effet est-elle inintelligible si nous la séparons de celle de cause? C'est ici que gît tout le problème. Il n'y a, dit Rosmini, qu'une seule manière de rendre compte de cette nécessité : elle tient à la nature même de la pensée qui obéit à la grande loi de l'être objectif : Nous ne pouvons penser que l'être [2].

Il semble, à première vue, que l'être ne soit pas l'unique objet de nos affirmations. Que de fois ne nous arrive-t-il pas de parler de qualités, d'attributs, de relations, d'actions? et il est manifeste qu'aucun de ces termes ne représente un être réel ou possible. Comment se fait-il donc que nous pensions ces différents concepts? Le principe général de la connaissance se trouverait-il ici en défaut? Ou plutôt ne devons-nous pas dire avec Rosmini que c'est ce principe même qui rend possibles de semblables concepts? Et, en effet, les déterminations de l'être, ses qualités, ses modes, ses opérations, l'esprit humain ne peut les concevoir et les penser, qu'en les rapportant à l'être lui-même [3].

Pour l'esprit, soumis à la loi fondamentale de ne pouvoir

---

1. *Ibid.*, II, p. 126-127.
2. *Ibid.*
3. *Nuovo Saggio*, part. IV, cap. IV, a. 4, p. 127 : « Tutto ciò che appartiene à l'ente (essere) e lo determina, l'intelletto non le percepisce per se, ma solo come determinazione dell' ente. » — Cf. BOSSUET, *Logique*, liv. I, ch. VIII : « Il y a des idées qui représentent les choses comme étant et subsistant en elles-mêmes... Il y en a d'autres qui représentent leur objet, non comme existant en lui-même, mais comme surajouté et attaché à quelque autre chose. Par exemple, quand je dis *rondeur* et *sagesse*, je ne conçois pas la rondeur ni la sagesse comme choses subsistantes en elles-mêmes... Il faut donc nécessairement que dans ces deux idées, outre ce qu'elles représentent directement, il y ait un regard indirect sur ce qui est rond et ce qui est sage, c'est-à-dire sur la chose même à qui convient l'un et l'autre. Ainsi, je puis bien entendre un bâton, sans songer qu'il soit droit ou qu'il soit courbe; mais je ne puis entendre la droiture ni la courbure du bâton sans songer au bâton même. »

penser que l'être, il n'y a qu'un moyen de concevoir ce qui n'est pas l'être, mais seulement le détermine, c'est de concevoir en même temps cet être dont il perçoit les modifications. En d'autres termes, ce qui n'est pas substance, existence en soi, tout cela n'est que pure abstraction et n'a de réalité et d'intelligibilité que par l'être. Eh! ne savons-nous pas d'ailleurs que les abstraits supposent l'objet concret et réel dont ils ne sont que le résidu logique? En somme, il n'existe point d'actions; il n'y a que des êtres agissants.

A la lumière de ce principe, nous voyons facilement comment s'explique la nécessité où nous nous trouvons d'affirmer un lien logique et réel à la fois entre les deux idées d'action et d'agent, d'effet et de cause. Une action n'exprime jamais, en définitive, que la détermination, la qualité, le mode d'un être particulier; l'action ne se conçoit que par l'être qui agit. De cette nécessité logique, fondée sur le principe général de la connaissance, naît en nous l'idée de cause. L'être que nous affirmons ainsi n'est pas connu directement en lui-même, mais la raison l'affirme en vertu de la nécessité où elle se trouve de ne penser que l'être[1].

L'idée de cause trouve dans l'expérience l'occasion d'apparaître au plein jour de la pensée réfléchie; mais, en elle-même, elle n'est qu'une forme de l'idée de l'être, objective comme elle, et, comme elle, nécessaire.

Ainsi, l'analyse de l'idée d'action permet à Rosmini de ramener le principe de causalité à celui de contradiction,

---

1. *Nuovo Saggio*, II, p. 128 : « Dunque l'intelletto non percepisce l'azione se non riferendola ad un ente che non conosce particolarmente, ma di cui sente la necessità... e quest' ente è ciò che poi si chiama causa. » Cf. p. 129.

Nuovo Saggio, p. 131 : « La sensazione non può stare senza una sostanza; l'azione non può stare senza una causa. » Rosmini nous fait observer que les deux principes de substance et de cause se distinguent des principes de connaissance et de contradiction : ceux-ci n'affirment que l'être *simpliciter dictum;* ceux-là affirment un ordre, un rapport dans l'être. — Cf. *Logica*, p. 109, n° 361 suiv.

comme l'analyse de l'idée de l'être lui avait permis de ne voir dans ce dernier principe lui-même qu'une application spéciale de la loi générale de la connaissance. Le principe de causalité est donc analytique.

Sans doute, l'idée de cause n'est pas contenue dans le concept de commencement comme 12 l'est dans 5 + 7; mais, étant donné un commencement, cette notion reste inintelligible tant que l'esprit n'y joint pas celle de cause. Seule la cause rend pensable l'action [1]. L'analyse de Rosmini sur ce point nous semble répondre très efficacement aux objections soulevées par Kant contre ce principe [2].

Quant au principe de substance, il n'est, au fond, pour Rosmini, qu'un cas, qu'une application du principe de causalité. Tout accident suppose une substance, mais qu'est-ce donc qu'un accident, sinon un être qui n'est pas en soi, mais seulement existe en autrui? Et comment concevoir comme existant en soi ce qui inclut dans sa définition même l'existence en autrui? Attribuer à l'accident une existence indépendante serait la plus insensée des contradictions.

Au fond, il n'y a pas de différence entre un accident et un effet, si ce n'est qu'il est essentiel à ce dernier d'être distinct de sa cause, tandis que l'accident n'est jamais, sinon logiquement, séparé de la substance qui l'explique [3].

Tout ce qui commence exige une cause; tout ce qui commence à exister dans un autre être qui le soutient, exige une cause d'une nature spéciale que nous appelons substance. Le principe de substance est fondé sur celui de

---

[1]. *Nuovo Saggio*, II, cap. IV, a. IV, p. 131. — Cf. *Logica*, p. 47, art. II : « Della facoltà che ha l'uomo di vedere il nesso tra il subietto ed il predicato. » — Voir aussi *ibid.*, n° 407.

[2]. On trouvera avec plaisir, sur cette question, des remarques très pénétrantes dans le livre si personnel de M. Piat, *L'intellect actif, ou du rôle de l'activité mentale dans la formation des Idées*, p. 156, 167, Paris, Leroux, 1898.

[3]. *Nuovo Saggio*, II, cap. IV et V, p. 131.

causalité et, par lui, se ramène, en dernière analyse, au principe d'identité.

Cette théorie du philosophe italien embrasse à la fois l'aspect logique et le côté métaphysique des idées de substance et de cause; l'aspect logique, d'après lequel dans une proposition l'attribut requiert nécessairement un sujet; l'aspect métaphysique qui affirme l'existence réelle et objective de ce sujet. Si Rosmini ne distingue pas ces deux points de vue, c'est que, pour lui, la pensée et l'être coïncident : la pensée, c'est l'être intelligible; et l'être, c'est la pensée réalisable ou possible. Tandis que pour Kant, l'affirmation n'a, au fond, qu'une valeur logique, subjective; tandis qu'elle n'exprime pour les sensualistes qu'un phénomène sensible; pour le philosophe italien elle embrasse, dans le même acte intellectuel, une relation logique formelle et une existence objective correspondante.

Aussi Rosmini triomphe : les idées de substance et de cause ne sont que des formes de l'être; et l'être, nous allons le montrer dans le chapitre qui suit, c'est la vérité objective, absolue et nécessaire. La métaphysique est sauvée! Il n'y a plus à se demander comment nous pouvons sortir de nous-mêmes; l'abîme qui semblait séparer la pensée et l'être extérieur à nous est comblé, et la pensée, certaine d'atteindre l'être, dépasse d'un bond tous les phénomènes de ce monde inconstant et s'élève jusqu'à l'être en soi, jusqu'à la réalité pure intelligible[1].

1. *Nuovo Saggio*, III, p. 30, Corollari importanti.

CHAPITRE IV

CERTITUDE ET VÉRITÉ

L'homme est capable de comprendre et de connaître, parce que devant son intelligence brille d'une clarté divine l'idée de l'être, forme de tout entendement créé, principe et condition de toute intelligibilité.

Voilà la conclusion à laquelle nous a conduits Rosmini dans les chapitres qui précèdent. Mais le problème idéologique est loin d'être complètement résolu : ici même se dresse devant nous la question fondamentale et dont dépend la solidité de tout l'échafaudage que nous venons d'élever, la question de la certitude.

Nous connaissons, nous affirmons, nous énonçons des propositions, nous formulons des jugements : ce sont là des actes dont nous ne pouvons douter et nous ne doutons pas davantage de leur valeur objective. Nous croyons d'une certitude inébranlable que nos jugements valent, non seulement au regard de notre intelligence, mais aussi pour tout entendement : bien plus, nous affirmons à la fois le fait subjectif de notre certitude et l'existence, dans la réalité, d'une correspondance des choses avec notre pensée.

Sur quel principe, sur quel fait repose, en définitive, cette croyance? Quel est le fondement de la certitude? où trouvons-nous une garantie de l'objectivité de nos idées, voilà ce qu'il s'agit de découvrir à présent. C'est à la solution de cette question capitale que Rosmini consacre la IIIe partie du *Nuovo Saggio*. Grave et difficile problème! la raison humaine ne semble jamais si faible ni si incertaine que lorsqu'elle entreprend de se justifier elle-même. Parcourons l'histoire de la pensée : que d'efforts, que de solutions différentes, quelle confiance chez les uns, quelles hésitations chez les autres, chez tous quel embarras quand il s'agit de justifier leurs conclusions! Serait-ce que le problème est insoluble? Rosmini s'élève avec indignation contre cette supposition où il ne voit, au fond, qu'une lâcheté intellectuelle[1]. Dire que nous nous trouvons dans une impuissance absolue de démontrer la valeur objective de notre raison, c'est détruire à la fois la pensée et la science.

Le problème de la certitude n'est pas insoluble; mais, pour le résoudre, il faut absolument partir de l'analyse de l'acte même de la connaissance. C'est qu'il y a, en effet, un lien très étroit entre cette question de la certitude et le problème de l'origine des idées[2].

L'idéologie recherche et détermine la forme de la connaissance que Rosmini appelle *il primo vero*[3]; la logique se sert ensuite de ce *primo vero* comme de règle et de mesure pour établir la valeur et la certitude de tout le savoir humain. La première de ces sciences découvre la nature de la connaissance; la seconde en établit la légitimité. Tant que la nature de notre raison reste ignorée, sa valeur demeure un problème inabordable; et, si, d'autre part, la raison ne parvient pas à établir d'une manière certaine la légitimité de ses démarches, les recherches sur la nature même de l'esprit restent dénuées de tout profit comme de tout intérêt. « La question de la connaissance se réduit donc à rechercher un critère suprême et irréfragable de la vérité[4]. »

Aussi bien, est-ce là pour Rosmini une conséquence ri-

---

1. *Nuovo Saggio*, III, p. 10, cap. II.
2. *Rinnovamento*, lib. I. — *Nuovo Saggio*, III, p. 7. — *Logica*, p. 525, n° 1099.
3. *Rinnovamento*, p. 143, lib. III.
4. *Ibid.*, p. 147, ch. I.

goureuse de sa théorie sur l'intuition de l'être. Si l'esprit atteint d'une vue immédiate l'être idéal; si, loin de créer de quelque manière son objet, il ne fait que le découvrir, le constater, le voir en dehors de lui; si, en plus, cet objet de la pensée exprime en même temps l'essence objective des choses et n'en est que l'aspect intelligible, nous pouvons prévoir d'avance la conclusion à laquelle aboutira l'analyse que Rosmini entreprend ici[1].

L'être idéal va nous apparaître à la fois comme le principe de la connaissance et le principe de l'existence; il est, selon l'expression même de Rosmini, la source commune d'où découlent simultanément pour nous la connaissance et la certitude[2].

Le problème que nous abordons est double. Il s'agit, en effet, de déterminer, d'abord, à quels signes l'homme reconnaît la vérité; puis, comment toutes nos propositions particulières empruntent à ce critère leur évidence et leur certitude. Nous conclurons par quelques remarques sur la nature et les causes de l'erreur.

« La certitude, écrit Rosmini, est une persuasion iné-

1. Rosmini étudie cette question du critère surtout dans la IIIe partie de sa *Logica*.
La logique, dit Rosmini, est l'art de la réflexion (*Logica*, n° 70); elle ne s'occupe donc ni de l'entendement ni de toute la raison, mais seulement de cette partie de la raison qui s'appelle la réflexion. Le but de la Logique est uniquement de nous procurer plus de facilité à bien appliquer l'idée de l'être (n° 79). Rosmini divise sa logique en trois parties :
1° Théorie de l'assentiment (*assenso*). L'assentiment résulte d'un jugement, d'une affirmation que nous portons sur l'existence réelle d'une chose (cf. plus loin, IIe partie, ch. 1). La persuasion suit ce jugement (*Logica*, p. 16); mais la persuasion ne constitue qu'une connaissance subjective, puisqu'il y a des persuasions injustifiées et fausses. Il faut donc déterminer les lois que doit suivre l'homme pour donner son assentiment en connaissance de cause.
2° Théorie du raisonnement. Ici nous passons de la connaissance subjective (*assenso*) à la vraie connaissance, objective et idéale (p. 86, n° 301). Cette partie de la logique règle le mouvement de la pensée. Elle compare tous les objets à l'être, et, grâce à cette comparaison, détermine leurs ressemblances, leurs différences et leurs rapports (p. 91, n° 313). Méthode démonstrative, inventive, didascalique (p. 305, n° 749).
3 Théorie du critère.
2. Cf. *Vie de Rosmini*, trad. SEGOND, p. 461.

branlable, rationnelle et conforme à la vérité [1]. » Cette définition contient plusieurs éléments qu'il importe de bien distinguer. Elle exprime la part d'objectivité et l'élément de subjectivisme qu'il convient de reconnaître dans le fait de la certitude; elle indique aussi le moyen par lequel l'esprit s'élève à la pleine sécurité intellectuelle. Toute certitude suppose, en effet, d'abord, l'objectivité de son terme; puis, un état subjectif qui est la persuasion du sujet, et, enfin, un principe, un signe de certitude qui justifie la persuasion, la légitime et établit l'accord de la pensée avec son objet, d'où résulte un assentiment purement rationnel. Commençons par étudier le principe même de la certitude.

Un critère est absolument indispensable à l'esprit humain pour qu'il puisse distinguer la vérité de ce qui n'est pas elle : mais où trouver cette règle infaillible de discernement?

Rosmini commence par rejeter les prétendus critères qui ont été proposés par les différentes écoles [3]; il s'attache surtout à montrer la fausseté de la théorie qui fait consister la vérité en un accord de la pensée avec son objet réel. Cette théorie était alors exposée et défendue par le célèbre Mamiani, dans son important ouvrage sur le *Renouvellement de la Philosophie antique en Italie* [4], qui suscita, comme on sait, entre son auteur et Rosmini une intéressante controverse [5].

L'idée, répond Rosmini, appartient à un monde qui dif-

---

1. *Nuovo Saggio*, III, p. 9 : « La certezza è una persuasione ferma e ragionevole, conforme alla verità. »
2. *Nuovo Saggio*, III, p. 13. — *Rinnovamento*, c. XXIII, p. 192. — *Nuovo Saggio*, III, p. 186 suiv. — *Logica*, p. 52, n° 213 suiv.
3. *Rinnovamento della filosofia antica in Italia proposto dal Conte Mamiani della Rovere*, Paris, 1834; Florence, 1836.
4. *Logica*, p. 16, n° 102, art. VI. — *Ibid.*, p. 35, n° 159 suiv.
5. Rosmini répondit à Mamiani par son ouvrage : *Rinnovamento della filosofia*, etc..., esaminato da Antonio Rosmini. Mamiani répliqua par un petit volume intitulé : *Six lettres à l'abbé Antoine Rosmini*. Paris, 1838; Florence, 1842.

fère totalement de celui des choses sensibles, il n'y a donc pas lieu de parler ici d'accord ou de désaccord. L'existence concrète des objets ou leur anéantissement ne saurait en rien modifier nos idées, qui, par elles-mêmes, sont toujours et essentiellement vraies. « Quand bien même il n'y aurait au monde aucun homme, quand bien même aucun homme jamais n'eût existé, l'idée universelle d'homme n'en continuerait pas moins à être vraie, puisqu'elle exprime, non tel homme en particulier, actuellement existant, mais l'homme en général, l'homme possible et indéterminé. L'existence actuelle de tel homme est un pur accident qui n'altère ni ne modifie en aucune manière l'idée d'homme, toujours également immuable, nécessaire, toujours possible et indépendante de tout caractère accidentel [1]. »

Bien plus : si nous appliquons à un animal cette idée d'homme, affirmant, par exemple, que ce chien est un homme, il y a là sans doute une erreur; mais d'où vient-elle? de l'idée? non, puisque ces deux idées de *chien* et d'*homme* restent en elles-mêmes essentiellement vraies et toujours possibles. D'ailleurs, ajoute Rosmini, ce n'est que par leurs idées que nous connaissons les choses réelles : la prétention de comparer une idée avec un objet suppose une méconnaissance complète du mécanisme de la pensée [2].

Nous jugeons, dites-vous, de la vérité d'une idée d'après son accord avec la réalité, mais, cet accord lui-même, qui donc vous le garantit? Ce ne saurait être évidemment ni l'idée ni l'objet en question [3]. Nous voici dans une impuissance radicale d'arriver jamais à la certitude. S'il en est ainsi, conclut Rosmini, c'est que la vérité d'une idée doit découler d'une autre source que de son accord avec les objets réels. L'idée est indépendante absolument des exis-

---

1. ROSMINI, *Rinnovamento*, ch. XXI, p. 33; cf. aussi p. 81, 84, 290.
2. *Rinnovamento*, p. 85, 216, c. XXXI.
3. *Ibid.*, p. 152-153.

tences concrètes et particulières, il faut donc remonter plus haut, il faut que l'esprit s'élève au-dessus de ce monde des vaines apparences, il faut qu'il juge de toutes choses à la lumière de la vérité éternelle. Il le peut, parce que cette vérité est la forme même de tout entendement; il le doit, puisqu'il ne s'agit ici que de concepts purement intelligibles et indépendants de toute réalité concrète [1].

Ainsi, d'après Rosmini, c'est dans un accord de la pensée avec la vérité divine que doit être cherché le critère de la certitude. C'est là une manière de voir qui est bien faite pour surprendre [2]; et, ici également, l'on est en droit de se demander qui va nous garantir cet accord. Nous verrons tout à l'heure comment Rosmini répond à cette difficulté, ou plutôt l'esquive et la tourne.

De toute éternité Dieu pense les types, les idées des choses; il possède ainsi en lui-même tout un ordre de vérités, éternelles, immuables, indéfectibles. L'ensemble de ces vérités constitue, pour le métaphysicien, ce qu'on peut appeler la vérité en soi, la vérité divine, le vrai ontologique [3].

Mais il faut se rappeler ici ce que nous avons dit plus haut, lorsque nous avons parlé du caractère éminemment idéal de l'être. Cette idée, avons-nous vu, n'est possible que par son rapport avec l'intelligence divine qui la pense; elle constitue ainsi, si l'on peut dire, l'être ontologique: mais, par rapport à nous, cette pensée divine n'est rien, elle équivaut à un pur néant, tant que nous ne la pensons pas, tant qu'elle n'entre pas, de quelque manière, en contact avec notre esprit. L'être ontologique n'est jamais conçu par nous que sous la forme d'être logique. Il faut

---

1. Cette indépendance doit s'entendre des concepts une fois formés, car Rosmini est bien éloigné de nier le rôle de l'expérience dans l'acquisition et la formation des idées. Cf. plus loin, IIe partie, ch. I.
2. Voir BROCHARD, L'Erreur, Paris, Alcan, 1847, IIe partie, ch. VI.
3. Teosofia, V, p. 510 suiv., art. II. Voir tout le chapitre LVIII; ibid., p. 499 suiv., art. III, p. 524 et note 1, p. 516; art. V, p. 522.

en dire autant de la vérité en soi. Comme le fait très bien remarquer Rosmini, il ne faut voir dans cette conception que l'effet d'un retour de l'esprit sur ses propres pensées. A prendre les choses à la rigueur, il ne saurait jamais être question *pour nous* de vérité en soi[1]. La vérité ontologique existe, sans doute, et l'on doit dire qu'elle est le fondement de la vérité proprement humaine, de la vérité logique; mais cette vérité divine ne se révèle jamais à nous que sous la forme d'une pensée, c'est-à-dire qu'elle devient *nôtre,* au moins en un certain sens; et il n'y a que sous cet aspect que nous puissions la connaître. Et, si cette vérité en soi n'existe que par son rapport avec l'intelligence divine, il ne lui est pas essentiel de se trouver en contact avec un esprit créé, et, encore moins, avec telle ou telle intelligence particulière[2]. Aussi, bien que la pensée divine nous soit, de quelque manière, présente, il y a lieu de distinguer cette pensée elle-même et la connaissance que nous en avons.

Cette connaissance, en effet, peut être plus ou moins claire, plus ou moins précise, et quel homme oserait prétendre à la possession pleine et entière de la vérité? Enfin la vérité nous apparaît comme indépendante absolument de notre esprit. Écoutons ce que dit Rosmini au sujet des vérités particulières, et qui s'applique tout aussi bien à la vérité en soi : « Ces vérités n'ont-elles commencé à exister que du moment où je les ai perçues? leur existence coïncide-t-elle avec celle de mon acte intellectuel, ou plutôt ne devons-nous pas dire qu'elles étaient vraies avant toute intuition du sujet pensant? *Les trois angles d'un triangle sont égaux*

---

1. *Teosofia*, V, p. 512 : « La mente umana non fa che partecipare di questa verita ontologica con certa misura e contingenza. » Cf. p. 513 suiv., 525 suiv.; *ibid.*, art. VIII, p. 534 suiv.; *ibid.*, p. 601 suiv. « Come la verità ontologica si risolva dall' uomo in verità logica. »

2. *Nuovo Saggio*, III, p. 9.

Cf. S. Thomas : « Etiamsi intellectus humanus non esset, adhuc res dicerentur veræ in ordine ad intellectum divinum. Sed si uterque intellectus, quod est impossibile, intelligeretur auferri, nullo modo veritatis ratio remaneret. »

à deux droits : voilà un rapport géométrique qui s'impose à l'esprit avec une force irrésistible, mais ne commence-t-il à exister que lorsque nous le percevons? n'est-il pas plutôt nécessaire, indépendant absolument de mon acte de connaissance? Il y a donc une différence profonde entre ce rapport intelligible lui-même et la connaissance toute personnelle que j'en ai[1]. » Il se peut qu'il n'existe dans la nature aucun triangle réel; nous pouvons même, à la rigueur, concevoir l'anéantissement de toutes les intelligences créées, mais ce rapport des trois angles du triangle échappe à toute possibilité de changement : il est nécessaire d'une nécessité absolue.

La vérité est nécessaire et éternelle comme Dieu même qui la fonde; l'entendement humain est contingent, limité dans l'espace et le temps. La vérité est donc absolument indépendante de notre raison, elle sera vraie après notre disparition comme elle l'était avant que nous fussions. Nous ne faisons que la découvrir, la percevoir : elle reste toujours la vérité et ne devient jamais notre vérité[2].

L'accord de la pensée humaine avec cette pensée divine, voilà, pour Rosmini, le signe unique de la vérité logique et le seul critère de la certitude. Mais comment devons-nous entendre ce critère?

Quand nous sommes persuadés de la vérité d'une proposition, cette persuasion n'est ni aveugle, ni instinctive, ni fatale[3]. Elle ne s'impose pas à nous comme une nécessité inéluctable de notre nature; s'il en était ainsi, en effet, elle serait irréfléchie, elle ne dépasserait pas la portée d'un simple fait et ne saurait engendrer un assentiment rationnel.

De plus, nous ne pouvons reculer indéfiniment ce terme

---

1. *Rinnovamento*, c. XXXIX, p. 264-265.
2. *Ibid.*, p. 264, voir aussi p. 28.
3. *Nuovo Saggio*, III, c. II, p. 10 suiv. — Rosmini s'élève ici contre Reid, qui attribue la connaissance que nous avons des corps externes à une croyance spontanée et invincible.

de la pensée qui lui communique son évidence et sa certitude : dans l'ordre des causes logiques, comme dans celui de la nature, il faut s'arrêter [1]. Toute science, comme toute démonstration, s'appuie à l'origine sur un principe ultime, indémontrable, évident par lui-même, source d'évidence et de certitude. Il faut donc qu'il existe un principe de la vérité et ce principe doit être lui-même soustrait à toute espèce de doute et d'incertitude, il faut qu'il brille de sa propre lumière et se suffise à lui-même : « Le certain, dit Rosmini, ne peut être fondé que sur l'évident [2]. »

A tous ces caractères nous reconnaissons l'idée fondamentale de l'être, une, objective, lumineuse et essentiellement intelligible. L'être idéal, voilà ce critère indispensable que nous cherchions, voilà cette vérité dernière qui contient en soi toutes les autres [3].

Remarque de haute importance! nous arrivons ainsi à cette constatation capitale, que le principe de la connaissance s'identifie avec celui de la certitude [4]. L'idée de l'être, dit Rosmini, se dédouble, en effet, en *principium essendi* et en *principium intelligendi :* sous le premier aspect, l'idée de l'être représente la vérité en soi ; sous le second, la vérité possédée ou la certitude [5]. C'est là une conséquence de la théorie de l'intuition : « Le principe qui exprime l'essence de la vérité doit être aussi le principe de la certitude. Quand, en effet, nous reconnaissons qu'un objet présent à notre pensée est vrai, nous n'avons besoin d'aucun autre signe ni d'aucun autre motif pour affirmer la vérité de notre pensée. De même, lorsque nous possédons ce signe certain de la vérité d'une proposition, nous pouvons raisonnablement affirmer la vérité de cette proposition, bien que nous ne

---

1. *Nuovo Saggio*, III, c. v, p. 15. — *Logica*, p. 477, n° 1045.
2. *Rinnovamento*, lib. III, p. 143 ; cf. aussi p. 155.
3. *Logica*, p. 478, n° 1047, tout l'art. II : « L'essere intuito per natura è i supremo criterio della verità. »
4. *Nuovo Saggio*, III, p. 16.
5. *Ibid.*, p. 12.

voyions pas actuellement et en elle-même sa vérité [1]. » Sans doute, il existe quelque différence entre le principe de la connaissance et celui de la certitude, puisque nous pouvons parfaitement connaître ce que signifie une proposition sans être assurés par là même de sa vérité objective ; nous savons même que la vérité, à prendre les choses à la rigueur, ne se confond pas avec la certitude ; mais, quand il s'agit de la raison dernière de tous nos jugements et de nos affirmations, toute distinction réelle disparaît entre la connaissance et la certitude.

Aussi, à proprement parler, il ne saurait être question ici de véritable critérium. Nous avons l'intuition immédiate de l'être. Mais la vérité, pour le philosophe italien, n'est pas autre chose que l'être lui-même, en tant qu'il est connu et pensé. Le même acte d'intuition, qui nous donne la connaissance de l'être, nous révèle, à la fois, sa certitude : en saisissant l'être, nous atteignons le vrai ; et, observe Rosmini, « si je vois directement que l'objet de ma pensée est la vérité même, qu'ai-je besoin encore de recourir à un autre motif pour être certain de la vérité de cet objet[2] ? » Et notre philosophe ajoute une page plus loin : « Toute certitude, sans doute, est fondée sur une raison, puisqu'elle est un assentiment de l'esprit donné en pleine lumière et non à l'aveugle, et cette raison n'a ici d'autre rôle que de produire en nous et de légitimer la certitude elle-même ; mais, si la vérité se manifeste à moi dans une intuition immédiate, il est clair que la vérité devient la raison qui fonde la certitude, la vérité se confond avec cette raison et ne s'en distingue plus. » Dès lors, tout critère est absolument inutile, et les éléments de la certitude ne se réduisent plus qu'à deux : d'une part, la vérité de l'objet, que je saisis sans aucun intermédiaire, directement, en elle-même,

---

1. *Nuovo Saggio*, III, p. 12. — *Logica*, n° 1043.
2. *Nuovo Saggio*, III, c. III, p. 12.

et, d'autre part, cet état de persuasion rationnelle que nous nommons certitude et qui résulte de la vue même de la vérité.

« La connaissance intuitive de la vérité, tel est, en dernière analyse, le principe suprême de la certitude [1]. » Et voilà pourquoi, nous fait encore observer Rosmini, il ne peut y avoir qu'un seul principe d'évidence et de certitude, comme il n'y a qu'une seule forme de l'entendement, l'être universel. Connaître, c'est essentiellement posséder la vérité, c'est aussi et par là même se reposer dans la certitude [2].

---

1. *Nuovo Saggio*, III, cap. v, p. 15 : « Il principio intrinseco è la cognizione intuitiva della verità... il principio supremo ed ultimo della certezza è solo l'intuizione o la vista della verità. » — Cf. *Logica*, p. 26, n° 136.

2. *Nuovo Saggio*, c. vii, p. 17, et *Logica*, p. 97, n° 324. Rosmini nous indique lui-même la place qu'il veut occuper parmi les penseurs qui ont agité ce difficile problème de la certitude. Il les divise en deux catégories : ceux qui font consister le critérium de la certitude dans un signe (*un indizio del vero*), destiné à nous faire distinguer le vrai du faux, et ceux qui le placent dans une vue immédiate de la vérité même (*un primo vero*). Dans chacune de ces deux catégories le philosophe italien multiplie les divisions et les subdivisions avec une complaisance peut-être exagérée (*Rinnovamento*, c. xix suiv., p. 186, etc.). Nous reproduisons à la fin du volume le tableau synoptique dans lequel il résume cette espèce de revue historique (*Append.*). Rosmini se range parmi ceux qui ont placé le critère de la certitude, non dans quelque signe extérieur, mais dans les idées elles-mêmes (*Rinn.*, p. 201). Inutile de faire observer que c'est dans cette catégorie que se trouvent les plus grands noms de la philosophie, puisque ces penseurs ont tous eu une vue plus ou moins claire de l'essence de la vérité. Cependant, parmi eux, que de nuances encore à noter! Les uns, comme Malebranche, prétendent que c'est en Dieu qu'ils aperçoivent cette vérité; d'autres reconnaissent bien que c'est en nous-mêmes qu'elle nous est donnée, mais, ou bien ils la séparent radicalement du sujet pensant, comme fit Platon, ou, par un excès contraire, ils la confondent, de quelque manière, avec l'essence de l'âme, tel fut, bien qu'à des points de vue différents, le tort de Schelling et de Hégel. (*Rinnovamento*, cap. xxx, p. 209). Avec tous ces penseurs, Rosmini estime que le critérium de la certitude n'est autre que l'essence même de la vérité qui se manifeste à l'âme. Il prend la voie moyenne entre Platon et Schelling qu'il corrige l'un par l'autre : avec le premier, il enseigne que la vérité est distincte de nous, et, par là, il se sépare du philosophe allemand en rejetant toute identification entre l'absolu et le sujet; avec le second, il remarque que la vérité n'est pas radicalement séparée de nous. L'idée de l'être brille en nous, c'est là, et non en Dieu, que nous la saisissons; mais elle ne se confond en aucune manière avec le sujet intelligent : ses caractères, nous l'avons vu, rendent absolument impossible une semblable identification.

L'analyse à laquelle nous venons de soumettre le principe de la certitude nous permet à présent, dit Rosmini, de découvrir le vice caché et la fausseté de toutes les formes du scepticisme [1].

L'erreur des sceptiques vient surtout de ce qu'ils ne considèrent la vérité que comme une abstraction de l'esprit, comme une idée dénuée de toute réalité objective.

La vérité, dès lors, n'est plus qu'un caractère accidentel qui peut se trouver ou ne pas se trouver dans nos idées, elle n'est plus inhérente aux pensées, elle n'est plus perçue directement dans les idées et les jugements. La vérité et la pensée semblent donc ainsi facilement séparables, et de là à dire que toute proposition peut indifféremment être vraie ou fausse, il n'y a qu'un pas. C'est là, ajoute Rosmini, une conclusion à laquelle les sceptiques ne seraient jamais arrivés, s'ils s'étaient attachés à étudier la vérité en elle-même. Ils auraient reconnu que la vérité, qui, à première vue, semble distincte et séparable de telle ou telle proposition, n'est pas autre chose elle-même qu'une proposition, qu'une affirmation primitive. C'est qu'en effet nous nous trouvons ici au dernier stade de la connaissance, là où il n'y a plus, pour ainsi dire, de distinction entre la pensée et son terme, le sujet n'étant intelligent que par l'intuition de l'objet souverainement intelligible qui l'éclaire. Il arrive donc un moment dans le développement de la pensée où l'idée et la vérité s'unissent en une seule intuition ; et, à ce moment, la demande des sceptiques : *Pouvons-nous connaître la vérité?* cesse d'avoir une signification.

Toute la question se réduit, dès lors, non plus à rechercher si la vérité peut être connue, mais simplement si l'homme peut se reposer avec assurance dans cette vérité dont il a l'intuition.

---

1. *Nuovo Saggio*, III p. 21, 35. — *Logica*, p. 503, c. VIII : Delle cause dello scetticismo.

La question se déplace d'elle-même et de l'objet passe au sujet.

« Si l'idée de l'être, dit Rosmini, nous sert à connaître toutes les choses particulières, ne devons-nous pas, pour légitimer l'acte même de la connaissance, démontrer que cette idée n'est pas illusoire et trompeuse? Si elle est la mesure des choses, n'est-il pas nécessaire de se demander si cette mesure est juste et ne nous induit pas en erreur [1]? »

La question est déjà résolue, en partie du moins, par ce que nous avons dit sur la nature de l'intuition primitive et sur l'identification ultime de l'être avec la vérité. Quelques observations suffiront donc.

On se demande d'abord si l'intuition de l'être n'est pas une illusion [2]. Mais, qu'est-ce donc qu'une illusion? répond Rosmini. L'illusion consiste à prendre une chose pour une autre ; elle suppose deux éléments : d'une part, l'apparence qui nous trompe, et, de l'autre, la réalité qui nous échappe. Or, dans l'intuition de l'être il est impossible de distinguer une apparence et une réalité, puisque l'être est essentiellement réalité ; l'illusion est donc absolument exclue de cette intuition. Si nous pensons, l'être est nécessairement l'objet de notre pensée ; et, comme l'être s'identifie avec la vérité même, il s'ensuit que, considérée en elle-même, cette pensée est toujours et essentiellement vraie [3]. L'idée de l'être représente immédiatement son objet ; ici le concept et le contenu sont adéquats ; il n'y a pas de place pour une dis-

---

1. *Rinnovamento*, cap. XL, p. 49. — Cf. *Nuovo Saggio*, III, parte II, p. 22, tout le chap. I. Rosmini distingue un double critère, l'un de *la vérité*, c'est celui que nous avons exposé jusqu'ici, l'autre de *la certitude*, et c'est celui dont il va nous parler à présent. Le premier nous assure de l'existence de la vérité ; le second légitime l'usage que notre raison fait du critère de la vérité. Voyez *Logica*, p. 475, n° 1043

2. *Nuovo Saggio*, III, art. III, p. 25. Primo dubbio scettico : il pensiero dell' esistenza in universale non potrebbe anch' esso esser un illusione. — *Introduzione, Sistema dell' Autore*, p. 283, n°s 58-59. Ces deux numéros seraient à citer entièrement. — *Psic.*, I, p. 203, n° 413.

3. *Nuovo Saggio*, art. III, § 2 et 3, p. 26 suiv.

tinction entre l'apparence et une réalité nouménale qui pourrait se dissimuler derrière cette donnée; toute possibilité d'erreur est exclue.

D'ailleurs, nous verrons plus loin que l'erreur consiste dans une liaison défectueuse que l'esprit établit entre un prédicat et un sujet; il n'y a d'erreur que dans le jugement. Mais l'acte primitif par lequel nous connaissons l'idée de l'être n'est pas une affirmation de rapport; il est constitué tout entier par une intuition, par une vue directe et sans intermédiaire [1]. Tel l'œil, lorsqu'il reçoit les rayons lumineux dans leur milieu naturel, aperçoit la lumière telle qu'elle est, la saisit dans un acte essentiellement simple et qui embrasse d'un seul coup tout son objet.

Ainsi, du côté de l'idée de l'être, rien ne s'oppose à ce que nous atteignions en elle-même cette vérité primitive. Nous pouvons ne pas penser, comme nous pouvons ne pas exister, mais, si nous pensons, nous ne pouvons penser que la vérité.

L'illusion ne saurait davantage surgir de la nature de l'objet, terme de la pensée.

Toute affirmation, dit-on, n'est, en dernière analyse, qu'un fait de conscience; le moi ne sort pas de lui-même : la pensée non plus.

Soit, répond Rosmini; accordons que le sujet ne puisse sortir de lui-même; mais, c'est dans sa propre affirmation, dans sa pensée intérieure elle-même qu'il trouve le concept; point n'est besoin qu'il se tourne vers le dehors, c'est dans la nature même de la pensée que réside l'objectivité de l'objet. Quand, en effet, nous pensons l'être, c'est en lui-même que nous le concevons, comme objet, et, par conséquent, comme distinct de l'entendement [2].

---

1. *Psic.*, I, p. 26, n° 43. « L'intuition de l'être est le fait posé par la nature, le fait de la connaissance... Ce fait n'a pas besoin de démonstration, car démonstration veut dire réduction de ce que l'on *croit* connaître au fait de la connaissance. »
2. *Nuovo Saggio*, III, art. IV, p. 28.

Cette idée, encore une fois, n'implique en aucune manière, par elle-même, l'existence réelle, objective de son terme; mais essentiellement elle exprime une possibilité indépendante de l'esprit et irréductible au simple fait de la pensée. L'extériorité entre comme un élément essentiel dans le concept de l'être, comme nous l'avons d'ailleurs démontré au commencement de cette étude. La forme de l'être est essentiellement objective : nous pensons, et, dans le même acte, nous affirmons l'objectivité de la chose pensée; penser c'est objectiver [1].

Il n'y a plus qu'un moyen d'étayer le scepticisme : c'est de prétendre que l'entendement lui-même conditionne et modifie son terme [2].

Ce doute pourrait, à la rigueur, se soutenir et même se défendre avec quelque avantage, tant qu'il ne s'agit que de la perception sensible des objets externes. Il est probable, en effet, que nous ne saurons jamais le dernier mot sur la constitution intime des corps, sur l'essence de la matière; et la nature de cette réalité nouménale, que nous révèlent les sensations, restera peut-être toujours pour l'homme une énigme indéchiffrable. La sensibilité conditionne donc son objet; mais, conclure de là qu'il en est de même de notre entendement, voilà qui répugne absolument à la nature et au mode d'action de l'intelligence humaine. Prétendre que l'idée de l'être universel n'est qu'une création de notre esprit, qu'elle est modifiée par la connaissance que nous en avons, c'est, dit Rosmini, ne lui reconnaître qu'une valeur purement subjective, c'est poser une contradiction *in terminis*. Dès que l'on parle d'être universel, on entend, par définition, un être qui, de sa nature même, est indépendant de toute forme particulière qui lui viendrait de la constitution même de l'esprit.

« L'idée de l'être universel, écrit Rosmini, étant complè-

---

1. Cf. *Nuovo. Saggio*, III, art. IV, § 2, 3, p. 29 suiv.
2. *Nuovo Saggio, ibid.*, art. V, p. 31.

tement indéterminée, exclut tout jugement sur la manière dont cet être existe. Cette idée reçoit ensuite de nous tous les modes d'être que l'esprit peut penser, et elle les reçoit indifféremment, puisqu'elle-même n'en possède en propre aucun [1]. » Mais ce mode que nous ajoutons à l'être est pensable ; il est donc objectif ; il se présente, dès lors, lui-même comme indépendant de notre esprit, il ne conditionne l'idée de l'être ni ne la modifie en aucune manière.

C'est là, d'ailleurs, une conséquence qui découle de la nature de l'intelligence humaine. Le principe pensant constitue le sujet dans l'acte de la connaissance ; l'idée, voilà l'objet. Or, entre l'un et l'autre terme il y a une opposition radicale et essentielle qu'on ne saurait supprimer sans rendre, du même coup, toute connaissance et toute pensée impossibles, « puisqu'il n'y a de connaissance que si l'objet se distingue du sujet et s'oppose à lui [2] ».

De plus, le sujet est toujours parfaitement déterminé et limité ; l'être, au contraire, nous le savons, est l'indétermination même : il ne saurait donc être une modification et comme une forme du sujet pensant [3].

Ainsi, conclut Rosmini, il n'y a pas d'illusion possible : penser, c'est saisir la forme même de la vérité, c'est la posséder dans son intégrité formelle.

Qu'elle est donc grande, ajoute le philosophe italien, l'erreur de ces penseurs qui ont cru pouvoir jeter les assises d'une philosophie *transcendantale*, comme si l'esprit humain pouvait jamais s'élever au-dessus de lui-même, pouvait

---

1. *Nuovo Saggio*, III, p. 31-32.
2. *Rinnovamento*, cap. XXVI, p. 105. — *Logica*, p. 481, n° 1054 : « Questo sofisma che appartiene agli idealisti trascendentali nasce dalla gratuita e materiale supposizione che quello che è nella mente non possa esser altro che una produzione della mente o una cosa che si conforma al modo d'essere limitato della mente. » — *Saggio critico sulle Categorie*, etc., p 216-217.
3. *Nuovo Saggio*, III, art. V, p. 32-33. — Cf. *ibid.*, III, p. 196-197. — *Teosofia*, IV, « Idea », p. 431 : « L'intuition étant un acte du sujet est entièrement subjective ; au contraire l'idée est objective » essentiellement. — Cf. *Teodicea*, lib. I, cap. XXVIII, p. 88.

dépasser la forme de la vérité, et comme si, au-dessus de la raison, il pouvait y avoir une faculté, différente de la raison, et, cependant, capable de la juger et d'en faire la critique ! *La ragione... col ragionamento non si può trascendere* [1].

Ne parlons donc plus d'un pont que la critique devrait établir entre l'esprit et la réalité, comme s'il y avait là en présence deux termes, deux rives qui ne peuvent se rejoindre d'elles-mêmes.

Pour le philosophe, qui dépasse les vaines apparences, qu'est-ce donc que la réalité, si ce n'est l'être? et la pensée, à son tour, n'est-elle pas constituée entièrement par l'intuition primitive de cette forme idéale? l'être et la pensée sont donc faits l'un pour l'autre; de quelque manière ils ne sont que l'un par l'autre [2] et ne se comprennent que par cette présence réciproque que nous avons nommée la synthèse subjective. La réalité nous est donnée dans l'acte même qui nous révèle l'être et nous constitue intelligents; bien loin d'être séparés, ces deux termes sont corrélatifs : voilà ce qui rend possible la pensée, voilà le fondement ferme et inébranlable de toute certitude [3].

Nous venons de reconnaître : 1° que l'esprit humain atteint la vérité en elle-même et directement; 2° que cette vérité est essentiellement perçue dans sa réalité objective. Ainsi, « connaître et connaître la vérité sont une seule et même chose et celui-là ne connaît pas qui ne connaît pas la vérité [4] ».

Qu'est-ce qu'une proposition vraie?

---

1. *Nuovo Saggio*, III, p. 33 : « Quasi chè sopra la ragione potesse essere qualche cosa che non fosse ragione e che tuttavia giudicar potesse la ragione! » — Cf. *Logica*, p. 512, cap. IX, n° 1092.

2. *Rinnovamento*, c. XXXI, p. 216.

3. *Teosofia*, V, p. 486-487. — Cf. *Nuovo Saggio*, III, cap. III, p. 58 : « La verità adunque e realtà delle cose esterne, essendo condizioni necessarie della cognizione interiore, sono tanto assicurate quanto questa stessa cognizione, né si può ammetter questa senza quelle. »

4. *Psic.*, I, n° 39, p. 25. — *Rinnovamento*, lib. I, c. x.

Quel rapport y a-t-il entre le vrai et les vérités particulières [1]?

Lorsque l'artiste rapproche deux statues pour les comparer, il s'établit entre elles un rapport de ressemblance ou de dissemblance; mais ce rapport n'existe pas par le seul fait de leur juxtaposition. Il faut qu'il soit perçu. Il faut que l'artiste lui-même examine ces statues et les compare. « Or, cette comparaison, dit Rosmini, n'est possible que si l'homme possède déjà en lui-même l'idée générale de statue, à la lumière de laquelle il pourra juger de toutes les statues particulières. Toute comparaison se fait donc à l'aide d'une idée type; et la ressemblance que deux objets ont entre eux peut se définir « leur aptitude à être perçus par une seule intelligence au moyen d'une seule idée [2] ».

Or, il en est de même de toutes nos connaissances en général. Une idée sera vraie quand l'esprit saisira en elle une ressemblance, une conformité avec l'essence de la vérité, avec l'idée de l'être. Les idées vraies ne sont telles que parce qu'elles participent à la vérité immuable, de la même manière que les idées particulières ne sont intelligibles que par une certaine participation à l'idée fondamentale de l'être.

« La vérité, écrit Rosmini, c'est l'être considéré comme modèle, comme exemplaire des choses [3]. »

Chaque idée spécifique sert de type aux êtres particuliers

---

1. *Nuovo Saggio*, III, p. 44 suiv., tout le chap. II.
2. *Nuovo Saggio* p. 46. — Rosmini cependant a soin de faire observer que si l'esprit affirme des rapports entre deux objets, c'est que ces rapports sont objectivement réels et expriment la vraie nature des choses. Voyez *Logica*, p. 127, n° 412. L'être nous garantit la vérité, non pas seulement dans l'ordre formel et purement logique, mais aussi dans l'ordre réel et matériel, en raison de l'union intime qui existe entre l'idéal et le réel. — Voir aussi p. 480, n°s 1050, 1053, 1060.
3. *Nuovo Saggio*, III, p. 47 : « La verità è l'idea in quanto è esemplare delle cose. » — *Teosofia*, V, p. 519, art. IV. *Être* et *être vrai* sont une seule et même chose; pour savoir si une proposition, si une idée sont vraies, il suffit donc de savoir si l'objet que nous pensons *est* véritablement. Voyez *Logica*, p. 44-45. — *Teosofia*, V, p. 515-516. Voir aussi p. 520, Rosmini distingue différentes sortes de vérités : vérité ontologique, absolue, ou relative; vérité logique, morale, artistique; vérité représentative, etc.

qui rentrent dans cette espèce; ces êtres mêmes ne sont intelligibles que par l'idée à laquelle ils participent. De même, pour juger de leur vérité, ne devons-nous pas les comparer avec l'essence de la vérité en général; il faut les rapprocher de leur idée, qui constitue à la fois pour eux le principe de l'existence et celui de la vérité. Mais, comme cette idée n'est intelligible que par la notion très générale de l'être, c'est à cette dernière qu'elle emprunte sa vérité et sa lumière; et l'on peut dire, en définitive, que l'esprit humain ne juge de la vérité des choses particulières qu'en les comparant avec la forme de la vérité.

Sans doute, il y a autant de vérités particulières que l'esprit compte d'idées spécifiques des choses, mais la vérité n'est pas multipliée en proportion; comme l'idée même de l'être, elle reste essentiellement une sous la multiplicité illimitée de ses applications.

« L'idée de l'être est cette vérité unique, universelle, absolue, à la lumière de laquelle nous jugeons de toute chose, parce que cette idée est le type universel qui représente l'élément commun de toutes les réalités particulières [1]. »

Nous voyons enfin pourquoi l'esprit adhère d'une manière si invincible aux grands principes qui régissent toutes ses démarches. Ce n'est pas une tendance aveugle, une croyance toute spontanée et dont on ne pourrait rendre raison, qui nous fait admettre les principes fondamentaux de connaissance, de contradiction, de cause et de substance. Si ces grandes lois de la pensée pure s'imposent à tous, si elles nous paraissent évidentes et lumineuses, c'est qu'elles ne sont que différentes applications de l'être indéterminé : autant vaut dire qu'elles expriment, sous des aspects particuliers, la forme même de la vérité. C'est en elles-mêmes qu'elles portent leur justification et leur évidence; elles ne

---

[1]. *Nuovo Saggio*, III, p. 48. — Cf. aussi p. 56 : « L'idea dell' ente e la verità secondo la quale noi giudichiamo delle cose, sono il medesimo. »

se démontrent donc pas, elles se constatent, elles se voient; et celui qui refuse de les accepter se place dans une situation intellectuelle à la fois absurde, contradictoire et, en pratique, intenable [1].

Connaître, c'est penser l'être; et, comme la vérité et l'être s'identifient, penser, c'est voir la vérité. Comment pouvons-nous, dès lors, expliquer la nature de l'erreur et surtout sa possibilité? Si le vrai est la forme même de l'entendement, comment pouvons-nous à la fois penser et ne pas saisir la vérité? Faut-il donc admettre que toutes les démarches de l'esprit ne sont pas également soumises à la loi fondamentale de la pensée?

Rosmini commence par délimiter et circonscrire le domaine de l'erreur.

D'abord, dit-il, il faut soustraire aux prises de l'erreur certaines vérités de fait, qui sont des constatations immédiates de la conscience. Ainsi, je ne puis me tromper touchant ma propre existence, touchant les principales modifications intérieures que je subis; je ne puis douter si j'existe, si je sens, si je pense [2]. Il n'y a dans ces faits aucune possibilité d'erreur.

En second lieu, l'erreur ne saurait non plus résider dans les sensations : tant que nou sne réagissons pas, tant que nous restons passifs devant les excitations qui nous viennent du dehors, nous ne saurions nous tromper. Un fait de conscience peut ne correspondre à aucune réalité extérieure, mais, en tant que fait, il est *donné*, il échappe à tout relativisme. On peut appliquer aux faits psychiques, envisagés en eux-mêmes, ce que Berkeley disait de la réalité externe : *esse est percipi* [3].

1. *Nuovo Saggio*, III, p. 57, c. III, art. I, et p. 59, c. IV.
2. *Nuovo Saggio*, III, p. 105.
3. *Nuovo Saggio*, III, p. 105-107; cf. aussi sez. V. — Voyez MALEBRANCHE, *Recherche de la Vérité*, liv. I, IV. *Méditations chrétiennes*, I, II, III. *Entretiens métaphysiques*, I.

Enfin, l'erreur ne pénètre pas davantage dans la connaissance primitive que nous avons de l'être idéal. L'intuition de cet être, étant absolument immédiate, atteint directement son objet : c'est en lui-même qu'elle le saisit [1].

Dès lors, l'acte essentiel du sujet intelligent est soustrait à toute chance d'erreur, dès lors aussi, les principes premiers, les notions, les idées [2], tout ce qui, pour Rosmini, est contenu dans les bornes de la connaissance à priori, puisque principes et notions dérivent d'une application absolument immédiate de l'être indéterminé [3].

L'erreur n'est possible que lorsque le sujet pensant entre directement en action, lorsqu'il cesse de constater soit l'être dont il a la vue immédiate, soit les données primitives de la conscience et des sens [4]. La sensibilité et la raison ne se trompent jamais, l'erreur réside essentiellement dans l'entendement, elle est par nature un jugement faux [5].

Ici encore, Rosmini établit une distinction très importante. Nous savons que toute démarche de l'esprit débute par un jugement primitif, *ragionamento a priori* [6], par le-

---

1. *Introduzione alla filosofia, Sistema*, p. 286, n° 65. — *Nuovo Saggio*, III, part. IV, cap. I, p. 104, 105 suiv. — *Saggio critico sulle Categorie*, p. 502, 503.

2. *Saggio*, III, p. 106 : « L'astrazione che trae dalle percezioni le idee e quindi la cognizione delle essenze delle cose... è pure immune da errore. » — « Le idee sono sempre vere. »
Nuovo Saggio, III, p. 119. — Cf. *Logica*, p. 89, n° 309 ; *ibid.*, p. 476, n° 1044. Rosmini (note 1) reproche à Descartes d'avoir introduit dans l'étude de la Logique cette question *absurde :* « Des idées vraies et des idées fausses ».

3. La pensée de Rosmini n'offre ici rien de bien original. Il est facile d'y reconnaître l'influence de Spinoza. — Cf. *Logica, Introd.*, p. 2, n° 66 ; p. 526, n. 1102.

4. *Nuovo Saggio*, III, p. 107, art. III : « L'errore non è che dell' intelletto. » — *Saggio critico sulle Categorie*, p. 527, « del pennare erroneo ».

5. La raison est la faculté de voir l'être. L'entendement, d'après Rosmini, a pour fonction de former les connaissances particulières en appliquant l'idée de l'être aux objets perçus dans l'expérience sensible. La raison voit par intuition, l'entendement juge et raisonne.

6. *Nuovo Saggio*, III, p. 108, art. III : « L'errore è mancamento de' giudizi. » — Cf. *Psic.*, I, n° 118.

Rosmini distingue deux sortes de connaissance :
1° La connaissance *objective*, dont l'objet est l'être, le possible, l'essence.

quel nous appliquons l'idée de l'être à un objet particulier donné dans l'expérience. Or, ce jugement primitif participe à l'évidence même de l'idée de l'être [1], il rentre dans ce que Rosmini appelle la connaissance à priori; et, bien qu'il ne soit pas, à proprement parler, une constatation pure et simple, telle que l'est, par exemple, l'intuition primitive, bien que l'esprit, en le formulant, soit essentiellement actif, il échappe cependant à toute chance d'erreur et assure la certitude formelle de tous nos autres jugements. Aussi dépend-il bien plus de l'exercice de la raison que de celui de l'entendement [2].

Rosmini arrive ainsi, par voie d'exclusion, à cette constatation : l'erreur n'est possible que dans les jugements dérivés (*giudizi posteriori*), dans lesquels l'esprit doit associer deux termes, prédicat et sujet, qui ne s'appellent pas nécessairement et en vertu d'une exigence essentielle. La connaissance primitive, intuition de l'être et jugement à priori, découle de la nature même de l'esprit; ces actes sont *nécessaires*, parce que la raison humaine est naturellement vraie et ne se trompe pas [3].

Cette connaissance dépend de la raison; elle est donnée tout entière par l'intuition; elle ne saurait être sujette à erreur.

2° La connaissance *subjective*. « C'est une connaissance qui n'a pas en elle-même la raison de sa vérité, mais qui doit recevoir sa vérité de l'idée, de l'objet, en se conformant à lui avec une parfaite fidélité. » (*Psic.*, II, p. 428, nᵒˢ 1498-1499).

Objectivement on ne peut penser que la vérité, mais, au point de vue subjectif, l'esprit peut établir un rapport inexact entre les idées, et c'est là ce qui rend possible l'erreur.

La connaissance objective exprime la *certitude;* la connaissance subjective « a pour terme la *persuasion*, c'est-à-dire un certain état dans lequel se meut le sujet par rapport à l'objet ».

L'objet de la science objective est le nécessaire; la science subjective peut porter sur le contingent.

1. *Ibid.*, III, p. 108, art. III.
2. *Ibid.*, p. 110.
3. *Nuovo Saggio*, III, p. 110 : « E la ragione perchè l'errore cade sempre in un atto dello spirito posteriore alle percezioni... ed alle prime idee è questa che le percezioni... succedono in noi necessariamente, ed è il fatto della natura intelligente, la quale non erra. » — Cf. p. 112 : « La natura non erra »; p. 104 : En l'homme ce n'est pas l'homme comme tel qui est capable de vérité, c'est

Cette perception implique, sans doute, toujours une relation du sujet sentant avec un *non moi* quel qu'il soit, mais ce *non moi* n'est pas encore donné sous la forme d'être réel, il est simplement impliqué confusément dans le sentiment.

La perception intellectuelle consiste en ce que l'esprit applique au senti la forme de l'être idéal qui lui est essentiellement présente. Il est important de bien saisir le mode de cette application. Un exemple que nous empruntons à Rosmini lui-même va nous aider à préciser sa pensée. Que se passe-t-il dans notre esprit, se demande le philosophe italien, quand nous pensons un être corporel, doué de qualités, de déterminations, quand nous pensons ce livre? Notre pensée comprend alors deux éléments ou deux moments qu'il est possible de distinguer, au moins logiquement. D'abord, nous pensons quelque chose qui peut exister, car jamais nous ne pourrions penser ce livre, si, en même temps, nous n'avions déjà l'idée de l'être indéterminé, c'est-à-dire l'idée de quelque chose qui peut exister, l'idée d'existence possible. En second lieu, nous pensons que ce quelque chose est déterminé de telle manière et non de telle autre ; qu'il est doué de qualités particulières, qu'il a tel poids, tel volume, telle couleur, etc. Or, l'idée de l'être possible est innée. Pour déterminer comment nous arrivons à penser tel livre, il n'y a donc qu'à rechercher par quel processus nous acquérons les notions de couleur, de poids, de forme, toutes déterminations particulières par lesquelles nous délimitons l'être possible. Mais il est évident aussi que ces données toutes sensibles ne peuvent nous venir que de l'expérience.

L'entendement fournit l'être possible, l'expérience nous donne le réel toujours déterminé : la perception intellectuelle unit de quelque manière l'expérience sensible avec la forme à priori de l'esprit, et, dans cet acte de perception, nous affirmons l'existence réelle de l'objet, qui ne se présentait d'abord que comme senti [1]. La réalité s'éclaire au contact de l'idéalité; l'idéalité, à son tour, prend un contenu en s'appliquant aux choses sensibles, et ainsi se forment les connaissances réelles particulières [2]. C'est là ce que Rosmini appelle la *synthèse subjective* entre le senti et l'être, synthèse en tout semblable à celle qui s'établit entre l'être et l'esprit lui-même.

C'est de cette synthèse établie par l'esprit entre l'être et la réalité, entre l'idée à priori et le sentiment, que dérivent toutes nos connaissances particulières.

La raison (*ragione*), ajoute notre philosophe, est la faculté d'appliquer ainsi, dans l'acte de la perception intellectuelle, l'être aux données sensibles, de voir l'être de quelque manière particularisé dans les choses et limité par elles, d'unir la forme de la connaissance à la matière [3]. Il l'oppose ainsi à l'*entendement* qu'il définit : la faculté de voir, dans l'acte de l'intuition, l'être indéterminé [4]. L'être est l'objet propre et immédiat de l'entendement; il n'est que l'objet indirect de la raison; il est le moyen de l'exercice de la raison, puisque l'idée de l'être est nécessaire pour que nous prenions connaissance du réel [5].

Comment cette synthèse est-elle possible? Le sentiment est, de quelque manière, une réalité distincte de l'être qui sert à le faire connaître. Comment l'homme peut-il unir dans la pensée les deux éléments réel et idéal?

Pour le comprendre, répond Rosmini, il faut recourir à l'unité de l'homme, à la simplicité de l'esprit humain. C'est, en effet, le même sujet, qui est à la fois intelligent et sentant; aussi, cette simplicité « ne permet-elle pas que

---

1. *Psych.*, n° 1919 suiv.
2. *Teosofia*, V, p. 430, art. XII.
3. *Antropologia*, lib. III, sez. I, c. II.
4. *Psych.*, II, n° 1006.
5. La raison, dit Rosmini (*Logica*, « Introduzione », p. 2, n° 67), n'est pas un acte, mais une simple *puissance*. Elle est la faculté d'appliquer l'idée de l'être : « Sotto questa espressione : « applicare l'essere » comprendiamo qualunque uso dell' intelligenza, dopo la prima intuizione. »

le sentiment et la notion de l'être demeurent séparés; on voit donc l'être agir en lui, c'est-à-dire produire le sentiment. C'est le même être, qui d'un côté se manifeste à l'homme comme connaissable dans l'intuition; et de l'autre, comme actif dans la production du sentiment[1].

On voit, dès lors, le rôle réciproque du sentiment et de l'idée : nous possédons en nous l'idée innée de l'être (*essere*); mais, pour affirmer l'existence de quelque être (*ente*) particulier, il faut que nous y soyons poussés par un sentiment. C'est ainsi que nous sommes portés à affirmer l'existence des objets externes par les sensations qu'ils produisent sur nous, c'est ainsi également que nous sommes poussés à affirmer l'existence du corps propre, par les sentiments spéciaux que nous éprouvons à son occasion; c'est ainsi, enfin, qu'un sentiment primitif inné nous détermine à affirmer l'existence de notre « moi[2] ». Dans ces différents cas, ce qui nous fait affirmer l'existence actuelle d'un être particulier, c'est le sentiment; de sorte que toute affirmation, tout jugement par lequel nous nous disons à nous-mêmes que quelque chose de réel existe, peut se réduire en dernière analyse à cette formule : *Il existe un sentiment*, donnée primitive de la conscience, fait sur lequel le doute ne saurait avoir de prise, *il existe donc un être particulier*[3].

Si, maintenant, nous recherchons, au moins d'une manière générale, quels sont les objets auxquels la raison applique l'idée de l'être, Rosmini croit pouvoir résumer ainsi le développement de cette faculté.

La première fonction de la raison consiste à appliquer l'être aux sentiments, et cette application constitue la

---

1. *Sistema*, n° 42, p. 275.
2. Voir plus loin, ch. III, L'âme. — Cf. *Psych.*, II, n° 893, et p. 146 à 164. — *Teosofia*, V, p. 145 suiv., ch. XXVIII et p. 267.
3. *Psych.*, II, 744. — *Teodicea*, n°s 86, 153. Cf. tout ce que nous disons plus loin (ch. III) sur la relation essentielle entre le sentiment et le réel. Voir aussi *Psych.*, II, ch. V, p. 221 suiv.

perception intellectuelle. Une fois acquise la connaissance des êtres réels particuliers, la raison peut s'appuyer sur ces êtres eux-mêmes, et, par une nouvelle application de l'idée de l'être, concevoir, à l'occasion de leur contingence et de leur limitation, un être à la fois nécessaire et infini. C'est la seconde fonction de la raison : ici l'esprit s'élève, *par voie d'intégration*, à la connaissance de Dieu et perfectionne ainsi la notion qu'il s'était faite des êtres réels[1].

Mais la raison ne trouve pas encore là sa limite ; elle peut, en effet, opérer des abstractions sur les êtres réels qu'elle connaît : elle se forme ainsi des objets que l'on appelle, pour cela, êtres de raison.

Enfin, si la raison applique l'idée de l'être à ces êtres logiques eux-mêmes, elle crée les sciences pures et s'ouvre, grâce au procédé déductif, des horizons dont on ne peut apercevoir la limite. C'est ainsi que par de successives applications de l'idée innée de l'être l'esprit humain se forme toutes ses connaissances et s'élève à des conceptions de plus en plus élevées[2].

La raison perçoit ; elle intègre, elle abstrait, elle déduit ; les trois premières opérations dépendent de la réflexion ; le raisonnement rend possible la dernière.

La réflexion se distingue de la simple perception en ce que cette dernière reste limitée à l'objet perçu et ne le dépasse pas ; elle n'est qu'une faculté de constatation[3]. Et si l'esprit en était réduit à cette seule faculté, il ne ferait que revoir les objets déjà perçus ; il porterait sur eux son attention, il les reproduirait par la mémoire, les combinerait par l'imagination, mais sa science ne s'étendrait pas[4]. La découverte de nouveaux rapports, tel est le rôle essentiel que Rosmini attribue à la réflexion philosophique[5]. Elle est

1. *Psych.*, II, p. 313.
2. *Antropologia*, lib. III, sez. I, c. III, p. 196.
3. *Nuovo Saggio*, II, p. 53, art. I. — *Psych.*, II, p. 303, n° 1312.
4. *Psych.*, II, p. 152, n° 1032.
5. *Ibid.*, n° 1038. — *Logica*, n° 69 : « La ragione, in quanto applica l'idea

ainsi une source de connaissances nouvelles ; et, comme le nombre des relations que la réflexion peut saisir entre les objets déjà perçus, est illimité, elle ouvre à la science des perspectives indéfinies. La manière dont agit cette faculté réflexive est tout à fait originale et mystérieuse, et, si nous parvenions à la saisir en elle-même, nous découvririons du même coup quelle est l'essence de l'activité mentale, comment l'esprit se pense lui-même et peut faire retour sur ses propres démarches.

Dans l'objet perçu intellectuellement se trouve déjà l'être qui en constitue l'élément formel. Or, la réflexion, d'après notre philosophe, consiste uniquement à appliquer l'idée de l'être idéal aux objets déjà perçus : elle constitue donc un retour de l'esprit, non plus sur le sentiment, comme cela a lieu dans la perception, mais sur la pensée elle-même ; l'idée de l'être est appliquée à l'élément intelligible qui se trouve dans tous les objets de la connaissance, et Rosmini peut définir la réflexion : une application que la pensée fait de l'être idéal à lui-même. Ainsi, « l'être idéal fait deux offices dans la réflexion : il est la forme du principe intelligent, et, à ce titre, constitue le principe intelligent lui-même ; et il sert de moyen pour connaître le principe intelligent déjà existant. C'est donc l'être idéal qui s'applique à lui-même ». — « La pensée, dit encore Rosmini, peut toujours faire l'application de l'idée de l'être à l'idée même de l'être ou à quelque connaissance que ce soit où elle est déjà contenue[1]. »

Ce fait admirable, tout mystérieux qu'il est, ne saurait être contesté : il prouve, ajoute le philosophe italien, que l'idée de l'être, « quoique engagée dans la perception, demeure libre cependant et peut être, par un nouvel emploi, appliquée une seconde fois à la perception qui la contient[2] ».

dell' essere ad oggetti gia pensati, esercita quella funzione che dicesi riflessione. »

1. *Psych.*, II, p. 225, n° 1182. — Cf. *Sistema filosofico*, n°ˢ 69, 82, 87, 104.
2. *Ibid.*, n° 1182.

Cette idée est donc exempte de toute passivité; et, bien que nous voyions en elle un objet particulier, « nous ne la lions pas à cet objet de manière à l'y emprisonner et à la mettre hors d'état de se prêter, comme auparavant, à nos besoins et de servir à nos usages ». Elle est toujours identique à elle-même; elle ne s'altère pas par les multiples applications que nous en faisons; l'esprit reste ainsi radicalement distinct de toutes les pensées particulières dans lesquelles il est impliqué : toujours présente à la pensée, l'idée de l'être reste en dehors de la multiplicité et de la durée de ses diverses opérations. « Quand j'ai l'intuition de l'être, il est présent dans cette intuition à mon esprit; quand je réfléchis sur l'être dont j'ai l'intuition, l'être m'est encore présent dans cet acte de réflexion; le même être, toujours identique, est donc présent comme objet au premier acte de l'esprit et au second, à l'intuition et à la réflexion; c'est un seul et même être, mais en relation avec deux actes différents; dans sa relation avec l'acte intuitif, il se montre à l'esprit sans aucune distinction; dans sa relation avec l'acte réflexif, il se montre à l'esprit avec les conditions et les distinctions que l'analyse et la synthèse y retrouvent[1]. »

C'est en découvrant de nouveaux rapports que la réflexion fait avancer la science; mais, remarque Rosmini, ces rapports sont plus ou moins généraux; aussi peut-on distinguer deux degrés de la réflexion. Voici comment s'explique notre philosophe : « J'appelle *partielle* cette réflexion qui tend à découvrir les rapports qui séparent ou unissent les objets auxquels elle s'applique, sans s'occuper des rapports des objets avec l'être universel et essentiel.

« J'appelle *totale* cette réflexion qui découvre et formule les rapports des objets avec l'être universel et essentiel. La réflexion a toujours recours à l'être idéal, sans quoi elle ne pourrait découvrir aucune vérité nouvelle; mais, tantôt

---

[1]. N° 1183.

elle compare les objets avec l'être pour trouver les rapports qu'ils ont entre eux, et alors je la qualifie de *partielle*; et tantôt elle compare les objets avec l'être pour trouver les rapports qu'ils ont avec l'être lui-même, et alors je la qualifie de *totale*. La raison de ces dénominations ne se tire pas de la différence des *moyens* de connaître : la réflexion se sert toujours du même moyen qui est l'être idéal; elle se tire de la différence des conceptions qui en résultent[1]. »

C'est surtout la réflexion partielle qui nous révèle le mieux le mécanisme de la pensée, car elle repose sur des applications progressives et indéfiniment renouvelées de l'idée de l'être. « Après avoir réfléchi sur la perception, je peux, par un second acte de réflexion, réfléchir sur le premier, par un troisième sur le second, par un quatrième sur le troisième et ainsi de suite, acquérant quelque connaissance nouvelle chaque fois que je m'élève ainsi à un ordre de réflexion supérieur. On voit aisément que la possibilité de ces divers ordres de réflexion vient de ce que la réflexion est partielle; car, si par la première réflexion j'épuisais tout le domaine du savoir, je ne pourrais plus rien connaître de nouveau[2]. » Ce travail de l'esprit se présente, dit encore Rosmini, sous forme de synthèse et d'analyse quand il ne fait que s'appliquer aux objets connus[3]; quand au contraire il fournit de nouveaux termes à la pensée, nous lui donnons le nom de *foi* et de *création* rationnelles.

La foi rationnelle représente pour le philosophe italien ce que nous pouvons appeler les exigences essentielles de la raison. « Lorsque l'esprit humain réfléchit sur un objet de perception en le comparant à l'essence de l'être, il s'aperçoit, dans bien des cas, qu'il répugne à l'essence de l'être que l'être perçu existe seul, et que, par conséquent, son existence a pour condition celle d'un autre être qui n'est

---

1. *Psych.*, II, n° 1033, p. 152, 153.
2. *Psych.*, II, n° 1035.
3. *Ibid.*, n°s 1038 à 1046.

point perçu. La perception de l'un fait naître la foi rationnelle, la croyance raisonnable à l'existence de l'autre[1]. » C'est là, ajoute Rosmini, ce que nous avons appelé l'*intégration*. Cet argument a son fondement dans l'ordre intrinsèque et nécessaire de l'être; il repose tout entier sur la certitude où se trouve l'esprit « qu'une partie donnée de l'être, que l'on perçoit, ne serait pas comme elle est, s'il n'y en avait pas une autre que l'on ne perçoit pas[2] ».

A la création rationnelle se rattachent surtout les hypothèses, qui se distinguent des vérités intégrées en ce que celles-ci sont certaines et nécessaires, tandis que celles-là sont purement conjecturales[3].

La réflexion totale ne s'occupe que des rapports de l'être universel. Elle embrasse un groupe de quatre facultés qui ont pour objets les principes, les archétypes, la méthode et enfin la connaissance absolue ou transcendantale[4].

Les deux premières facultés nous fournissent les principes suprêmes de la pensée et les concepts absolus qui ne sont que les multiples aspects de l'être lui-même[5].

La faculté de la méthode naît de la réflexion, lorsqu'elle s'élève au-dessus de tous les ordres particuliers; elle est, dit Rosmini, « une sorte de réflexion universelle qui embrasse d'un regard toutes les réflexions possibles[6] ».

Enfin, la faculté de la connaissance transcendantale représente ce travail de la réflexion totale par lequel « embrassant un grand nombre de connaissances et les comparant à l'essence de l'être, elle distingue ce qu'il y a en elles de subjectif et de phénoménal de ce que les choses connues sont en elles-mêmes, indépendamment de ce qui leur vient de l'acte par lequel nous les connaissons[7] ».

1. *Ibid.*, n. 1046.
2. N° 1048.
3. N° 1051.
4. N° 1055.
5. N°ˢ 1056 à 1063.
6. N° 1064.
7. N° 1065.

Tel est, en général, dans le développement de l'activité mentale, le rôle de la réflexion. Si maintenant nous la considérons dans son rapport avec les idées, nous voyons que, par elle-même, elle est incapable d'en produire aucune; tout son travail se borne à les combiner, à les associer.

Les idées résultent toutes d'une application de la forme de l'être à la matière sensible, dans la perception intellectuelle. Sans doute, l'idée que nous nous formons ainsi est liée, de quelque manière, à l'objet concret qui la détermine; c'est, par exemple, l'idée de tel cheval que j'aperçois; elle est donc, comme le dit Rosmini, une idée particulière[1], ce n'en est pas moins, cependant, une idée véritable, puisqu'en fait je connais ce cheval, et que nous n'avons pas d'autre moyen de connaissance que l'idée.

C'est dans la perception que l'esprit se forme ses idées : mais il n'y arrive, ajoute Rosmini, que parce qu'il est doué de la faculté de généraliser (*universalizzare*).

Qu'est-ce que cette généralisation?

Elle consiste, nous répond le philosophe italien, à concevoir sous la forme de l'universalité (*intentio universalitatis*) l'objet que nous percevons, c'est-à-dire à le considérer comme possible et indéfiniment réalisable[2]. Il n'y a là qu'une application immédiate de l'idée de l'être : tout ce qui participe à l'être, en effet, se présente, ainsi que lui, comme essentiellement possible.

La généralisation, dit encore Rosmini, ne fait que décomposer les perceptions intellectuelles, en mettant d'un côté l'être idéal, et, de l'autre, le *senti*, c'est-à-dire le réel : « Après la résolution de cet objet en ses deux éléments, 1° l'idéal, 2° le réel fini, le premier demeure seul concevable, parce qu'il est un être, mais le second cesse d'être conçu et demeure purement et simplement un senti[3]. »

---

1. *Nuovo Saggio*, I, p. 9 et II, p. 56, osservazione I.
2. *Nuovo Saggio*, II, p. 18. Voir aussi *Psych.*, II, p. 310, n° 1317, etc.
3. *Psych.*, II, n° 1317, p. 310. L'universalisation peut donc, dans un certain

L'esprit n'a qu'à s'abandonner à sa loi fondamentale pour acquérir toutes les idées des choses, dès que les objets réels lui sont présentés dans l'expérience; il n'y a là aucune intervention de la réflexion[1].

On peut résumer la pensée de Rosmini en disant que la perception intellectuelle nous fournit nos idées par voie de généralisation.

« L'idée est, par essence, universelle, bien qu'elle manifeste l'être avec toutes ses conditions et ses qualités même accidentelles; elle ne peut être qualifiée de particulière qu'en tant qu'on la considère dans la perception et liée à la perception, ce qui est une condition extérieure à l'idée et relative à l'esprit qui établit ce lien[2]. »

Mais de ce que toute idée est universelle, il ne s'ensuit pas que toute idée soit abstraite : notre philosophe distingue, en effet, et sépare complètement l'abstraction et la généralisation. La généralisation ajoute; l'abstraction retranche : le procédé est tout différent[3].

Lorsque nous percevons intellectuellement un objet, il y a dans cet acte deux éléments facilement discernables : d'abord l'idée, puis le jugement sur l'existence réelle, *sussistenza,* de l'objet. Mais l'existence réelle, dit Rosmini, est une chose absolument indifférente à l'idée, puisque nous pouvons concevoir un objet sans pour cela affirmer son existence[4]. Ces deux éléments peuvent donc être séparés par l'esprit; c'est là le travail de la réflexion et il donne lieu à une forme inférieure de l'abstraction[5].

sens, s'appeler une abstraction. — Cf. *Psych.*, II, p. 303, n° 1313. « Il y a une abstraction qui se réduit à séparer la partie idéale de la partie réelle de l'objet de la perception : on l'appelle universalisation. »

1. *Nuovo Saggio*, II, p. 62. — *Psych.*, II, n° 1313.
2. *Psych.*, II, p. 352, n° 1377; cf. aussi n° 1375.
3. *Nuovo Saggio*, II, p. 54. Les « espèces », ajoute Rosmini, sont, à proprement parler, constituées par les idées et relèvent de la faculté de généralisation. Les « genres » sont formés par abstraction. *Nuovo Saggio*, II, p. 58, osservazione II.
4. *Nuovo Saggio*, II, p. 56.
5. *Nuovo Saggio*, II, p. 57, 62.

La véritable abstraction consiste essentiellement à laisser de côté, dans une idée, quelqu'un de ses éléments, pour porter toute son attention sur un autre qui se trouve ainsi renforcé [1]; c'est « l'opération par laquelle, réfléchissant sur quelque concept, nous séparons en lui ses divers éléments, ses diverses relations, comme lorsque, dans le concept d'un être fini, nous séparons, par abstraction, la substance de l'accident, ou l'accident de la substance, etc. [2] ».

Les produits de cette abstraction, ajoute Rosmini, ne sont que des modes d'être et non de véritables êtres; ils ne sont donc pas pensables en eux-mêmes; et, si nous les concevons, c'est uniquement parce que nous les rapportons par la pensée au concept total d'où nous les avons abstraits. Et cela est possible, parce que la réflexion laisse subsister son objet. « Dans l'esprit, le concept entier, auquel s'applique la réflexion, demeure, et c'est son unité et sa simplicité qui permet d'en considérer isolément chaque partie. Si le concept s'évanouissait, ses parties s'évanouiraient avec lui, et l'esprit ne pourrait plus fixer son attention sur l'une ou sur l'autre, parce qu'elles ne seraient plus [3]. »

Résumons donc comme il suit tout le processus de la connaissance d'après Rosmini :

1° Nous éprouvons des *sensations* qui nous modifient dans notre sensibilité : c'est la *perception sensible.*

2° A cette matière l'esprit unit la *forme* de l'être dont il

---

1. « Un idea astratta non è che una parte di una idea. » — *Nuovo Saggio*, p. 67. — Cf. aussi *Psych.*, II, p. 304, n° 1313. Tout l'art. V, p. 303. Rosmini montre que les sens sont incapables de produire de véritables abstractions.

2. *Psych.*, II, p. 311, n° 1319.

3. *Psych.*, II, p. 311, n° 1319. Rosmini nous fait encore observer que la puissance abstractive de l'esprit trouve sa limite dans l'idée même de l'être. C'est qu'en effet l'esprit ne saurait faire abstraction de l'être; cette opération de l'esprit « n'arrive qu'à dépouiller l'être de ses déterminations, mais il reste toujours l'être indéterminé (*Psych.*, III, append., n° 167, p. 392). Faire abstraction de l'être équivaudrait de quelque manière à affirmer le néant absolu, ce qui est inintelligible : ce serait la négation même de la pensée et la destruction de l'esprit. L'objet sur lequel s'exerce ici l'esprit, n'est donc que l'être réel et senti et le rôle de l'abstraction consiste uniquement à dégager ce qui est commun aux individus semblables (*Ibid.*, III, n° 191, p. 419).

a par nature l'*intuition* : c'est la *perception intellectuelle*.

3° Cette perception nous fournit toutes nos *idées* par voie de *généralisation*.

4° Par la *réflexion* nous considérons à part l'idée que nous fournit la perception intellectuelle ; nous nous formons ainsi des *idées particulières*, au moins dans leur objet.

5° Enfin, l'*abstraction* proprement dite consiste à ne considérer dans cette idée particulière, qu'un de ses éléments.

Quant aux idées complexes, leur explication n'offre aucune difficulté particulière : il suffit de recourir à la faculté que nous avons d'embrasser dans un seul regard plusieurs idées, que nous lions entre elles par un rapport qui leur est commun à toutes [1].

L'abstraction est une fonction spéciale de la réflexion. Or, la réflexion est, de quelque manière, une faculté libre ; il n'en va pas de cette faculté comme de la généralisation qui saisit immédiatement et fatalement dans l'idée son éternelle possibilité ; la réflexion est une attention volontaire [2]; son acte n'a rien de nécessaire (*non è in moto per se*). Il faut donc que nous trouvions la raison suffisante qui, de quelque manière, met en branle la réflexion, la pousse à analyser les idées et à opérer sur elle ses abstractions [3].

Cette raison, répond Rosmini, réside tout entière dans la nature du langage [4].

« Pour que l'abstrait soit concevable, il suffit que dans l'esprit existent les idées complètes auxquelles il se rapporte et d'où il se tire [5]. Mais, pour que l'esprit soit déterminé à le concevoir, il faut un objet... ou un motif qui l'y pousse... Et comme l'abstrait, en tant qu'abstrait, n'existe pas », il doit être uni à un signe sensible pour pouvoir attirer l'at-

---

1. *Nuovo Saggio*, II, p. 60-61, « Sintesi delle idee ».
2. *Nuovo Saggio*, II, p. 54, art. II, page 61 et suiv.
3. Cf. *Nuovo Saggio*, II, p. 67.
4. *Nuovo Saggio*, II, p. 63, etc., art. III.
5. Comme on peut le voir par l'emploi des signes algébriques.

tention de l'esprit [1]. Le rôle du langage est si considérable ici, qu'un homme élevé en dehors de toute société serait irrémédiablement dépourvu d'idées abstraites : tout au plus posséderait-il ces idées particulières qui dérivent de la perception intellectuelle et ne requièrent aucune intervention spéciale de la réflexion [2].

C'est par voie d'affirmation, dit Rosmini, que se produit la perception intellectuelle des êtres. Cette opération consiste, en effet, à reconnaître que tel réel particulier, qui modifie le sujet sentant, ne se conçoit que comme un être, c'est-à-dire rentre dans la classe générale des choses existantes. Toute connaissance est donc un jugement que l'esprit porte sur l'existence réelle des êtres, et ce jugement n'est possible que parce que déjà nous sommes en possession de l'idée de l'être indéterminé [3].

Penser, dit Rosmini, c'est affirmer [4].

Quelle est, au fond, la vraie nature de ce jugement?

Rosmini le développe avec assez de précision dans l'*In-*

---

1. *Psych.*, II, n° 1379, p. 353-354.
2. Rosmini estime que le langage est d'origine divine et avec Rousseau il croit que pour l'inventer, il aurait fallu le posséder déjà. Voir *Nuovo Saggio*, II, p. 68, note 1. — *Opuscoli filosofici*, I, n° 2 suiv — *Teod.*, I; xx, xxi.
Rosmini critique tout au long la théorie de *Dugald Stewart* sur la formation des idées par l'imposition des noms aux objets (STEWART, *Éléments de philosophie de l'esprit humain*). D'après cette théorie, les mots dont se compose le langage, auraient été à l'origine des noms propres, ils ont passé ensuite à l'état de noms communs et ont fini par désigner des idées, c'est-à-dire des collections d'individus, de genres, d'espèces. Mais, observe Rosmini, les noms propres et les noms communs sont irréductibles; leur fonction est toute différente et il n'y a pas de passage des premiers aux seconds; d'ailleurs, l'étude des langues prouverait plutôt que l'homme débute par les noms communs : L'homme primitif, l'enfant ne voient les objets qu'en bloc; ce n'est que lorsque la puissance d'abstraction s'est suffisamment développée en eux qu'ils parviennent à rejeter les caractères accidentels pour ne conserver que les *notæ individuantes* qui permettent de qualifier par le nom propre (Voir *Nuovo Saggio*, I, tout le cap. IV de la *parte* I, p. 58-103).
3. *Nuovo Saggio*, II, art. V, p. 78. Cf. *Psych.*, II, p. 300 suiv., art. IV : « Loi de la perception ».
4. *Psych.*, I, n° 71, p. 46. Voir tout le chap. XXXIII de a *Teosofia*, V, « Il Reale », p. 123 suiv.; II, p. 88 suiv.

troduzione alla Filosofia. Son exposition a ici une concision et une suite dans les idées qui ne se rencontrent pas toujours au même degré dans ses écrits.

Notre philosophe commence par prévenir une objection qu'on ne manquerait pas de lui faire au sujet de ce jugement primitif. Quand on affirme l'existence réelle d'un être, on fait un jugement. Or, pour faire un jugement, il faut en connaître les deux termes. Mais, dans le cas qui nous occupe, un de ces termes, à savoir, le sentiment, la réalité, est encore inconnu. Le jugement en question n'est donc pas possible [1].

Rosmini veut bien concéder qu'en effet le nom de jugement exprime assez improprement « l'opération par laquelle on affirme, et, en les affirmant, on connaît les êtres réels ». Mais l'objection, ajoute-t-il, n'infirme en rien la théorie qu'il défend, « il n'en demeure pas moins vrai que connaître l'existence réelle d'un être, c'est affirmer que cet être existe réellement [2] ». Il y a là, d'ailleurs, une sorte d'illusion d'optique. On se représente, d'abord, comme séparés les deux termes entre lesquels se formule le jugement, et l'on exige à bon droit que ces termes soient connus avant que l'esprit affirme entre eux un rapport. Mais c'est là une dissection qui défigure la réalité concrète et vivante. En fait, la nature elle-même nous présente toujours ces deux termes indissolublement liés : « l'essence de l'être et l'activité sentie ne sont pas unies par notre intelligence, mais par notre nature; cette union tient à l'unité du sujet et à l'identité de l'être connaissable et de l'être... senti [3] ».

1. *Introduzione, Sistema*, p. 275, n° 43.
2. *Ibid.*, n° 44, p. 276-277.
3. *Psych.*, I, p. 51, n° 76. « En effet, quand je dis : perception d'une chose, d'un être, d'un objet, je fais usage, et je ne peux faire autrement, des mots chose, être, objet. Mais ces mots... désignent déjà quelque chose qui a été perçu et non quelque chose à percevoir. Et véritablement, quelque chose qui n'a pas encore été perçu ne peut en aucune manière se nommer une chose, un être, un objet, puisque ces mots ne peuvent être appliqués par l'homme à ce

L'être se présente à la fois comme réel et comme idéal ; le sujet qui sent est aussi celui qui comprend ; l'être est donc simultanément senti et connu ; en le sentant nous l'affirmons comme être réel ; il y a là une union subjective qui s'établit entre ces deux termes, sans qu'il soit possible de déterminer entre eux aucun ordre de priorité. Aussi, ajoute Rosmini, le jugement primitif peut-il se formuler ainsi : « L'être (dont j'ai la notion) est réalisé dans ce sentiment (dans cette activité sentie)[1].

« Lorsqu'une fois j'ai prononcé en moi-même cette affirmation, je connais l'être réel, je sais ce qu'est le sentiment, l'activité sentie, en un mot, je connais l'être. L'élément qui m'était inconnu avant l'affirmation me devient présent dès que celle-ci est prononcée. Dès lors, le sentiment avait beau m'être inconnu avant son union avec l'être idéal, et, par conséquent, n'être pas encore apte à devenir un des termes du jugement, aussitôt que la nature l'a rapproché de l'être idéal et l'a uni à lui par une affirmation spontanée, il est connu, et, par conséquent, il est devenu apte à remplir cette fonction[2]. »

Dans la *Psicologia*[3], Rosmini aborde une objection que lui adresse à ce sujet Mamiani[4] :

« De quelle manière la pensée aura-t-elle connaissance de la sensation existante ? Qu'est le sujet réel auquel doit se joindre le prédicat de l'être ? »

---

dont il ne connaît aucunement l'existence. » — « Tout ce que l'homme exprime, il doit l'avoir déjà perçu pour l'exprimer. » — *Ibid.*, n° 77. — Cf. *Teosofia*, V, p. 505.

1. « Les choses matérielles ne sauraient exister là où il n'y a pas de choses sensibles. » — *Rinnovamento*, lib. III, cap. XXI, p. 216 : « Un être absolument privé de sensation n'existe pas en lui-même, mais seulement pour celui qui le sent, car l'existence des choses extérieures inanimées est entièrement relative à celui qui les sent ou les considère comme senties. » Ainsi, au premier stade de la vie consciente, la réalité ne se présente à nous que sous la forme du sentiment que nous éprouvons.

2. *Introduzione, Sistema dell' autore*, p. 277, n° 45.

3. *Psych.*, I, p. 51-52-53, n° 77, note 1.

4. *Sixième lettre à l'abbé Rosmini*.

Rosmini répond « que si la pensée avait connaissance de la sensation existante, celle-ci serait déjà perçue et qu'il ne serait plus nécessaire d'y joindre le prédicat, puisqu'il y aurait déjà été joint ».

Pour former le jugement primitif, il est donc tout à fait inutile de connaître au préalable la sensation existante, puisque cette sensation n'est connue que par le jugement lui-même.

Rosmini ajoute enfin que l'acte par lequel l'homme sent le réel et simultanément le conçoit sous la forme de l'être, est un jugement synthétique, qui ajoute au senti l'être qui n'y était pas contenu par lui-même[1]. Tous les autres jugements, qui suivent ensuite, sont analytiques ; ils ne sont « qu'un produit de la réflexion » appliquée au jugement primitif[2].

Ainsi, pour Rosmini, le jugement proprement dit, qui consiste dans l'union logique d'un prédicat avec un sujet, n'est pas absolument le premier acte de l'intelligence ; il est précédé d'un jugement tout spontané dans lequel sujet et prédicat sont donnés d'une manière tout à fait simultanée.

Aussi bien, ajoute-t-il, on peut dire qu'il en est de même de tous nos jugements en général. Ce serait une illusion de s'imaginer que « le sujet doit exister comme sujet avant que le jugement l'ait formé, tandis que c'est au contraire le jugement même qui le produit[3] ».

De même que les termes de cause et d'effet, par exemple, sont corrélatifs[4], le prédicat et le sujet ne s'entendent que l'un par l'autre ; et lorsque la réflexion, « analysant un jugement quelconque, y distingue le prédicat et le sujet, elle ne sépare pas vraiment les deux termes l'un de l'autre ;

---

1. *Psych.*, I ; *ibid.*, note, p. 52.
2. Cf. *Logica*, p. 107, n° 351.
3. *Introduzione alla filosofia, Sistema*, p. 279, fin du n° 47.
4. *Psych.*, I, n° 38, p. 24.

elle ne détruit pas leur union; car, une fois désunis, ils perdraient la qualité de prédicat et de sujet; ils ne seraient plus les termes d'un jugement; le jugement même serait détruit[1] ».

Rosmini explique mieux sa pensée par un exemple. Soit le jugement : *cet être que je vois est un homme.*

« Que me fait connaître ce jugement? que cet être que je vois est un homme. Avant de l'avoir prononcé en moi-même, je ne savais pas que cet être que je vois fût un homme, puisque le savoir et me le dire à moi-même, c'est tout un. Or, analysons par la réflexion ce jugement. *Cet être* en est le sujet, et *un homme,* le prédicat. Qu'on me le dise : si je considérais d'un côté cet *être,* et de l'autre *un homme* séparément, sans faire aucune attention à leur relation, saurais-je que cet être est le sujet, et qu'*un homme* est prédicat? Non, assurément; cet *être* et *un homme* cesseraient d'être les termes d'un jugement; ils perdraient tout à fait leur qualité de prédicat et de sujet. Comment donc deviennent-ils, l'un prédicat, l'autre sujet? Au moyen du jugement même. Le prédicat et le sujet n'existent donc pas avant le jugement...

« Appliquons le même raisonnement à notre affirmation : *l'être est réalisé dans ce sentiment...* En l'analysant, je dis que le *sentiment* est le sujet, l'*existence,* le prédicat; je le dis parce que cette notion est comprise dans le jugement... Mais il est certain que si je prends le sentiment en dehors du jugement et qu'ainsi je détruise le jugement, le sentiment n'est plus sujet, parce qu'il m'est totalement inconnu[2]. » Aussi, au fond, ce jugement primitif ne diffère essentiellement en rien de tous nos autres jugements[3].

---

1. *Sistema,* p. 278, commencement du n° 47.
2. *Sistema,* n° 47, p. 278-279.
3. Ce jugement par lequel nous affirmons l'existence d'un être réel, dit encore Rosmini, constitue cette *parole intérieure* dont parlent quelquefois les philosophes, verbum intellectuale, il verbo della mente, parole par laquelle, de quelque manière, l'esprit crée ses objets. — Cf. *Nuovo Saggio,* II, p. 75 suiv.

Dans toute cette discussion, Rosmini semble n'avoir pas suffisamment saisi la différence qui existe entre les premières appréhensions des objets et le jugement que nous portons ensuite sur leur existence. Cette affirmation primitive, qui nous donne à la fois le prédicat et le sujet, l'être et le senti, n'est, au fond, qu'une vue immédiate de l'esprit; c'est un acte de perception; et nous ne voyons pas bien de quel droit Rosmini identifie dans sa théorie la perception et le jugement. — La perception, dit-il, se fait par une affirmation et cette affirmation est un jugement.

Il serait, semble-t-il, plus exact de dire que cette affirmation est une vue directe, une simple appréhension, et ne fournit que les éléments du jugement qui suivra[1].

Rosmini admet avec Cousin que c'est là une sorte de jugement intuitif, assez différent du jugement réfléchi, puisqu'il semble créer ses termes, au lieu de les supposer. Mais Cousin, croyons-nous, n'est pas parvenu à démontrer qu'un jugement intuitif fût un véritable jugement[2].

Tout jugement est caractérisé par la subsomption d'un terme moins général sous un terme qui l'est plus. Le sujet est contenu dans le prédicat sous le rapport de l'extension. Tout jugement, pour être un vrai jugement, suppose donc deux termes déjà nettement perçus par l'esprit. Si *j'existe* est un vrai jugement, il faudra dire que je fais rentrer l'idée particulière de moi dans la classe des choses existantes, et, ici, il y a deux idées préalables. Si je ne fais point cette subsomption, il n'y a pas à proprement parler de jugement, et cette expression *j'existe* n'est que l'énoncé d'une appréhension directe. C'est là précisément le cas étudié par Rosmini. L'erreur du philosophe italien vient

---

— *Ibid.*, p. 76, osservazione II. — Cf. St Thomas, Opusc. III, ch. III, et Rosmini, *Psic.*, II, p. 421, n° 1485 suiv.

1. Cf. sur ce point une critique intéressante de Galluppi, *Lezioni di logica e di metafisica*, Napoli, Torchi del Tramater, 1840, seconda edizione, vol. IV, lez. 88, p. 100 suiv.

2. Cf. Victor Cousin, *Philosophie de Locke*, ch. XXIII-XXIV.

donc, semble-t-il, de ce qu'il n'a pas suffisamment distingué entre la subsomption d'un terme par l'autre et l'appréhension immédiate et simultanée des qualités d'un objet. Il n'a pas vu surtout que « la simple appréhension rend présentes à la conscience, et même parfois simultanément, grâce à l'unité de conscience, un certain nombre de données entre lesquelles peuvent exister des rapports de toute espèce[1] », sans que pour cela cette appréhension se confonde avec la perception réfléchie de ces rapports[2].

Il est vrai, si l'on veut être juste, qu'étant donné son point de départ, le philosophe italien ne pouvait pas aboutir à une autre conclusion.

Nous nous sommes peut-être trop appesanti sur ce point particulier de la théorie rosminienne; c'est à dessein cependant, car il y a là une question centrale, et d'où dépend, au fond, toute la théorie de la connaissance de notre auteur.

Rosmini conclut que toutes nos idées se réduisent à une affirmation de l'être. L'être est-il sans aucune détermination, est-il purement possible? nous avons alors l'idée de l'être universel qui n'est pas, à proprement parler, une

---

1. RABIER, *Leçons de Philosophie*, Paris, 1888, 3ᵉ édition, p. 253.
2. D'ailleurs, dans l'analyse à laquelle il soumet plus haut le jugement, Rosmini nous semble faire plusieurs confusions fondamentales.
Le prédicat et le sujet, dit-il, n'existent pas avant le jugement. Oui, comme sujet et comme prédicat, puisqu'en effet nous accordons que ces termes sont corrélatifs; mais ne peuvent-ils pas exister autrement, l'un que prédicat, et l'autre que sujet? Le nier nous semblerait insupportable.
« Le sentiment, dit encore Rosmini, ne m'est connu que comme sujet, puisqu'il n'est intelligible que par l'idée de l'être. » — Mais il faudrait s'entendre et ne pas jouer sur les mots. — Dans ce sens, et en se plaçant au point de vue de Rosmini, le sentiment peut n'être point connu avant le jugement; mais, au moins, il est senti, il est donné, et, à ce moment, il est de quelque manière, sans être pourtant sujet. Je sais bien que Rosmini m'objecterait qu'en disant *il est*... je fais un jugement. Mais c'est précisément ce que je nie. Nous sommes bien obligés de nous servir du langage tel qu'il est, mais je prétends que l'emploi du verbe *être* n'est pas toujours la preuve que l'on fait un jugement. Le verbe *être* dans une multitude de cas n'exprime, en effet, qu'une première appréhension sans qu'il s'y mêle aucune idée de subsomption.

connaissance, mais constitue l'élément formel de toutes nos idées acquises.

Si, au contraire, l'être se présente à l'esprit avec des limitations, des modes, des déterminations qui lui sont donnés par l'expérience sensible, l'idée que nous en avons est dite acquise en raison du facteur empirique que nous avons signalé.

Enfin, dans toute idée particulière il y a un élément formel, l'être, qui la rend intelligible, et un élément matériel acquis, qui est représenté par les déterminations particulières que revêt l'être dans la nature sensible.

C'est ce qui ressortira mieux encore, lorsque nous aurons montré par le détail comment se forment en nous les principales de nos idées acquises.

CHAPITRE II

LA MATIÈRE

L'identification constante que Rosmini établit entre la pensée et l'être fait tomber la séparation que les philosophes élèvent d'ordinaire entre la psychologie et la métaphysique. Aussi, en recherchant l'origine de nos idées acquises et surtout en déterminant l'élément matériel qui entre dans leur formation, le philosophe italien prétend nous découvrir les différents aspects sous lesquels se présente à nous le réel : l'étude de l'idée nous introduit au sein même de la réalité.

Nous percevons des qualités sensibles, des accidents, des événements, des actions; nous savons que ces multiples phénomènes n'existent pas par eux-mêmes, mais supposent un être dont la nature nous est encore inconnue et que nous avons appelé la substance, l'énergie par laquelle ils subsistent. Mais qu'est-ce donc que cette énergie? Se suffit-elle à elle-même? N'est-elle que l'acte qui fait subsister les qualités sensibles indépendamment de nous, ou suppose-t-elle un être réel, en soi, subsistant, qui l'explique et la supporte[1]? En d'autres termes, comment arrivons-nous à donner un contenu réel à la notion de substance? par quel processus nous formons-nous les concepts d'*esprit* et de *matière*, de *moi* et de *monde externe?*

Les deux concepts de substance spirituelle et de substance

---

1. *Nuovo Saggio*, II, art. IV, p. 137. — Cf. § 2, p. 137 . « Nel soggetto senziente, oltre quell' atto onde esistono le sensazioni v'ha qualch' altra cosa. »

corporelle embrassent et résument toutes celles de nos idées acquises qui expriment un être ; elles sont donc appelées à jouer le premier rôle dans le développement de la pensée discursive. De plus, les substances ne sont pas séparables de l'*espace* et du *temps* ; elles entretiennent aussi avec l'espace et le temps certaines relations spéciales qui constituent le *mouvement*.

Moi et monde externe, espace, temps et mouvement, voilà les cinq grandes idées acquises qui forment le schéma de la connaissance empirique [1]. Rosmini les appelle encore idées mixtes (*idee non pure*)[2], pour marquer qu'elles ne dérivent pas d'une simple analyse de l'être, mais qu'elles requièrent un élément matériel que fournit l'expérience sensible.

La première idée mixte qui se présente à nous est l'idée de *moi*. Il y aurait moyen de l'étudier en dehors de toute considération métaphysique sur l'âme, en la prenant comme une simple donnée de la conscience. Mais ce serait dénaturer la pensée de Rosmini. Réservons donc cette étude pour le chapitre où nous traitons spécialement de l'âme, et passons tout de suite à l'analyse de l'idée de corps.

Nous constatons que parmi les sensations qui remplissent le champ de notre conscience, il en est un grand nombre qui ne ressortent pas de notre activité ; elles s'imposent à nous dans leur existence et l'ordre de leur succession [3]. Avec Rosmini, nous les appellerons sensations passives. C'est en appliquant la notion de substance en général à ces sensations que nous nous formons l'idée de corps [4].

Le problème que soulève cette idée se dédouble en deux questions distinctes : d'abord, la détermination d'une cause

---

1. Sans doute, pour Rosmini, toute connaissance est pure, puisque l'élément formel est toujours à priori ; ce qu'il y a de matériel dans la pensée, est, en soi, inintelligible. Il emploie cependant cette expression pour souligner la distinction qui existe entre les idées et les faits externes qui tombent d'abord sous nos sens, avant de recevoir la forme de l'intelligibilité.
2. *Nuovo Saggio*, II, p. 134.
3. *Sistema*, n° 78. — Cf. *ibid.*, n° 80. — *Nuovo Saggio*, II, p. 59, art. XII.
4. *Teosofia*, V, p. 146, note 1 ; p. 132, 3° ; p. 259, 304.

des sensations passives, puis l'affirmation que cette cause est une substance et un véritable sujet [1].

La première question est déjà résolue par l'analyse à laquelle nous avons soumis l'idée de substance en général. La sensation n'est pensable que par un être qui la soutient et l'explique. L'esprit ne prend connaissance de la réalité qu'en l'affirmant, c'est-à-dire en l'ordonnant de quelque manière sous la catégorie de l'être. Dès que nous éprouvons une sensation, la raison lui applique la forme à priori de l'être, elle affirme que ce *senti* est une réalité [2].

Les philosophes se sont souvent demandé si la connaissance que nous avons des corps est immédiate ou si elle est le résultat d'un raisonnement. Rosmini s'en tient à la première opinion. Nous *jugeons* immédiatement de la réalité des corps. Et si, dans cet acte, l'esprit croit découvrir une sorte de raisonnement, c'est que nous attribuons au premier acte de perception les réflexions que nous faisons dans la suite sur l'existence des corps, et celles-ci affectent la forme d'un raisonnement. Nous décomposons un acte qui, en

---

1. *Nuovo Saggio*, cap. II, a. I, p. 153. — *Psych.*, I, nᵒˢ 52-85. *Nuovo Saggio*, p. 136. — Rosmini fait observer que ce terme de *sujet* ne s'emploie pas dans le même sens selon qu'il est appliqué aux êtres doués de sensibilité ou aux êtres inanimés.

Sur le premier sens, voyez *Nuovo Saggio*, II, p. 136, et *Antropologia*, p. 286. Une chose qui en produit une autre est une substance et la cause de la chose produite, mais elle n'est pas nécessairement un *sujet*. Pour que, de plus, elle soit sujet, il faut que la chose produite ne puisse exister en dehors de cette cause ; par exemple, je suis la cause et le sujet de mes volitions, qui n'ont aucune réalité en dehors de moi ; au contraire, je suis la cause et non plus le sujet de mes actes extérieurs. Le père est cause du fils, il n'en saurait être le sujet ; la pensée est cause et sujet de ses opérations.

Employée relativement aux êtres inanimés, cette expression de *sujet* a une signification assez différente. Elle n'ajoute rien, dit Rosmini, au concept de substance. — Le sujet inanimé peut se définir, l'être dans lequel et par lequel existent les accidents. « C'est ce qui soutient (*sostegno*) les accidents et que nous concevons comme leur support » (*ciò che sta sotto*). — Cf. *Antropologia*, p. 284-285.

2. *Sistema*, nᵒ 91. — *Psych.*, II, p. 29 : « Nous prenons le principe excitateur du sentiment comme une substance, parce qu'il ne peut se concevoir que comme une substance. » — *Ibid.*, II, art. II, p. 13, etc. ; art. VIII, p. 25 suiv.

réalité, n'est qu'une vue immédiate de l'esprit affirmant l'être en dehors de lui[1].

Rosmini se demande ensuite pourquoi, en présence de nos sensations passives, nous affirmons, non un esprit, mais une substance matérielle, un corps. La raison de cette affirmation, nous dit-il, se trouve dans le caractère même de passivité que présentent ces sensations. Je perçois une couleur, je promène ma main sur une surface rugueuse, j'entends les accords d'un instrument de musique, mais jamais il ne m'arrive de me confondre avec la couleur, l'harmonie et les qualités sensibles. La statue de Condillac, constituée tout entière par l'odeur de rose, est une pure imagination. Il m'est tout naturel de penser et de dire : *je suis voulant*, mais jamais je ne m'attribue à moi-même les qualités sensibles des objets que je perçois : ces qualités m'apparaissent distinctes de moi et indépendantes; je n'en suis pas le sujet. D'autre part, nous ne pouvons penser les modifications indépendantes de nous qu'en les rapportant à une substance qui explique leur existence; et, puisque nous ne sommes pas nous-mêmes cette substance, il faut, de toute nécessité, la concevoir au dehors de nous, étrangère à nous[2]. La sensation passive n'est pas le *moi*; elle n'est pas non plus une substance : elle appartient donc à une substance distincte du moi[3]. Nous nous élevons ainsi à la notion de corps en général, c'est-à-dire au concept d'une cause prochaine de nos sensations[4].

Que cette cause soit véritablement un sujet, quelques remarques, observe Rosmini, suffisent à l'établir.

---

1. *Sistema*, n° 90.
2. *Introduzione, Sistema*, n° 89. — *Nuovo Saggio*, II : « L'Intelletto, se percepisce, dee percepire qualche cosa. Or quando noi, esseri dotati d'intelletto, siamo conscii di una modificazione, diciamo naturalmente : Ecco un qualche cosa che non è noi... Et il dire ciò è ragionevole e necessario, perche, checchè sia, sempre un qualche cosa dee essere... » Cf. *ibid.*, p. 112.
3. *Sistema*, n° 91.
4. *Nuovo Saggio*, II, p. 153 : « Una causa prossima delle nostre sensazioni, un soggetto delle sensibili qualità. »

L'action qui s'exerce sur nous ne provient pas de je ne sais quelle propriété des corps, comme le pensait Reid, elle est l'effet direct et immédiat du corps lui-même. Ce n'est pas, à vrai dire, la qualité sensible qui agit sur nous, mais le corps dont l'action prend pour nous la forme de qualité sensible. Cette énergie qui nous modifie est inhérente au corps; en dehors de lui elle n'est plus qu'une abstraction; le corps en est donc véritablement et dans toute la force du terme, le sujet. « La force ou l'énergie que possède un être lui est tellement inhérente qu'il est impossible de l'en séparer, de sorte que la puissance d'agir qu'il possède n'est pas autre chose que cet être lui-même considéré comme agissant[1]. » Nous verrons plus loin que pour Rosmini cette énergie, cette cause prochaine de nos sensations n'est matérielle et étendue qu'en apparence; en réalité elle est une force, un principe spirituel.

Il est inutile de nous étendre longuement sur la manière dont Rosmini explique la connaissance que nous prenons de notre propre corps; c'est là, en effet, un cas particulier qui rentre dans la théorie générale de la perception sensible et intellectuelle des corps.

L'idée indéterminée du corps propre nous est fournie par l'application de la notion de substance au sentiment fondamental qui est à la fois psychique et corporel[2]; cette idée se précise ensuite par la perception des différentes sensations dont notre corps nous affecte et qui sont autant de déterminations du sentiment fondamental. Le corps propre nous est donc connu de deux manières différentes : d'abord, par le seul sentiment fondamental, et ce mode de connaissance Rosmini l'appelle *subjectif*, parce qu'il ne nous fait pas sortir de nous-mêmes; il ne nous révèle qu'une modification spéciale de notre être et, dans ce cas,

---

1. *Nuovo Saggio*, II, cap. II, a. IV, p. 154. — *Ibid.*, cap. II, a. XI, p. 156.
2. Voyez plus bas, ch. III, L'âme.

nous connaissons notre corps comme doué de sensibilité, comme uni au *moi* et ne faisant qu'un avec lui.

Mais nous pouvons aussi le percevoir, comme tous les autres objets externes, par les qualités sensibles qu'il représente. Nous commençons alors à connaître notre corps, non plus tant comme *nôtre* que comme *corps*, c'est-à-dire comme extérieur à nous, avec ses qualités particulières, irréductibles au sujet sentant, sa longueur, sa largeur, sa couleur et ces autres caractères qui ne conviennent qu'à la matière[1]. Cette seconde manière de connaître notre corps est *extrasubjective*, dit Rosmini : *extra*, puisqu'elle nous transporte hors de nous-mêmes et nous révèle la nature, les caractères d'un corps radicalement distinct de notre *moi; subjective* cependant, parce que les sensations qui nous révèlent, dans la perception sensible, notre propre corps, ne sont, en définitive, comme d'ailleurs toutes les sensations[2], que des modifications de notre faculté subjective de sentir[3].

C'est à la connaissance subjective ou à la conscience directe que nous avons de notre corps que Rosmini rattache les notions de *temps*, de *mouvement* et d'*espace*. Ce sont là, dit-il, des idées qui, d'abord, ne représentent rien de réel en dehors de nous; nous devons seulement y voir des abstractions opérées directement par l'entendement à l'occasion de la perception subjective du corps propre. Ainsi, à prendre les choses à la rigueur, nous pouvons les acquérir sans faire appel à l'expérience externe. « Le temps, en effet, n'est qu'une qualité commune à toutes les actions et passions que la conscience nous atteste[4]; la

---

1. *Nuovo Saggio*, part. V, cap. III, a. IV, p. 167.
2. Rosmini fait justement observer (c. IV, a. VIII, p. 185) que toute sensation est à la fois subjective et extrasubjective; il n'y a pas de sensation absolument objective, distincte de nous absolument.
3. *Nuovo Saggio*, cap. IV, a. I, p. 179. Sur la connaissance subjective et extrasubjective voir *Teosofia*, V, p. 31, ch. XVIII.
4. Cf. KANT, *Esthétiq. transcend.*, trad. Tissot, p. 83 : « Le temps n'est autre

perception du mouvement ne requiert non plus aucun usage des sens externes, puisque la faculté locomotrice, dont le mouvement est le mode, est toute subjective et connue immédiatement par l'observation interne ; enfin, il en est de même de l'espace ou étendue, simple caractère du sentiment subjectif que nous avons du corps propre[1]. »
L'expérience subjective interne est donc le point de départ de la formation de ces trois notions ; la perception externe n'intervient ensuite que pour préciser leur contenu et l'éclairer au contact de la réalité.

Si nous analysons les multiples états qui déterminent en nous le sentiment fondamental et constituent la trame ininterrompue de notre conscience, nous constatons que chacun nous apparaît comme doué d'un certain degré de durée qui le limite. Nous observons aussi qu'ils se succèdent et font ainsi de la conscience une discontinuité continue. Telle est la première donnée expérimentale qui entre dans la formation de notre idée du temps.

Le temps, dit Rosmini, se définit « une relation entre la durée et la succession[2] ». Il faut donc d'abord déterminer exactement la valeur de ces deux termes.

La succession suppose « une série d'événements » dont chacun à lui seul est incapable de former la succession, mais dont la réunion contribue à la constituer[3]. « La succession implique donc le changement », c'est-à-dire le mouvement[4]. La durée ne se conçoit qu'en fonction de la succession, elle représente la stabilité et la permanence : durée et succession, dit notre philosophe, sont des termes corrélatifs : « De même qu'il n'y a pas succession sans qu'il y ait durée entre un événement et un autre,

chose que la forme du sens interne, c'est-à-dire de l'intuition de nous-mêmes et de notre état intérieur. »
1. *Nuovo Saggio*, art. V, cap. IV, a. I, p. 193-194.
2. *Psych.*, II, n° 1152, p. 212.
3. *Psych.*, n° 1141.
4. *Ibid.*, n° 1140.

c'est-à-dire entre le commencement et la fin de quelque chose, de même la durée ne s'entend que par la possibilité d'une succession d'événements à laquelle elle se rapporte [1]. »

Mais, si chacun des événements, dont le déroulement constitue la succession, ne peut à lui seul nous fournir l'idée de temps, cette idée impliquant toujours une relation avec une durée, il s'ensuit, dit Rosmini, que le temps est en dehors des événements. « Chacun d'eux, en effet, est essentiellement singulier et complet dans sa singularité, de sorte que son concept n'exige et n'a aucune sorte de relation essentielle avec un autre événement. » Ainsi le concept de temps n'entre pas dans la définition de la matière. A proprement parler, et à la considérer en dehors de sa relation avec le sujet sentant, il n'y a en elle aucun ordre de succession ; elle ne dure pas, il faut se contenter de dire qu'elle est.

D'où vient la perception de la succession? Pour le comprendre, répond Rosmini, il faut recourir à la nature même du sujet sentant. En lui seul, en effet, nous trouvons réalisée cette relation essentielle entre la durée et la succession dont le temps n'est que l'expression [2].

Les événements, c'est-à-dire, au fond, les sensations, nous sont données, nous le savons, sous une forme relativement continue que nous appelons la succession, car, fait observer notre auteur, « la pensée prend les choses comme elles lui sont données par le sentiment : elle ne les change point. Il est donc nécessaire que la succession existe, avant que nous la pensions, dans le sentiment, afin même de pouvoir devenir objet de pensée [3] ».

De plus, pour que nous puissions percevoir plusieurs événements qui se succèdent, il faut que, de quelque ma-

1. *Psych.*, II, n° 1152.
2. *Psych.*, II, n° 1142.
3. *Psych.*, II, n° 1144.

nière, ils demeurent dans le sujet sentant et « lui deviennent contemporains, car si chacun d'eux, après avoir été perçu, disparaissait totalement, pour faire place à un autre, ils apparaîtraient dans le principe sentant isolés, comme ils le sont en eux-mêmes [1] ». Dès lors, la relation de succession ne serait plus perçue par le sujet; et comme elle est constituée tout entière par cette perception même, elle cesserait d'exister. Par rapport au sujet sentant, la succession peut donc se définir : la perception d'une série de termes, qui, tout en se succédant, chevauchent les uns sur les autres, et produisent ainsi en nous l'impression combinée de la simultanéité et de la succession.

Mais, en face de cette succession et s'opposant à elle, l'analyse psychologique découvre, dans le sujet même, la durée permanente du moi qui demeure un et identique sous la multiplicité fuyante de ses phénomènes.

Le moi est un être véritable, c'est un *principe*; par lui-même il reste en dehors de la succession, et, de quelque manière, « il est soustrait à la loi du temps [2] ». Que le moi ait une durée, cela est évident; c'est, d'ailleurs, la condition générale de toute existence réelle. « Supposons, en effet, qu'un être n'eût aucune durée, il est clair que par là même il n'existerait pas, parce que l'existence purement instantanée est en soi tout ce qu'il y a de plus absurde, l'instant n'étant que le commencement ou la fin d'une durée. Mais si un être dure, il doit être identique tant qu'il dure, autrement ce qu'on appelle sa durée n'en serait pas une, mais une succession d'êtres semblables dont chacun ne durerait qu'un instant [3]. »

Nous trouvons ainsi réalisée dans le moi la relation qui constitue le temps, puisque la conscience contient à la fois les deux termes de cette relation, la durée permanente

---

1. *Psych.*, II, n° 1143. Cf. n° 1152, p. 212.
2. *Psych.*, II, p. 218, n°s 1163-1164, etc.
3. *Ibid.*, n° 1164.

et la succession[1]. C'est là le privilège du sujet sentant : le temps n'est donc rien en dehors de lui ; il est constitué tout entier par l'impression produite dans le sujet par l'opposition tranchée qui s'établit spontanément entre la durée et la succession : il est un état du sujet. Aussi, conclut Rosmini, « le concept du temps n'est pas contenu dans celui de l'espace pur ; ni dans celui de la matière, où l'on peut concevoir la durée mais non la succession, et où, par conséquent, on ne saurait concevoir de relation entre ces termes [2] ». Le temps est essentiellement relatif au sujet sentant ; il est un mode de sa sensibilité [3].

Une fois en possession de la première notion empirique de la durée, l'esprit intervient avec sa puissance d'élaboration et se forme le concept du temps pur. Chacun de nos états intérieurs est susceptible d'accroissement ou de diminution. Or, nous pouvons nous représenter des états dont

---

1. *Psych.*, n° 1152 : « La perception et les jugements qui l'accompagnent présentent la succession à la pensée parce que, durant la perception d'une entité, on en perçoit d'autres qui commencent et qui finissent, et que ces perceptions se succèdent en une série continue qui laisse dans l'esprit la connaissance chronologique des événements. » « On perçoit en lui (le sujet) une *durée* qui appartient au principe toujours identique ; on conçoit également une *succession* dans ses sensations particulières. On conçoit enfin un lien physique entre la durée du principe et la succession de ses actions... parce qu'elles sont virtuellement contenues en lui... et qu'elles lui appartiennent comme à leur sujet. Ces trois éléments *durée*, *succession*, *lien* entre l'une et l'autre, constituent le concept du temps. Le temps existe donc dans la nature du sentiment. Mais quand on entreprend de rendre raison de tout cela, on se heurte à de singulières difficultés et c'est merveille si la pensée ne chancelle pas. » — *Psych.*, II, n° 1161, p. 215.

2. *Psych.*, II, n° 1170. — Cf. n° 1157 : Le temps n'est pas dans les choses matérielles, « car leur unité, c'est-à-dire leur durée, est due au principe sentant dans lequel elles existent et ne leur appartient pas en propre ». Rosmini en donne encore une autre raison tirée de la constitution même du concept de matière. « Le rapport entre la succession et la durée n'est pas chose qui puisse exister en aucune des parties assignables de la matière considérée comme matière, parce qu'il n'y a en elle aucune partie qui, dans son étendue, ne soit continue, et que la continuité de l'étendue n'appartient pas en propre à la matière, considérée comme matière. » — *Psych.*, III, n°s 1157, 1158-1159.

3. *Psych.*, II, n° 1154. « La durée de la perception a pour condition la durée du sentiment auquel elle se rapporte ; et la durée du sentiment, celle de l'être sentant et de l'être senti. » — Cf. n° 1168.

la durée s'accroîtrait indéfiniment; et c'est à cette puissance sans bornes de l'imagination que, d'après Rosmini, nous devons l'idée de la durée illimitée, successive et continue, qui est la définition même du temps [1].

Quelle que soit l'action que nous considérions, nous pouvons toujours abstraire sa limite réelle et empirique pour ne garder que la durée successive en général : nous n'avons plus qu'à appliquer à cette durée indéterminée le concept de l'être possible pour obtenir la notion du *temps pur*, c'est-à-dire du temps nécessaire et immuable, indépendant de la durée réelle de tel ou tel état interne particulier, ou, en d'autres termes, la notion du temps lié nécessairement à toute action possible [2]. Ainsi, les données de l'expérience, de la perception sensible, en recevant la forme de l'être, participent à son intelligibilité idéale et à sa nécessité.

L'origine de l'idée pure de temps n'offre donc pas de difficulté particulière. Mais quelle est la nature du temps ainsi conçu?

D'abord, le temps pur, infini dans sa durée et dans sa divisibilité, n'est qu'un concept de la raison : il n'exprime qu'une simple possibilité logique et non une existence réelle. Aussi, cette notion n'est-elle jamais contradictoire tant que l'esprit ne la fait pas sortir du cercle des pures possibilités [3]. L'opération intellectuelle par laquelle nous

---

1. Il tempo è l'idea d'una durata successiva. — *Nuovo Saggio*, II, p. 194.
2. *Nuovo Saggio*, II, p. 195, § 5, p. 99. — *Rinnovamento*, lib. III, cap. XLVII. « La tâche de la pensée est de concevoir cette succession comme possible, et, par là, de rendre indéfinie cette succession finie que le sentiment lui présente. » *Psych.*, II, n° 1144, p. 205. — D'après Rosmini il y a donc lieu de distinguer trois sortes de temps :

a) le temps senti ou réel qui se manifeste sous forme d'opposition entre l'identité du sujet et la succession de ses états intérieurs.

b) Le temps connu, c'est-à-dire le temps senti dans sa relation avec la pensée qui l'affirme. Ces deux sortes de temps sont finis.

c) Le temps pur ou temps idéal, c'est-à-dire le concept ou la pure possibilité d'un lien entre la durée et la succession. — *Psych.*, II, n° 1171, p. 220.

3. *Nuovo Saggio*, II, art. VI, § 3, p. 198.

appliquons l'idée de l'être possible à la durée réelle concrète ne renferme aucune contradiction ; nous pouvons donc, sans contradiction aussi, concevoir cette opération comme renouvelée indéfiniment par l'esprit, la répétition ne pouvant en modifier la nature. Transportée dans le domaine du réel, cette notion implique toujours une contradiction, et, en voulant réaliser un infini, on la rend inintelligible [1].

Il faut en dire autant de ce caractère particulier du temps pur qui constitue sa divisibilité à l'infini. Ce n'est là aussi qu'une simple idée, qu'un être de raison, contradictoire dès qu'on cherche à le réaliser [2]. « La divisibilité à l'infini du temps, dit Rosmini, ne représente pas autre chose que la puissance que nous possédons d'imaginer toute une série d'instants toujours plus rapprochés entre eux, c'est-à-dire la puissance de concevoir des actions de plus en plus brèves, comprises entre deux points, deux instants, de plus en plus rapprochés et qui constituent, l'un, le commencement, et l'autre, la fin de chacune de ces actions. »

En fait, nous ne constatons jamais, dans la réalité, que des durées finies et déterminées ; et si, à première vue, nous sommes portés à attribuer au temps réel une continuité absolue, l'analyse peut facilement dissiper cette illusion. Toute action, en effet, ou, pour parler d'une manière plus générale encore, tout ce qui commence, tout ce qui dure, doit nécessairement se produire en un instant et durer par instants [3].

Prenons, par exemple, le développement d'une plante : elle commence à germer, et ce commencement constitue un acte complet, instantané ; tout à l'heure la graine paraissait morte ; à présent, elle pousse son germe : il y a

---

1. *Ibid.*, art. VI, § 1, p. 196 suiv.
2. *Ibid.*, art. VI, p. 200, § 5. — Cf. *ibid.*, p. 217, a. VII.
3. *Nuovo Saggio*, II', a. VI, § 6, p. 200 et § 1, 196-197 : « Tutto ciò che avviene, avviene per istanti. »

là un passage du néant relatif à l'être, qui ne peut s'accomplir logiquement qu'en un instant. Dans l'instant qui suit, cette plante continue à se développer; dans un autre instant, elle perfectionne ses différents organes et ainsi de suite : chaque nouvelle production s'accomplit en un instant radicalement distinct de celui qui précède et de celui qui suit. Nous sommes donc dupes des apparences lorsque nous croyons saisir dans l'expérience une continuité réelle.

De plus, nous introduisons ici, sans nous en douter, une continuité logique qui nous paraît ensuite inhérente aux choses. Lorsqu'en effet nous disons qu'une chose commence, nous nous représentons une liaison entre l'état final, futur, de cette chose et son état actuel; nous relions par la pensée le point de départ au point d'arrivée; et cette relation, qui constitue logiquement une sorte de moyen terme entre le non-être et l'être, nous donne tout d'abord l'illusion d'une continuité réelle[1]. Mais, encore une fois, dans la réalité il n'y a rien de semblable, et ce moyen terme purement logique ne saurait y trouver sa place : à chaque état déterminé de l'objet qui change correspond un instant aussi nettement déterminé. La continuité absolue, parfaitement intelligible comme concept de la raison pure, est illusoire et absurde dans le domaine de l'expérience.

Dans toute cette discussion sur la durée et la divisibilité infinies du temps, le raisonnement du philosophe italien repose tout entier sur la contradiction qu'implique la réalisation actuelle d'un nombre infini. La manière dont Rosmini établit cette contradiction est particulièrement intéressante. Un nombre infini, dit-il, est, par définition, indéterminé. Or, un nombre indéterminé ne saurait exister réellement, l'indétermination étant le caractère même de la pure possibilité. Aussi, dès que je conçois un nombre, ce ne

---

1. *Nuovo Saggio*, a. VI, § 1, p. 196.

peut être qu'un nombre déterminé : c'est *tel nombre* que je pense et non tel autre; « s'il n'était déterminé, il me serait absolument impossible de le penser *comme tel;* il ne serait plus *ce* nombre particulier, mais la notion de nombre en général », et ce ne serait plus ce que je pense quand je pense *un nombre*[1]. Remarquons aussi, ajoute Rosmini, que si nous écrivons dans leur ordre naturel toute la série des nombres 1, 2, 3, 4, 5, etc., prolongée indéfiniment, cette série doit renfermer tous les nombres particuliers possibles. Si donc je pense un nombre particulier, quelque grand qu'on le suppose, il pourra rentrer dans cette série. Mais, par définition, il n'y rentre que s'il est particulier, fini, déterminé. Il est donc essentiel au nombre réel d'être fini; un nombre infini, c'est-à-dire indéterminé, est aussi essentiellement irréalisable[2]. Enfin, même en supposant qu'un nombre infini d'instants pût être réalisé, jamais nous n'en verrons sortir la continuité absolue qui caractérise l'idée du temps. Chaque instant, en effet, est, par définition, un simple point de durée : il ne renferme donc absolument aucune continuité : que l'on multiplie à l'infini ces points, jamais leur total ne formera de continuité, puisque chacun des éléments qui le composent en est dépourvu.

Chaque instant subsiste par lui-même; il est un tout par rapport aux instants qui le suivent; il ne s'ajoute pas à eux; bien au contraire, tous les efforts que nous ferions pour les additionner ne servent qu'à mettre davantage en relief leur indépendance.

Concluons que le temps réel exclut nécessairement la continuité; il est essentiellement fini; et nous revenons ainsi à notre première définition : le temps que nous percevons dans l'expérience n'est pas autre chose que la perception d'une durée successive[3]. Seul le temps pur et in-

1. Cap. vi, a. VI, § 6, p. 200.
2. *Ibid.*, p. 200-201.
3. « La continuità del tempo, quale ci viene data dalla osservazione è puramente fenomenale ed illusoria, perchè la ragione la prova impossibile », p. 202.

telligible est conçu comme infini et continu absolument.

S'il en est ainsi, nous n'avons plus de peine à concevoir pourquoi l'idée de l'être universel, et, en général, toute la connaissance à priori, est indépendante du temps[1]. Si la notion du temps réel n'est pas séparable de celle d'une durée successive, le temps ne peut affecter que les choses soumises à la génération et au devenir : la contingence, voilà, en dernière analyse, son domaine, où il règne en maître; sa faux dévastatrice ne frappe que ce qui passe. Mais l'idée de l'être, considérée dans son objet, est éternelle, immuable, simple et incorruptible; l'être est, parce qu'il exprime une éternelle possibilité; point de changement en lui, point de devenir non plus : son éternité nécessaire le place hors de la durée; il échappe aux prises du temps. Voilà aussi pourquoi la vérité est immuable et nécessaire, pourquoi l'intelligence est vraie, voilà pourquoi surtout la pensée, une fois qu'elle a atteint son véritable objet, se repose, assurée, dans sa contemplation, sans craindre de le perdre jamais : *sempiternalia et sempiternaliter*[2].

Rosmini passe de l'analyse du temps à celle du mouvement, en nous faisant remarquer que ce dernier est essentiellement successif, et, à ce titre, constitue la meilleure mesure du temps.

C'est à la faculté que nous avons de mouvoir notre corps que le philosophe italien a recours pour expliquer la connaissance empirique et primitive que nous possédons du mouvement.

L'existence de cette faculté locomotrice spéciale, ajoute Rosmini, est attestée directement par la conscience : le mouvement ne se prouve pas, il suffit de marcher.

Or, qu'éprouvons-nous lorsque nous nous mouvons? Ce qui nous frappe d'abord, c'est que tout notre corps se

---

1. *Ibid.*, a. VI, n° 10, p. 204. — Cf. *Psych.*, II, n° 1149, p. 209.
2. Expression de saint Bonaventure, *Itinerarium*.

trouve modifié : modifié en lui-même, par le déplacement de certains membres par rapport aux autres; modifié aussi dans ses relations avec l'extérieur, par les changements successifs de situation qu'il subit vis-à-vis des autres objets.

Ces différentes modifications produisent en nous des sensations nouvelles, inattendues, fugitives comme les multiples positions de notre corps au milieu des objets qui l'environnent. Et ces sensations, à leur tour, affectent directement le sentiment fondamental, particularisent la sensation constante et générale que nous avons de notre propre existence. Telle est bien la première perception sensible que nous ayons du mouvement.

Mais, si le mouvement n'est connu d'abord que comme une modification de notre faculté de sentir, s'il n'est avant tout qu'une donnée de la conscience, nous devons dire qu'il est subjectif, relatif au sujet sentant et ne possède d'autre objectivité que celle qui lui est communiquée par la pensée. C'est bien là ce qu'admet le philosophe italien[1].

L'expérience ne nous présente rien qui ressemble de près ou de loin à un mouvement en soi : le mouvement que nous révèlent les sens est essentiellement discontinu, et si, autrefois, on a pu croire à l'existence de mouvements réels continus, la découverte du microscope nous montre expérimentalement que le discontinu se retrouve partout dans la nature : qu'il s'agisse du mouvement ou du temps, la continuité qui semble, à première vue, leur appartenir est purement phénoménale. Nous avons vu, en parlant du temps, que toute action qui dure suppose une succession d'instants bien déterminés; nous devons en dire autant du mouvement. La discontinuité et la succession lui sont essentielles, et pour les mêmes raisons : une continuité

---

1. *Psych.*, II, n°s 818, 819, 828, 1242, etc. 2. *Nuovo Saggio*, II, art. IV, p. 207 : « Il moto nostro per sè stesso non è sensibile. »

réelle et absolue implique contradiction ; l'infini ne se réalise jamais [1].

L'expérience est donc impuissante à nous fournir l'idée du mouvement pur et absolument continu. Cette idée est un concept de la raison et elle ne s'explique que par une application de l'être possible aux données sensibles. Sans doute, l'esprit ne saurait créer des faits, ni suppléer au défaut de l'expérience ; c'est toujours aux données empiriques que nous devons recourir pour fournir une matière à nos idées acquises ; mais, ces faits une fois perçus, c'est à l'entendement qu'il appartient de prononcer sur leur possibilité idéale.

Aussi pouvons-nous dire que la continuité abstraite, logique, que nous concevons dans le mouvement pur, se réduit, en dernière analyse, à cette formule : Nous concevons n'importe quel point de l'espace et du temps comme apte à être le point de départ ou le terme d'un mouvement.

Et, comme il n'y a aucun point de l'espace et du temps qui soit plus apte qu'un autre à devenir ce point de départ ou ce terme, il y a partout, sur toute la ligne idéalement continue du temps et de l'espace, une égale possibilité pour le mouvement. Partout il peut commencer ; partout il peut finir ; rien ne l'arrête et le détermine au regard de la pensée. Le mouvement d'un mobile qui court indifféremment entre deux points ou deux instants quelconques est continu ; et cette conception purement idéale est l'expression même de l'application de l'idée d'être possible aux mouvements discontinus que nous percevons dans la réalité.

Comme le temps et le mouvement, l'espace n'existe d'abord pour nous que comme un état, une modification du sentiment fondamental.

L'expérience interne nous fournit la matière de la notion d'espace ; la raison s'en empare en la revêtant de la forme

---

1. *Psych.*, II, p. 239 à 249 ; *ibid*, n°s 1515, 1519, 1217. — *Nuovo Saggio*, II, p. 209-210.

pure de l'être possible, et ce qui n'était d'abord, pour la perception sensible, qu'une extension finie et discontinue, devient, aux regards de l'entendement, la notion intelligible de l'espace pur nécessaire, continu et infini [1].

Cette application de l'être possible aux données de l'expérience nous est familière à présent, inutile de nous y arrêter. Il est plus intéressant de rechercher comment l'expérience interne du sentiment fondamental et l'observation externe des corps nous fournissent l'élément matériel de cette notion.

Qu'est-ce d'abord que l'étendue?

« Si nous considérons l'être doué d'étendue, nous nous apercevons facilement que ce concept résulte d'une *relation essentielle* entre les parties que nous pouvons assigner par la pensée dans un continu donné ou entre les points que nous pouvons y concevoir à volonté. Cette relation consiste en ce qu'une des parties est en dehors de l'autre [2]. La relation essentielle entre les points consiste en ce qu'entre un point et un autre il y a un continu plus ou moins grand, de sorte que les points ne peuvent jamais se toucher. Le concept de l'être étendu résulte de ces relations ; et, par conséquent, l'étendue enveloppe une relation possible de partie étendue à partie étendue, et avec elle une relation de points à points, qui est la distance [3]. »

Mais, ajoute Rosmini, ceci ne doit s'entendre que de l'étendue prise en elle-même et objectivement [4] : si on la considère dans son union avec le sujet sentant, elle ne saurait, en effet, être constituée par une relation de parties « puisque le principe sentant n'est ni une partie étendue ni un point mathématique [5] ». Par rapport à nous, l'étendue est cons-

---

1. *Teosofia*, V, p. 97.
2. Dans les corps, fait observer Rosmini, cette propriété prend le nom d'impénétrabilité. — *Psych.*, II, p. 192.
3. *Psych.*, II, p. 191, n° 1126.
4. *Psych.*, III, append., n° 117. — *Psych.*, II, n° 1123.
5. *Ibid.*, n° 1127. — Cf. *ibid.*, 1173-1179.

tituée uniquement par une relation de *sensibilité* : et, de même que l'esprit pense dans le temps sans appartenir lui-même au temps, ainsi le sujet sentant perçoit-il l'étendue tout en étant lui-même inétendu et *aspatial* [1].

L'étendue est dans l'âme d'une manière inétendue [2].

En étudiant la nature du sentiment fondamental, nous verrons que ce sentiment se présente toujours à la conscience comme accompagné d'un mode propre de limitation que nous appelons l'extension [3]. Cela vient de ce que le corps est, en effet, le principe qui donne, pour ainsi dire, son contenu au sentiment fondamental; sans le corps, ce sentiment n'existerait plus, au moins tel qu'il nous apparaît.

Ce sentiment, « nous le concevons présent partout où est son terme », c'est-à-dire le corps; « mais ce terme est étendu; sa cause prochaine doit donc être une vertu dont l'acte se répand dans toute l'étendue du terme, l'action étant où est la passion [4] ». Si donc le corps est étendu, et si, d'autre part, le sentiment fondamental (dont le corps est le terme) se fait sentir dans tout ce corps, il faut que lui-même soit revêtu d'une sorte d'extension qui lui permette d'agir simultanément et de se faire sentir dans toutes les parties de son terme [5].

1. *Psych.*, II, n° 1127. « Si donc l'étendue implique la possibilité de déterminer par la pensée des parties coexistantes, si elle suppose la continuité, en vertu de laquelle elle existe tout entière simultanément et sans aucune interruption, il faut qu'il y ait un principe simple qui puisse embrasser simultanément toutes les parties, de telle sorte que les parties n'existent pas isolées, mais qu'elles ne forment toutes ensemble qu'une seule existence, un seul être. »

2. *Psych.*, III, appendice, p. 350; cf. II, p. 192-193.

3. *Teosofia*, V, p. 158, 190-191, 357, 358, 359.

4. *Psych.*, II, p. 29. — *Nuovo Saggio*, II, p. 188, 189. — *Psych.*, II, p. 191 suiv.

5. Rosmini fait observer ici que de l'extension attribuée au sentiment fondamental on n'est nullement en droit de conclure l'étendue du principe sentant qui est l'âme. — Le sentiment fondamental est étendu, non dans son premier principe qui est spirituel, mais dans son terme qui est le corps étendu. — Cf. *ibid.*, p. 29. — *Psych.*, II, liv. III, ch. III, p. 191 suiv. Voyez ce que Rosmini dit plus loin au sujet de la spiritualité de l'âme, ch. III.

L'extension peut, par rapport à nous, se définir « le mode constant de ce sentiment que le corps produit en nous [1] »; elle est, et au même titre que le sentiment fondamental lui-même, une donnée primitive et irréductible de la conscience. Nous n'avons pas besoin de jeter les regards au dehors de nous pour percevoir l'étendue ; nous n'avons même pas besoin d'éprouver en notre corps des sensations particulières de tact; il nous suffit de nous sentir nous-mêmes, de sentir notre existence concrète, pour saisir immédiatement, dans ce sentiment, une extension qui lui est inhérente. Telle est la première perception que nous ayons de l'étendue. Elle suffit pour constituer l'élément matériel de la notion d'espace.

Rosmini entreprend, au sujet de cette idée, l'analyse à laquelle il a déjà soumis les notions de temps et de mouvement, et il établit que l'espace pur ne saurait en aucun cas être perçu dans l'expérience.

D'abord, l'expérience ne nous fournit pas l'idée de la continuité absolue de l'espace.

Nous ne connaissons de l'existence de notre corps que ce que le sentiment fondamental et les sensations nous en manifestent [2]. Or, l'un et l'autre ne nous révèlent qu'une continuité purement relative.

Pour ce qui regarde d'abord le sentiment fondamental, nous ne pouvons pas savoir si l'expérience nous donne ou non le sentiment d'une continuité parfaite, car, pour cela, il faudrait établir que tout le long de nos nerfs sensibles, et en n'importe quel point, il est possible d'exciter des sensations. Cela reviendrait à prouver que toutes les parties des nerfs sont mathématiquement contiguës et que chacune d'elles est susceptible de produire des sensations. Or, c'est

---

1. *Nuovo Saggio*, part. V, c. VIII, a. I, p. 213 : « L'estensione….. è il modo particolare di quel sentimento che il corpo cagiona nel nostro spirito. » — Cf. aussi *ibid.*, c. V, a. I, p 189.
2. *Nuovo Saggio*, II, cap. IX, art. XII, p. 229, § 9.

une démonstration qui n'a jamais été faite et qui semble même impossible. L'observation la plus puissante ne saurait aller jusque-là [1].

Serons-nous plus heureux, si nous faisons appel aux multiples sensations qui viennent se greffer sur le sentiment fondamental? Sans doute, quand nous promenons notre main sur une surface plane, il nous semble bien rencontrer une continuité absolue et la sensation ne souffre pas d'interruption. Cependant le microscope nous révèle sur cette surface une multitude de vides, de porosités. L'expérience ne nous dit rien de ces porosités, parce qu'elles sont trop petites pour exciter en nous des sensations conscientes; mais, en réalité, la sensation que nous éprouvons est discontinue aussi bien que la surface qui sert à l'exciter en nous [2]. Et même, c'est cette continuité purement phénoménale qui nous porte à attribuer à la surface une continuité qu'elle n'a pas. Sous quelque forme qu'elle se présente, l'expérience ne nous révèle jamais une continuité absolue.

Cependant, ajoute Rosmini, nous y trouvons une certaine idée de la continuité et c'est ce qui sert de point de départ à l'esprit pour se former l'idée d'espace pur.

Nous venons de dire que chacune de nos sensations est la résultante d'une multitude de sensations minuscules correspondant aux intervalles qui existent dans les corps. Ces petites sensations particulières sont ce que Rosmini appelle des sensations élémentaires. Or, elles constituent pour l'espace ce que l'instant est par rapport au temps; elles sont, à proprement parler, des unités d'extension, puisqu'elles représentent un minimum, et c'est en elles que nous devons chercher l'idée d'une vraie continuité [3].

Ces sensations sont continues ou il faut ne voir en elles que des points mathématiques inétendus. Or, il est impos-

---

1. *Nuovo Saggio*, II, ch. VIII, art. III, p. 214.
2. *Ibid.*, cap. x, art. XII, § 10, p. 219.
3. *Nuovo Saggio*, II, cap. IX, p. 230, 231.

sible que les sensations élémentaires, produites par un grand nombre de points inétendus, nous donnent une sensation totale apparaissant sous la forme de la continuité, comme, en effet, nous voyons par l'expérience qu'elle nous apparaît. Cette impossibilité peut se prouver par plusieurs considérations.

D'abord, si nous avions l'aptitude à percevoir des points dénués de toute étendue, à plus forte raison serions-nous capables de percevoir les minuscules intervalles qui les séparent, intervalles qui sont infiniment plus étendus que ne l'est un point mathématique. Et si nous percevions ces intervalles, la sensation totale se présenterait à la conscience comme composée de points inétendus et séparés l'un de l'autre : le phénomène de la continuité de nos sensations deviendrait impossible et absolument inexplicable.

En second lieu, des points mathématiques, par définition inétendus, les supposât-on en nombre infini, ne sauraient constituer la plus petite portion d'une ligne, à plus forte raison ne peuvent-ils pas remplir une surface, si peu étendue soit-elle. Si donc, dans l'hypothèse qui nous occupe, nous réunissons tous les points inétendus, dont l'ensemble formerait notre sensation complète, ainsi groupés et amassés, pour ainsi dire, en un seul lieu, ils ne restreignent en aucune manière la surface totale où d'abord ils étaient dispersés. Aussi devrions-nous avoir la sensation, d'abord, de ces points, puis de la surface qui n'a nullement été modifiée par la disparition de ces zéros d'étendue ; et cela, d'autant plus que la réunion de ces points les rendrait, semble-t-il, plus aptes à nous procurer une sensation, puisque chacun d'eux, pris isolément, en était déjà capable.

De plus, les sensations fournies par les points mathématiques seraient dépourvues de toute étendue ; de telles sensations nous sont absolument inconnues : la sensation est toujours spatiale, et c'est ce qui lui permet de nous révéler le corps.

Enfin, si nous ne sentions que des points inétendus, nous ne pourrions jamais les rapporter à différents endroits de la périphérie de notre corps ; cette localisation, en effet, ne peut se faire qu'en évaluant, de quelque manière, la distance qui sépare ces points l'un de l'autre. Or, cette évaluation elle-même n'est possible que si une certaine continuité nous est donnée. On ne voit pas comment un point inétendu pourrait servir à mesurer une distance [1]. Ainsi, les sensations élémentaires sont continues ; elles sont douées d'étendue, puisque leur terme est une extension continue (*terminano nella estensione continua*).

Mais cette continuité elle-même est bien éloignée encore de ressembler à la continuité que nous observons dans nos sensations et surtout dans le sentiment fondamental. Les sensations élémentaires forment, en effet, autant de parties douées chacune de continuité, sans doute, mais séparées, distinctes, impuissantes, par conséquent, à nous donner l'impression d'une continuité totale. « Tout étendu, considéré objectivement, est une réunion d'étendus encore plus petits et cela à l'infini : il est donc impossible de trouver les derniers étendus, et l'étendue s'évanouit. »

La sensation de l'étendue, au contraire, suppose la coexistence de toutes ces parties, et surtout cette continuité « en vertu de laquelle l'étendue existe simultanément, tout entière et sans interruption ».

Comment concilier la discontinuité de l'étendue réelle avec la continuité de l'étendue sentie? Seul, répond Rosmini, le principe sentant est capable de réunir ainsi en l'unité d'une sensation la multiplicité des sentis, « il embrasse simultanément toutes les parties » ; elles cessent, par rapport au sujet, d'être isolées, et toutes ensemble elles ne forment plus « qu'une seule existence, qu'un seul être ». Ainsi s'explique la nature de l'étendue continue : « On peut

---

1. *Nuovo Saggio*, II, ch. IX, art. XII, § 11, p. 230, 231.

y assigner des parties dont chacune a son existence individuelle et indépendante » et cependant, en tant que continue, elle n'a point de parties. « La raison de la continuité, qui est une propriété de l'étendue, n'est pas dans l'existence individuelle des parties considérées isolément, mais dans un principe simple qui, placé, pour ainsi dire, au-dessus d'elles, leur donne à toutes une seule et même existence, et qui, les embrassant toutes, les abolit, de manière qu'elles cessent d'être les parties d'un continu pour ne plus former que le contenu lui-même[1]. » Cette sensation du continu, voilà la donnée expérimentale qui entre comme élément matériel dans la formation du concept d'espace pur.

Aussi, ajoute Rosmini, quand bien même l'expérience ne nous fournirait qu'une continuité purement relative et phénoménale, il ne nous serait pas plus difficile d'expliquer notre idée de l'espace. Par la pensée, en effet, nous concevons toujours la possibilité de rapporter à n'importe quel point de notre organisme la sensation que nous éprouvons actuellement en un point déterminé; ainsi, par exemple, bien que l'expérience ne nous apprenne pas si tous les points d'un nerf sont sensibles, rien ne nous empêche de rapporter mentalement à chacun de ces points la sensation qui nous affecte actuellement. La raison nous permet de nous représenter un nerf mathématiquement continu. Nous concevons ainsi la possibilité d'assigner à n'importe quel point de l'étendue la sensation que nous éprouvons : et cette possibilité elle-même naît de l'indétermination de l'espace qui peut indifféremment en un point ou en un autre devenir le terme de nos sensations. Voilà ce que représente pour l'esprit l'idée de continuité[2].

Un second caractère de l'espace pur consiste en ce que

---

1. *Psych.*, II, p. 194, 195, 197. — *Antropologia*, p. 71, 72, 92. — *Teosofia*, V., p. 159, 326. — *Aristotele esaminato*, p. 281, 282.
2. *Nuovo Saggio*, II, p. 215.

l'esprit ne peut lui concevoir de limites [1] : il est indéfiniment illimité (*interminabilità*).

Nous avons la faculté de mouvoir notre corps, c'est-à-dire de produire en lui des modifications plus ou moins profondes du sentiment fondamental, comme l'étude du mouvement nous l'a fait voir. Mais, si l'extension n'est qu'un mode du sentiment fondamental, tout mouvement *déploie* (*replicare*) par lui-même, modifie, étend l'extension dont nous avons le sentiment. Or, nous pouvons indéfiniment effectuer de ces mouvements qui déploient l'extension de notre corps; quand la limite du réel est atteinte, nous pouvons encore, par l'imagination, concevoir des déploiements, alors que nos forces corporelles ne nous permettent plus de les effectuer en réalité; et même, rien ne s'oppose, ni dans la nature de l'esprit, ni dans celle des choses, à ce que nous concevions comme continuée à l'infini cette imagination d'un développement indéfini, et nous arrivons ainsi à l'idée d'une extension illimitée et sans fin.

La notion de l'illimité résulte donc, elle aussi, d'une application de l'idée d'être possible : « de l'extension perçue subjectivement l'esprit forme le concept d'une étendue illimitée et sans bornes [2] ».

D'après cette analyse, qui est contenue tout entière dans le *Nuovo Saggio*, Rosmini n'attribue à l'expérience interne que la perception d'un espace *indéfiniment* illimité. Mais il revint sur cette opinion; et, dans les ouvrages qu'il composa dans la suite, il affirme nettement que le terme de notre sentiment est constitué par l'espace *infini*, illimité et solide [3].

Toute âme sensitive, dit-il, avant même de percevoir les corps qui occupent l'étendue, a pour terme naturel et inné

---

1. « Lo spazio è interminabile. » *Nuovo Saggio*, II, p. 213, art. II.
2. *Nuovo Saggio*, II, cap. VIII, a. II, p. 214.
3. Voyez *Teosofia*, V, p. 438, une déclaration formelle où Rosmini corrige expressément l'opinion exprimée dans le *Nuovo Saggio*.

l'espace solide doué des trois dimensions et se présentant comme illimité et infini [1].

Au fond, le raisonnement du philosophe italien revient à ceci : Nous avons de quelque manière le sentiment de l'espace solide et infini. Or, ce sentiment ne nous est pas donné par les sensations particulières ; il faut donc qu'il nous soit inné [2]; et il ne peut s'expliquer que si l'espace solide et infini est le terme direct et naturel du sujet sentant.

Que l'expérience soit impuissante à nous donner ce sentiment, voici comment Rosmini espère le prouver.

D'abord, on ne peut percevoir une portion limitée de l'espace que si l'on perçoit, en même temps, l'espace solide ; en effet, le concept d'un espace corporel limité enveloppe déjà celui de l'espace illimité ; de sorte que le sentiment du premier ne peut être perçu sans le sentiment du second [3].

De plus, l'espace que nous percevons dans les corps particuliers n'est jamais un espace solide doué des trois dimensions. Le tact ne nous révèle jamais qu'une surface, et si, en promenant notre main sur une sphère, sur un cube, nous croyons saisir simultanément les trois dimensions qui constituent le solide, c'est uniquement que l'imagination supplée ici au défaut des données de l'expérience [4].

Une autre preuve se tire de la nature du mouvement. La possibilité de déployer à l'infini les mouvements de notre corps ne peut nous fournir que la notion d'un espace indéfiniment agrandi : mais une mesure *indéfiniment* grande, dit Rosmini, n'est intelligible que si le corps qu'elle doit mesurer est conçu comme *infiniment* étendu ; et le

---

1. *Psych.*, n°s 554-559, 705-706, 1240-1241, 1548. — *Antropologia*, n° 174, p. 127, dans la *seconde édition* Novare; ce passage a été supprimé dans l'édition Batelli que nous citons d'habitude. — *Teosofia*, V, p. 109, 1° — 358-373-382-383-438.

2. *Teosofia*, V, p. 85[a]-86[c]-90-91.

3. *Psych.*, I, n°s 554-703.

4. Rosmini avait d'abord cru que le tact suffisait à nous donner la notion du solide, pourvu qu'il s'unisse à la faculté locomotrice, qui permet de promener la main sur toutes les parties. — *Nuovo Saggio*, II, p. 219, art. IV.

concept de la mesure demeure radicalement distinct de celui du corps mesurable [1]. D'ailleurs, un mouvement indéfiniment grand exige, pour pouvoir se produire, un espace infiniment étendu [2].

Le même raisonnement s'applique aux corps eux-mêmes : si l'esprit conçoit en eux une étendue indéfiniment prolongée, c'est qu'il les localise dans un espace infini dont il a déjà la notion [3].

Enfin, nous percevons, de quelque manière, l'espace là même où il n'y a pas de corps [4], preuve manifeste que la perception de l'étendue pure est antérieure à celle de l'extension particulière des objets. Les corps limitent l'espace : l'objet à limiter doit évidemment exister avant ses limites [5]. D'ailleurs, les sensations que nous donnent les corps sont variables ; l'espace, au contraire, est toujours identique à lui-même [6].

Aussi, conclut Rosmini, devons-nous tenir pour assuré que « le concept d'un espace corporel limité enveloppe déjà celui d'espace illimité [7] ». Et puisque les sensations particulières, bien loin de nous révéler cet espace illimité, le supposent, au contraire, comme une condition indispensable de l'expérience, il faut admettre que la perception de cet espace nous est innée, qu'elle constitue le terme naturel du

---

1. Cf. ROYER-COLLARD, *OEuvres complètes de Reid*, Paris, 1828, tome IV, p. 341. « Quand nous essayons de poser des limites à l'espace, nous concevons aussitôt par delà l'espace que nous avons limité un autre espace qui embrasse ces limites mêmes ; en sorte que nous sommes forcés de concevoir l'espace infini... »

2. *Teosofia*, V, p. 438-439.

3. *Antropologia*, p. 69, art. IV, p. 70 : « Non si percepiscono i limiti di un corpo se non si percepisce qualche cosa di più di quel corpo. »

4. Cf. KANT, *Raison pure*, trad. Tissot, p. 71 : « On ne peut jamais concevoir qu'il n'y ait aucun espace, quoiqu'on puisse fort bien penser qu'aucun objet n'y est contenu. L'espace est donc considéré comme la condition de la possibilité des phénomènes et non comme une détermination qui en dépende. »

5. *Teosofia*, V, p. 438.

6. *Ibid.*, p. 432.

7. *Psych.*, n° 703.

sentiment fondamental[1], qu'elle est antérieure à toute autre perception d'étendue particulière et que les sensations ne servent qu'à préciser et mettre en lumière cette notion primitive de l'espace indéterminé et illimité[2].

Il nous reste une dernière question à résoudre : quelle est, au juste, dans la pensée de Rosmini, la nature de l'espace? En est-il de l'espace comme du temps? N'est-il, comme lui, constitué que par sa relation avec notre sensibilité; ou devons-nous lui reconnaître une certaine réalité objective?

La question n'est pas facile à résoudre; et cela tient à la fois aux difficultés extrêmes qu'elle présente, et aussi, sans doute, à l'imprécision du langage de notre philosophe qui emploie souvent l'un pour l'autre des termes qu'il faudrait distinguer.

L'*étendu* (*esteso*) se définit un corps doué d'extension et terme de notre sensibilité. L'étendu n'existe donc pour nous que dans la mesure où existe le corps en général[3].

L'*étendue* (*estensione*) représente l'espace considéré en lui-même, indépendamment des corps[4]. C'est de cet espace que nous voulons rechercher ici la vraie nature d'après la théorie du philosophe italien.

D'abord, l'espace n'est pas le néant : « Car ce qui n'est rien ne peut être occupé par quoi que ce soit; et l'on ne saurait, par la pensée, assigner des parties au néant comme on le peut dans l'espace[5]. »

Il faut dire que l'espace est un être dans ce sens que « son

---

1. Cf. *Aristotele Esaminato*, p. 213-281.
2. *Teosofia*, V, p. 442. — Cf. KANT, *Raison pure*, loc. cit., p. 71. « L'espace n'est pas un concept empirique dérivé d'intuitions extérieures, car pour que je puisse me représenter les choses comme extérieures à moi et comme gisant en différents lieux, la représentation de l'espace doit déjà être posée en principe », et *ibid.*: p. 73 : « L'espace est représenté comme une grandeur infinie donnée... la représentation positive de l'espace est une intuition à priori et non un concept. »
3. *Psych.*, II, p. 197, n° 1132.
4. *Ibid.*
5. Il est tout aussi absurde de dire que l'espace est une espèce de néant, car le néant n'a pas d'espèces. Voyez note 1, p. 198. — *Teosofia*, V, p. 438.

concept, une fois acquis, se suffit à lui-même et n'a pas besoin de celui du corps[1] ». Il est quelque chose, d'ailleurs, puisqu'il sert de terme au sentiment[2].

L'espace, cependant, tout en étant un être, n'est pas une substance, car il est immuable et ne saurait, par conséquent, comporter d'accidents[3].

Il n'est pas davantage, dit Rosmini, une forme de la sensibilité au sens où l'entendait Kant[4] ; et, bien qu'il doive, comme nous l'avons vu, à la puissance de la raison pure ses caractères de continuité et d'illimitation infinies, il est plus qu'un simple concept, puisqu'il constitue le réceptacle de tous les corps particuliers[5].

Enfin, il est absurde de prétendre qu'il soit Dieu lui-même ou représente un attribut de la divinité, car il s'ensuivrait cette conséquence monstrueuse que les corps sont en Dieu, que Dieu est divisible, qu'il a des parties, qu'il est étendu. D'ailleurs, l'étendue étant inconciliable avec la pensée, il faut nécessairement nier en Dieu l'une de ces deux attributions.

Qu'est-il donc en lui-même?

L'espace pur, répond Rosmini, est « un terme de la perception fondamentale de l'âme[6] ». Étant un terme, il ne subsiste pas par lui-même[7] ; il est ce que l'auteur de la *Teosofia* appelle un être incomplet : il trouve dans la perception d'un sujet sentant l'acte premier qui le fait subsister. Il suppose un principe, *principe de l'espace,* qui le soutient et le complète : telle la circonférence devient inconcevable si l on fait abstraction de sa relation avec le centre. L'espace est

1. *Psych.*, II, p. 200, n⁰ˢ 1134-1135.
2. *Teosofia*, V, p. 441, 1°.
3. *Psych.*, II, n° 1134.
4. *Ibid.*, n 1133.
5. *Ibid.*, n° 1132.
6. *Psych.*, II, n⁰ˢ 1133. Cf. I, n° 554-559.
7. *Psych.*, II, n° 1066. Voir PAGANINI, *Dello Spazio*, Saggio cosmologico, tip. Nistri, Pisa, 1862. GIUSEPPE MORANDO, *Corso elementare di filosofia*, vol. I, appendice, Lezione II : Lo Spazio, Cogliati, Milano.

donc un terme extrasubjectif[1]. C'est un senti et à ce titre il exige un sentant. Ce sentant ne saurait se confondre avec chaque sujet sensible particulier, puisque pour chacun d'eux l'espace est un terme qui s'impose de quelque manière : il faut donc dire qu'il existe un principe général de l'espace infini, sorte d'âme du monde, qui explique la nature de l'espace, groupe tous les êtres en l'unité d'un vaste système, et fonde l'harmonie vivante de l'univers, principe dont tous les sentants particuliers ne sont que les multiples individuations[2].

Disons, pour terminer, un mot des rapports que l'espace et le mouvement entretiennent avec la matière. Nous prendrons ici ce terme dans son acception réaliste et psychologique.

D'abord, la matière est radicalement distincte de l'espace, et Rosmini se complaît à montrer combien leurs caractères sont décidément inconciliables[3].

La matière est limitée de tous côtés, et c'est pourquoi le sentiment d'extension, sous la forme duquel elle se manifeste à notre sensibilité, est limité et discontinu; l'espace, au contraire, nous l'avons démontré précédemment, est essentiellement illimité, infini, incommensurable[4].

L'espace est immuable absolument, puisque, pour se mouvoir, il devrait de quelque manière sortir de lui-même; la matière est changeante et soumise au mouvement dont elle est le sujet[5].

L'espace ne souffre aucune modification[6] : la matière est contingente; enfin, elle présente des parties mesurables qui sont le principe de l'appréciation quantitative; l'espace, au contraire, ne saurait avoir de parties[7].

1. *Antropologia,* édition Novara, p. 125.
2. Voir plus bas, p. 217 suiv.
3. *Teosofia,* V, p. 360-361.
4. *Psych.,* II, n° 783.
5. *Teosofia,* V, p. 440.
6. *Nuovo Saggio,* II, p. 262, note 2.
7. *Psych.,* II, p. 34, n° 782.

Malgré ces différences si tranchées, la matière est inséparable de l'espace : elle trouve en lui son lieu ; et, séparée du concept d'étendue, elle devient inintelligible. Pour concevoir la matière, en effet, il faut, d'après Rosmini, que déjà nous ayons la représentation de l'espace. Et nous savons que pour le philosophe italien, c'est, en effet, ce qui a lieu, puisque la perception de l'espace nous est innée. Si la matière nous est donnée comme répandue dans l'espace, « c'est que, de quelque manière, l'esprit lui-même la revêt d'espace et la rend conforme à sa propre nature [1] ». La matière est étendue uniquement parce que notre sensibilité a pour terme l'espace indéterminé ; la matière garde une sorte d'empreinte (*impronta, vestigio*) de son passage dans notre esprit : ainsi, dit Rosmini, les objets se présentent avec une teinte spéciale lorsqu'on les regarde au travers d'un verre coloré [2].

Cette matière ainsi revêtue d'espace, voilà ce que le philosophe italien appelle un corps [3].

Le corps se définira donc : une matière répandue dans l'espace et douée des qualités sensibles qui accompagnent naturellement cette délimitation de l'étendue [4]. Ainsi, le concept de corps ajoute quelque chose à celui de matière ; il le complète et lui donne sa forme [5] : « Lorsque l'on conçoit la matière avec toutes ses qualités sensibles déterminées, alors on conçoit le corps pleinement formé [6]. »

Ce serait, ajoute Rosmini, une erreur grossière de s'imaginer que le corps, et en général la matière, tracent véritablement des limites et des déterminations dans l'espace.

---

1. *Teosofia*, V, art. III. Perchè la materia si espanda nello spazio, p. 444 : « è dunque lo spirito quello che veste la materia conformandola, per così dire, alla sua propria natura ». — Cf. *Psych.*, II, p. 28, etc.
2. *Ibid.* — *Teosofia*, V, p. 444.
3. *Teosofia*, V, p. 110-362-363.
4. *Nuovo Saggio*, II, p. 233 : « Il corpo è una forza che termina coll' atto su in una estensione solida continua. » — Cf. *Psych.*, II, n° 797.
5. *Teosofia*, V, p. 144, art. IV ; p. 157, art. II ; p. 358-359, 446.
6. *Psych.*, II, n 797. — *Ibid.*, I, n° 217.

Toutes ces délimitations n'existent qu'au regard de la perception. En fait, quels que soient les objets qui remplissent l'espace, quelles que soient leur configuration et leurs dimensions, que l'espace même soit vide ou plein, il reste toujours essentiellement indéterminé et immuable. Les corps ne limitent que notre pensée [1]. Aussi est-il puéril de se représenter le mouvement à la manière d'un déplacement de l'espace lui-même, comme si les corps, en changeant de lieu, emportaient avec eux, de quelque manière, leur étendue. Les corps changent de lieu ; ils quittent telle portion de l'espace pour en occuper une autre, mais leur mouvement laisse l'étendue absolument immuable [2]. Comment concevoir, d'ailleurs, qu'une portion d'espace se meuve dans l'espace lui-même [3] ? Ainsi, la matière s'organise de quelque manière en *nous* avec l'espace (*vengono insieme organati* [4]), et de cette union d'un espace extrasubjectif avec une matière également extrasubjective résulte, pour nous, ce que nous appelons les corps externes.

Cette théorie de l'espace nous permet, dit Rosmini, d'interpréter dans son véritable sens l'antique distinction que les philosophes ont établie dans les êtres en concevant en eux une forme et une matière. Cette distinction tient au fond même des choses.

Dans tout objet, avons-nous dit, on doit considérer, d'abord, l'espace pur illimité qui est son lieu ; puis, les déterminations spéciales qui, en constituant l'objet lui-même, remplissent l'espace, le délimitent, le déterminent. Or, pour Rosmini, la notion de *matière* correspond à l'espace absolument illimité et la *forme* représente les différents objets qui délimitent l'espace et le particularisent.

---

1. *Teosofia*, V, p. 157-158.
2. Voilà pourquoi, ajoute notre philosophe, les corps ne perdent en aucune manière leur identité quand ils se déplacent dans l'espace... *Teosofia*, V, p. 230-231.
3. *Teosofia*, V, p. 232.
4. *Teosofia*, V, p. 445.

« La matière est l'acte par lequel subsistent les qualités sensibles... mais puisque cet acte ne peut être réalisé sans aucune des qualités que l'on conçoit en lui à l'état virtuel, il y a quelque chose qui le perfectionne et ce sont ces qualités corporelles qui prennent le nom de forme [1]. »

Ainsi, la matière est ce par quoi subsiste la forme, c'est-à-dire la qualité sensible, la détermination particulière et concrète qui délimite l'espace uniforme [2].

Matière et forme sont deux termes qui se complètent; leur synthèse opérée par l'esprit prend le nom de corps : « Lorsque l'on conçoit, dit Rosmini, la matière avec toutes ses qualités sensibles, on conçoit le corps complet, réel, matière et forme à la fois [3]. »

Cette synthèse de la forme et de la matière, considérée dans la nature, constitue essentiellement l'acte créateur; elle dépend uniquement de la volonté de Dieu qui seul est assez puissant pour donner un contenu à l'espace et réaliser concrètement les déterminations que la pensée peut y concevoir [4].

Enfin, conclut Rosmini, l'espace présente de très grandes analogies avec l'idée de l'être indéterminé dont il reproduit, d'une certaine manière, les caractères et le rôle dans la vie de l'esprit. Nous avons eu déjà, d'ailleurs, l'occasion de souligner ce fait, lorsque nous avons montré que l'idée et le sentiment fondamental constituent les deux données primitives et innées qui servent ensuite de point de départ à la connaissance [5]. Ce parallélisme que nous soulignions alors entre l'être et le sentiment, s'éclaire à présent et se précise davantage.

L'être idéal est le lieu des idées; il constitue donc une sorte d'espace intelligible (τόπος νοητός); aussi ne devons-nous

---

1. *Psych.*, II, n° 803 ; n° 1637. — Cf. p. 30 suiv., art. X-XI.
2. *Ibid.*, n°s 807-808. — Voir aussi *Antropol.*, lib. IV, art. V.
3. *Psych.,* II, n° 795.
4. *Psych.*, II, n° 789.
5. Cf. plus haut, II° partie, ch. I, La perception intellectuelle, p. 110.

pas nous étonner de rencontrer entre l'un et l'autre des rapports si étroits.

L'être est délimité par les idées, et cependant il reste toujours essentiellement un et immuable ; ainsi en est-il de l'espace : les corps le déterminent sans cependant y tracer de véritables divisions ; pour l'être comme pour l'espace se vérifie donc cette formule du philosophe italien : « le corps et les idées ne limitent que notre pensée [1] ».

« Dans les idées nous distinguons un fond commun dont elles ne sont que les délimitations dialectiques ; ainsi en est-il de l'espace qui est radicalement distinct de toutes les figures des corps qui y sont contenus. »

De plus, l'être est essentiellement relatif à l'entendement : or il faut dire la même chose de l'espace pur : il est essentiellement relatif au sentiment ; il est un être incomplet, un terme ; et il ne peut exister et se réaliser que dans l'être principe qui lui donne, de quelque manière, son achèvement.

Enfin, l'être et l'espace, chacun selon sa nature, sont projetés, en quelque sorte, par l'esprit, sur les réalités particulières ; l'être les rend intelligibles, l'espace nous les fait apparaître sous la forme de l'étendue. Les objets concrets participent ainsi à l'espace et à l'être, et, dans cette dernière formule, nous trouvons le secret de toute la théorie rosminienne sur la connaissance.

Si enfin nous voulons résumer la pensée de notre philosophe sur les rapports qu'entretiennent entre eux l'espace, le temps, le mouvement et la matière, nous pouvons, semble-t-il, le faire de la manière suivante :

L'*espace* est le *terme inné* du sentiment fondamental. Grâce à cette forme de la sensibilité nous revêtons d'étendue l'*énergie* qui nous modifie dans nos sensations passives et que nous avons appelée *matière*. La matière revêtue d'é-

---

1. « I corpi non limitano che il nostro pensiero. » — Cf. *Rinnovamento*, p. 288 : « Questa limitazione dell' essere da noi veduto, è al tutto soggettiva, cioè nasce da parte nostra è non dalla parte dell' essere stesso. »

tendue délimite l'espace et devient ainsi un *corps particulier*. Lorsque nous comparons la *durée* permanente de notre vie avec la succession des perceptions de corps qui remplissent le champ de la conscience, l'opposition que nous saisissons entre cette durée et cette succession constitue pour nous le *mouvement* qui affecte uniquement les corps et ne saurait modifier le moins du monde l'espace. Le mouvement n'est donc qu'un déplacement du corps dans l'espace.

Ce déplacement se présente à nous sous la forme du *temps*, précisément parce qu'il exprime une relation entre la durée et la succession.

Enfin, le corps, son mouvement et la mesure du temps qui en résulte, participent à la relativité de l'espace dans lequel nous les percevons : comme lui, ils ne sont que de purs phénomènes; et, par eux-mêmes, ne nous révèlent rien de la nature d'une réalité extérieure. Ils sont extrasubjectifs.

CHAPITRE III

L'AME

L'ordre, l'enchaînement et la continuité que nous présente l'univers ne peuvent s'expliquer que par la stabilité et l'identité d'un sujet doué à la fois de sensibilité et d'intelligence. L'espace, le temps, la matière sont pour nous des êtres incomplets qui ne sauraient se suffire à eux-mêmes : ils ne sont intelligibles que si on les rattache à un principe qui les complète et les achève en les faisant subsister : ce principe, c'est le sentiment, c'est-à-dire le moi, l'âme.

La notion d'un moi, d'un sujet spirituel, nous est fournie par une application de l'idée de substance en général aux modifications que nous éprouvons. La loi de la raison, en effet, est de ne pouvoir penser les sensations qu'en les rapportant à un être, à une substance [1].

Admettre l'existence réelle d'une sensation, c'est affirmer l'existence réelle et actuelle d'une substance particulière qui en est le soutien et le sujet [2] : pas de couleur sans rétine, pas d'ondes sonores sans tympan, et sans sujet sentant, pas de sensations.

Ce sujet, nous l'affirmons avec tous les caractères que nous

---

1. « Quand, par exemple, nous disons : *je sens une odeur*, outre le fait de cette sensation actuelle, nous affirmons encore le *moi* qui l'éprouve, nous disons *je*. Mais ce *moi* n'est pas seulement l'énergie qui fait subsister la sensation; il en est le sujet, puisqu'elle n'est rien en dehors de celui qui en est affecté. » — *Nuovo Saggio*, II, art. IV, p. 138.

2. *Ibid.*, p. 139. « Egli è impossibile che io immagini una sensazione realmente esistente senza pensar un qualche cosa che sente... »

révèlent les données immédiates de la conscience : un, permanent, toujours le même sous la multiplicité des phénomènes. Quand l'homme dit « moi, il n'entend pas désigner une modification fugitive et accidentelle, mais un être subsistant, et, par conséquent, une substance ». — De plus, cet être subsistant est doué d'un sentiment fondamental qui suppose un principe actif, agissant et sentant : le moi est un sujet substantiel [1].

Enfin, le moi est absolument distinct de toute substance matérielle. Il suffit, pour s'en convaincre, de se reporter à la distinction que Rosmini a établie plus haut entre les corps et l'esprit [2].

« Le sentiment qu'exprime ce terme *moi* est absolument dégagé de toute image corporelle; il ne représente ni étendue, ni forme, ni couleur, ni aucune autre propriété quelconque des corps »; aussi la substance qu'il exprime est incorporelle et totalement immatérielle, et chaque fois que nous y introduisons quelque chose de matériel, c'est que notre imagination fait entrer dans le concept du moi un élément qui est, non une de ses parties, mais le terme de ses actes [3].

L'idée du moi n'est pas moins distincte de celle du corps propre, et pour les mêmes raisons. Il ne faut pas nier, sans doute, que le corps propre soit connu plus immédiatement que n'importe quel objet externe : il affecte, en effet, plus directement l'âme, étant un élément essentiel du sentiment qui la constitue; cependant, en dernière analyse, il reste toujours cette différence radicale que le corps est *senti*, tandis que le *moi* est sentant; le moi est un sujet; le corps propre n'est qu'un objet.

Enfin, le moi réagit contre les sensations qui lui viennent du corps; il ne saurait donc se confondre avec lui; il s'en

---

1. *Psych.*, I, p. 67.
2. Cf. plus haut, ch. II, partie II, p. 136 suiv.
3. *Psych.*, I, p. 81.

distingue comme la force qui réagit se distingue de celle qui agit[1]. Nous sommes *cause* des actes que nous produisons au dehors de nous; nous sommes *cause* et *sujet* de ceux que nous produisons et qui restent immanents, tels que la pensée, les volitions, les sensations actives; enfin, nous sommes *sujet* seulement des sensations passives, des faits qui nous viennent du dehors et s'imposent à notre sensibilité; mais, dans ces différents cas, le *moi* se distingue si nettement de tout ce qui n'est qu'accidentel et surajouté, qu'il est absolument impossible de confondre cette notion avec les idées de corps, de qualité ou d'accident.

Voyons à présent comment du concept du moi nous pouvons passer à celui de l'âme.

Quand nous réfléchissons sur un objet et que nous le nommons, dit Rosmini, nous faisons entrer dans son concept un certain nombre d'éléments qui lui sont étrangers; et c'est là une des principales difficultés que présentent les sciences philosophiques. « On ne songe même pas à suspecter la valeur de ce concept, soit faute de réfléchir qu'on le tient de son esprit et non de la nature, soit par suite de cette idée préconçue qu'on le reçoit de son esprit pur de toute altération[2]. » Et, cependant, il est certain que l'esprit modifie de quelque manière ses objets et « s'il a pour premier objet la vérité qui ne trompe pas, il est, en même temps, assujetti à des lois qui dérivent de sa propre nature, et qui, sans lui ôter la possession du vrai, l'empêchent de l'obtenir immédiatement dans toute sa pureté[3] ».

C'est ce que nous allons remarquer, en particulier, au sujet de ce concept de l'âme qui constitue le point de départ des sciences psychologiques.

« Je ne puis douter, écrit le philosophe italien, que l'âme et moi qui sens, qui pense, qui parle, nous ne soyons une

---

1. *Nuovo Saggio*, II, a. VIII, p. 146.
2. *Psych.*, I, p. 41.
3. *Ibid.*

même chose. L'âme donc... est cet être que j'entends désigner par le mot *moi*[1]. »

Le moi constitue la première connaissance que nous ayons de l'âme : c'est sous cette forme de moi qu'elle se manifeste d'abord et se révèle. Cependant, d'après Rosmini, ce serait une grave erreur de considérer ces deux termes *âme* et *moi* comme absolument équivalents. C'est ici précisément le cas d'analyser le concept de l'âme et de le dégager des apports dont l'irréflexion et l'emploi du langage l'ont peu à peu augmenté. « Le *moi* ne représente pas seulement l'âme, mais l'âme engagée dans un grand nombre de relations par toute une série d'opérations mentales que l'on doit faire avant de pouvoir se désigner soi-même par ce monosyllabe[2]. » Pour dire *moi*, en effet, il a fallu, d'abord, que le sujet perçoive un sentiment, le pense en lui appliquant l'idée de l'être, et sous cette expression conçoive un être subsistant et réel. Le moi, c'est l'âme prenant de quelque manière possession d'elle-même, l'âme s'affirmant et s'opposant à tout ce qui n'est pas elle. Le *moi*, dit encore Rosmini, c'est l'acte par lequel on désigne sa propre âme[3], et cet acte n'est pas essentiel au concept de l'âme elle-même ; le *moi* est aussi « le signe vocal par lequel un sujet intelligent énonce l'acte qu'il accomplit lorsqu'il se perçoit lui-même[4] » ; et le signe ne doit pas entrer dans la définition de la chose signifiée.

De plus, « l'âme ne fait ce retour sur elle-même et ne se perçoit qu'à la condition d'y être excitée... par quelque sentiment nouveau et particulier... aussi, en disant *moi*, elle ne se désigne pas elle-même telle qu'elle est dans son état primitif, mais déjà entrée dans un état d'activité ultérieur ; elle

---

[1]. *Psych.*, I, p. 42, n° 61.
[2]. *Psych.*, I, p. 42-43, n° 62. *Ibid.*, p. 36, n 55. — Cf. *Antropologia*, lib. IV, ch. iv.
[3]. *Psych.*, I, n° 65, p. 48.
[4]. *Psych.*, I, p. 43, n° 63.

se désigne modifiée[1] ». Et voilà pourquoi, lorsque les hommes commencent à affirmer leur âme en employant le mot *je*, ils ne l'emploient jamais seul, mais uni à un verbe qui exprime l'état passif ou actif dans lequel l'âme se révèle à eux. Enfin, en s'affirmant elle-même, l'âme prend conscience de son identité, et c'est là un nouvel élément que nous faisons entrer habituellement dans son concept. Si donc nous voulons déterminer la pure essence de l'âme, c'est sans doute dans le *moi* qu'il faut la chercher, mais en le dégageant de tous ces éléments adventices et secondaires[2].

Quand l'âme s'affirme, elle fait retour sur elle-même. Cette réflexion toujours impliquée dans le *moi*, voilà un premier élément qu'il faut détacher du concept de l'âme. Il est certain, en effet, que cette réflexion n'est pas essentielle à l'âme ; la pensée réfléchie n'est pas née avec elle : « il y a eu un temps où l'âme ne se connaissait pas, n'avait d'elle-même aucune conscience[3] » et existait cependant. Antérieurement à l'âme consciente, il y a l'âme telle qu'elle est par essence. Il est constant qu'une des choses les plus difficiles à saisir... est cet état de l'homme qui précède la conscience ; et pourtant, c'est dans cet état qu'il faut chercher la nature humaine, puisque la conscience, dans l'homme, n'est point originaire, mais acquise : conscience, affirmation de soi, réflexion ne sont que des accidents dans la vie de l'âme ; ils n'en constituent pas « la substance qui est antérieure à toutes ces modifications[4] ».

Notre philosophe fait remarquer qu'il se sépare ainsi très nettement de Fichte, qui réduit l'âme à la conscience qu'elle a d'elle-même. Le philosophe allemand établit comme fait primitif que « le moi se pose lui-même ». Mais c'est là une proposition absurde, dit Rosmini ; elle suppose que le moi

1. *Psych.*, I, p. 43, n° 66.
2. *Psych.*, I, ch. III, p. 45. — Cf. *Sistema filosofico*, n° 123. — *Psych.*, III, Append. : « Opinions des philosophes », n° 138.
3. *Psych.*, I, p. 46, n° 71.
4. *Ibid.*, p. 46, n° 72.

agit avant d'exister : « à coup sûr, aucun être ne peut se poser, se créer lui-même ». Fichte aurait dû dire : l'âme pose le *moi*, ce qui signifie, en effet, que l'âme s'affirme elle-même, et, par cette affirmation, elle devient *moi*, puisque le moi est l'âme affirmée par elle-même [1].

Mais quoi! quand je dis *moi*, est-ce donc une âme quelconque que j'affirme? N'est-ce pas la mienne? Et s'il en est ainsi, ne voit-on pas que l'âme est un *moi* qui s'affirme et se pose; que cette affirmation, par conséquent, et, avec elle, ce caractère d'être *moi*, sont absolument essentiels à l'âme et inséparables de son concept?

Cette objection, reprend Rosmini, vient de ce qu'il nous est très difficile de nous défaire, en quelque sorte, de nous-mêmes. On ne saurait nier, sans doute, qu'entre le *moi* et l'âme qui dit *moi*, il y ait identité de substance, « mais il est certain qu'en même temps il y a une diversité qui tient à un accident, et que c'est pour signifier l'introduction de cet accident dans la vie de l'âme qu'on emploie le mot *moi* [2] ».

Nous n'avons, d'ailleurs, que ce moyen de concevoir raisonnablement la manière dont l'âme se révèle à elle-même. Si, en effet, c'est le *moi* lui-même qui s'affirme, il ne peut affirmer qu'un *moi* : avant de s'affirmer tel, et précisément pour pouvoir poser cette affirmation, il doit déjà être *moi*. Il y a là un cercle dont il n'est pas possible de sortir avec la théorie de Fichte. La question s'éclaircit, au contraire, et toute la difficulté s'évanouit, poursuit Rosmini, si l'on parvient à se persuader que l'âme existe avant de s'affirmer, et qu'elle ne peut, à proprement parler, s'appeler *moi* que lorsqu'elle s'est affirmée et a pris ainsi conscience d'elle-même. Nous allons voir tout à l'heure comment se produit cette affirmation.

La *méité* (*meità*) est donc distincte de l'âme et ne saurait

---

1. *Psych.*, I, p. 47. — *Ibid.*, p. 56. — *Teosofia*, I, p. 203-209. — *Saggio critico sulle Categorie*, p. 217-239.
2. *Psych.*, I, p. 48.

la constituer, elle n'exprime pas son « état primitif et essentiel », puisqu'elle représente, avec l'âme, toutes les relations où l'esprit l'enveloppe en l'affirmant. Une fois écartées ces relations qui la couvrent comme d'un voile, l'âme nous apparaît dans sa nudité naturelle, dépouillée de tout ce qui n'est pas elle ; et, sous cette forme, « nous trouvons au fond du *moi* un *sentiment* qui, antérieur à la conscience, constitue la substance pure de l'âme [1] ».

Rosmini ne cherche pas à démontrer l'existence de l'âme, puisque aussi bien la conscience que nous avons de nous-mêmes est le point de départ de toute connaissance, et qu'en dehors de cette conscience plus rien n'existe pour nous [2].

L'âme est aussi indémontrable que le *moi ;* son affirmation n'est pas le résultat d'un raisonnement, mais l'expression d'un jugement absolument immédiat [3]. D'ailleurs, par le fait même qu'elle s'affirme sous la forme de *moi*, l'âme manifeste sa *réalité*, et, par conséquent, son existence, car, fait observer Rosmini, « l'âme perçue et affirmée dans le *moi*, n'est pas un *moi* possible, mais un *moi* existant, de sorte que l'existence lui est essentielle en tant qu'il s'affirme [4] ».

C'est en elle-même et directement que l'âme se connaît ; et si l'esprit humain ne se percevait pas d'abord lui-même, il ne pourrait se former le concept d'aucun autre esprit, parce qu'il n'aurait aucun modèle sur lequel il pût se régler [5]. » Dans l'ordre logique, l'âme est le premier objet de la connaissance. Ainsi peut-on dire avec S. Augustin que l'âme se connaît par elle-même : *semetipsam per semetipsam novit* [6]. »

---

1. *Psych.*, I, p. 56, n° 81.
2. *Psych.*, I, p. 78, n° 124. — Cf. S. Augustin, *De Trinit.*, IX, 3 : « Unde enim mens aliquam mentem novit, si se non novit? » — Cf. *Teosofia*, V, p. 145, 2°.
3. *Psych.*, I, n° 125 ; p. 70, n° 113 ; p. 80, n° 128.
4. *Ibid.*, p. 68, n° 111 ; p. 124 ; p. 136, note 1. — *Teosofia*, V, p. 29, ch. XVI.
5. *Psych.*, I, p. 69, n° 113.
6. *De Trinit.*, IX, 3. Voir Rosmini, *Psych.*, I, p. 59, n° 87. — *Ibid.*, I, p. 72, n° 116. — Ce serait, dit Rosmini, une erreur de croire « que toute la connais-

Il en est, d'ailleurs, de l'âme comme de tous les objets que nous percevons intellectuellement : nous ne pouvons l'affirmer qu'en appliquant l'idée de l'être universel. La perception sensible du sentiment fondamental excite, comme nous l'avons vu, l'esprit à produire un acte propre, il s'affirme dès lors lui-même et prend conscience de sa propre existence. Aussi Rosmini peut-il dire que l'âme s'ignore elle-même aussi longtemps qu'elle ne se conçoit pas intellectuellement[1].

L'âme, écrit Rosmini, est un sentiment substantiel. — Cette formule assez étrange déroute nos habitudes de penser : voyons quel est exactement le sens qu'elle revêt dans la théorie du philosophe italien.

Commençons d'abord par préciser mieux que nous ne l'avons fait jusqu'ici ce qu'il entend par cette expression très générale de sentiment.

« Si je me mets dans un lieu parfaitement obscur, dit Rosmini, et que je m'y tienne pendant un long temps dans une complète immobilité; si, de plus, je tâche d'ôter de mon imagination toutes les images sensibles qui ont pu y entrer, je me trouverai enfin dans un état où il me semblera que je n'ai plus aucune connaissance des limites de mon corps, de la situation de mes mains, de mes pieds et de toutes les autres parties. Supposons cette abstraction poussée à son plus haut point : revenu ainsi, autant qu'il est possible, à l'état qui a précédé toutes les sensations adventices, je dis

---

sance que nous avons de l'âme, même la connaissance primitive, se tire de ses actes, de telle sorte que nous la connaissions uniquement par ses effets, comme s'il s'agissait d'une chose qui nous fût étrangère et que notre âme ne fût pas nous-même. Nous réfléchissons en même temps et sur les opérations de l'âme et sur l'âme. A vrai dire, nous ne pourrions jamais savoir que les actes que nous percevons *nous* appartiennent plutôt qu'à un autre sujet, si, avec eux, nous ne nous *percevions* nous-mêmes comme leur cause et leur sujet ».

1. *Rinnovamento*, p. 180, tout le ch. XVII : E *Io* non è noto per se stesso, ma pel mezzo comune della cognizione. — Voyez plus haut, II⁰ partie, ch. I.

qu'il reste en moi un sentiment vital de mon corps tout entier[1] », sentiment qui « s'étend à tout ce qu'embrasse dans sa signification le monosyllabe *moi* [2] », et exprime à chaque moment l'état total de mon être, à la fois corps et âme[3].

Voici comment se prouve l'existence de ce sentiment : nos sensations, dit Rosmini, ne sont, au fond, que des manières d'être, des modes de notre âme : mais, si l'âme les perçoit et les sent, c'est évidemment qu'elle a le pouvoir de se sentir elle-même d'abord, autrement, il serait inintelligible qu'elle pût les percevoir : « Si l'âme ne se sentait pas elle-même avant la sensation, celle-ci serait nulle pour elle, car elle ne serait plus qu'une action sur un être qui ne se sentirait pas, et qui, par conséquent, pourrait encore moins sentir quelque autre chose [4]. » Le sentiment fondamental, voilà l'objet de cette perception primitive de l'âme.

Rosmini prouve encore la réalité de ce sentiment par une application de la théorie aristotélicienne de la puissance et de l'acte. L'âme, dit-il, est douée, par nature, de sensibilité, c'est-à-dire que, certaines conditions étant données, elle peut éprouver des sensations réelles et passer ainsi de la puissance à l'acte. La faculté constitue évidemment la vraie et unique cause des sensations : tout le reste ne doit être considéré que comme des conditions du sentiment. « Mais, si la cause de la sensation est la faculté et que

---

1. *Nuovo Saggio*, II, art. IX, p. 172, Rosmini ajoute : « Ceux qui imaginent l'homme privé à l'origine de tout sentiment de lui-même, en font une véritable statue et non un sujet sensible, puisqu'ils lui retranchent le moi, prétendant qu'il n'a aucune sensation de soi avant l'expérience externe. » — Cf. *Nuovo Saggio*, part. V, c. XI, p. 177.
2. *Psych.*, I, p. 67, n° 104.
3. *Nuovo Saggio*, II, p. 177.
4. *Ibid.*, n° 99 et 100-101-102. — *Nuovo Saggio*, II, art. XI, p. 177. — Cf. aussi p. 184. Rosmini s'appuie sur le fait de la localisation des sensations pour prouver l'existence du sentiment fondamental. Cette localisation n'est possible, dit-il, que si nous avons un sentiment général de notre corps.

celle-ci opère nécessairement dès que sont posées les conditions requises, la faculté n'accomplit pas son acte en vertu d'une action venue du dehors, mais en vertu de sa propre activité, et, dès lors, elle doit toujours, d'une certaine manière, être en acte par elle-même ; car, si elle n'avait pas un premier acte, il serait impossible d'entendre comment elle passerait de la puissance à l'acte. Ce passage, en effet, serait sans raison suffisante, puisqu'une action sur elle n'a point la vertu de l'y déterminer, mais lui offre seulement l'occasion d'agir. La vraie idée d'une faculté est donc celle qui la fait consister en un *acte universel* antérieur à tous les actes particuliers, acte universel qui se particularise ensuite et se spécifie, lorsque lui est donnée une matière individuelle à laquelle il puisse s'appliquer et limiter son action [1]. »

Le sentiment fondamental est-il essentiellement conscient?

Il y a, dit Rosmini, une grande différence entre l'existence en nous d'un sentiment et la conscience que nous en avons. « Le sentiment, en effet, peut exister en nous, sans que nous réfléchissions sur lui, et, par conséquent, sans que nous en ayons conscience. Aussi, pouvons-nous éprouver des sensations qui cependant demeurent absolument inconscientes [2]. » Notre philosophe rejette donc le fameux axiome de l'École : *non sentimus nisi sentiamus nos sentire.*

---

1. *Psych.*, p. 66.
Cette expression de sentiment fondamental se trouve déjà employée dans le *Traité des sensations* de Condillac (*Œuvres philosophiques*, 2 vol., II° partie, ch. I, p. 120-121, Parme, 1722). Le philosophe français entend par là le sentiment que la statue, bornée au seul sens du toucher, « a de l'action des parties de son corps les unes sur les autres... voilà le moindre sentiment où l'on puisse la réduire » et c'est pourquoi Condillac le nomme fondamental.
Le sentiment fondamental chez Rosmini se rapproche beaucoup de ce que la psychologie contemporaine appelle *cénesthésie*. Cf. Ribot, *Les Maladies de la personnalité*, Alcan, Paris, 1885, p. 23 suiv. Höffding, *Esquisse d'une psychologie*, etc., Alcan, Paris, 1900, p. 124, 180, 298. Sergi, *Psychologie physiologique*, Alcan, 1888, p. 306.

2. *Nuovo Saggio*, II, p. 171. — *Psych.*, II, p. 419 suiv.

Pour bien saisir sa pensée, il faut remarquer qu'il n'a jamais établi, semble-t-il, de distinction entre la conscience spontanée et la conscience réfléchie ; cette dernière forme résume pour lui tout ce que l'on peut savoir de la conscience. Il l'identifie donc avec la réflexion : « On acquiert conscience d'un sentiment, dit-il, en faisant réflexion sur lui. »

C'est là, pour Rosmini, une conséquence de sa théorie sur la perception intellectuelle et de la distinction radicale qu'il établit entre la sensation et l'idée. « La sensation ne peut jamais s'apercevoir elle-même[1] » ; aussi en elle-même est-elle absolument obscure ; elle reste inconsciente bien que nous l'éprouvions. Pour que nous puissions la connaître, — et ici, connaître et avoir conscience, c'est tout un, — il faut que l'esprit l'affirme, lui applique l'idée de l'être, la perçoive, non pas d'une manière sensible, mais intellectuellement[2]. « C'est l'intelligence qui s'aperçoit de la sensation[3] », et, par conséquent, c'est elle qui en prend conscience. L'acte par lequel nous percevons le sentiment fondamental et qui constitue la perception sensible est, sans doute, un acte réel, mais, pour nous, il est comme s'il n'existait pas, tant que l'esprit ne réfléchit pas sur lui[4]. La perception sensible a, évidemment, une certaine importance, puisque enfin elle donne à l'entendement l'occasion de produire son acte propre, mais elle ne constitue, à proprement parler, qu'une condition de connaissance, et le sentiment fondamental, comme d'ailleurs toutes les sensations particulières, demeure inconscient tant que l'esprit ne le tire pas du domaine de la pure sensibilité.

---

1. *Nuovo Saggio*, II, p. 172 : « La sensazione non può mai accorgersi di se stessa. » — *Psych.*, I, p. 196, n° 398. *Teosofia*, V. p. 37 suiv., ch. xix.

2. *Ibid.* Voir plus haut le chapitre où nous parlons de la perception du réel, IIe partie, ch. i.

3. *Ibid.*, — « è l'intelletto quegli che s'accorge della sensazione ». — Cf. *Teosofia*, V, p. 506.

4. Il sentimento è anteriore alla coscienza ma è quello che rende possibile la coscienza. » *Teosofia*, V, p. 267.

Nous avons vu plus haut le rôle que joue le sentiment fondamental dans l'acte de la connaissance. Nous pouvons à présent préciser davantage.

Par ce sentiment, nous nous sentons nous-mêmes à la fois dans notre âme et dans notre corps ; il est donc l'aspect et le mode constant sous lequel se manifeste le *moi* total. Il ne nous révèle que le fait de notre existence ; aussi, dit Rosmini, il est purement subjectif et ne nous manifeste rien des réalités extérieures. Il ne nous fait connaître aucune des qualités sensibles de notre propre corps, et, à plus forte raison, ne saurait-il nous instruire sur les corps étrangers.

Ainsi conçu, le sentiment fondamental est, par rapport à la sensibilité, ce qu'est l'idée de l'être indéterminé à l'égard de toutes les autres idées particulières : il est une forme vide, si l'on peut dire, et ne nous fait connaître aucun état particulier de notre moi ; il est dépouillé de toute détermination et ne nous apprend rien de nous-mêmes, si ce n'est que nous sentons. Mais cet état de nudité originelle, pour le sentiment aussi bien que pour l'idée de l'être, est purement hypothétique. En fait, le sentiment fondamental n'occupe jamais seul le champ de la conscience : sans compter les multiples sensations minuscules qui expriment sans cesse l'état général des tissus, à chaque instant il se trouve modifié, déterminé par les différentes sensations qui nous viennent du dehors[1]. Il disparait même, dit Rosmini, sous leur multiplicité, et de là vient surtout que les hommes ont tant de peine à reconnaître en eux-mêmes l'existence de ce sentiment[2]. Ainsi, par les apports incessants de l'expérience, le sentiment fondamental se spécifie[3] ; il devient sentiment de contact, de chaleur, de couleur, et de telle couleur, etc. :

1. *Nuovo Saggio*, II, 179, note 4.
2. *Teosofia*, V, cap. XVIII.
3. « Tutte le sensazioni speciali organiche ci danno dei sentiti che non possono esser altro che modificazioni del sentimento fondamentale. » *Teosofia* V, p. 32-33, tout le ch. XVI, p. 30.

il fournit à l'esprit les matières particulières sur lesquelles s'appliquera l'idée de l'être et d'où résultera tout le développement de la connaissance empirique. De plus, le sentiment fondamental suppose un principe sentant et un objet senti, comme l'idée de l'être suppose un sujet intelligent et un objet intelligible; et, de même que l'idée de l'être se révèle à l'esprit dans une intuition qui ne souffre pas d'intermédiaire, ainsi le sentiment fondamental est une donnée primitive de la sensibilité, puisque pour Rosmini l'essence de l'âme est d'être sentie.

L'idée de l'être contient virtuellement en elle-même toutes les déterminations particulières qui constituent les êtres concrets et réels : il en est de même du sentiment fondamental qui renferme en lui-même, d'une manière implicite, toutes les sensations particulières qui peuvent nous arriver du dehors. Et si enfin on considère que l'idée de l'être et le sentiment fondamental sont également innés, l'un à l'intelligence, l'autre à la sensibilité, on voit que le parallélisme est complet entre ces deux termes.

La lumière qui se dégage de cette théorie sur le sentiment, nous pouvons la projeter à présent sur la définition que Rosmini nous donne de l'âme.

Le sentiment fondamental exprime le *moi*; et le moi, on s'en souvient, n'est que l'âme, plus un certain nombre de relations qui sont impliquées dans le fait de son affirmation consciente. En faisant abstraction de toutes ces relations purement accessoires, il nous reste que l'âme est essentiellement un sentiment, et, comme, enfin, le moi est un sujet réel, la notion de substance entre nécessairement dans le concept de l'âme. Elle doit donc se définir un « sentiment substantiel », un sentiment sujet, ou encore une substance douée essentiellement de sentiment.

« L'homme, dit Rosmini, ne connaît rien de lui-même avant d'avoir affirmé l'existence de son âme ; et en l'affirmant, il perçoit un être subsistant, qui n'est pas en un autre comme une modification ou un accident ; et, par conséquent, il perçoit une substance[1]. » « L'âme, dit-il ailleurs, est un sujet, puisqu'elle est un premier principe d'action doué de sentiment ; et elle est une *substance*, puisque dans l'ordre du sentiment et de l'intellection, ce premier principe existe en lui-même et non en un autre principe antérieur à lui[2]. »

En tant que substance, l'âme est conçue comme un être doué d'existence indépendante et en soi[3] ; en tant que sujet, elle se présente comme un principe actif, doué à la fois de sensibilité et d'intelligence, et se distingue ainsi radicalement de toutes les substances inanimées qui sont en soi, sans cependant posséder une action propre.

Une conséquence qui découle pour Rosmini de cette définition de l'âme, c'est qu'elle pense toujours, c'est-à-dire, comme d'ailleurs l'entendait Descartes, qu'il lui est essentiel d'avoir conscience d'elle-même[4]. Et si l'âme pense toujours, dit Rosmini, c'est qu'elle a cette « perception immanente » que nous avons appelée le sentiment fondamental, « perception primitive où gît le lien qui unit l'âme raisonnable au corps ». Au fond, la définition que Rosmini donne ici de l'âme se rapproche beaucoup de celle du célèbre philosophe français : le sentiment dont parle celui-ci ne dif-

---

1. *Psych.*, I, p. 67, n° 105 ; cf. *ibid.*, p. 124, ch. x, « de la Réalité de l'âme ». Inutile de faire remarquer que Rosmini considère comme absurde la conception de deux *moi* dont l'un serait empirique et l'autre nouménal. — Cf. *Saggio sulle Categorie*, p. 212, etc. — *Rinnovamento della filosofia*, etc., p. 169-180, lib. III, cap. XIII-XVII.

2. *Psych.*, I, p. 100, n° 181. — Comme on l'a justement fait remarquer (COSMO GUASTELLA, *Saggio*, II, vol. II, app. A, p. 2), la théorie de Rosmini sur la nature de l'âme est une conséquence directe de sa théorie générale sur les corps et la réalité en général. Le réel, pour le philosophe italien, c'est le senti ; or l'âme est réelle, elle est une substance, elle doit donc être *un senti* ; et comme ici c'est elle-même qui se sent, « e percipiente et perceptum fit unum », l'âme se définit une substance sentiment.

3. *Psych.*, I, n°ˢ 182-183-81.

4. « La parola sentimento significa propriamente l'atto ultimato del principio senziente. » *Teosofia*, V, p. 145 ; cf. p. 191.

fère guère de la pensée qui, pour celui-là, constitue l'essence de l'âme [1].

Rosmini complète cette théorie en nous faisant remarquer que l'âme possède deux termes naturels qui rendent possibles tous ses actes seconds [2]. C'est, d'abord, le réel, que l'âme perçoit essentiellement en elle-même sous la forme du sentiment fondamental, et, par lui, ensuite, sous la forme de sensation particulière. Le second terme, c'est l'*être idéal* dont elle a par nature l'intuition et qui la constitue intelligente et raisonnable. En tenant compte de ces deux éléments qui s'harmonisent et s'adaptent en une seule nature, Rosmini espère définir adéquatement l'âme en l'appelant « un sujet intelligent et sensible, doué essentiellement et par nature de l'intuition de l'être, doué aussi d'un sentiment dont le terme est étendu[3], et de certaines activités qui dépendent de l'intelligence et de la sensibilité[4] ». Cette défi-

---

1. *Psych.*, I, p. 153, ch. VI. — *Saggio critico sulle Categorie*, etc., p. 214-215 : « l'Io è per sua propria essenza una consapevolezza. »
Si l'âme pense toujours, comment expliquer les phénomènes d'inconscience? Rosmini nous fait observer que tout sentiment est inconscient tant que l'esprit ne l'affirme pas. — (*Psych.*, I, n° 409-410-411 ; cf. aussi plus haut, p.   )...
Mais, parmi ces sentiments, comment se fait-il que les uns sont affirmés et deviennent conscients, tandis que d'autres, en très grand nombre, échappent à l'attention, et, par conséquent, restent inconscients? (*Psych.*, II, n°s 1479-1480-1451-1181-1022-1668-1484).
a) D'abord, répond notre philosophe, nous *pouvons* avoir conscience de tous nos sentiments, quels qu'ils soient, autrement il ne serait pas vrai de dire qu'ils sont nôtres (*Psych.*, I, n° 410).
b) En fait, nous n'avons pas conscience de tous (*Ibid.*).
c) Et ces derniers échappent à la conscience, parce que ou bien ils sont trop aibles pour exciter notre attention, ou l'esprit absorbé ailleurs ne les remarque pas (*Psych.*, I, n° 411 ; III, n° 1910).
d) Enfin, le philosophe italien admet l'existence de sentiments dont nous ne pouvons avoir en droit aucune conscience ; ce sont des sentiments qui appartiennent uniquement au corps, ils ne sont donc point nôtres (*Ibid.*, n° 412).
2. *Psych.*, I, p. 6, n° 13 ; II, n°s 949-950.
3. Rosmini veut dire par là que le sentiment fondamental, en tant qu'il exprime le corps, est essentiellement revêtu d'extension ; et voilà pourquoi le senti est toujours donné sous la forme de l'étendue. — Cf. chapitre précédent, ce que nous disons au sujet de l'espace et de la matière.
4. *Sistema filosofico*, n° 124. — Cf. *Psych.*, I, n° 53, p. 33 ; n°s 50-81-119-831-967.

nition, ajoute notre philosophe, s'appuie uniquement sur les données les plus certaines de l'expérience, elle exprime l'essence pure de l'âme et constitue le point de départ et le principe même de toutes les sciences psychologiques [1].

Une fois qu'il a dégagé et mis en lumière le concept de l'âme, le psychologue n'a plus qu'à développer, par une observation attentive et une analyse scrupuleuse, les attributs, les caractères de ce sentiment substantiel. C'est à cette étude que Rosmini consacre les deux derniers volumes de sa *Psychologie*.

Nous n'avons pas l'intention de suivre notre auteur dans le détail parfois minutieux de ses déductions. L'étude de l'âme est une science, qui, de quelque manière, embrasse toutes les autres. Rosmini ne sait pas se tenir dans les bornes, d'ailleurs assez mal délimitées, de la psychologie proprement dite ; son traité aborde un peu tous les problèmes, et bien souvent, trop souvent même, il se perd dans des discussions métaphysiques dont on ne voit pas bien le lien avec l'étude de l'âme. La psychologie de Rosmini se trouve décidément aux antipodes de la psychologie anglaise : elle rejette toute distinction entre l'étude expérimentale de l'âme et les conclusions purement métaphysiques que l'on peut en tirer [2], et bien souvent elle fait double emploi avec ses autres ouvrages [3].

Étudions successivement les attributs de l'âme, ses rapports avec le corps et enfin sa destinée.

Voici, d'après Rosmini, comment ces deux termes servent à constituer l'essence de l'âme :

« Il faut considérer de quelle manière l'être réel et l'être idéal concourent à constituer l'âme, car ils n'y concourent pas de la même manière. L'être réel est dans l'âme à la fois principe et terme ; et, comme principe, il constitue l'essence de l'âme ; au contraire, l'être idéal n'est pas principe, il n'est que terme ; aussi ne constitue-t-il pas l'essence de l'âme, mais il concourt à la produire... en tant qu'il suscite en elle l'acte de l'intelligence. »

Psych., II, n° 954 ; voir aussi *Teosofia*, V, p. 367-368.

1. *Psych.*, I, p. 78, n° 121.
2. *Psych.*, I, p. 17-18, etc. — *Psych.*, II, n° 731, p. 5.
3. Par exemple avec l'Anthropologie (cf. *Psych.*, I, p. 5), l'Idéologie et aussi avec la plupart des théories cosmologiques que renferme la *Teosofia*.

D'abord, dans chaque homme il n'y a qu'une âme qui préside à la fois à la vie sensitive et au développement de la vie intellectuelle. La grande preuve qu'en donne Rosmini, c'est que la conscience ne nous révèle qu'un seul moi [1]. Sans doute, dit-il, la conscience saisit en nous de multiples opérations qu'il est facile de distinguer par des caractères spécifiques, mais « quand l'homme dit : je *sens*, je *veux*, etc., il se déclare cause et sujet de tous ces modes, qu'ils soient passifs ou actifs. Donc le *moi* est le principe et le sujet unique de toutes les passions et opérations de l'âme [2] ». Et comme, pour Rosmini, le moi n'est pas autre chose que l'âme envisagée dans les relations qu'elle entretient avec la pensée, comme il en exprime « la substance par nous perçue et affirmée », il s'ensuit que l'âme est, au même titre que le *moi*, absolument une et constitue « l'unique principe de toutes ses opérations [3] ».

Si l'âme est une, elle reste identique à elle-même sous la multiplicité de ses puissances et de ses actes. C'est là une vérité de conscience qui s'impose : « Ma propre identité est évidente : je suis certain d'être toujours ce *moi* qui, en des temps et des lieux divers, éprouve diverses modifications et accomplit diverses opérations. Cette identité se trouve dans mon sentiment propre, dans cette partie de mon sentiment que nous appelons *méité* [4]. » Et, comme la conscience est le « critérium suprême et infaillible de la Psychologie », l'i-

---

1. *Psych.*, I, p. 79, n° 126.
2. *Psych.*, I, p. 80, ch. II ; *ibid.*, p. 143, n° 264. — *Psych.*, II, n° 975. — Cf. *Teosofia*, V, p. 207.
3. Rosmini croit trouver dans l'âme humaine une image de la Trinité divine. L'âme, dit-il, est absolument une ; elle est un sujet unique, mais il y a en elle trois formes : l'idéalité, la réalité, la moralité ; ces formes sont irréductibles et cependant ne s'opposent en rien à l'unité absolue du sujet, parce que dans chacune d'elles se trouve l'être toujours un et identique à lui-même. — Cf. *Psych.*, II, p. 84, n° 895 ; *ibid.*, p. 112.
4. *Psych.*, I, n° 142 ; *Psych.*, II, ch. VII, p. 52 suiv. ; ch. XIII, p. 68 ; ch. XVI, p. 91 ; ch. XVIII, p. 102 ; n° 894, p. 83 : « La dualité est dans les termes et non dans le principe... » — Cf. *Teodicea*, n°ˢ 384-397.

dentité du moi et de l'âme est une donnée absolument primitive et certaine.

Et cependant, que de difficultés ce fait si simple ne soulève-t-il pas? Comment concilier la stabilité du moi avec la mobilité fuyante de ces phénomènes? Dira-t-on qu'une partie du moi demeure immuable, tandis que l'autre change continuellement? mais, comment concevoir que les modifications qui affectent un côté de l'âme n'aient aucune répercussion sur l'autre? et si le moi reçoit en lui-même ses modifications, il ne demeure plus immuable, puisque très certainement elles deviennent siennes et n'existent qu'en lui[1].

Notre philosophe a recours à sa théorie de la perception pour trancher cette difficile question. A l'occasion des sensations nous affirmons un sujet qui les éprouve et dans lequel elles subsistent.

Il y a une distinction de nature entre l'affirmation qui constitue le *moi* et les modifications sensibles qui l'affectent[2]. Le *moi* reste toujours distinct de ses modifications. C'est que dans toute activité il y a lieu de distinguer le principe actif lui-même et le terme sur lequel se porte son activité[3] : « Le principe est uni à l'action, mais il ne se confond pas avec elle, car autrement il cesserait d'en être le principe[4] », et, par conséquent, les modifications multiples qu'il subit n'altèrent en rien son unité. « Le principe étant un point simple logiquement antérieur à l'action, qui peut se comparer à la ligne tirée à partir du point, il n'est pas absurde d'imaginer que d'un même principe procèdent plusieurs actions différentes, comme il n'est pas absurde que d'un même point, sans que ce point change, partent plusieurs lignes[5]. »

1. *Psych.*, I, n° 140, p. 84.
2. *Psych.*, I, p. 86.
3. *Ibid.*, I, n° 146. — *Antropol.*, lib. II, sez. I, cap. ix-xiv, p. 92 suiv.
4. *Psych.*, I, n° 165.
5. *Psych.*, p. 94. Voir aussi *ibid.*, n° 171. « Au principe sentant doit être attaché dès le premier moment de son existence un terme, où soient compris

Rosmini ne parle ici que des simples modifications qui peuvent affecter ces termes, et non de suppression totale. En effet, dit-il, « si le terme du sentiment et celui de l'intellection étaient supprimés, le sujet qui sent et qui entend serait anéanti, l'âme cesserait d'être [1] ».

Si le terme du sentiment subsistait seul, c'est-à-dire, si, par impossible, l'âme cessait d'avoir l'intuition de l'être idéal, elle continuerait sans doute à *sentir*, mais elle serait incapable de s'affirmer à elle-même son sentiment; elle ne le percevrait pas, elle cesserait de se connaître, et, par conséquent, perdrait toute notion de son identité. Il n'y a qu'un principe intelligent qui puisse dire je *sens* : privé de l'intuition de l'être, « le principe sentant ne peut dire ni je *sens*, ni *j'entends;* il ne peut dire rien absolument; il ne peut que sentir [2] ».

Si, au contraire, tout en continuant à jouir de l'intuition de l'être, l'âme cessait de sentir, elle ne perdrait point son identité, parce que le terme idéal, dont elle ne serait pas privée, représente le principe premier qui constitue son essence [3]; mais, comme le sentiment ne lui présenterait

virtuellement toutes ses sensations futures, sans quoi il ne conserverait pas son identité. » Il faut dire la même chose, d'après Rosmini, du principe intelligent : le sentiment fondamental et l'être idéal renferment ainsi virtuellement en eux-mêmes, l'un, toutes les sensations particulières, l'autre, toutes les idées déterminées que le sujet possédera dans la suite. — Cf. *ibid.*, p. 80, n° 130. — *Teosofia*, V, p. 35-36-241-279.

1. *Psych.*, I, p. 103, n° 186.
2. *Psych.*, I, p. 103, art. II.
3. Pour Rosmini, l'être et le sentiment constituent les deux termes primitifs de l'âme (*Psych.*, I, n° 12, p. 5, 6). Ces deux termes sont absolument irréductibles l'un à l'autre et font de l'âme un objet doué à la fois de sensibilité et d'intelligence. Cependant, le terme idéal joue un rôle principal dans la constitution même de l'âme, car le terme réel, le sentiment, ne nous est connu que par l'être idéal. Aussi Rosmini peut-il dire que l'être idéal est le principe premier constitutif de l'âme. (Cf. *ibid.*, I, p. 25, n° 41; p. 32, n° 52, Corollaire.)
« On le qualifie de premier principe, parce que l'âme est un principe supérieur au principe sensitif, un principe qui contient virtuellement dans son sein le principe sensitif, de telle sorte que l'existence actuelle de ce dernier, si elle appartient à la nature de l'homme, n'appartient pas à l'essence de l'âme humaine, à laquelle il suffit de contenir virtuellement en elle-même le principe du sentiment animal » (*Psych.*, I, n° 200, p. 108). Sur le sens de ce mot

plus aucune réalité particulière à laquelle pourrait s'appliquer la forme de l'être, cette âme serait incapable de perception, d'affirmation; elle cesserait, dès lors, d'avoir conscience d'elle-même [1].

Si enfin, sans être supprimé totalement, le terme du sentiment était modifié dans sa nature essentielle, l'âme, que nous avons définie un sentiment substantiel, serait par là même modifiée, non pas seulement dans la manifestation de ses puissances, mais dans son essence même. Elle conserverait, cependant, son identité, puisqu'elle continuerait à contempler l'être idéal et pourrait, par conséquent, s'affirmer.

Quant à l'être, nous avons déjà fait remarquer que, considéré en lui-même, il ne saurait subir aucune sorte de modification. Il peut simplement se présenter à l'âme d'une manière plus complète, et le sujet intelligent, sans être modifié par cette intuition plus entière, en reçoit cependant un surcroît d'activité [2].

C'est uniquement aussi en s'appuyant sur les données de la conscience que la psychologie peut établir la spiritualité de l'âme.

En disant que l'âme est spirituelle, on entend d'abord qu'elle est une et simple; on exclut de son concept toute multiplicité; on veut dire aussi qu'elle est inétendue, et, par là, on la distingue essentiellement de la matière.

« Si l'âme humaine n'était pas unie à un corps, dit notre philosophe, nul ne pourrait douter de sa spiritualité [3] »; il faut donc la dégager de tout ce qui pourrait l'impliquer dans des relations matérielles. Le sentiment corporel

---

nature, cf. *ibid.*, I, p. 36, n° 56 : « La nature est tout ce qui entre dans la constitution d'un être et contribue à le mettre en acte. »

1. *Ibid.*, p. 104, art. III; *Sistema filosofico*, n° 120 : « Se l'anima non si *sentisse*, non si *percepire* percepire. » — *Ibid.*, n° 126. — *Teosofia*, V, p. 370.
2. *Psych.*, *ibid.*, art. IV, p. 104. — Cf. plus haut, Ire partie, ch. II.
3. *Psych.*, I, p. 217, n° 429.

n'est pas essentiel à l'âme, il constitue simplement le terme de son acte. L'âme se sent elle-même : voilà le sentiment primitif, essentiel, irréductible ; l'âme sent le corps, voilà qui est, au moins logiquement parlant, postérieur et accessoire. Le corps n'est donc pas impliqué dans l'essence de l'âme et « il est manifeste, pour un observateur attentif, qu'il y a en nous des sentiments totalement différents de ceux qui nous viennent de notre corps ou des corps étrangers [1] ».

La spiritualité de l'âme se prouve encore par ses propriétés et ses opérations que nous atteste la conscience [2]. Au sujet des propriétés, voici le raisonnement que fait Rosmini : L'âme est le principe du sentiment et de l'intellection ; c'est là sa nature propre et incommunicable ; c'est là son concept. Or, ce concept est absolument différent de celui d'étendue et de multiplicité ; nous devons donc croire que ces attributs sont exclus du concept de l'âme [3]. Le philosophe italien s'appuie ici sur cette conception métaphysique d'après laquelle les propriétés qui spécifient un être ne peuvent être communiquées à un autre qui ne soit de son espèce : la distinction des espèces ayant son fondement dans l'ordre intrinsèque de l'être, ordre éternel et immuable. Rosmini cite à ce sujet un passage de Christian Wolf qui éclaire bien sa pensée. « Supposons, dit ce philosophe, qu'à l'être A, soit communiqué un attribut qu'il n'a point par lui-même. Cet attribut n'a pas sa raison suffisante dans ceux qui constituent l'essence de l'être ; donc, on admet quelque chose sans raison suffisante. Or, cela répugne. Donc à aucun être ne peuvent être communiqués les attributs d'un autre être [4]. » Cette argumentation, ajoute Rosmini, est irréfutable.

1. *Psych.*, p. 81, n° 131 ; *ibid.*, n°ˢ 132-134. — *Antropol.*, p. 31, ch. III.
2. *Psych.*, n° 431.
3. *Ibid.*, n° 432.
4. Wolf, *Physiologia rationalis*, § 45, cité par Rosmini, *Psych.*, I, p. 219, note 1. « Quant à la multiplicité, ajoute notre philosophe, elle est exclue de

On peut encore prouver la simplicité de l'âme en montrant que cet attribut est la seule raison suffisante qui explique ses diverses opérations : « Lorsqu'une fois il est démontré qu'une opération donnée ne peut être produite que par un principe simple, ce principe ne peut plus rien contenir en lui-même qui soit opposé à sa simplicité[1]. »

Rosmini cherche une autre preuve de la simplicité de l'âme dans ce fait que les organes doubles, tels que les yeux, les oreilles, les narines, ne donnent qu'une seule sensation totale[2].

Enfin, notre philosophe trouve dans toutes ces analyses une confirmation de sa théorie sur la manière dont l'âme perçoit le corps propre et lui donne, de quelque manière, son étendue, en groupant sous un seul sentiment la diversité des sensations qu'il produit en elle. Il cite à ce sujet « l'argumentation irréfutable » des Platoniciens d'Alexandrie telle que la rapporte Nemesius[3].

« Il est dans la nature des corps de changer et de se dissiper tout à fait en se divisant à l'infini. Si donc rien ne demeure en eux qui soit immuable, ils ont besoin de quelque chose qui les contienne et les unifie, qui leur donne, pour ainsi dire, de la cohésion et de la consistance, et c'est ce que nous appelons l'âme. C'est pourquoi, si l'âme est un corps quelconque, quelque subtile qu'on l'imagine, la même question se représente : *qu'est-ce qui la contiendra?* Et il en sera ainsi à l'infini, jusqu'à ce que nous arrivions à

toute substance réelle, parce que nulle substance réelle ne peut être, si elle n'est une. » — *Ibid.*, nos 433, 434, 140, 180.

1. *Psych.*, I, n° 436. Voir plus haut, part. II, ch. II. « La sensation de l'étendu et du continu ne peut avoir lieu s'il n'y a pas un principe simple qui, par la vertu du sentiment, embrasse à la fois dans une même perception l'étendue continue tout entière »; *Psych.*, I, n° 441. « L'esteso non può sentire l'esteso ». *Antrop.*, p. 46.

2. *Antropologia*, p. 48, 58; ch. VII; art. III, p. 59 à 63. — *Psych.*, I, p. 223 à 224.

3. Nemesius, *De natura hominis*, cap. XII, cité par Rosmini, *Psych.*, I, p. 225; cf. aussi 226, 227, 228.

quelque principe qui soit tout à fait incorporel. » Celui qui n'est pas capable de sentir la force de cet argument, conclut Rosmini, fera bien d'abandonner l'étude de la philosophie.

Ainsi, pour résumer, d'après notre auteur, « l'âme humaine est ce premier principe du sentiment et de l'intellection, qui, sans cesser d'être un et d'avoir une activité radicale unique, est constitué par un terme du sentiment qui est étendu et corporel, et par un objet d'intellection qui est l'être indéterminé [1] ».

Les anges jouissent de l'intuition de l'être, mais ils sont privés du terme étendu du sentiment; les bêtes, au contraire, n'ont que le sentiment et, par conséquent, ne peuvent s'affirmer elles-mêmes; elles sont privées de la conscience de soi [2]. L'homme tient le milieu entre l'ange et la bête; il est un « composé qui résulte de l'âme et du corps personnellement unis [3] ».

Pour Rosmini, c'est le sentiment qui donne à l'âme sa réalité : c'est lui aussi qui détermine sa limite, et, si l'on peut dire, son extension : c'est lui, en effet, qui la met en relation avec l'organisme. Le sentiment constitue le lien qui fonde l'union de l'âme et du corps.

Le philosophe italien étudie cette « union de l'âme et du corps et leur influx réciproque » dans le troisième Livre de sa *Psychologie* et dans le deuxième de l'*Anthropologie*. La manière dont il résout cette question si controversée est toute personnelle et originale; c'est un des points les plus intéressants, sinon des plus vrais, de sa philosophie. Ici encore, nous ne pouvons suivre notre philosophe dans le détail de ses développements interminables et qui, d'ailleurs, une fois connue l'idée mère de cette théorie, n'offrent plus

---

1. *Psych.*, I, p. 108, n° 200.
2. *Ibid.*, I, n°s 202, 203.
3. *Ibid.*, n° 204, etc.; p. 351, n° 671; voir p. 352, tout le ch. v : « Comment se constitue la nature humaine ». — *Psych.*, II, n° 759, p. 18; n° 1187.

qu'un intérêt secondaire. Cependant le lecteur ne manquera pas d'y trouver un grand nombre d'observations originales et dénotant une psychologie déjà très avertie [1].

Les corps, en général, n'existent, pour nous, que dans la mesure où nous les percevons : il en est de même du corps propre, dit Rosmini, avec cette différence, cependant, que l'âme le perçoit, le *sent* immédiatement et en lui-même, par le sentiment fondamental. Il est « la seule réalité que l'homme perçoit [2] ». C'est donc le sentiment, qui met directement l'âme en contact avec le corps et l'unit à lui; et, comme le sentiment est la réalité même, il s'ensuit, pour Rosmini, que l'union de l'âme et du corps est une union réelle. Mais cette union diffère absolument de celle que peuvent avoir entre eux deux corps; elle n'a rien de mécanique; elle est constituée tout entière par ce que Rosmini appelle une *relation de sensibilité* [3].

L'âme est essentiellement un sentiment; or, dans tout sentiment le sujet sentant et l'objet senti ne font qu'un [4] : « leur union doit être de même sorte que celle de la forme et de la matière. [5] » Le philosophe italien ajoute : « L'animal est un sentiment unique », mais il y a dans ce sentiment unique une dualité, « celle du principe sensible qui sent et celle du terme étendu qui est senti [6] ». Ainsi, l'homme représente un seul et même être qui est, à la fois, sentant et senti, et exprime ces deux états en s'apparaissant à lui-même sous la forme d'âme et sous celle de corps. « L'animal est

---

1. Cf. en particulier : *Antropologia*, liv. II, sect. I, ch. vi, distinction de la vie organique et de la vie animale; *ibid.*, ch. vii, le principe sentant est inétendu; ch. viii, art. IV, § 9 : l'âme ne rapporte pas ses sensations aux différentes parties du corps, mais plutôt les parties du corps se révèlent à l'âme par l'intermédiaire des sensations; ch. viii, art. VII, § 5 : distinction entre l'extension et la localisation des sentiments.

2. *Psych.*, I, n° 249. « L'âme et le corps sont unis par voie de sentiment. »

3. Voir le texte très important (*Psych.*, II, p. 193, n° 1127, note 1) que nous citons plus loin, p. 447.

4. *Psych.*, I, p. 146, n° 267, § 2.

5. *Psych.*, I, p. 138, n° 251.

6. *Ibid.*, n° 253, lire tout ce n°. — Cf. aussi n° 264.

un sentiment indivisible où le principe sentant, qui est l'âme, ne fait qu'un seul être avec le terme senti qui est le corps[1]. L'âme sent en elle-même son corps qui est constitué tout entier pour elle par le sentiment qu'elle en a : il y a donc entre l'âme et le corps une action immédiate et réciproque qui rend inutiles les hypothèses de l'harmonie préétablie et des causes occasionnelles.

Jusqu'ici nous n'avons considéré que le rôle joué par le sentiment dans cette union de l'âme et du corps. Mais, le principe sensible ne pouvant, en fait, se séparer du principe intellectif, il y a lieu de se demander si ce dernier n'intervient pas, dans cette union, d'une certaine manière conforme à sa nature.

Rosmini se garde bien de le nier, car il n'ignore pas que l'explication contraire des rapports de l'âme et du corps a été condamnée par le concile de Vienne[2]; cependant, au point de vue de la raison, il ne voit aucune impossibilité, surtout si Dieu le voulait ainsi, à ce que l'union de l'âme et du corps se fasse uniquement par la voie du sentiment, sans requérir aucune intervention spéciale de l'âme raisonnable[3]. Rosmini admet qu'en fait le principe raisonnable n'est pas étranger à l'union de l'âme et du corps, mais la manière dont il conçoit cette intervention est toute personnelle et se sépare nettement de la tradition scolastique.

Si les deux principes, dit-il, ne sont que les puissances de la même âme, essentiellement une malgré la diversité de ses opérations, et si le sentiment s'identifie en quelque sorte avec le corps, il faut croire que le principe raisonnable lui aussi est uni à l'organisme tout entier. Mais cette relation est telle que le comporte la nature même du principe. Comme

---

1. *Ibid.*, n° 254, p. 139.
2. Quisquis... asserere præsumpserit quod anima rationalis seu intellectiva non sit forma corporis humani per se et essentialiter, tanquam hæreticus sit censendus.
3. *Teosofia*, I, p. 591, n° 621. — Voir aussi *ibid.*, n° 619. — *Psych.*, I, n° 264. — *Antropologia*, lib. II, p. 123, note 1.

nous l'avons vu déjà bien des fois, il a pour terme l'être idéal; *il ne saurait donc atteindre directement le corps,* le senti, qui est essentiellement de l'ordre de la réalité. Le principe intellectif, dit Rosmini, est uni au corps par l'intermédiaire du sentiment animal, mais ce sentiment, le principe intellectif l'atteint, non comme sentiment réel, mais seulement comme entité. Si, en effet, le principe intellectif est en communication avec les choses senties, ce n'est pas qu'elles aient avec lui la même relation que le terme du sentiment entretient avec son principe, « mais c'est qu'il les perçoit sous la forme d'entité [1]. Si l'âme raisonnable n'est unie à l'organisme que d'une manière tout indirecte, par l'intermédiaire du principe sensitif, il s'ensuit qu'elle ne constitue plus la forme du corps, du moins dans le sens où on l'entendait. Cependant Rosmini ne veut pas briser catégoriquement avec la tradition et l'enseignement de l'Église. Il maintient donc que l'âme est encore, dans un certain sens, la forme du corps. L'âme, dit-il, est unie au corps directement par le sentiment fondamental, animal et corporel, indirectement par le principe intellectif qui embrasse le corps, non comme un senti, mais comme un être. On peut dire aussi que le principe raisonnable atteint directement le senti qu'il pense sous la forme d'être; et, comme le senti et le corps se confondent, il atteint par le senti le corps lui-même, terme du sentiment [2]. Enfin, nous avons vu que le principe raisonnable enveloppe le principe sensitif, puisqu'il l'affirme en le pensant sous la forme de l'être : nous devons donc conclure que le principe intellectif fonde, en dernière analyse, l'unité de l'âme et l'unité de l'homme tout entier [3].

Cette apparente dualité ne contredit en aucune manière l'unité substantielle du sujet humain [4], car, encore une fois,

1. *Psych.*, I, n° 264, 2°.
2. *Ibid.*, n° 267, § 2.
3. *Psych.*, I, p. 144, n° 264, § 5.

le sentiment animal est compris, est subsumé, pour ainsi dire, dans le principe rationnel et se perd en lui, comme la partie dans le tout. « L'unité de l'homme consiste dans l'unité du sentiment qui appartient en propre au principe raisonnable [2]. Au sentiment animal s'ajoute le sentiment rationnel, mais les deux ne font qu'un, parce que l'un contient l'autre comme le plus contient le moins, et l'homme, dans sa constitution première, n'a pas plusieurs sentiments, à savoir le sentiment animal et le sentiment rationnel, mais un sentiment unique et parfaitement simple qui n'a qu'un principe et qu'un terme. Son principe, c'est le principe raisonnable lui-même ; son terme, c'est l'idée de l'être ; et, dans cet être, le principe raisonnable voit le sentiment animal qu'il éprouve... Cette perception primitive et fondamentale de tout le contenu du sentiment (principe et terme) est, pour ainsi dire, le nœud qui fait du *réel* (sentiment animal et spirituel) et de l'*essence*, dont l'intuition est donnée dans l'idée, une seule chose, et cette chose unique est l'homme [3]. »

L'union de l'âme et du corps doit donc, d'après Rosmini, se concevoir comme une perception primitive, immanente et continue [4], qui révèle au sujet sentant et intelligent le corps

---

1. *Psych.*, I, p. 377.
Rosmini fait remarquer que la présence en nous de deux activités de nature opposée, comme le sont la sensibilité et la raison, explique parfaitement cette lutte pénible qui se livre au plus intime de tout homme entre la chair et l'esprit. — Cf. le mythe des coursiers dans le *Phèdre* de Platon.
2. Voir aussi *Teosofia*, V, ch. LVI, p. 438 suiv.
3. *Psych.*, I, n° 264, p. 144.
4. *Psych.*, n°⁸ 265-267. — Voir aussi *Teosofia*, V, p. 377. — « L'unione dell' anima col corpo consiste propriamente in una percezione immanente, per la quale il soggetto intuente l'idea afferma il sensibile dopo averne in questa intuita l'essenza. » Cf. aussi *ibid.*, p. 381. — Rosmini nous a fait observer déjà que si l'homme n'a pas conscience du sentiment qui l'unit au corps, cela vient de la continuité de ce sentiment et de son mélange avec toutes les sensations particulières qui nous affectent continuellement. — Voir *Psych.*, I, p. 147, n°⁸ 270, 271.
Cosmo Guastella (*op. cit.*, vol. I, append. A, p. 9) remarque que Rosmini commet ici un véritable cercle vicieux. « Mentre che da una parte Rosmini

subjectif et le lui présente, de quelque manière, comme une limite du moi [1].

Si, enfin, nous cherchons comment, peu à peu, l'homme arrive à distinguer le corps de l'âme, en séparant la connaissance subjective et la connaissance extrasubjective qu'il en a [2], nous découvrons toute une suite de démarches intellectuelles dont Rosmini fixe ainsi les différents moments :

1° « L'homme, au moyen des sensations, perçoit d'abord les corps extérieurs et extrasubjectifs. Les corps s'offrent à lui comme existant en eux-mêmes et détachés du principe sentant, parce qu'il s'aperçoit bien qu'il est passif par rapport à eux, et que, par conséquent, il les perçoit comme une force étrangère, indépendante de l'activité qu'il déploie à titre de principe subjectif du sentiment; ce qui revient précisément à les percevoir comme extrasubjectifs, c'est-à-dire comme indépendants du sujet.

2° « Ensuite, par la méditation, il remarque que dans toute sensation produite en lui par une force étendue et extrasubjective, il y a, outre la force étrangère, quelque chose de subjectif.

3° « ..... Il trouve que cet élément subjectif est une modification de son propre sentiment, une manière nouvelle et inusitée de sentir, qui se produit en lui-même.

4° « Du concept de modification il induit que, même avant cette sensation, il y avait en lui une manière ordinaire de

spiega l'unificazione dei due principii mediante la percezione intellettiva, dall' altra parte egli dà l'unità del soggetto umano come ragione e fondamento di questa sintesi del sensibile e dell' intellettuale, che ha luogo nella percezione intellettiva. Così la percezione intellettiva è spiegata per l'unità dello spirito umano, e questa, alla sua volta, è spiegata per la percezione intellettiva. »

1. *Psych.*, I, p. 145, 146, n° 267; p. 240, n° 459, 4°.
2. Le corps subjectif est le corps connu dans son existence et son action générale, par le sentiment fondamental.
Le corps connu par les sensations particulières prend le nom d'extrasubjectif.

sentir, que c'est elle qui a été modifiée; et c'est le sentiment fondamental.

5° « Il observe que cette modification ou sensation se déploie dans l'étendue et dans une étendue égale à celle où se déploie la force dont il sent l'action, d'où il conclut que le sentiment subjectif a aussi pour terme l'étendue.

6° « Il voit aussi que tout sentiment suppose un agent, une force distincte du principe sentant, bien qu'unie indivisiblement à lui et, sous plusieurs rapports, dépendante de lui. Il en conclut que le propre terme de son sentiment fondamental et animal est un corps, puisqu'il réunit les deux conditions qui constituent le corps, la force et l'étendue. Au moyen des sensations externes, il en trouve les limites.

8° « Enfin, il trouve que ce corps même, qui est à lui comme terme du sentiment fondamental, tombe sous l'expérience extrasubjective, comme tout autre corps étranger : d'où il conclut que le corps subjectif et le corps extrasubjectif sont de même nature, avec cette seule différence que l'un dépend du principe du sentiment et l'autre, non [1]. »

Quand Rosmini parle de l'union de l'âme et du corps, il entend, non le corps que nous révèlent nos différents sens, corps extrasubjectif qui, de quelque manière, est extérieur à l'âme et avec lequel on ne voit pas comment elle pourrait s'unir, il parle du corps subjectif, c'est-à-dire qui se manifeste à nous directement, non comme corps, mais uniquement comme senti [2].

De ce point de vue, la question des rapports et de l'influence réciproque est toute tranchée. Si, en effet, le corps n'est connu que comme senti, si le senti est enveloppé dans le principe intellectuel, qui absorbe ainsi, de quelque manière, l'homme tout entier, il s'ensuit que toutes les opérations du corps doivent, en définitive, s'expliquer par l'activité du principe raisonnable. Et telle est bien, en effet, la

---

1. *Psych.*, I, p. 148, 149; n° 273.
2. *Psych.*, I, p. 150, n° 277.

pensée de Rosmini : l'âme (et nous savons que dans l'âme le principe raisonnable enveloppe le principe sensitif) est la « cause unique de tous les mouvements que l'homme produit dans son corps [1] ».

La raison explicative qu'en donne le philosophe italien, c'est que l'âme est active essentiellement. Elle agit donc sur le terme qui lui est présenté et qu'elle atteint indirectement, en considérant le sentiment sous la forme d'entité, le principe raisonnable ne pouvant s'unir au corps que par un acte de la raison [2].

La perception, ajoute notre philosophe, est une véritable « union physique du principe qui perçoit et de l'objet qui est perçu. » « De ce contact des deux substances, si différent qu'il soit par nature du contact des corps, résulte une sorte de continuité de l'une à l'autre ; il fait que l'une est dans l'autre, et, par conséquent, il met l'une dans la sphère d'action de l'autre [3]. » L'âme agit donc sur le corps, non d'une manière immédiate, puisqu'elle ne saurait l'atteindre que par l'intermédiaire du sentiment, mais précisément en agissant sur le sentiment lui-même : « Si l'âme raisonnable peut exercer son activité sur le sentant, elle peut agir sur le senti par suite de l'action même qu'elle exerce sur le sentant [4]. » « L'âme raisonnable est capable d'agir sur son corps dans la mesure où elle l'est d'agir sur le principe sensitif [5]. » Et si elle agit sur le corps subjectif, elle doit, dès lors, agir aussi sur le corps extrasubjectif, puisque « ces deux corps ne sont qu'un seul et même corps perçu de deux manières différentes [6] ».

1. *Psych.*, I, n° 290.
2. *Ibid.*, n° 275.
3. *Psch.*, I, p. 158, n° 293.
4. p. 159, n° 295. — L'entendement pur ne saurait donc agir sur le corps : il ne le fait que par son union avec le principe sensitif. — Cf. *Psych.*, I, p. 161, ch. VIII; cf. aussi tout le ch. VII, et spécialement art. II.
5. p. 159, n° 298.
6. *Ibid.*, I, n° 299, p. 159 ; n° 300. — Cf. *ibid.*, ch. XIII, p. 206 suiv. : de l'action de l'âme sur le corps extrasubjectif. — *Antropologia*, lib. II, sect. I,

Le lecteur trouvera dans le chapitre ix du III⁰ livre de la *Psychologie* (p. 163 suiv.) des explications de détail au sujet de l'influence que l'âme exerce sur le corps. Rosmini y étudie l'étendue de cette action; il enseigne que, prise en elle-même, cette influence est absolue, pourvu qu'elle s'exerce d'après la nature du corps[1]. Il montre que dans l'acte de la perception, dès que le sens est excité, l'âme l'est aussi immédiatement, parce que le sentiment corporel, qui est un aspect de la substance de l'âme, l'avertit aussitôt[2]. Il fait voir comment les images internes reproduisent dans le corps l'état où il se trouve quand il éprouve réellement les sensations externes correspondantes[3], car l'âme ressuscite par le souvenir l'état cérébral organique qui avait accompagné l'état premier, et agit ainsi sur le corps[4]; comment la joie et la tristesse ont toujours une répercussion souvent imperceptible, souvent aussi très nette, sur l'innervation des muscles, la circulation du sang, la sécrétion des humeurs[5]; comment, par ses déterminations, la volonté meut les membres, non immédiatement, mais par l'intermédiaire du principe sensitif qui se représente les images des mouvements qui lui sont commandés[6]. Le sommeil lui-même, continue Rosmini, est avant tout et essentiellement un phénomène psychologique; la volonté peut le retarder et même l'empêcher tout à fait, elle peut aussi le provoquer, comme on le voit dans les manifestations du somnambulisme artificiel; le philosophe

---

cap. vIII, art. 6. — *Nuovo Saggio,* I, cap. ix, p. 217; cap. xi, p. 236 : de ciò che v'ha di soggetivo e di ciò che v'ha d'extrasoggettivo nelle sensazioni esterne.

1. *Psych.,* I, n⁰ˢ 311-313.
2. *Ibid.,* n⁰ 315, etc.
3. *Ibid.,* n⁰ 320, etc.
4. *Ibid.,* n⁰ˢ 323, 324, 325 à 329.
5. N⁰ˢ 329 suiv., surtout 336, etc. — Cf. aussi *ibid.,* n⁰ 586, p. 304, 3⁰.
6. N⁰ˢ 343 suiv. — Rosmini observe très bien que le sujet ne peut avoir ces images que s'il fait appel à ses expériences antérieures; il ne peut, en effet, se représenter les images de mouvements qu'il n'a jamais accomplis. D'où l'on voit que ce n'est que peu à peu que l'homme arrive à être maître de son corps. — Cf. ch. x, p. 176 suiv.

italien assure avoir connu un sujet qui s'endormait à volonté [1].

Ainsi, toutes les opérations organiques, qui, à première vue, semblent dépendre uniquement des lois de la matière, relèvent cependant de l'âme. Bien plus, Rosmini va jusqu'à dire : « Je ne jugerais pas improbable que *tous* les nerfs (même ceux que l'on regarde d'habitude comme soustraits à l'action de la volonté [2]) soient assujettis à la puissance de la volonté [3]. » Si certains nerfs semblent, à première vue, rebelles à cette influence, c'est que, n'ayant pas besoin d'être maître de ces sortes de mouvements, l'homme n'a pas pris l'habitude de les diriger et de se les assujettir.

Enfin, l'âme agit indifféremment sur toutes les parties du corps, puisque le sentiment fondamental se présente à nous dans une continuité parfaite [4]. Cependant, selon que cette action du principe raisonnable se manifeste sous la forme d'instinct ou celle de volonté, on peut lui attribuer un centre spécial par l'intermédiaire duquel elle agit immédiatement. A l'action instinctive correspond le système nerveux ganglionnaire ; à l'action volontaire le système cérébro-spinal [5].

Ce qui frappe dans cette étude que nous ne faisons qu'indiquer, c'est l'importance très grande, et, d'ailleurs, très justifiée, que Rosmini donne à la physiologie. Il écrit des chapitres entiers pour étudier les nerfs, leur rôle dans la direction générale de l'organisme, la nature des tissus : il y a là un progrès considérable dans la manière de concevoir la psychologie et qui prouve une fois de plus combien Rosmini est éloigné de sacrifier l'expérience aux pures vues de l'esprit [6].

---

1. *Ibid.*, n° 362.
2. Cette parenthèse est ajoutée par nous ; le contexte la justifie pleinement.
3. *Psych.*, I, n° 366, p. 183.
4. *Antropologia*, p. 47. Corollario : Sulla sede dell' anima nel corpo.
5. *Psych.*, art. II, p. 184 suiv. ; art. III, p. 186.
6. *Psych.*, III, ch. ix, p. 49. — Cf. tout le livre V de ce III° vol. Lire aussi

Enfin, le philosophe italien nous indique nettement en quoi il se sépare de la théorie animiste. Selon nous, dit-il, le principe raisonnable ne peut agir sur le corps que par l'entremise du principe sensitif. Or, c'est là ce que les animistes ne reconnaissent pas : ils ne font aucune distinction de principes et se trouvent ainsi obligés d'attribuer à l'âme raisonnable tous les phénomènes observables dans le corps de l'animal. « En même temps que cette école approchait de la vérité plus que les autres, elle en a dégoûté les esprits par l'excès où elle est tombée, et les a disposés à se jeter dans l'excès contraire [1]. » Les phénomènes animaux ne peuvent avoir immédiatement leur cause que dans le principe sentant, voilà ce que méconnaît l'animisme. Il aurait dû voir qu'entre le sentiment et l'idée « il y a tout autre chose qu'une différence de degrés ou de qualités accidentelles [2] »; « que le sentiment est subjectif, tandis que l'idée est essentiellement *objet* de pensée ». Faute d'avoir fait cette distinction, les animistes ont attribué indistinctement à l'âme raisonnable l'idée et le sentiment. Aussi, voyant que les phénomènes vitaux ne pouvaient s'expliquer que par l'âme, « ils n'ont pas su s'arrêter au principe sensitif, mais, dépassant la juste limite, ils ont fait intervenir l'âme raisonnable [3] ».

Dira-t-on que le principe sensitif étant, par définition même, dépourvu de connaissance et de réflexion, ne saurait expliquer l'admirable jeu de la vie dans les organes? Rosmini répond qu'ici il y a deux causes qui interviennent : Dieu, qui est cause première; le sentiment, qui est cause seconde « et qui, bien qu'aveugle, est le ministre fidèle de l'Intelligence divine par laquelle il a été créé [4] ». La finalité

à ce sujet un article intéressant de Leopoldo Nicotra : *Antonio Rosmini medico e naturalista*, dans *Rivista Rosminiana*, n° du 1ᵉʳ janvier 1907.

1. *Psych.*, I, p. 193, ch. xii, n° 391.
2. *Psych.*, I, p. 196, n° 398.
3. *Ibid.*
4. P. 201, n° 407.

existe donc, mais externe, c'est-à-dire venant de Dieu, qui dirige le sentiment[1].

Objectera-t-on encore que l'homme et les animaux ont la faculté de mouvoir leurs muscles et leurs nerfs selon leurs besoins, sans savoir quels sont les nerfs et les muscles qu'ils meuvent, ni comment ils sont conformés. — Sans doute, mais c'est là une objection qui tombe tout de suite pour celui qui a compris qu'il y a deux manières de connaître le corps. Les animaux ne connaissent pas leur corps extra-subjectif, ou ils ne le connaissent que peu à peu : mais la connaissance subjective ou sensitive *sent* toutes les parties du corps où s'étend le sentiment fondamental : « Il n'y a donc pas lieu de s'étonner que l'âme se serve de toutes ces parties qu'elle sent et enveloppe[2]. »

Cette discussion montre bien la pensée de Rosmini : ce n'est pas toute l'âme qui agit directement dans le corps, c'est, dans l'âme, seulement une activité spéciale, séparée de quelque manière, et que le philosophe italien appelle le principe sensitif. Quant au principe raisonnable, on peut dire qu'il n'exerce une influence sur le corps que dans la mesure où il agit sur le principe sensitif.

Terminons cette étude sur les rapports de l'âme et du corps en exposant brièvement les idées de Rosmini touchant la vie, la génération, l'organisation et la mort.

D'après Rosmini, le concept le plus net que l'on puisse se former de la vie, c'est de la faire consister essentiellement dans le sentiment, et voilà pourquoi précisément il a pu définir l'âme un sentiment substantiel[3].

La vie est avant tout un fait qui tient à l'essence

1. *Ibid.*, p. 205, n° 417. « Le sentiment a été constitué par une intelligence suprême, de manière à atteindre par son action des fins réglées avec sagesse, bien que ce ne soient des fins que pour le Créateur, tandis que pour le sentiment ce sont des termes, des conditions, des modes, des états agréables, où il tend incessamment par les forces naturelles qui le constituent. »
2. *Psych.*, *ibid.*
3. *Antropologia*, p. 36. Cf. tout le livre II. — Voyez aussi *Psychologia*, I, livres IV et V, *passim*.

même de l'âme; elle est une force interne (*virtù interna*)[1] et toute subjective[2], par laquelle l'âme est capable de sentir et sent en effet[3]. Ainsi, pour le philosophe italien, ces expressions *vie, principe sensitif, sentiment*[4], n'expriment qu'un seul et même fait. Dire qu'un être est vivant, qu'il est un principe doué de sensibilité, cela signifie qu'il possède en lui-même le pouvoir, la faculté de sentir. Partout où apparaît la vie, il y a sentiment, et la réciproque n'est pas moins vraie. A proprement parler, il n'y a donc que l'âme qui soit douée de vie, et lorsque l'on parle de la vie du corps, cela doit toujours s'entendre par rapport au principe sentant lui-même[5].

Le corps est vivant, dit Rosmini, lorsqu'il est organisé de telle manière qu'il se trouve apte à produire des sensations dans un sujet sentant[6].

La vie reste toujours absolument distincte du corps; elle est inhérente par essence à un sujet doué de sentiment, et ce sujet, nous l'avons vu, se distingue du corps comme un principe est distinct de son terme. Le corps est un principe sensifère (*sensifero*) ou producteur de sensation, le sujet est un principe sensible (*sensitivo*)[7].

La vie ne peut donc se définir que par elle-même, aussi est-ce faire fausse route que de chercher à la définir par ses manifestations extérieures[8]. Le mouvement, l'organisation, la résistance aux causes de désagrégation, la fa-

---

1. *Antropol.*, p. 36. — Cf. *ibid.*, p. 39, cap. v.
2. P. 41.
3. *Ibid.*, p. 41 : « La vita sta nel sentimento, vita soggettiva... risiedendo ella tutta nel principio che sente e non uscendo da questo se non coi suoi effetti. » — Cf. *ibid.*, p. 25.
4. Pourvu qu'on envisage le sentiment, non dans son terme, mais dans son principe, parce que l'acte qui fait subsister le sentiment en est le principe. — Cf. *Psych.*, I, p. 101, n° 182.
5. *Antropologia*, tout le chap. vi; cf. 41 suiv.
6. *Antropol.*, p. 34 et 35. — La vita del corpo « consiste in quella virtù che ha il corpo di agire in sul soggetto che lo inabita, producendogli quel molteplice sentimento, che dicesi della vita. »
7. *Antrop.*, p. 30. — *Nuovo Saggio*, sect. V, part. V, cap. i, a. IV.
8. *Antropologia*, p. 34-35-36, 6°.

culté de réaction contre les excitations du dehors, etc., ne sont que des signes, des indices de la vie et non la vie elle-même; et si l'on s'en tenait uniquement à ces marques extérieures, on se tromperait souvent, et, par exemple, on déclarerait privé de vie un homme tombé en léthargie[1].

Considéré en lui-même, le corps ne se distingue pas de n'importe quelle autre matière[2]; mais, dès qu'il est animé, il subit un changement, car « l'animation altère et modifie le corps[3] », en lui donnant la puissance d'exciter en nous des sensations[4]. « Le corps matériel n'a point par lui-même la vertu d'agir sur l'âme; mais c'est l'âme la première qui le modifie et le détermine à un acte nouveau, par lequel il lui est possible d'agir sur elle et d'y produire le sentiment[5]. » Ne disons donc pas avec Aristote, poursuit Rosmini, que l'âme est l'acte du corps : non, elle est radicalement distincte de cet acte, elle est antérieure à lui, et il n'existe que par elle. « L'âme produit l'animation, mais n'est pas l'animation elle-même[6]. » « L'animation est avant tout un acte de l'âme qui agit sur le corps et non un acte du corps qui agirait sur l'âme[7] », et c'est dans ce sens que l'on doit considérer l'âme comme la *forme* du corps; puisque « c'est elle qui lui donne l'animation », elle produit en lui l'acte par lequel il vit[8].

Mais le principe vital, dit notre philosophe, ne borne

1. *Ibid.*, p. 36, 50.
2. *Psych.*, I, n° 220.
3. *Ibid.*, n° 222.
4. *Antropologia*, p. 32.
5. *Psych.*, I, n° 224, p. 119. Rosmini ajoute : « Or, cette première modification que le corps reçoit de l'âme et par l'effet de laquelle il est en voie de produire le sentiment, est précisément ce qui constitue l'animation, par laquelle il est apte à produire extérieurement les phénomènes extrasubjectifs propres aux corps animés et à produire, en même temps, dans l'âme le sentiment. Donc en tant qu'il reçoit de l'âme cet acte de l'animation, il devient la matière sur laquelle s'exerce l'action de l'âme elle-même. »
6. *Psych.*, I, n° 223.
7. *Ibid.*, p. 120, n° 225, lire tout ce n°.
8. *Ibid.*, p. 122, n° 226. — *Psych.*, II, p. 60, n°˚ 849-850.

pas son action à animer le corps : il l'organise et le conserve. Le terme senti n'a de réalité que dans le sujet sentant[1], « le corps n'existe que par la vertu du principe sentant[2] ». Ce qui constitue le corps animé, c'est donc le sentiment. Mais ce sentiment est actif; il tend « à se mettre et à s'établir dans le mode d'existence le plus parfait, le plus naturel, le plus satisfaisant[3] ».

Tout être recherche naturellement son plaisir, son bien-être. S'il en est ainsi, le sentiment doit « produire des mouvements et des changements incessants dans son terme »; c'est-à-dire qu'il doit « mouvoir et modifier le corps, et, par conséquent, la matière qu'il enveloppe. Ainsi le principe vital et sentant, pour se mettre dans son état le plus naturel, le plus agréable, se modifie, se dispose et s'ordonne lui-même; et, par cet effort, il organise la matière où il agit et où de proche en proche son action peut atteindre[4] ». Le sentiment fondamental constitue la « force physique » du corps; et, comme ce sentiment ne change pas de nature en se communiquant à un autre être dans la génération, nous voyons pourquoi tout animal ne peut reproduire que son semblable.

Quant à la conservation, elle se rattache très étroitement au fait même de l'organisation[5]. L'activité du sentiment fondamental, en produisant un changement incessant au plus intime de la matière organisée, la fait passer sans relâche d'un état à un autre. Pour que l'organisme se conserve, il suffit « que ces nouveaux états demeurent toujours des états normaux, de telle sorte que le mouvement tourne dans un cercle et qu'en modifiant l'organisation,

---

1. Cf. plus haut. — Voir aussi *Teosofia*, V, p. 263-264.
2. *Psychologie*, n° 471, p. 248.
3. *Psych.*, n° 472. — *Ibid.*, n°s 475-485-468.
4. *Psych.*, p. 248-249, etc. Tout le ch. xiii, p. 250 : lois d'après lesquelles le principe sentant remplit la fonction organisatrice. — *Psych.*, ii, p. 49 suiv. — *Teosofia*, V, p. 292-293-366.
5. *Antropologia*, p. 127, art. II, etc., « Legge della conservazione dell' animale. »

il ne la détruise pas, mais la renouvelle ou même l'améliore[1] ». Par lui-même, le sentiment fondamental tend donc à conserver l'organisation et, par conséquent, la vie dans le corps qu'il anime.

La *mort* est une conséquence des conditions dans lesquelles se trouve impliquée l'activité du sentiment. Si, en effet, dit Rosmini, le sentiment se trouvait seul à agir sur le corps, il le conserverait indéfiniment, mais, à côté du principe vital, il y a l'instinct sensitif[2]. Cet instinct tend au plaisir; il recherche spontanément dans le sentiment la jouissance qui résulte de son adaptation[3]. S'il se maintenait dans de justes limites, son action, bien loin de nuire à celle du principe vital, ne ferait que la fortifier et la développer[4]. Mais cet instinct sensitif ne connaît pas de mesure; les passions de l'homme, bien loin de le réfréner, ne font que l'exciter[5], aussi « ses mouvements se font, dans certains cas, au préjudice des mouvements de l'instinct vital, les troublent, désorganisent le corps[6]. Cet instinct est donc une force éminemment perturbatrice[7]; il occasionne toutes les maladies[8] et constitue la première cause de la mort[9] ».

1. *Psych.*, I, p. 245, n° 468. — *Antropologia*, cap. x, p. 154. — Rosmini montre que l'instinct vital est un principe d'ordre et de restauration dans les corps animés, « una forza medicatrice ».« Questa forza è sempre benefica ; è sempre un conato di condurre il corpo all'atto di maggior vita. » — Se questa forza è lasciata operar sola, questo non ammette eccezione alcuna, p. 156.

2. Sur l'instinct sensitif et l'instinct vital, voir *Psych.*, n°⁵ 1780, 2015, 1700, 1799, 1800, 2018, 2022, 2038, 1802, 1964, 1785, etc. — *Teosofia*, V, p. 88-89.

3. *Antropol.*, l'istinto sensuale tende a godere delle modificazioni del sentimeno fondamentale, p. 156, au bas de la page.

4. *Ibid.*, p. 156, au milieu de la page.

5. p. 157.

6. *Psych.*, p. 246, n° 468. — *Antropologia*, p. 157-158-159.

7. *Antropologia*, p. 154, « Forza perturbatrice ». — Cf. *Psych.*, I, p. 344-345-350, etc. — *Teosofia*, V, p. 372.

8. *Ibid*, 154-154. — *Psych.*, III, p. 87 suiv. — Cf. *ibid.*, p. 101 : Comment l'instinct vital produit un sentiment douloureux qui détermine, par une réaction de l'instinct sensitif, une perturbation dans l'état normal de la machine animée et devient le point de départ des processus morbides, ch. xii, p. 107 : De la cause universelle des maladies.

9. *Psych.*, I, p. 246. Sur toutes ces questions, voyez *Antropol.*, lib. III, ch. vi-vii.

De plus, l'instinct vital entre aussi en conflit avec les forces brutes qui se trouvent dans la matière, « dont les actions mécaniques, physiques se développent à côté de lui et indépendamment de lui ». Si ces forces parviennent à prévaloir sur lui, elles annulent son action organisatrice et peu à peu occasionnent la mort. Ce sont là, ajoute Rosmini, les deux grandes causes de la mort auxquelles doivent se ramener toutes les autres [1]. La mort se produit toujours par suite d'une désorganisation [2].

Passons à la génération des êtres. Quel que soit le mode sous lequel elle se produit, dit Rosmini, la génération s'opère toujours au fond de la même manière. « Il se détache de l'animal quelque partie vivante qui continue à vivre une fois détachée de lui, et devient un nouvel individu de la même espèce [3]. » Toute la question se réduit à déterminer dans quelles conditions cette partie ainsi détachée pourra continuer à vivre et se développer. Or, pour notre philosophe, toutes ces conditions se réduisent à une seule qu'il formule ainsi : « La vie se conserve dans la partie vivante qui se détache de l'animal, chaque fois que, dans cette partie, toutes les forces mécaniques, physiques, chimiques, organiques et vitales se trouveront combinées dans de justes proportions, de manière à maintenir constamment la matière du sentiment dans cet état où elle est apte à faire l'office de terme du sentiment spécifique de l'animal [4]. » Si ces conditions ne sont pas réalisées, la partie vivante détachée ne tarde pas à se désorganiser et à mourir [5].

Une question beaucoup plus délicate est de déterminer comment les âmes se multiplient.

---

1. *Psych.*, I, p. 246, n° 469. — Cf. *ibid.*, p. 316, ch. xix, « De la mort de l'animal ».
2. *Ibid.*, n°ˢ 607-608. — *Antropologia*, p. 103, cap. xiii, « Del principio della medicina ».
3. *Psych.*, I, p. 243. — *Antropologia*, art. V, p. 130, etc. — *Teosofia*, V, p. 305.
4. *Psych.*, I, p. 243. — *Antropol.*, lib. II, sect. I, ch. xv, art. II.
5. *Psych.*, I, p. 311-312.

Pour bien saisir la pensée de Rosmini, qui est assez subtile, il faut se rappeler que pour lui le corps ne constitue que le terme du sentiment. Par conséquent, autant il y a de termes, autant il y aura de sentiments; et comme, d'autre part, le sentiment constitue la vie, autant il y aura d'êtres vivants[1]. Ainsi, lorsqu'une partie de l'être organisé se détache de lui, elle devient un nouveau terme auquel correspond un sentiment nouveau également; et, si cette partie vivante se trouve dans des conditions favorables à son développement, il en résulte un être vivant, totalement séparé du premier, et de même espèce que lui[2].

La matière est infiniment divisible, mais il n'en est pas de même de l'âme qui est un principe unique absolument : il est absurde de supposer, comme d'aucuns l'ont fait, que les âmes se divisent, de quelque manière, par le fait de la génération. Elles ne se divisent pas, mais elles se multiplient en raison de la multiplication même des termes. « Puisque le principe sentant, qui existe tout entier dans chaque partie du tout continu senti, ne tient son unité que de l'unité et de l'indivision du continu senti, par la même raison la division du senti entraînera la multiplication de l'activité sensitive, puisque cette activité résidera, non plus dans un seul continu, mais dans plusieurs continus séparés[3]. » Et si le principe sentant est multiplié par cette division du terme

---

1. *Psych.*, I, n° 458. — *Teosofia*, V, p. 289 1°-235-236-385 5°.
2. Au risque de nous répéter, nous devons encore rattacher cette théorie à ce que Rosmini nous a déjà dit plus haut au sujet du principe commun de l'espace et de son individuation en un grand nombre de sujets particuliers.

Il existe un sujet sensible primordial dont l'espace est le terme naturel et unique. Simultanément existent un grand nombre de principes corporels ou forces immatérielles qui agissent sur ce principe primordial. En agissant sur lui, ces principes corporels se posent comme des termes du principe de l'espace. Et à chacun de ces termes correspond ainsi un principe sensitif particulier, individué pour ce terme et posé dès lors comme un sujet indépendant. Ainsi se constituent dans la pensée de Rosmini, les différents sujets particuliers : autant de sujets que de termes nouveaux, et ces sujets sont constitués indépendants précisément parce que le terme et son principe sont essentiellement unis et ne font qu'un.

3. *Psych.*, I, p. 241; ch. ix, p. 236, etc.

senti, c'est que ce principe « n'est pas un être complet qui subsiste indépendamment de son terme[1] »; mais au contraire ne peut trouver qu'en lui son achèvement.

C'est ainsi, poursuit notre philosophe, que s'explique la multiplication des polypes[2], celle des vers que l'on a coupés en tronçons, et, en général, tous les modes de reproduction des animaux : à chaque terme senti séparé correspond immédiatement et essentiellement un principe vital et sensitif qui le complète et en fait un animal[3].

L'âme des parents ne se communique pas aux enfants par voie de division, puisqu'elle est essentiellement simple, mais par voie de multiplication, dans ce sens que la matière qui se détache des parents devient le terme d'un sentiment distinct de celui du père et de la mère. Quant au principe intellectif, qui constitue l'homme complet doué de raison en même temps que d'animalité, il nous est inné, comme nous l'avons expliqué, et consiste dans l'intuition immédiate de l'être universel qui, évidemment, ne saurait être communiqué par voie de génération. C'est à Dieu seul qu'il appartient de se manifester aux âmes dans la forme de l'être.

Ainsi, d'après Rosmini, le principe intellectif s'ajoute du dehors à l'âme sensitive, ou plutôt, car c'est bien là sa pensée, l'âme sensitive est élevée par l'action directe de Dieu à l'état d'âme raisonnable. On peut concevoir la génération de l'âme humaine, dit-il, comme soumise à une sorte d'évolution qui la fait passer d'un état imparfait à son état normal; elle débute donc par l'âme sensitive; et lorsque celle-ci est arrivée à son plein développement, c'est-à-dire lorsque le corps est complètement organisé, elle reçoit l'intuition de l'être et de-

---

1. *Ibid.*, n° 460.
2. *Ibid.*, ch. x, p. 242. — *Antropologia*, lib. II, sect. I, ch. xv.
3. *Psych.*, I, p. 255, n° 488; *ibid.*, p. 236 à 245. Chaque tronçon séparé, dit Rosmini, devient le terme d'un principe sensitif distinct, et, par conséquent, un animal complet et distinct. On ne voit pas pourquoi, en effet, ajoute-t-il, chaque partie séparée cesserait d'être douée de sensibilité, puisque le tout était essentiellement sensible, p. 241.

vient une âme raisonnable. « L'âme sensitive change donc de nature », il y a là une sorte de création produite dans cette âme par l'intuition de l'être universel[1].

Cette théorie, au fond, n'a rien de bien original, et nous la trouvons déjà réfutée dans saint Thomas[2]. Sans doute, pour le philosophe italien, cette élévation de l'âme est absolument simultanée à l'apparition du principe sensitif. Il ne faut pas croire, dit-il, que lorsque le corps est une fois pleinement organisé, l'âme reste quelque temps privée de l'intuition de l'être ; à l'instant même où le principe sensitif humain est constitué, il est élevé à l'état de nature raisonnable [3]. Mais la question de temps est ici tout à fait secondaire.

Une conséquence que Rosmini tire des théories qui précèdent, c'est que rien ne s'oppose à ce que la vie soit universellement répandue dans la nature et anime les premiers éléments des choses[4]. Cette conception, notre philosophe l'appelle une hypothèse[5], une vérité presque certaine[6] ; mais la manière dont il en parle nous montre clairement que, pour sa part, il l'adopte entièrement et la considère même comme le fondement de toute sa théorie sur la vie et la génération[7].

---

1. *Teosofia*, I, n° 646 : « La generazione dell' anima si può concepire per gradi successivi dell' imperfetto al perfetto, e però che prima ci sia il principio sensitiva, il quale, giunto alla sua perfezione colla perfezione dell' organismo, riceva l'intuizione dell' essere e cosi si renda intellettivo e razionale. » Cf. *Psych.*, I, n° 656. — *Antropol.*, p. 299, tout le ch. x, « Cenni sulla generazione umana ».
2. S. Thomas, I, quæst. cxviii, a. 2, a. 2. — Cf. d'Hulst, *op. cit.*, p. 490-495.
3. *Psych.*, p. 341. Lire tout ce ch. xxiii, p. 338 : De l'origine de l'âme intellective.
4. Sans doute, fait-il observer, un corps désorganisé nous semble inanimé et nous pouvons parfaitement continuer à le considérer comme tel en tant que corps, mais il ne s'ensuit pas que ses premiers éléments soient dénués de toute sensibilité et de toute vie.
5. *Psych.*, I, p. 262.
6. *Ibid.*, p. 287.
7. Voir tout le ch. xv, p. 262. Cette théorie de l'animation universelle, ajoute Rosmini, ne saurait être revendiquée comme une preuve du matérialisme, car, dit-il, « si à chacun des éléments de la matière est uni un sentiment, l'élément étendu ne peut être que le terme de ce sentiment, qui exige,

D'abord, de ce que cette vie ne nous apparaît pas dans la matière inorganisée, on n'en peut rien conclure contre son existence, car nous savons qu'il n'est pas essentiel à la vie de se manifester au dehors[1].

Il ne faut pas non plus lui objecter le sens commun, car il n'est pas juge de la question. D'ailleurs, au fond, son jugement laisse intacte la question qui nous occupe. « Si, en effet, le sens commun divise les corps en corps animés et en corps inanimés, ce n'est pas qu'il se prononce pour cela sur la question dont nous parlons : il n'a en vue que la vie qui se manifeste à nos sens, et il ne songe nullement à décider si certains corps dépourvus de toute organisation animale peuvent être unis à un principe sensitif et animés d'une vie latente[2]. »

Cette hypothèse est, de plus, confirmée par les progrès des sciences de la nature : « Plus les observations et les expériences se multiplient, plus les limites du domaine de la vie s'élargissent[3]. » « La découverte des polypes, des animaux infusoires, des mouvements spontanés dont semblent donner des signes les globules du sang, et d'autres découvertes in-

---

d'autre part, comme élément essentiel de sa constitution, un principe simple ». *Psych.*, I; p. 262, n° 502. Elle ne favorise pas davantage le panthéisme, car elle s'accorde avec le fait de la création qui exclut tout panthéisme. — Cf. *ibid.*, art. II, p. 263.

1. *Ibid.*, n° 500. — Rosmini nous fait observer qu'il y a dans la vie trois degrés qui s'échelonnent et forment une continuité parfaite depuis la matière inorganisée jusqu'à l'homme raisonnable :

1° La *vie latente* qui anime les éléments des corps : cette vie ne se manifeste pas au dehors et, de notre part, elle est simplement conclue.

2° La vie *d'excitation* qui réside dans les éléments agrégés, unis, mais non encore organisés. Rosmini l'appelle vie d'excitation, parce que, par leur contact, les éléments ainsi groupés agissent les uns sur les autres : leur sentiment n'est plus monotone et uniquement continu, comme dans la vie latente.

3° La vie *d'excitation incessamment renouvelée* : elle se manifeste au dehors par des phénomènes facilement saisissables et exige une organisation complète. — *Psych.*, I, p. 278 à 284. — Cf. *Teosofia*, V, p. 289-290.

2. *Psych.*, I, n°s 529-530. — Cf. CALZA et PEREZ, *Esposizione ragionata della filosofia Rosminiana*, vol. I, p. 368, art. II.

3. *Ibid.*, n° 532.

nombrables font voir avec certitude que la vie existe dans une infinité de corps qui, en apparence, sont inanimés et que l'on considère au premier abord, comme tels... » La physiologie, enfin, confirme toutes ces vues, en reconnaissant chez les animaux l'existence d'une vie latente « qui ne produit pas de phénomènes extérieurs d'excitation, tant que les conditions nécessaires à leur apparition, font défaut ».

Rosmini enfin croit trouver pour appuyer cette théorie des preuves « qui changent presque l'hypothèse en vérité certaine[1] ».

Si les éléments n'avaient pas le sentiment, dit-il, ils n'auraient pas une existence propre, mais seulement une existence relative au sujet qui les sentirait. Mais un être qui n'est rien en lui-même constitue une véritable absurdité. C'est donc que tous les éléments sont essentiellement doués de sensibilité. De plus, on observe que dans le monde microscopique la génération a lieu avec beaucoup plus de facilité que dans le monde des corps de grandeur notable. C'est là encore, dit Rosmini, « une raison très forte d'admettre que la vie est attachée aux premiers éléments ». S'il en est ainsi, en effet, « on voit comment, avant d'être engagés dans une organisation, les éléments sont libres de se grouper conformément à leur instinct vital et peuvent former ainsi, avec la plus grande facilité, des organismes individuels[2] ».

Le philosophe italien fait aussi appel à la continuité qui caractérise le sentiment. Cette perception de la continuité corporelle est inexplicable, dit-il, si les moindres par-

1. *Psych.*, I, art. XI, p. 287. Rosmini croit pouvoir appuyer sa manière de voir sur les textes du ch. I de la *Genèse*. Voici son interprétation. Le livre sacré dit que Dieu commanda à la terre de produire les plantes et les animaux. On ne peut pas en inférer que les substances matérielles qui, au commandement de Dieu, produisent les animaux, étaient privées de toute vie; car ce serait absurde. La vie ne vient que de la vie. D'ailleurs, Moïse lui-même nous dit que Dieu fécondait les eaux, c'est-à-dire leur communiquait l'esprit de vie, selon ce texte (*Gen.*, I, 2) : Spiritus Dei ferebatur (incubabat) super aquas. — Cf *Psych.*, I, art. III, p. 260-261. Dans la *Teosofia*, V, p. 289, Rosmini parle de l'animation universelle comme d'une thèse certaine et démontrée.

2. *Psych.*, n° 549.

ties du corps ne sont pas douées d'une sensibilité propre[1].

Enfin, une dernière preuve, c'est le fait même de la génération spontanée que Rosmini considère comme une conséquence de l'animation universelle. Il est vrai que simultanément il invoque celle-là pour confirmer celle-ci. Voici comment Rosmini explique ce fait. Lorsque, par suite de la désorganisation, un corps animal devient impropre à la conservation du sentiment, toutes les actions de ce sentiment, au lieu de conspirer, comme auparavant, vers l'harmonie et l'union de toutes les parties, tendent de plus en plus à se constituer à part. « De là, dans toutes les parties du terme où s'étend le sentiment, une lutte intestine, une désagrégation qui, en expliquant le phénomène de la fermentation putride, expliquerait aussi la formation des petits animalcules qui en serait la conséquence[2]. »

Or, il est absurde de supposer que des êtres vivants puissent sortir de la matière brute, puisque l'effet serait infiniment supérieur à la cause; tandis qu'au contraire, si l'on introduit dans la matière elle-même un principe de vie et de sensibilité, on n'éprouve aucune difficulté bien sérieuse à admettre que les vivants proviennent d'une *évolution de cette* matière déjà animée[3].

L'origine de l'âme humaine doit nous aider à comprendre sa sublime destinée. Les âmes purement sensitives, telles que celles des animaux, sont produites par la multiplication du terme senti. Mais l'âme raisonnable, qui, en elle-même, est absolument indépendante du sentiment, d'où peut-elle venir? Elle est quelque chose de divin, s'écrie

---

1. *Ibid.*, n° 551. — Voyez aussi 550-553.
2. *Ibid.*, n° 490, p. 257.
3. Art. III, p. 260. La théorie de la génération spontanée, fait observer notre auteur, n'a nullement pour point de départ ni pour conséquence le matérialisme. On ne peut pas en déduire, en effet, « que la pure matière arrive d'elle-même à la vie, mais il faut conclure plutôt qu'elle vivait déjà, et que le principe de vie qui était en elle, en agissant sur la matière, a produit l'organisme », car la production de la vie, suppose toujours la vie — *Ibid.*, p. 259.

Rosmini, elle est « de telle nature qu'elle ne peut être donnée immédiatement que de Dieu seul[1] ». Sans doute, l'âme n'est qu'un sujet particulier, limité, contingent; et, de ce chef, il est impossible de la croire divine; mais elle a l'intuition de l'être idéal; l'objet naturel de sa contemplation est divin et communique ainsi à l'âme même quelque chose de sa grandeur et de sa noblesse[2]. C'est Dieu lui-même qui a donné à Adam et, en lui, à toute la nature humaine une âme capable de s'élever jusqu'à la contemplation de l'être idéal. Et depuis, les âmes se multiplient par la division du terme senti, et chaque âme particulière, en vertu de l'ordre établi une fois pour toutes par Dieu, jouit immédiatement de l'intuition qui la rend raisonnable et intelligente, « car, de même que Dieu, au commencement, imposa des lois invariables à toutes les choses créées, de même il a établi aussi cette loi qu'à chaque fois que, dans l'espèce humaine, de nouveaux individus seraient engendrés, l'être (*essere*) leur serait présent et les unirait à lui dans une intuition permanente[3] ». Ainsi, selon les paroles de saint Athanase, « l'homme a reçu son âme du souffle divin, et c'est pour cela qu'il connaît les choses divines, aspire aux choses d'en haut, entend les choses d'en haut; c'est pour cela qu'il est raisonnable et doué d'intelligence[4] »; c'est pour cela aussi, ajoute Rosmini, qu'il est immortel[5].

---

1. *Psych.*, I, p. 338, n° 648. — *Antropologia*, lib. IV, cap. v, où Rosmini montre qu'il est impossible d'expliquer la génération humaine sans recourir à l'intervention de Dieu.
2. *Psych.*, I, n°ˢ 650, 651.
3. *Psych., ibid.*, n° 652, p. 394-398. — *Psych.*, II, n°ˢ 1001, 1002, 1003, 1009.
4. S. Athan., *In quæst. de anima*, cité par Rosmini, p. 342, n° 659.
5. L'être en général est absolument simple, et, par là même, immuable; d'où il suit que l'intellect, comme tel, est également immuable dans l'ordre de la nature; le seul changement dont il soit susceptible est surnaturel; c'est le changement qui se fait en lui quand l'être idéal lui apparaît réalisé. — *Psych.*, II, n° 892. — Cf. *Teosofia*, V, p. 372-373 : « Col destruggersi del sentimento dell' armonia sensibile rimane certamente l'atto che intuisce l'idea, perchè a quest' atto non è levato il suo termine. »

La mort, nous l'avons vu, ne peut affecter que le corps, puisqu'elle consiste essentiellement en ce qu'il cesse d'être animé par l'âme[1]. Tout ce qui n'est pas corporel est donc soustrait aux atteintes de ce terrible destructeur. Ainsi, les âmes des bêtes sont-elles par nature immortelles[2]. Dieu seul pourrait les faire rentrer dans le néant, d'où son verbe créateur les a un jour tirées, mais c'est là un droit dont il s'est interdit à lui-même l'usage : « La Théologie naturelle pose en principe que rien n'est anéanti de ce que Dieu a une fois créé. Et, en effet, il répugne que le Créateur anéantisse son propre ouvrage : précisément parce que c'est son ouvrage, il le respecte et il l'aime en vertu du respect et de l'amour qu'il a pour lui-même[3]. »

L'âme humaine possède donc l'immortalité comme toutes les autres âmes que Dieu s'est interdit à lui-même d'anéantir, mais elle la possède surtout « parce qu'elle atteint l'être universel, qui est absolument impérissable, immuable, éternel[4] ». Au fond, c'est l'argument que Socrate expose dans le *Phédon*.

Notre philosophe développe ensuite les autres preuves tirées de la simplicité, de la spiritualité[5]; mais l'argumentation qui repose sur l'intuition de l'être possède toutes ses préférences. C'est cette intuition, aussi, qui lui permet de soulever, de quelque manière, les voiles qui nous dérobent les mystérieux secrets de l'au-delà; et Rosmini se console des tristesses d'ici-bas, des cruelles obscurités et des inévitables déclins par la certitude profonde qu'un jour il verra l'Être, non plus l'être idéal et indéterminé, voilé par les vaines apparences qui le dissimulent, mais l'Être par essence, la Pensée Pure, objet naturel de l'entendement, qui trouvera en lui son éternel repos.

1. *Psych.*, n° 661.
2. *Ibid.*, I, p. 345, ch. II. « Les âmes sensitives ne peuvent cesser d'exister par aucune action des forces naturelles. »
3. *Psych.*, I, p. 347, art. II, n° 665.
4. *Psych.*, I, ch. VI, p. 357. — *Ibid*, I, n° 680; n° 720. — Cf. p. 107, n°⁸ 198. 199.
5. Cf. *ibid*, tout le ch. XIV, p. 388 suiv.

CHAPITRE IV

LES RÉALITÉS PURES

Le lecteur a suffisamment saisi la pensée du philosophe italien exposée jusqu'ici pour deviner qu'il ne s'arrête pas au seuil de la réalité : il prétend bien avoir une barque et des voiles pour franchir l'océan toujours mouvant des apparences et saisir, de quelque manière, les pures réalités, les choses en soi. Au delà de l'expérience Rosmini croit à la possibilité d'atteindre les conditions transcendantes de l'existence phénoménale[1]. Nous ne pouvons rien savoir qu'en faisant appel aux données de l'expérience[2] ; mais l'esprit humain porte en lui-même un principe de lumière qui lui permet de s'élever au-dessus du réel relatif et de le dépasser infiniment. Semblable à l'aigle des hautes montagnes qui vient s'appuyer sur le roc pour prendre son vol, la métaphysique emprunte à l'expérience ses premières données et son point de départ. Ce n'est pas à l'aventure, en effet, que la pensée se livre à ses sublimes investigations. D'ailleurs, pour Rosmini, et tout l'esprit de sa philosophie consiste précisément en cela, les choses en soi sont, au fond, de même nature que les choses pensées. Ce qui cons-

---

1. *Teosofia*, V, p. 187 : « Per discoprire, per quanto ci è dato, al di là dell' esperienza, ciò che è condizione trascendente dell' esistenza delle cose sperimentali. »

2. *Ibid.*, p. 410 : « Noi pensiamo le cose come le sentiamo. » — *Ibid*, p. 395 : « Nella relazione soltanto che gli enti hanno con noi possiamo rinvenire quei dati positivi cadenti sotto la nostra coscienza, da quali muove poi il pensiero trascendentale all' invenzione di una teoria ontologica. » — Cf. *Nuovo Saggio*, III, p. 165 et note 4.

titue l'élément intelligible du réel, c'est l'être idéal : or, que l'on se place au point de vue logique ou au point de vue ontologique, que l'on considère l'intelligence ou l'existence, rien n'est que par l'être ; les choses en soi reproduisent donc en elles-mêmes, au moins autant qu'il est possible[1], les conditions intelligibles de la pensée. L'ordre de la nature et celui de l'esprit coïncident virtuellement; celui-ci représente l'être pensé par l'homme ; celui-là, l'être pensé de toute éternité par Dieu ; et, comme la pensée humaine reproduit à sa manière, finie et limitée sans doute, mais cependant très fidèle, la pensée divine, nous pouvons dans une certaine mesure nous faire une idée de ce que nous appelons les réalités en soi.

Cherchons à déterminer ce que la pensée découvre, d'après le philosophe italien, sous ce concept très général de chose en soi, de réalité pure. Nous nous contenterons ici d'indiquer le point de vue de notre philosophe.

Dans sa plus grande généralité, l'être se présente sous deux formes : il est absolu ou relatif. L'être absolu se suffit à lui-même; il est nécessaire : c'est ce que Rosmini exprime en l'appelant un *être complet*. L'être relatif est contingent; son existence même se rattache à certaines conditions en dehors desquelles il cesse d'être concevable : c'est un *être incomplet*. Tel est le caractère le plus général sous lequel se présente à l'esprit toute la nature créée[2].

Cependant, fait observer Rosmini, dans l'être incomplet lui-même, il y a lieu d'établir une distinction d'une extrême importance. C'est le propre des êtres relatifs de n'être jamais *a se,* puisqu'ils existent en autrui ; mais, parmi ces êtres, les uns sont doués d'une existence relativement indépendante; ils sont *per se,* ils subsistent, ils constituent de véritables su-

---

1. *Psych.*, II, p. 11, n° 742. — « L'ordre intérieur de l'être ne se révèle jamais tout entier à l'homme. En effet, l'homme étant un être limité ne communique qu'avec une partie de la réalité... etc. » — Cf. *Teodicea*, n°⁸ 397, 410.
2. *Teosofia*, V, p. 5, 161-162; III, p. 331.

jets, ce que le philosophe italien appelle des *principes*. Tels sont les animaux, les hommes, les purs esprits. Les principes sensitifs et les principes intelligents (*intellettivi*) peuvent donc, à la rigueur, mais seulement dans ce sens purement relatif, s'appeler des êtres complets : ils sont relativement complets, tandis que Dieu est l'être complet absolument.

Il s'agit maintenant de bien saisir ce que Rosmini entend par *êtres incomplets* absolument.

Pour lui, les êtres incomplets sont des êtres qui, non seulement n'existent pas *a se*, mais même ne sont pas *per se*. Ils ne peuvent par eux-mêmes et en eux-mêmes posséder aucune existence réelle (*sussistenza*), ils rentrent dans la catégorie du non-être au sens où l'entendait Platon. Rosmini les appelle de simples termes, pour signifier qu'ils requièrent un principe qui, de quelque manière, les actualise[1]. « Une entité de cette sorte est comme en voie de devenir; mais elle ne se complète et ne devient réellement possible que par l'addition de l'autre être sur lequel elle s'appuie. Dans la réalité, ce rudiment d'être n'est rien, parce qu'il ne peut exister, mais dans la pensée il est pourtant un être incomplet; par lui-même il est quelque chose de négatif… et, par conséquent, un non-être, plutôt qu'un être[2]. » L'être incomplet n'est pas une réalité ; ce n'est pas un néant non plus. « Il est quelque chose de l'être » et ce quelque chose « répond à

---

1. *Teosofia*, V, ch. xxvii, p. 102 et s. « Il vocabolo *termine* ha un significato sempre relativo al suo principio. »

Psych., II, n° 862. « Les êtres qui ne sont que des *termes* sont ceux qui ne se conçoivent pas comme sentants : telle est la matière. »

Ibid, n° 837. « Nous percevons l'être comme terme, lorsque nous sommes passifs et que nous recevons son action dans notre sentiment. »

Antropologia, p. 37. — *Principii della scienza morale*, p. 15 : « Gli esseri insensitivi non sono a sè stessi, non si sentono, e però non s'intendono… — ciò che non si sente e non s'intende è nulla. »

Ibid. : « È dunque inevitabile e necessario che la natura insensitiva abbia un ordine al senso. »

2. *Psych.*, II, n° 1336, p. 320.

un concept abstrait de l'esprit[1] ». C'est l'être pensé en dehors de sa relation essentielle avec notre sensibilité ou notre intelligence. Les êtres incomplets sont, si l'on peut dire, des sentiments ou des pensées en puissance : ils ne sont possibles et concevables que parce qu'un sujet les perçoit et les pense. « La pure puissance est un concept qui n'enveloppe de relation qu'avec l'acte ou l'effet qu'elle produit; or, c'est là une relation avec quelque chose qui est en dehors d'elle : la puissance ne contient donc pas à elle seule l'acte par où elle *subsiste*[2]. » Ainsi, par exemple, l'espace et la matière sont des êtres incomplets extrasubjectifs dans le sens que nous avons déjà eu l'occasion d'expliquer[3]. Ils se rattachent nécessairement à un sujet qui leur sert de principe; ils n'ont d'existence réelle que dans et par ce sujet. Ils ne sont que des termes, or, le terme ne peut se concevoir sous la forme d'être que s'il est uni à un principe[4]. Ainsi, ce que nous appelons les choses extérieures et toutes les qualités dont elles nous paraissent accompagnées[5], n'existent que par rapport à nous; elles constituent le monde phénoménal; elles ne sont, en dernière analyse, que l'ensemble de nos représentations; nous sommes en contact immédiat avec elles, et c'est dans ce sens que le philosophe italien nous dit que l'âme entretient avec le monde une relation de sensibilité.

« Lorsque, au siècle dernier, d'Alembert demandait quel était le pont qui mettait l'esprit en communication avec les choses extérieures, il posait la question d'une manière absurde... C'était prendre pour accordé et convenu qu'entre l'esprit et les choses extérieures il devait y avoir une re-

---

1. *Ibid.*, n° 1642, p. 505.
2. *Ibid.*, II, n° 770, p. 25.
3. Cf. *Antropologia*, p. 30.
4. *Teosofia*, V, p. 119 : « Il termine non sarebbe ente se non fosse unito al principio. » — Cf. *Psych.*, II, n° 1336, p. 319 : « Il y a une erreur à croire que la matière, considérée en elle-même et isolément, est un être. »
5. *Teosofia*, II, p. 24. — *Psych.*, II, art. VIII, p. 25, etc.

lation d'étendue... comme entre deux corps... La relation entre l'esprit et les choses n'est pas une relation de distance, mais de sensibilité; ce n'est pas une relation de corps à corps, mais de corps à esprit, de terme senti à principe sentant [1]. »

Aussi, « à prendre les choses à la rigueur, il n'y a pas de monde extérieur à l'âme, car la relation entre l'âme et la matière ne saurait s'exprimer par ces expressions de *dedans* et de *dehors*[2] ».

Rosmini s'étend longuement dans le *Nuovo Saggio* à exposer comment se forme en nous l'illusion d'un monde extérieur; cette illusion provient surtout de ce que les hommes ne se rendent pas compte de la nature toute spéciale de la relation que les choses entretiennent avec leur sensibilité [3]. Un esprit philosophique se dégage assez facilement de cette illusion d'un *monde sensible* indépendant de la représentation que nous en avons : cependant la pensée est portée irrésistiblement à affirmer l'existence d'une réalité étrangère à nous. Comment expliquer cette croyance? C'est là le problème qui fait l'objet de cette critique transcendantale que le philosophe italien considère, nous nous en souvenons, comme l'une des formes les plus élevées de la réflexion [4].

---

1. *Psych.*, II, p. 193, n° 1127, note 1.
Cf. *Sistema*, n° 79.
2. *Antropologia*, p. 189. — Pour comprendre la pensée de Rosmini, il faut bien se pénétrer de cette idée que, pour lui, le réel, c'est ce que nous sentons : le senti n'existe pour nous que si nous le sentons; donc le réel aussi. Ainsi, le mot réalité prend dans la théorie du philosophe italien une valeur purement subjective et relative au sujet. Et comme l'univers entier n'entre en contact avec nous que par le sentiment, il s'ensuit que ce que nous appelons l'ensemble des choses, est purement relatif à notre sensibilité et, dans ce sens, le monde séparé de tout sujet sentant cesse d'avoir une existence *réelle*. Tel est le point de vue de la sensibilité; celui de l'entendement est tout autre : ici, le monde reprend une réalité, mais une réalité purement pensée, nouménale; jamais donnée, mais essentiellement *conclue*.
3. *Nuovo Saggio*, II, p. 218. — Voyez BURONI, *Dell' Essere e del conoscere*, etc., p. 78, note 1.
4. Plus haut, part. II, ch. I, p. 120. — *Teosofia*, V, p. 4.

Nos sensations nous sont données dans l'étendue qui accompagne essentiellement le sentiment fondamental. Elles prennent ainsi, pour nous, la forme de corps, car « le mot *corps* ne désigne et ne peut désigner autre chose... que l'objet de la perception, tel qu'il s'offre immédiatement à nous [1] ». Mais, ces sensations, ce n'est pas nous qui les produisons de notre propre fond; ce n'est pas nous qui modifions notre sentiment fondamental : la sensation s'impose à nous du dehors, elle nous fait, de quelque manière, violence [2].

Elle constitue, nous l'avons vu, l'excitation sensible qui donne à l'esprit l'occasion de déployer son activité en même temps qu'elle lui en fournit la matière [3]. Le raisonnement dialectique transcendantal prend son point de départ dans cette indépendance relative de la sensation à notre égard et il s'élève jusqu'à l'affirmation d'une réalité en soi, étrangère à nous et, certaines conditions étant données, capable de modifier notre sensibilité. Cette chose sentie, que la pensée considère dégagée de toute relation avec une sensibilité quelconque, voilà ce que Rosmini entend par *réalité pure*. « La réalité, terme ultraphénoménal de notre sensibilité, ne nous est pas donnée sous forme de *senti*, puisqu'elle est située au delà du sentiment; c'est donc à l'esprit que nous devons de la connaître. Il obéit, en effet, dans toutes ses démarches au principe suprême de la connaissance : il ne peut rien concevoir qui ne soit un être ou dépendance d'un être. Il se trouve donc obligé d'admettre une réalité pure qui soutienne ontologiquement la réalité sentie [4]. »

---

1. *Psych.*, II, n° 747. Cf. 750.
2. *Teosofia*, V, p. 450.
3. Voyez plus haut, II° partie, ch. I : La perception intell. — Cf. *Antropologia*, p. 189 : « Indubitamente, l'anima non potrebbe operare se non vi fosse un qualche cosa di diversa entità dall' anima stessa, etc. »
4. *Teosofia*, V, p. 433, art. XIII.
Teosofia, V, p. 409, note 1; p. 187, ch. XLVI.
Teosofia, III, p. 333. — *Psych.*, II, p. 357, n° 1386. — Cf. aussi n°s 816-822; n° 770, p. 25-26.

Mais le raisonnement transcendantal ne nous dit rien et ne peut rien nous dire sur la nature de cette réalité pure. « La réalité qui nous est communiquée est comprise dans notre sentiment ; les êtres réels qui ne sont pas représentés sur cette scène du sentiment, notre esprit ne peut en aucune manière les percevoir, ni reconnaître *comment* ils sont faits[1]. » Nous ne concevons la réalité pure que comme un « agent occulte », comme une cause inconnue de nos sensations [2].

---

1. *Psych.*, II, n° 744, p. 11. — *Ibid.*, n° 770, p. 26. — Cf. *Saggio critico sulle Categorie*, p. 580-581. Le philosophe italien développe bien sa pensée dans la *Teosofia*. « La connaissance que nous avons des choses est double : l'une est la connaissance de l'essence, l'autre s'obtient par voie de *prédication;* la première relève de l'être idéal ; la seconde, de l'être réel » (*Teosofia*, I, p. 52).

« Nous ne connaissons que d'une manière imparfaite les essences des choses... cela vient de ce que nous les voyons dans l'être purement idéal qui nous révèle bien la possibilité des êtres finis, mais ne saurait contenir en lui-même et, par conséquent, nous représenter ce qu'il y a en eux de sensible et de réel... Ces éléments de réalité, de sensibilité, sont pour l'esprit des signes qui le transportent vers une réalité inconnue, mais ne lui permettent pas d'en saisir l'essence réelle et objective... S'il existe une intelligence première, cause totale de tous les êtres finis, elle doit posséder en elle-même leur être intelligible, leur essence, et cela non pas d'une manière vide et imparfaite, comme il arrive pour l'entendement humain, mais dans leur plénitude et leur réalité... S'il nous était donné de contempler ces essences telles qu'elles se trouvent en Dieu, nous aurions du monde une connaissance adéquate et indépendante des données de l'expérience et de la sensibilité ; nous aurions du monde réel cette connaissance a priori qui est le plus haut degré de la science et à laquelle tend sans cesse l'esprit humain. Mais l'imperfection avec laquelle nous connaissons l'essence et l'être intelligible nous force à employer d'autres procédés. »

2. *Teosofia*, V, p. 46 : « Per forza intendo quella virtù che modifica lo stato di un altro ente. Ora vi ha una forza che modifica il principio senziente producendo in lui il fenomeno dell'esteso, vi ha pure una forza che modifica questo esteso. Non potendosi conoscere la forza che dal suo effetto, la nozione della forza è relativa, cioè si conosce nell' effetto. Vero è ch'ella suppone un ente soggetto a cui appartenga, ma trattandosi dei corpi, questo ente soggetto della forza corporea si rimane straniero alla nostra percezione, e tutto ciò che noi conosciamo é unicamente la forza. Questa forza... diviene per noi la sostanza corporea e quindi il corpo. » Voyez aussi *ibid.*, p. 412 à 420. — *Psych.*, II, p. 494, n° 1621. — *Principii della scienza morale*, p. 13, note 1 : « Dans notre système, nous nous bornons à la simple constatation du fait : il y a une force qui nous modifie en nous causant des sensations et nous affirmons son existence dans la mesure où elle nous modifie. » — « Les cartésiens, dit ailleurs Romini, ne percevant pas de qualité corporelle ailleurs que dans l'étendue, en sont venus à considérer l'étendue comme le substratum des accidents corporels, comme la première chose qui se conçoive dans les corps. Ils auraient dû voir que l'éten-

Cette force inconnue, voilà ce que Rosmini appelle le principe corporel (*principio corporeo*), ou encore, le principe excitateur du sentiment[1]. « Quant aux corps unis à l'esprit, dit notre philosophe, on en peut parler de deux manières : ou d'après ce que nous en connaissons par l'expérience des sens, et c'est la connaissance à laquelle répondent tous les mots inventés pour désigner les choses corporelles, ou d'après certains raisonnements... qui amènent à considérer les corps[2] comme les effets d'un agent simple, étranger à l'homme, que l'on appelle principe corporel; et sous cet aspect, il n'y a pas dans le langage, de terme qu'on puisse lui appliquer avec propriété[3]. » Cette réalité pure est requise par l'esprit pour expliquer l'existence de ces êtres incomplets que nous ne créons pas de toutes pièces et qui nous apparaissent, par conséquent, comme extérieurs à nous[4]. « L'espace, la matière, sont des entités qui doivent avoir un principe propre, car, par elles-mêmes, elles ne représentent que de simples termes... Mais le sujet sentant n'est pas ce principe propre, il leur est, au contraire, étranger. Le corps, en effet, n'est pas produit par le principe sentant; il lui est simplement présenté, de telle sorte que, par rapport à lui, nous nous trouvons dans un état de réceptivité. Il faut donc supposer l'existence de principes différents..., un principe de la matière, que nous appelons principe corporel, et un principe sentant[5]. »

due des corps n'est perçue distinctement que par les sens; que, par conséquent, elle ne se conçoit jamais seule, mais avec les sensations étendues, dans lesquelles se perçoit toujours une force. La force, dans l'ordre des concepts, est donc antérieure à l'étendue; celle-ci est connue comme effet; celle-là, comme cause. » — *Psych*, II, p. 201, note.

1. *Psych.*, II, p. 331, n° 1355, n° 747.
2. C'est-à-dire, pour Rosmini, les sensations groupées et affectant pour nous la forme de corps.
3. *Psych.*, II, p. 505, n° 1643. — *Ibid.*, n°ˢ 820-775-776-777-1160-1190. — *Nuovo Saggio*, sez. V, part. V, cap. IX, art. 12.
4. *Teosofia*, V, p. 413 : « L'estraneità del termine consiste in ciò che non si può immedesimare col principio e che quindi si sente come straniero. »
5. *Teosofia*, V, p. 141. — Cf. *ibid.*, V, p. 31.

La réalité pure, la chose en soi doit donc se définir : une force de nature inconnue et inconnaissable, radicalement distincte de nous, capable de modifier notre sentiment fondamental et nous apparaissant, comme terme de notre sensibilité, sous la forme d'un corps répandu dans l'espace.

Il ne faudrait pas cependant que ce terme de *principe corporel* nous fasse illusion. Si Rosmini l'appelle ainsi, c'est uniquement qu'il lui reconnaît le pouvoir d'agir sur notre sensibilité; mais, en soi, ce principe, comme tout principe, est conçu comme étant essentiellement spirituel : une force ne saurait jamais se concevoir sous forme de matière. « Si l'on admet un principe corporel, il ne peut être ni corps, ni matière, puisqu'il est le principe de l'un et de l'autre[1]. » Autrement, il faudrait faire appel à un autre principe pour expliquer la *matérialité* du premier et ainsi de suite à l'infini[2].

Les principes corporels, dans la philosophie de Rosmini, sont donc conçus comme des forces distinctes du principe de l'espace, agissant sur lui et, par cette action, l'individuant en un nombre indéfini de sujets sentants particuliers. Ces sujets, dont nous sommes nous-mêmes, ont deux termes différents : l'un, commun à tous, c'est l'espace qui est la forme du sentiment fondamental ; l'autre est constitué par le corps ou *principe corporel*, force tout immatérielle qui se pose, de quelque manière, en face du principe commun de l'espace, qui est différent pour chacun des sujets sensibles et devient ainsi pour eux, par rapport à ce même principe de l'espace, la raison de leur individuation.

1. *Psych.*, II, p. 215, n° 1160.
2. Cf. Morando, *Corso Elementare*, I, *Append.*, *Cenni di cosmologia*, p. xix : « La materia è un azione riguardo al principio senziente che la riceve. Quest' azione esige di necessità una agente che la ponga. Ma se questo agente fosse esso pure materia, richiederebbe a sua volta un altro agente e così all' infinito. Adunque, il principio corporeo che pone i corpi e la materia è manifestamente immateriale. »

Tous les atomes étendus, qui constituent, pour Rosmini, les derniers éléments des choses[1], sont donc attachés à un principe vivant et spirituel; c'est dans ce principe qu'ils ont la raison de leur unité, de leur cohésion[2], de leur étendue[3], de leur mouvement[4] : tout est animé, tout vit[5]. La matière n'existe pas comme être indépendant des esprits[6]; les corps ne sont par eux-mêmes que de pures représentations; le monde extérieur tout entier n'est que la forme sous laquelle se présente à la sensibilité l'action qu'exercent sur nous ces forces immatérielles auxquelles Rosmini donne le nom de principes corporels.

Aussi bien, la matière nous est représentée avec des propriétés qui s'opposent à ce qu'elle puisse exister absolument et en soi. Elle est étendue : mais l'étendue, nous le savons, n'est autre chose que l'aspect sous lequel la multiplicité des sensations particulières apparaît à un principe simple et inétendu. Elle est une force qui agit sur nous[7] : mais la force est essentiellement immatérielle. Elle est douée de mouvement : mais un mouvement en soi est une véritable absurdité, puisqu'il devrait nécessairement se produire dans cette étendue à laquelle nous ne pouvons accorder aucune réalité métaphysique.

Ainsi, conclut Rosmini, le vulgaire a raison de croire que les choses continuent à subsister de quelque manière, même quand nous cessons de les sentir et de les percevoir;

---

1. *Psych.*, I, n° 535, et III, append., *passim*.
2. *Teosofia*, V, p. 329. — Cf. *Psych.*, II, p. 505, n° 1642. « Les corps tiennent leur vraie individualité de l'esprit dont ils sont les termes et ils ne l'ont point en eux-mêmes, etc. »
3. Cf. plus haut, IIe partie, ch. II, p. 156.
4. Plus haut, part. II, ch. II, p. 148, 149.
5. Cosmo Guastella (*Op. cit.*, append. A, p. 2, note 6), fait justement observer qu'il y a, pour Rosmini, un lien très étroit entre la théorie du sentiment fondamental et celle de la matière. La permanence et la réalité du corps ne sont, en effet, possibles que par la permanence du sentiment, puisque le corps n'est constitué tel que par la perception qu'en a le sujet sentant.
6. *Psych.*, II, p. 498, n° 1631. La matière séparée du sentiment ne peut plus être conçue comme un être.
7. *Psych.*, I, n° 51.

mais où il se trompe grandement, c'est lorsqu'il se les représente comme existant en elles-mêmes d'une manière absolue et indépendamment de tout sujet qui les perçoive actuellement[1]. Car, encore une fois, il est *essentiel* à la réalité d'être sentie, il est essentiel à un terme de se trouver complété par un principe qui existe en soi[2]. Mais, d'autre part, ce n'est point notre esprit créé qui fonde la possibilité des choses réelles finies : elles lui sont antérieures et c'est pourquoi il peut les percevoir. Elles sont, dès lors, indépendantes de toute intelligence créée[3] ; et, comme elles ne sont intelligibles que par l'être, et n'existent que par une affirmation de l'esprit, « il faut conclure qu'antérieurement à la pensée humaine, il existe une intelligence qui pense simultanément les essences et les réalités finies[4]. Le mouvement dialectique de la pensée nous élève ainsi jusqu'au principe qui fonde en lui-même la possibilité ontologique des êtres[5].

Que nous sommes près ici de l'immatérialisme de Berkeley! La théorie de Rosmini reproduit, et presque dans les mêmes termes, la pensée du philosophe anglais. Pour ce dernier, en effet, tout l'être des choses matérielles est constitué par la perception que nous en avons : *esse est percipi*. « Il n'y a rien de sensible qui existe en dehors de

---

1. *Teosofia*, V, p. 141-142.
2. *Teosofia*, V, p. 413. — Cf. *Psych.*, II, p. 317. — *Logica*, n° 362. — Buroni, *Dell Essere e del conoscere*, p. 75.
3. *Psych.*, I, p. 321, note 1 : « Il va de soi que si l'objet est de toute nécessité dans une intelligence, il n'est pas essentiellement dans l'intelligence humaine, mais dans l'intelligence éternelle et divine. »
4. *Teosofia*, I, p. 390, n° 446.
5. *Teosofia*, V, p. 174-175. Les êtres réels n'existent que par une pensée qui les affirme dans l'acte de la perception intellectuelle. Mais la pensée humaine ne peut s'expliquer que par la pensée divine, comme nous l'avons vu en étudiant les rapports de l'être avec la pensée divine et la pensée humaine. Donc, finalement, Dieu est le terme où se rattache tout le créé.
Teosofia, V, p. 170-171.
Voyez aussi *Teosofia*, II, p. 237, art. VI : « La prima origine dell' assoluto e del relativo è in Dio. »
Teosofia, IV, p. 513-514.

l'intelligence[1]. » Ce n'est pas à dire qu'elles dépendent de nous dans leur existence, car, supposé notre anéantissement, nous concevons parfaitement leur permanence. D'ailleurs, elles s'imposent à nous par le fait de leur apparition et l'ordre de succession dans lequel elles se présentent. *Dans ce sens* on peut dire que les choses sont réelles, objectives. Mais il n'en faut pas croire qu'elles existent véritablement, en soi, et puisqu'elles ne dépendent ni de mon esprit, ni d'aucun esprit créé, je conclus « qu'il doit y avoir quelque autre intelligence en qui elles existent[2] ». « Je ne sais ce qu'on veut dire en parlant de choses considérées en soi; c'est, en mon sens, un pur jargon, — une chose non perçue est une contradiction[3]. »

Rosmini ne dit pas autre chose. Pour lui comme pour Berkeley, la matière n'a pas de réalité en soi; elle ne se conçoit que comme le terme d'une perception; c'est dans et par la perception qu'est constituée, si l'on peut ainsi s'exprimer, toute la réalité du réel. Le monde extérieur n'existe que dans la pensée : c'est l'idéalisme poussé à ses dernières conséquences.

Il y a, cependant, une différence à signaler entre les deux philosophes. Berkeley reste fidèle jusqu'au bout à son principe; Rosmini continue à attribuer aux corps ainsi immatérialisés toutes les propriétés que leur reconnaissait le réalisme traditionnel[4].

De là, sans doute, dans la pensée du philosophe italien, cette incertitude et parfois cette incohérence déconcertante dont nous parlions plus haut.

Rosmini attaque même le philosophe anglais : il lui reproche de nier la réalité de la matière et du monde

---

1. *Dialogue entre Hylas et Philonoüs*, p. 204, éd. *Œuvres choisies de Berkeley*, traduit de l'anglais par Beaulavon et Parodi, vol. I, Paris, Alcan, 1895.
2. *Ibid.*, p. 197.
3. *Introduction*, p. VII. — *Common place Book*.
4. Cf. Cosmo Guastella, *Saggio Secondo*, I, p. 189.

externe[1], comme si jamais Berkeley avait songé à mettre en doute la réalité, comme fait, de nos représentations intérieures[2].

Je sais bien que, pour Rosmini, derrière le réel donné, derrière nos représentations, la pensée affirme l'existence d'une réalité pure et en soi, d'un principe corporel, qui explique et leur apparition et leur ordre. C'est là, sans doute, une différence, mais elle n'est pas telle que nous devions tracer entre ces deux théories une ligne de démarcation si tranchée. Pour Rosmini, cette réalité pure est spirituelle; elle n'a rien de matériel, puisqu'une matière en soi — combien de fois Rosmini ne le répète-t-il pas? — est un concept contraditoire et absurde. Elle rentre donc dans la catégorie des êtres animés, et nous voici d'accord avec le grand principe du philosophe anglais : il n'y a que des esprits et Dieu.

Mais, en posant en dehors de nous des forces spirituelles distinctes du sujet sentant, Rosmini peut se flatter d'éviter l'erreur dans laquelle tombe Berkeley, qui est de faire intervenir Dieu directement dans la production de nos représentations du monde sensible[3].

La question de l'origine des choses se rattache très étroitement, pour Rosmini, à la formation de l'idée de l'être dans l'intelligence divine. Nous avons vu plus haut comment le philosophe italien s'appuie sur le dogme de la Trinité pour expliquer la nature et les caractères de l'être : il est une idée que Dieu se forme à lui-même, en séparant, dans sa propre pensée, l'élément toujours possible et en le considérant à part[4].

---

1. *Psych.*, III, append., n° 131, p. 360.
2. *Dial. entre Hylas*, etc., p. 261 : « Elles sont réelles, très réelles... appelez-les *choses*, pourvu que vous ne leur attribuiez pas une existence extérieure absolue. »
3. *Nuovo Saggio*, II, p. 159.
4. Plus haut, part. I, ch. I.

Or, cet être, dit Rosmini, est en lui-même absolument indéterminé, il n'exprime qu'une pure possibilité ; on ne peut pas dire qu'il est ceci ou cela : simplement il est. Il ne contient pas en lui-même le principe de différenciation des choses ; il peut tout devenir parce qu'il n'est encore rien de déterminé et de défini ; c'est pourquoi le philosophe italien lui donne le nom d'être possible [1]. Cela, sans doute, ne veut point dire que l'être n'est pas [2] ; et lorsque l'esprit le conçoit comme possible, cette possibilité tombe, non pas sur l'être considéré en lui-même, mais sur les multiples déterminations qu'il peut recevoir [3]. Dire que l'être est possible revient, au fond, à reconnaître qu'il est essentiellement déterminable : il constitue la matière universelle, l'étoffe commune dont toutes les choses sont faites [4]. Il peut, en effet, recevoir toutes les formes particulières, tous les modes possibles. Il ressemble, écrit notre philosophe, à la lumière, qui éclaire diversement les objets sur lesquels elle se répand ; elle se diversifie, de quelque manière, en raison de leur multiplicité, et, cependant, elle est toujours une en son essence et identique à elle-même. « Cet être, dit encore Rosmini, demeure toujours identique à lui-même ; mais,

---

1. Cf. GUSTAVE DE CAVOUR, *Fragments philosophiques*, Fontana, Turin, 1841, *Esquisse de la doctrine philosophique de l'abbé Rosmini*, p. 145 : « L'idée de l'être est simple et sans aucune figure ; nous ne pouvons la revêtir d'aucune image sensible sans altérer sa pureté. Le signe qui peut le mieux la représenter est l'X des algébristes, c'est-à-dire la désignation d'une inconnue dont les différentes valeurs sont encore à déterminer. »

2. *Teosofia*, IV, p. 378, n° 48.

3. *Teosofia*, IV, p. 381-383 : « L'essere non è mai possibile, e quando lo si dice possibile, lo si prende per *ente*, cioè in relazione a' suoi termini. »

Rosmini nous fait remarquer, à ce sujet, que la possibilité des choses peut être conçue de trois manières différentes : les réalités finies ont dans l'être idéal leur possibilité logique ; dans l'Être absolu sujet (le Père) leur potentalité suprême ; dans l'Être absolu objet (le Verbe) leur potentalité ontologique. *Teosofia*, I, p. 392,

4. *Teosofia*, I, n° 213 : « L'essere è l'atto di ogni ente e di ogni entità. » — *Ibid.*, I, p. 343 : « Per essere possibile si intende l'essere interminato, che ha la suscettività di ricevere i termini. »

Ibid., IV, p. 381 note 1 : « La possibilità è una relazione dell'essere co' suoi termini. »

comme il est présent à chacun de ses termes, malgré les multiples variations auxquelles ils sont soumis, nous l'appelons la matière universelle des êtres particuliers, non qu'il soit lui-même modifié, comme ferait un corps qui revêtirait différentes formes, mais parce que chacun des termes, uni intimement à l'être, lui doit son existence et sa réalité[1]. »

En lui-même, l'être est donc indéterminé absolument et indéfiniment déterminable. Demandons-nous, à présent, comment il se détermine en effet, comment il passe, de quelque manière, de la puissance à l'acte, comment il revêt au regard de l'esprit cette multiplicité de formes qui constituent ses délimitations particulières et ses différents modes. Pour Rosmini, cette détermination de l'être idéal exprime, avec les différents moments qu'elle comporte, l'essence même de l'acte créateur[2].

Nous savons que, dans l'ordre des opérations *ad extra*, le premier acte de l'intelligence divine est une *abstraction* absolument libre, par laquelle Dieu ne considère que le terme, la forme de l'Être-Objet, qui est son Verbe, et crée ainsi le concept d'être idéal et indéterminé. Cet être est une limitation que Dieu s'impose idéalement à lui-même.

Mais l'intelligence divine peut ensuite porter son attention sur les modes finis que l'être, jusque-là indéterminé, est capable de revêtir ; Dieu conçoit alors comme possibles les multiples délimitations de l'être initial, et voilà ce que Rosmini appelle l'idéation ou *imagination divine*[3].

Dieu promène avec amour son regard sur l'immense et lumineux océan de l'être et il imagine les différentes formes

---

1. *Teosofia*, I, p. 379, n° 439.
2. *Teosofia*, I, p 402 : « L'essere iniziale dunque, presente alla mente divina, non è identico all' essere assoluto obbiettivo, ma è un altro, un prodotto dell atto della mente stessa, la creazione d'un proprio obbietto. » C'est dans ce sens que Rosmini appelle l'être idéal la *prima creatura di Dio*. — Cf. *ibid.*, p. 404.
3. Rosmini a soin de faire remarquer qu'en Dieu ces différentes opérations sont absolument simultanées et contemporaines. Ces divisions n'ont donc qu'une valeur purement dialectique. — Cf. *Teosofia*, I, p. 391.

dans lesquelles l'être peut être concrété. Ainsi fait le géomètre qui, perdant son regard dans l'infini de l'espace uniforme, y dessine mentalement toutes les lignes, les plans et les figures qu'il lui plaît.

A la suite de Platon, c'est à une effusion de l'amour divin que Rosmini attribue l'origine des choses. L'Intelligence divine, dit-il, se porte avec la force infinie de son amour vers l'Être absolu qui possède toutes les amabilités; cet élan vers l'être est nécessaire, car la nature divine ne peut faire autrement que de s'aimer elle-même. Mais les choses finies possibles, par le fait qu'elles participent à l'être, reçoivent quelque chose de son amabilité essentielle; Dieu les aime donc, elles aussi, et, en vertu de l'amour qu'il a pour lui-même, il se porte vers ces réalités, il les veut, il les crée[1].

A côté de l'acte par lequel Dieu abstrait la forme de l'être et imagine ses délimitations particulières, Rosmini distingue une troisième opération qui donne son complément à l'acte créateur. Par l'imagination, Dieu conçoit les choses finies particulières; par la *synthèse divine*, il les réalise et les fait passer de l'ordre des purs possibles à celui des réalités concrètes et actuelles.

En Dieu, fait remarquer notre philosophe, cette troisième opération est absolument simultanée aux deux premières. Dès qu'Il conçoit les types, les essences des choses, Il les réalise; et, si nous entendons bien l'auteur de la *Teosofia*, cette réalisation est absolument nécessaire et découle de la nature même de Dieu. Nous pourrions à ce sujet multiplier les citations : « L'intelligence divine ne peut contempler le

---

1. *Teosofia*, I, p. 405, n° 462. — *Ibid.*, p. 401 . « Quest' amore lo porta ad amar l'essere in tutti i modi nè quali è amabile, nè quali può esser amato. » Crea dunque a sè stesso (Iddio) un oggetto finito amabile per l'espansione dell' amore è questo è « il mondo ». — *Ibid.*, p. 413, n° 465. Ainsi, dit Rosmini, chacune des Personnes de la Trinité a son rôle spécial dans la création, le Père en est la cause efficiente; le Verbe, la cause exemplaire; l'Esprit ou l'Amour, la cause impulsive ou excitatrice.

terme réel de l'être que son regard limite, sans le créer, c'est-à-dire sans le faire exister, *non pas seulement relativement à la pensée qu'elle en a, mais en lui-même*[1]. » « Si le monde est l'œuvre de l'intelligence divine, il faut qu'il soit créé par l'acte même qui le conçoit[2]. »

La raison qu'en donne le philosophe italien mérite d'être remarquée. Lorsque Dieu, dit-il conçoit ces limitations finies et particulières, le terme réel qu'il pense représente la forme subjective de l'être. Or cette forme est ce par quoi un être particulier existe en lui-même, subsiste indépendamment de la pensée qui le conçoit; « si donc ce réel, conçu par l'intelligence divine, n'était pas par le fait même réalisé, Dieu verrait ce qui n'est point, il serait la victime d'une illusion », puisqu'il affirmerait comme réalisé ce qui ne serait encore qu'idéal; c'est là une absurdité que l'on ne saurait attribuer à Dieu[3].

Ce n'est pas à dire, cependant, que pour Rosmini la création soit absolument nécessaire, et notre philosophe s'efforce de dissiper tout malentendu à ce sujet. Sans doute, la réalisation concrète des choses suit nécessairement leur conception dans l'intelligence divine[4]; sans doute aussi, dès qu'elles sont conçues, la vision que Dieu en a est néces-

---

1. *Teosofia*, I, p. 406 : « La mente divina non potrebbe contemplare liberamente il termine reale dell' essere limitato da lei, se non creandolo, cioè facendolo esistere non solo relativamente a sè, ma ancora in sè stesso. »

2. *Ibid.*, p. 395, n° 452 : « Convien ch' egli sia stato creato coll' atto stesso con cui fu inteso ». — Cf. p. 408 : Supponendo dunque che l'Essere stesso sussistente e realissimo immagini un ente finito, convien che questo nuovo oggetto sia un vero ente in sè ed abbia perciò anch' egli la sua esistenza subbiettiva e reale. »

3. *Teosofia*, I, p. 406.

4. Et encore faut-il entendre que cette nécessité n'affecte pas les modes particuliers de la création; Dieu, en effet, dit Rosmini, ne réalise que les possibles qu'il lui plaît. — *Teosofia*, I, p. 405, n° 462. « Col potere *libero* si porta in tutte quelle limitazioni dell' Essere assoluto ch'ella vuol creare. » — *Ibid.* p. 413, n° 465 : « Crea il reale nel modo che *più gli piace*...; dicendo : in quel modo che più gli piace, vengo a dire che l'istinto amoroso lo guida a trovare immediatamente la quantità e le specie e l'ordine dell' ente finito che mondo si chiama, appunto per la sua bellezza. »

saire ¹, mais l'acte par lequel il les forme reste éminemment libre. Dieu engendre nécessairement le Verbe², mais c'est en pleine liberté que dans cet objet absolu il sépare la forme de l'élément matériel³. La production de l'être idéal est donc « libre »; et, comme elle constitue le point de départ de l'acte créateur, il s'ensuit que la création elle-même est absolument soustraite à toute espèce de nécessité⁴. Rosmini peut donc emprunter ici la formule chère à saint Anselme : *Uno eodemque verbo Deus et seipsum dicit et omnem creaturam*. Mais, en même temps, le philosophe italien fait remarquer que cette génération ne peut s'entendre du Verbe et des choses qu'en un sens profondément différent. C'est par un acte nécessaire, et, par conséquent, essentiel à sa nature, que Dieu prononce le Verbe; le monde des choses finies, au contraire, dépend et dans son existence et dans son mode de la libre volonté du Créateur : *Deus dicit Verbum naturaliter, dicit creaturam voluntarie*⁵.

Rosmini fait encore appel à d'autres considérations pour sauvegarder la liberté absolue de Dieu dans l'acte de la création. Il s'appuie d'abord sur le principe de la raison suffisante. La non-existence du monde, dit-il, n'offre à l'esprit absolument rien de contradictoire, c'est donc qu'il est contingent. Et si par lui-même le monde est indifférent à l'existence ou à la non-existence, pour que l'une de ces deux possibilités soit réalisée de préférence à l'autre, il faut une raison. Nous savons que cette raison réside dans le choix même de l'Intelligence créatrice. Mais une telle raison, —

---

1. *Teosofia*, I, p. 402 : « Questa visione del finito nell' essere infinito appartiene a l'atto necessario con cui conosce. »

2. *Teosofia*, p. 405 : « Col potere neccessario l'intelligenza divina si porta nell' Essere assoluto. »

3. *Teosofia*, I, p. 401 : « Mediante questa operazione la mente divina *liberamente* astrasse l'essere iniziale. » — Cf. aussi p. 413, n° 405.

4. Col potere libero l'intelligenza di Dio si porta in tutte quelle limitazioni ch'ella vuol creare. — *Teosofia*, I, p. 408. — Cf. p. 413, n° 466.

5. S. ANSELME, *Monolog.*, cap. XXXIII. — S. THOMAS, *Contra Gentes*, lib. IV, cap. XI. — ROSMINI, *Teosofia*, I, p. 426.

et en cela précisément consiste toute la force de l'argument, — ne saurait nécessiter Dieu, puisque le monde est indifférent : la création des choses finies ne peut donc s'expliquer que par l'intervention d'une cause libre située en dehors du monde[1].

Le philosophe italien ne songe donc pas à mettre en doute l'indépendance absolue de Dieu, tant qu'il ne s'agit que de s'opposer au panthéisme et à la théorie de l'émanation. Si l'on se borne à considérer ce monde fini qui est le terme *ad extra* de la volonté divine, l'acte créateur n'impliqué aucune nécessité : mais en est-il de même, si, au lieu de considérer l'acte divin dans son rapport avec le monde, nous l'envisageons en Dieu lui-même ?

Si Dieu se détermine à créer, dit Rosmini, il ne peut le faire que d'après une raison, et cette raison, c'est l'amabilité que Dieu possède essentiellement en lui-même et qu'il retrouve, de quelque manière, dans les choses créées[2]. Dans son rapport avec le terme *ad extra* cet amour reste libre, parce que le monde créé ne présente qu'une amabilité participée et, par conséquent, finie et limitée[3]; en Dieu, la tendance vers ce qui est bon et bien introduit, par rapport à l'acte créateur, une « nécessité de convenance[4] ». Mais, observe l'auteur de la *Teosofia*, une telle nécessité n'entame en rien la liberté absolue de Dieu, parce que cette nécessité est seulement *morale* et non *physique* ou ontologique. Le

---

1. *Teosofia*, I, p. 397. Rosmini fait sagement observer que seules les grandes lignes du monde sont voulues librement et immédiatement par Dieu : le détail est une conséquence même de l'organisation de l'ensemble et en dépend nécessairement. — Cf. *Teosofia*, I, p. 477. — *Teodicea*, n° 649.
Voir une autre preuve de la liberté de l'acte créateur. *Teosofia*, I, p. 397 : Si les choses finies ne font pas partie de l'essence divine, Dieu n'en a pas besoin : il est donc libre de les créer ou de les laisser dans le néant.
2. *Teosofia*, I, p. 49 : « Vi ha una ragione in Dio stesso, per la quale ei si determina a creare; e questa ragione è l'amore di se stesso, il quale si ama anche nelle creature. »
3. « La libertà dell' atto creativo è diversa da quella con cui Iddio vuole ed ama se stesso. » *Ibid*.
4. *Ibid*., p. 50, « necessità di convenienza ».

développement d'une loi ontologique ne laisse aucune place à la liberté[1]; la loi déontologique, au contraire, demande, pour se réaliser, l'adhésion d'une volonté libre[2]. Une nécessité morale *assure* l'effet sans le rendre *nécessaire* [3]. En vertu même de sa perfection morale infinie, Dieu ne peut faire autrement que de céder à l'attrait du meilleur, mais cet attrait il ne le subit pas comme un être inconscient et mû, pour ainsi dire, d'une manière mécanique : il y adhère, il l'aime, il le veut[4]; son activité immanente se possède elle-même dans la plénitude de la conscience, de la pensée et de l'amour, et cela même est le plus vivant épanouissement de la liberté.

Nous trouvons dans cette théorie un écho manifeste de la pensée de Leibniz qui établissait une distinction fondamentale entre la nécessité et l'infaillibilité des opérations divines[5].

La création, avons-nous dit, est le résultat d'une synthèse que Dieu opère entre l'être et les réalités possibles qu'il a imaginées. En quoi consiste au juste cette synthèse créatrice, il est assez difficile de le dire. Le philosophe italien nous avertit que la création est une opération mystérieuse que l'homme ne parviendra jamais à comprendre entièrement. Mais, ajoute-t-il, ce qui est mystérieux n'est pas pour cela ab-

---

1. Cf. *Psic.*, II, n° 1453, note : « Est physiquement nécessaire ce qui dérive de la *nature* d'un être ».
2. Voir plus loin la IIIe partie, p. 261, 262.
3. *Teosofia*, I, p. 50. « La necessità morale non sempre induce l'effetto che ella prescrive. »
4. *Saggio critico sulle categorie e la dialettica,* cap. XLVI, p. 584. « La necessità deontologica... lascia libero l'operatore. » *Ibid.* : « la ragione del creato si trova nella spontaneità della bontà divina. »
5. Cf. Rosmini, *Introd. al Vangelo,* etc., p. 35 : « La creazione fu fisicamente libera, benchè moralmente necessaria. »
LEIBNIZ, *Théod.*, Ed. Erdmann, p. 536^b, 171 ; 575^a, 234 ; 574^b, 230. Voir Piat, *Monadologie,* p. 71, 72, Lecoffre, Paris, 1900.
Rosmini suit aussi Leibniz dans la question de l'optimisme : Voir *Teodica.* n° 561 : « Questo mondo fu il solo possibile » ; *ibid.*, n° 647.

surde, et l'esprit ne trouve aucune contradiction à admettre que l'intelligence, en limitant l'être indéterminé, réalise d'un même coup ces déterminations particulières et crée le monde fini. Nous trouvons, d'ailleurs, dans l'âme humaine quelque chose qui, de loin, nous rappelle cet acte créateur. Ne savons-nous pas que par la perception intellectuelle nous créons, en quelque sorte, au regard de notre esprit, les réalités particulières que nous affirmons? Et ce que nous avons appelé le verbe mental ne rappelle-t-il pas d'une certaine manière cet acte souverain de Dieu qui crée les êtres en les pensant[1]? L'artiste, le poète, le musicien, le peintre sont, si l'on peut dire, des créateurs. Et, pour en revenir à l'exemple qui nous occupait plus haut, le géomètre ne crée-t-il pas, lui aussi, les objets de ses réflexions[2]? Mais tandis que le géomètre et l'artiste ne produisent que de simples images internes, de pures conceptions mentales, vides de toute réalité objective, Dieu, par la perfection infinie de ses actes, crée les choses à mesure qu'il en imagine les types. Toutes les formes de l'être, que l'intelligence conçoit librement comme réelles, sont réalisées à l'instant même; à peine le Créateur, ce sublime poète, a-t-il conçu mentalement une délimitation de l'être, qu'elle se trouve concrétée et prend sa place dans la série des choses existantes.

Considérées dans leur forme subjective, ces délimitations que Dieu donne à l'être indéterminé constituent les êtres finis qui composent cet univers[3]; en elles-mêmes, dans leur objectivité, elles reproduisent tous les caractères de l'être idéal. Si l'être, auquel l'esprit les rapporte, n'est en-

---

1. Voir plus haut, part. II, ch. I, p. 129, note 3. — *Nuovo Saggio*, II, p. 75. — *Teosofia*, I, p. 407. — « A quello che è percezione nell' uomo risponde in Dio la virtù creatrice. » *Aristotele esaminato*, p. 257.

2. *Teosofia*, I, p. 411-415

3. *Teosofia*, I, p. 410 : « I reali finiti che formano il termine reale finito dell' essere iniziale sono fatti esistere dalla forza d'immaginazione dell' Essere assoluto... che secondo la cristiana rivelazione dicesi il Padre ». — Cf. *ibid.*, n° 4.

visagé que dans son intelligibilité, ces déterminations prennent le nom d'idées des choses ou essences [1], et leur réunion dans l'intelligence divine constitue l'exemplaire, l'archétype de l'univers [2], conçu par Dieu de toute éternité et que nous autres, mortels, nous ne pourrons jamais connaître ici-bas que d'une manière imparfaite et toujours inadéquate [3].

Ainsi, ajoute Rosmini, par l'être idéal Dieu aperçoit en lui-même et de toute éternité l'être fini qui y est virtuellement contenu [4]. Ces Idées, types invariables, formes immuables des choses qui passent, ne sont pas seulement de simples notions des réalités possibles ; elles sont aussi des formes créatrices, productrices de la réalité actualisée : elles représentent les paroles que Dieu prononce dans le sein de son éternité ; elles sont la formule créatrice des êtres : *Ipse dixit et facta sunt; ipse mandavit et creata sunt* [5].

Toutes les choses qui constituent le monde réel ne sont, pour ainsi dire, que des imaginations, de sublimes rêveries du divin poète ; la création est un don que Dieu fait librement de l'être aux choses qu'il imagine et conçoit. On peut encore concevoir l'acte créateur, dit Rosmini, comme un jugement synthétique par lequel Dieu attribue

---

1. *Teosofia*, I, p. 410 : « I termini reali riferiti... all' essere iniziale, considerato questo come oggetto intelligibile, fanno che si vedano in esso le essenze o idee degli enti finiti. »

2. *Ibid.*, p. 399, p. 413-438. — Cf. S. Thomas, *Sum.*, I, quæst. xv, a. 3. « Idea secundum quod est principium factionis rerum, exemplar dici potest et ad practicam cognitionem pertinet. » — *Ibid.*, quæst. xvi, a. 3 ; xiv, a. 8.

3. *Teosofia*, I, p. 400. — *Rinnov.*, p. 548 suiv., 597.

4. « In questo essere iniziale vede dunque Sadio in se stesso ab eterno l'essere finito tutto in esso compreso. » — *Teosofia*, I, p. 402.

5. *Psalm.* xxxi.

Cf. *Teosofia*, I, p. 406 : « La mente divina non potrebbe contemplare il termine reale... se non creandolo. »

S. Thomas, *Sum.*, I, quæst. xiv, a. 8 : « Scientia Dei est causa rerum. »

S. Augustin, *De Trinit.*, lib. XV, cap. xiii. « Universas creaturas, non quia sunt ideo novit Deus, sed ideo sunt quia novit. » Cf. Leibniz : « Dum Deus calculat et cogitationem exercet, fit mundus. » *Dialog. de connexione inter res et verba*, Ed. Erdmann, p. 77.

l'existence réelle aux possibles finis, et ce jugement se produit éternellement par voie d'affirmation [1].

Rosmini résume ainsi lui-même les différents moments de l'acte créateur :

« Par l'abstraction divine Dieu fixe son regard amoureux et libre sur l'objet infini et ne considère en lui que la forme, la possibilité de l'être; en même temps, par l'imagination, il crée librement le réel; par la synthèse divine, enfin, il unit cet être fini à l'être initial possible; il voit et simultanément il crée toute la série des êtres particuliers qui constituent le monde [2]. »

La création du monde se réduit, au fond, à la conception des essences finies par l'intelligence et à leur réalisation concrète [3].

Ainsi, suivant Rosmini, nous pouvons nous représenter l'acte créateur de deux manières, selon que nous nous élevons par la pensée jusqu'à Dieu, pour redescendre ensuite vers le monde, ou, au contraire, que nous partons du monde pour remonter jusqu'au Créateur. Dans le premier cas, nous obtenons l'ordre suivant : Dieu, le Verbe, l'être initial, les réels finis, conçus comme possibles, l'Exemplaire, le monde réel; dans le second cas, l'ordre est inverse et nous remontons du monde aux essences finies, de celles-ci à l'être initial dont elles ne sont que les multiples déterminations et cet être idéal lui-même nous élève jusqu'à Dieu où nous trouvons le lieu de son éternelle possibilité [4].

1. Cf. plus haut ce que nous disons de la perception intellectuelle, partie II, ch. I.
2. *Teosofia,* I, p. 413.
3. *Ibid.,* p. 401.
4. *Ibid.,* p. 415.

Il nous a semblé inutile de nous étendre d'une manière spéciale sur les preuves de l'existence de Dieu telles que les conçoit Rosmini. Sa pensée ici ne présente rien de bien original et ne fait guère que reproduire les preuves traditionnelles. Le seul point où Rosmini se sépare de l'auteur de la *Somme*, c'est sur la fameuse question de l'argument ontologique. Rosmini admet qu'il est possible de démontrer à priori l'existence de Dieu, mais il reproche à l'argument de saint Anselme de n'être pas tout à fait à priori.

Dans toute créature il y a un élément positif, formel, qui est l'être universel, et un élément matériel, négatif, la limitation que l'esprit créateur impose à l'être indéterminé [1]. La synthèse de ces deux termes constitue, à proprement parler, pour Rosmini, l'essence de l'acte par lequel Dieu pose des réalités en dehors de lui.

Cet argument s'appuie sur le concept même de Dieu : or, observe notre philosophe, de ce concept l'esprit ne peut tirer qu'une existence purement idéale et, par conséquent, hypothétique. « Bien que le concept de Dieu implique l'existence (sussistenza), cette existence, dans le concept, n'est encore qu'hypothétique, ce n'est donc pas une existence vraie et réelle. » — *Teosofia*, V, p. 181.
— Rosmini reproduit ici, en la citant, la critique que saint Thomas adresse à la preuve ontologique de saint Anselme. — *Sum.*, I, quæst., II, a. 1, ad 1.

L'argument du Monologium suppose déjà connue cette proposition : *l'être existe* (*Teosofia*, I, p. 244, n° 301). C'est donc sur elle qu'il faut s'appuyer pour prouver à priori et d'une manière valable l'existence de Dieu. Voici donc comment Rosmini formule à son tour l'argument ontologique :

« L'être initial dont nous avons l'intuition (essere) n'est pas un être subsistant (ente); il est donc quelque chose d'un être subsistant. Et, comme l'être initial est nécessaire, l'être subsistant qui l'explique et le complète doit être également nécessaire. » Ainsi, l'être idéal dont l'homme a l'intuition doit être une « appartenance » de l'être nécessaire et éternel qui est Dieu. Donc Dieu existe. — *Teosofia*, I, p. 241, n° 298. — Cf. *Sistema filosof.*, n° 178. — *Nuovo Saggio*, tout le ch. VII de la part. IV. — *Psych.*, II, n° 872. Nous craignons fort que Rosmini ne commette lui-même l'erreur qu'il reproche à saint Anselme et passe indûment de l'ordre idéal à l'ordre réel.

Notre philosophe présente et résume ainsi les différentes preuves de l'existence de Dieu, selon que l'esprit s'appuie sur les trois catégories de l'être.

1° L'*être idéal* est la lumière qui crée les intelligences; il est à la fois une lumière éternelle et un objet éternel; et comme l'idéal n'existe que par son rapport avec une intelligence, il faut qu'il y ait une intelligence éternelle, un sujet infini, illimité, qui pense cet objet nécessaire et éternel.

Ce sujet,... voilà Dieu. — *Sistema*, n° 179.

2° L'*être réel* que l'homme perçoit ne se suffit pas à lui-même : il requiert donc une cause nécessaire qui l'explique et le soutienne. Cette cause, voilà Dieu (*Sistema*, n° 180). C'est la preuve traditionnelle par la contingence du monde. — Voir plus haut, part. II, ch. I, p. 116, ce que Rosmini dit de la réflexion par intégration.

3° L'*être moral*, enfin, exige l'existence de Dieu et, par conséquent, la prouve. La loi morale, en effet, nous le verrons, est objective, nécessaire, absolue, éternelle. Elle est donc quelque chose; mais comme elle ne peut s'appliquer par elle-même, il faut qu'elle trouve la raison de son existence dans un être nécessaire, absolu et essentiellement bon (*Sistema*, n° 181).

Voir encore Rosmini, *Psych.*, II, p. 250, n° 1226. — *Logica*, p. 433. — *Nuovo Saggio*, III, p. 88.

1. *Teosofia*, I, p. 396, n° 454.

Il s'agit maintenant de savoir quels sont les rapports de ces limitations avec l'être indéterminé. La réalité est-elle le développement interne de l'être initial, sorte de déroulement logique comme celui qu'a conçu Hégel? Comment concilier l'unité de l'être (*essere*) avec la multiplicité des êtres (*enti*) qui constituent ses délimitations? Comment interpréter cette communication qui s'établit entre l'intelligible et le sensible? C'est là peut-être le problème le plus difficile de la métaphysique, problème qui a tourmenté tous les penseurs depuis les Eléates jusqu'à Hégel et ses successeurs[1].

D'après Hégel, la source commune du moi et de la nature est immanente à la réalité, l'Esprit et la Nature ne sont que les manifestations derrière lesquelles se cache l'Absolu, ou plutôt, elles n'en sont que des modes successifs. Cet absolu, c'est l'idée, l'intelligible, ce que Hégel appelle encore le possible; car, pour le philosophe allemand, les choses ne procèdent pas de l'absolu comme l'avait pensé Schelling : elles sont elles-mêmes le processus de l'absolu. Les possibles sont éternels : ils subsistent par eux-mêmes et trouvent en eux-mêmes toute leur raison d'être[2]. Il y a, en effet, dans tout être donné, quelque chose de toujours supposable; ce quelque chose, voilà le fond même de ce que le vulgaire appelle si improprement la réalité. De plus, ces possibles ont une tendance immanente à se réaliser eux-mêmes, à se développer, à se concréter de plus en plus. Si, en effet, ils n'impliquaient pas cette tendance, à un moment donné tout n'eût été que simplement possible et rien jamais n'en serait sorti. « La liberté absolue de l'idée, dit Hégel, consiste en ce qu'elle se résout à se produire au dehors comme nature[3]. » Elle consiste aussi en ce que l'idée « se décide à se séparer d'elle-même et à se poser

---

1. *Ibid.*, p. 79 suiv.; p. 161 suiv.; p. 188, art. II suiv. — *Saggio critico sulle Categorie e la Dialettica,* 299 suiv.

2. Cf. J. H. Stirling, *The secret of Hegel,* Edinburgh, Oliver, 1898, p. xxii, pref. to new edit.

3. *Philosophie de la nature,* p. 244.

comme nature ». Les possibles se réalisent dans l'ordre, puisqu'ils se réunissent en un seul et même être. Ils ne constituent, en définitive, qu'une seule et même substance purement logique : « De même que la pensée constitue la substance des choses extérieures, de même elle constitue la substance universelle des choses de l'esprit[1]. » Tous les phénomènes dont se compose le monde au milieu duquel nous vivons et dont nous faisons partie nous-mêmes, ne sont que des modes, des déterminations successives et transitoires du logique, déterminations nécessaires cependant, puisque l'être ne saurait être conçu en dehors d'elles. Comme, en effet, dans l'hypothèse panlogiste, « le Logos, objet de la logique, est à la fois le principe qui en nous pense les choses, et la cause objective qui les produit, il se trouve que la généalogie de ses concepts est en même temps la généalogie même des choses, l'explication de l'univers, la métaphysique[2] ». « La logique se confond avec la métaphysique, avec la science qui saisit les choses dans les pensées auxquelles on accorde la faculté d'exprimer l'essence des choses[3]. »

Ainsi, l'idée n'est pas seulement le principe de la connaissance, elle est aussi le principe de l'être ; c'est elle à la fois qui rend les choses possibles, qui les réalise et préside à leur développement en le dirigeant, ou, plutôt, l'idée réside dans les choses et se développe elle-même en elles. C'est ce qu'exprime bien la formule chère à Hégel : ce qui est rationnel est réel, et réciproquement, ce qui est réel est rationnel : was wirklich ist, das ist vernünftig [4], c'est-à-dire que le logique constitue seul la réalité, il en est la raison et l'explication ; il n'y a que lui qui vraiment mérite cette appellation.

1. Hégel, *Logique*, trad. Vera, I, p. 235.
2. A. Weber, *Histoire de la philosophie européenne*, Paris, Fischbacher, 1897, 6ᵉ édition, p. 487 suiv.
3. Hégel, *Logique*, I, p. 233.
4. Hégel, *Philosophie du droit*, préface.

Cette réalité, fait observer le philosophe allemand, se distingue non seulement de tout ce qui est contingent, mais encore de l'être, de l'existence et de toutes les autres déterminations[1]. « La réalité, dit encore Hégel, est si peu étrangère à la raison qu'elle est plutôt ce qu'il y a de plus rationnel et que ce qui n'est pas rationnel doit par cela même être considéré comme privé de réalité. » Quelques lignes plus bas, il s'élève contre « cette identification de la réalité avec l'être immédiat et sensible » qui est la cause de continuels malentendus.

Ce logique, qui devient par développements successifs le déroulement même de la nature, ressemble d'assez près à l'être initial et souverainement intelligible sur lequel Rosmini édifie toute sa philosophie.

Il est assez difficile de déterminer quelle est sur cette délicate question la pensée définitive du philosophe italien; et si sa théorie ne doit pas, somme toute, être assimilée au panthéisme, il faut convenir cependant qu'il y a, chez l'auteur de la *Teosofia*, telles expressions qui sont difficilement conciliables avec le dualisme traditionnel de la matière et de Dieu. Sans doute, considérées en elles-mêmes, comme des êtres subsistants, des sujets, les réalités particulières existent en dehors de Dieu; il y a entre ces deux termes toute la distance qui sépare le fini de l'infini; mais, si, au lieu de les penser dans leur nature subjective, on les envisage objectivement, dans leur élément formel toujours possible, « il est vrai de dire d'elles que comme objet réel elles se trouvent dans le Verbe ». « *In sensu composito*, elles sont situées hors de Dieu, mais *in sensu diviso*, elles sont en lui et ne peuvent être qu'en lui. » Et ce qu'ajoute aussitôt Rosmini est encore plus surprenant. « C'est dans ce sens (divisé) que le Verbe de Dieu constitue la *materia invisa* dont toutes les choses de l'univers, au

---

1. Hégel, *Logique*, I, p. 284 suiv. et II, p. 112 suiv.

dire de la Sagesse, ont été créées : *manus tua quæ creavit orbem terrarum ex materia invisa* [1]. Dans ce sens encore le Verbe de Dieu est le réceptacle dans lequel sont contenues toutes les choses invisibles et d'où sont sorties toutes celles que nous voyons. »

Aucune de ces expressions ne pourrait être désavouée par un panthéiste et Rosmini va encore plus loin quand il conclut : « Ainsi, c'est dans le Verbe, être subsistant, que toutes les choses ont été créées, non pas seulement dans l'ordre de la pensée, comme des objets purement idéaux, mais comme objets subsistants » et, par conséquent, réels [2]. On ne comprend même pas très bien comment ces dernières paroles peuvent se concilier avec celles qui précèdent, où le philosophe italien déclare que les objets réels ne sont en Dieu que par leur élément formel, objectif et purement idéal. « La génération du Verbe, dit encore Rosmini, et la création du monde se ressemblent dans leur principe, c'est-à-dire dans la manière dont elles eurent lieu. »

Sans doute, le *Commentaire sur l'Évangile de saint Jean*, d'où nous tirons ces citations, est particulièrement audacieux, car tout ici concourt à exalter la pensée rosminienne, et la nature du sujet et les expressions même de l'écrivain sacré dont le regard a été si justement comparé à celui de l'aigle. Mais ces pensées hardies ne sont pas une exception dans la philosophie de Rosmini, et nous les retrouvons, au moins en substance, dans la plupart de ses ouvrages. « Les essences des choses, écrit-il dans le *Rinnovamento*, se trouvent toutes dans le Verbe de Dieu d'une manière éminente, c'est-à-dire comme le limité se trouve dans l'illimité, comme dans le cercle se trouvent tous les polygones. » Au même

---

1. *Sap.*, xi, 18.
2. *Introduzione del Vangelo secondo Giovanni*, Torino, Unione tipografico editrice, 1882, lez. 37, p. 109 : « Nel Verbo adunque che è l'oggetto sussistente, furono fatte le cose come oggetti sussistenti, non solo ideali. » — *Teosofia*, III, p. 169, 188 suiv.

endroit Rosmini s'appuie sur un texte de saint Paul, qu'il interprète, du reste, assez mal, pour dire que le Verbe de Dieu est, en quelque sorte, le premier-né de toutes les créatures, « parce que Dieu a dessiné en lui, et en les dessinant, a créé toutes les choses finies [1] ». Les choses se trouvent dans le Verbe de Dieu comme les corps sont situés dans l'espace, « elles s'en distinguent sans doute, mais elles trouvent en lui leur fond commun et comme l'étoffe dans laquelle elles ont été découpées [2] ». « Tous les possibles sont virtuellement contenus en Dieu ; car les êtres finis ne sont pas autre chose que l'être idéal réalisé d'une manière finie et limitée, tandis que Dieu est l'être idéal réalisé dans toute sa plénitude [3]. » Il semble donc qu'il y ait

---

1. *Rinnov.*, lib. III, cap. LII, p. 365.
2. *Rinnovam.*, p. 361 au commencement : « il loro *fondo* e direbbesi la *loro sostanza* », p. 360, *ibid.*
3. *Rinnov.*, p. 354.

Voir aussi ce passage très significatif de la *Teosofia*, I, p. 188, n° 242 : « Giace nell' intelligenza umana il bisogno di ridurre ogni cosa ad unità. Se si considera onde nasca questo bisogno, si vedrà facilmente che la sua origine viene da questo che l'umana mente intende tutto ciò che intende coll' *essere* e che « ciò che non è essere non può intenderlo », il qual fu da noi detto « principio di cognizione » (*Ideol.*, 559-560. — *Logic.*, 540-543. — *Psych.*, 1294 suiv.). Ora l'*essere* è una natura semplice ed una : e perciò la natura umana non può persuadersi che ci sia qualche cosa fuori dell' essere, il che sarebbe un aperta contraddizione : tende dunque incessantemente ed aspira a ridurre tutte le cose all' essere come ad unica e semplice natura. *Ella non tende già solamente a coseguire quest' unità nell' ordine delle cognizioni, ma anco in quello delle cose reali*, perchè anchè in queste non vede finalmente altro che essere. »

Rosmini va même jusqu'à déclarer acceptable la théorie de Hégel pourvu qu'on en modifie certaines expressions. Le passage vaut la peine d'être cité en entier. Le philosophe italien vient de parler de la position que prend Hégel par rapport à ses devanciers en formulant ce principe que l'être s'identifie avec le néant. Il ajoute :

« E tuttavia la mente umana, la cui essenza è d'intendere, non sragiona mai tanto, che nello stesso tempo di sbieco non riguardi in qualche verità. L'*essere iniziale* non esiste separato dà suoi termini, se non nella mente che restringe il suo sguardo, e invece di fissarsi in tutto il suo oggetto, non ne considera che un elemento. L'essere iniziale dunque non è ancora nessun ente : ammette dunque la denominazione di non-ente. Ora, nel linguaggio esagerato d'un filosofo che ama di sorprendere i suoi uditori col paradosso, alla denominazione di non-ente si poteva sostituire quella di *nulla* senza scrupolo : come a quella d'*essere iniziale* si potea sostituire quella più semplice di *essere*, e con queste sos-

même nature en Dieu et dans le créé ; toute la différence vient du degré de réalisation. Dieu est l'être sans limites, les choses créées sont l'être auquel la pensée divine a imposé des limitations et des modes finis.

Nous fatiguerions l'attention du lecteur si nous voulions rechercher dans la *Théosophie*, la *Théodicée*, l'*Anthropologie surnaturelle*, la *Psychologie* même, les nombreux passages où Rosmini exprime la même idée. Il s'en dégage, à première vue, cette impression que, pour lui, les choses finies sont de même nature que Dieu, elles ont de commun avec lui l'être qui constitue leur fond unique et comme leur substance.

Est-ce donc que pour Rosmini la nature se confond avec Dieu et n'en constitue que le développement limité à travers le temps et l'espace ? Tous ces textes et bien d'autres sembleraient l'indiquer. Mais le philosophe italien était trop chrétien et trop attaché à la tradition scolastique pour ne pas voir à ses pieds l'abîme du panthéisme où le mouvement de sa pensée le conduisait tout naturellement. Il s'arrête donc, il se reprend, il s'explique.

Toute son argumentation va reposer sur la distinction,

---

tituzioni e scambi si otteneva effettivamente la formola dell' essere eguale al nulla. »

Ainsi Rosmini semble reprocher uniquement au philosophe allemand d'avoir employé le mot *néant* à la place de l'expression *non-être*. Cornoldi (*op. cit.*, p. 334) conclut à ce sujet : « Adunque senza scrupolo e tuttalpiù con mere sostituzioni e scambi di parole, per confessione del stesso Rosmini, il sistema del Hégel si trasforma nel sistema rosminiano. »

Cette conclusion est peut-être trop hâtive, surtout si l'on tient compte de l'esprit général de la philosophie de Rosmini ; il faut avouer cependant que de semblables textes donnent à réfléchir, et que, au moins à de certaines heures, le philosophe de Rovereto a dû se sentir la mentalité d'un disciple de Hégel.

Rosmini parle souvent des philosophes allemands et ses expressions parfois révèlent plus que de la sympathie. — *Teosofia*, I, p. 188. Après avoir disserté des différents philosophes qui ont cherché à résoudre le problème général de l'ontologie, il ajoute : « Fra questi ultimi sono gli speculatori tedeschi dal Kant in poi ; e l'averlo essi posto in forma più esplicita di tutti i filosofi precedenti, è un merito scientifico, che loro non potra mai esser tolto » ; — et p. 190 : « Questo problemari comparve con una forza di gigante, nè tempi moderni, allo spirito del Fichte e di suoi due illustri successori. »

dont il nous a si souvent entretenus, entre l'être idéal et le Verbe de Dieu.

Le Verbe est une personne, un sujet, une substance particulière ; l'être indéterminé, au contraire, est le concept par lequel le Père se représente le Verbe ; l'être idéal n'existe donc pas en lui-même, il n'est qu'un être de raison et tout à l'heure Rosmini l'appellera un sujet dialectique. Le Verbe et les choses trouvent également dans l'être leur essence idéale, leur fond commun, ce par quoi ils peuvent subsister ; l'être est dans ce sens leur substance commune ; mais cela n'est vrai qu'au point de vue de l'idéalité. Dès que l'esprit se replace dans le domaine de la réalité, il s'aperçoit tout de suite que le Verbe et les choses sont radicalement distinctes et irréductibles absolument. « L'être de Dieu est absolument différent de celui des créatures et il n'y a pas moyen de les confondre[1]. » « L'être contingent n'entre à aucun titre dans la nature de l'Être absolu[2]. »

« Si l'être fini était une conséquence de la nature divine, il ferait partie de cette nature ; or, c'est là une chose impossible à cause de l'illimitation essentielle de la nature divine[3]. » Cette nature, d'ailleurs, est nécessaire, tandis que le fini est essentiellement contingent. Enfin, le fini n'est pas l'être (*hanno l'essere, Dio è l'essere*), il ne fait qu'y participer et cette participation — c'est ici le point capital — est purement idéale, logique, dialectique[4].

L'être est essentiellement un, et nous savons que les multiples déterminations qui le concrètent dans le temps et

1. *Antrop. Soprannat.*, lib. I, c. i, p. 24.
2. *Teosofia*, I, p. 399, n° 457.
3. *Teosofia*, I, p. 397, n° 454.
4. *Ibid.*, I, p. 577, n° 609. — « Il *dialettico* e ciò che finge o suppone la mente nelle sue operazioni e che non è tale in se stesso, cioè prescindendo dall'operazione della mente... il dialettico è il prodotto d'una finzione o supposizione mentale. » — Voyez *ibid.*, I, p. 187 suiv. — « Sistema dell'unita e identità dialettica. L'antinomia dell'unità et della pluralità dell'essere non si scioglie se non per una dialettica distinzione di concetti. »

l'espace n'affectent en aucune manière sa nature : il reste toujours homogène, identique à lui-même[1].

De plus, l'être seul est intelligible, et cela est également vrai en Dieu et en nous : la réalité concrète, qui n'est qu'une négation partielle, qu'une limitation de l'être, est par elle-même absolument inaccessible à l'entendement. Cependant, nous la connaissons; il faut donc admettre qu'elle participe de quelque manière à l'être, qu'elle s'élève jusqu'à lui ou qu'il se communique à elle[2]. Mais l'être n'est jamais pour les choses finies qu'un accident, et non un constitutif essentiel, et c'est ce que le philosophe italien exprime, comme nous l'avons vu, en disant que Dieu est l'être, tandis que les choses finies ne font que le posséder et y participer. Ainsi, les corps opaques ne sont pas brillants par une vertu qui leur est propre, mais seulement se trouvent éclairés par les rayons qu'ils reçoivent du soleil. Toutes les choses finies et limitées ont cela de propre que leur nature se réduit à la *réalité*, de sorte que l'*idéalité* n'entre pas à titre d'élément dans leur constitution, mais sert uniquement à en faire des êtres intelligibles et connaissables[3]. Le mot *ente* étant une forme participe du verbe être, indique que l'objet participe à l'être, mais n'est pas l'être[4]. En Dieu seul, l'*ente* et l'*essere* sont adéquats.

Cette participation des êtres particuliers à l'être en général constitue pour Rosmini ce qu'il a appelé la synthèse divine, et c'est à ce point de sa doctrine que se rattache la théorie du devenir dialectique qui, dans sa pensée, sépare nettement sa philosophie de toutes les formes de panthéisme.

Si l'être indéterminé ne peut exister que par son rapport avec une intelligence, il ne passe pas dans les choses quand

---

1. *Teosofia*, I, p. 236-246.
2. « Il puro reale non è manifestativo, ma ha bisogno d'essere manifestato da altro. » — *Teosofia*, IV, p. 341, n° 16.
3. *Psych.*, I, p. 124, n° 231.
4. *Teosofia*, II, p. 156-157.

Dieu l'actualise en réalisant les limitations, jusque-là idéales, qu'il avait imaginées en lui. L'*essere* reste toujours distinct de n'importe quel *ente* particulier; il est transcendant à la nature sensible. Ne soyons pas dupes des termes, poursuit Rosmini. Quand nous disons que l'être indéterminé est particularisé dans les choses, ce n'est là qu'une manière de parler toute relative à notre façon de concevoir. C'est, en effet, du point de vue de l'esprit que se fait cette participation, cette synthèse [1].

Dieu conçoit idéalement les limitations de l'être, l'homme les pense, les retrouve, quand l'expérience sensible offre à ses regards les images concrètes de ces déterminations purement idéales [2]. L'être n'est multiplié qu'au regard de la pensée, et si, dans le développement de la nature, il nous apparaît multiple, ce n'est que d'une multiplicité dialectique; en lui-même, il reste essentiellement un. Prenons, par exemple, une toile blanche sur laquelle nous appliquons une dentelle travaillée à jour et coloriée : la toile blanche reste identique à elle-même, elle n'est modifiée en aucune manière, et cependant nous distinguons sur elle le dessin de la dentelle, les plis qu'elle produit, les fils qui s'entrecroisent, et cela, parce que la vue comprend dans une même perception la toile blanche et la dentelle qui la recouvre [3].

Ainsi en est-il de l'être dans son rapport avec les choses sensibles : l'être indéterminé, voilà le fond commun et toujours identique ; les complexes et multiples déterminations de la réalité, voilà les dessins de la dentelle. L'être indéterminé constitue vraiment cet ἓν ἐπὶ πολλῶν dont parle Platon.

C'est par ces considérations et d'autres de même nature que Rosmini espère établir la conciliation, absolument nécessaire pour la science [4], de l'être et du multiple, tout en maintenant

1. *Teosofia*, I, p. 45.
2. *Teosofia*, V, p. 260-261 ; III, n° 1337, p. 221.
3. *Teosofia*, I, p. 382.
4. *Teosofia*, I, p. 162, n° 198.

leur distinction et même leur opposition radicale [1]. Et si l'être demeure un sous la multiplicité de ses modes, il s'ensuit, dit Rosmini, qu'il n'est pas le sujet réel, la substance même des choses sensibles, comme semble l'avoir cru Hégel, il n'en est que le sujet idéal ; il est la matière, l'étoffe dont toute chose est faite, mais ce n'est que d'une matière dialectique qu'il s'agit ici [2].

Dire que l'être est la substance des choses, ajoute notre philosophe, c'est d'abord confondre l'être idéal possible et Dieu, être réel subsistant ; c'est le confondre aussi avec les choses finies, concrètes et particulières ; c'est identifier le monde des idées avec celui des apparences [3] ; c'est enfin, et surtout, confondre le *devenir dialectique* avec le *devenir*

---

1. *Teosofia*, I, p. 219-220.
Ainsi s'évanouit, ajoute Rosmini, l'antinomie que le problème de la multiplicité et de l'unité présente à l'esprit sous cette forme : deux choses égales à une troisième sont à la fois égales entre elles et inégales. Elles sont égales, si l'on considère l'être initial qui se trouve également en toutes ; mais elles sont diverses, en raison de la diversité des relations qu'elles entretiennent avec l'être et d'où naissent leur caractère et leur nature de choses particulières.

2. Cf. *Teosofia*, IV, « Idea », nos 170-171. — « Quando i reali si dicono termini dell' essenza dell' ente allora l'ente propriamente si fa servire dalla mente come subbietto, dove il subbietto è l'ente iniziale e però ideale, e il termine è reale ; onde manca l'anello che li conjiunga, e perciò l'ente dicesi subbietto dialettico. » — Cf. *ibid.*, plus haut : « non ripugna che della determinazione ideale si possa chiamare subbietto l'idea in universale ; ma questo è un subbietto ideale, e non più ».
— Voyez encore *Teosofia*, I, p. 212, où Rosmini fait observer que l'être constitue sans doute la *materia di tutte le cose*, mais il ne représente ni Dieu ni un être particulier, « ma un oggetto ideale ed astratto, non esistente che davanti alla mente... Il dirsi dunque che tutto è essere, o che l'essere si può predicare di tutto non è panteismo e non è un ridurre gli enti ad un solo ente. »
Cornoldi ajoute à ce sujet : cette conclusion est très vraie dans la théorie scolastique, mais elle ne saurait l'être dans celle de Rosmini.
Selon les scolastiques, cela veut dire que tout objet exprime cette idée de l'être qui se trouve dans notre esprit ou dans celui de Dieu. Mais il n'en est pas de même dans la philosophie de Rosmini où l'être idéal n'est pas une notion transcendantale, une image de toutes les choses, mais un être en soi. — GIOVANNI CORNOLDI, *Il rosminianismo, sintesi dell' ontologismo e del panteismo*, libri III, Roma, Alexandro Befani, 1881, p. 330.
Inutile de faire observer que l'auteur dénature la vraie pensée du philosophe italien, pour lequel l'être idéal n'est jamais en soi, mais n'existe seulement que par sa relation avec une intelligence.

3. *Introduzione alla filosofia*, p. 145.

substantiel. Le premier n'existe que pour l'intelligence qui crée ou qui conçoit le développement des choses finies, le second est une véritable modification de l'être et s'oppose à son indivisible unité.

Le devenir réel n'affecte jamais la substance des choses; il peut se produire en elle des changements, mais elle-même ne change pas.

Lorsque nous disons que l'être devient toutes choses, cela ne peut donc s'entendre que d'un devenir dialectique; cela veut dire que l'être toujours identique à lui-même se revêt, au regard de l'esprit, d'une multitude de formes sujettes au changement; cela veut dire encore que le changement est précisément relatif à nous et n'atteint pas le fond de l'être. Quand on dit que la *matière* est en devenir, on entend par matière, non le fond commun de la réalité, mais ses déterminations accidentelles; et, par conséquent, en affirmant son devenir, on exprime là une vérité purement dialectique et dont il est impossible de faire le point de départ d'une véritable ontologie. Aussi, lorsque Dieu crée les réalités finies, il ne leur communique rien de son essence subsistante : et voilà, dit Rosmini, qui nous permet d'échapper à la fois au panthéisme et à la théorie de l'émanation. Quant à nous, ajoute-t-il, nous ne saisissons pas l'action créatrice, mais seulement les termes finis de cette action, c'est-à-dire les objets créés, et encore ne les connaissons-nous qu'en eux-mêmes et séparés de l'acte créateur. Mais, comme rien n'est intelligible que par sa relation avec l'être, nous sommes obligés, pour penser ces objets, de les considérer comme des déterminations de l'être.

L'être devient ainsi, *pour nous,* le sujet, la substance de ces objets, non qu'il le soit en *réalité,* mais c'est que notre intelligence, illuminée par Dieu, ne peut voir, comme Dieu lui-même, les objets, que par leurs essences qui ne sont que des délimitations de l'être idéal[1]. La nature tout entière

---

1. Et remarquons bien, ajoute Rosmini, que cette sorte de fiction ne nous

reste donc radicalement distincte de Dieu : le dualisme traditionnel est sauvegardé.

Ces explications que Rosmini nous donne de sa doctrine ne détruisent peut-être pas entièrement l'impression de panthéisme que la lecture de ses ouvrages fait naître inévitablement, et nous comprenons que de fort bons esprits aient persisté à ranger le philosophe italien parmi les disciples plus ou moins fidèles de Hégel. C'est là, pour dire le vrai, un débat bien difficile à trancher. La pensée de Rosmini est fuyante, complexe, désordonnée parfois, diffuse à l'excès. De plus, le philosophe italien n'est pas toujours suffisamment d'accord avec lui-même, et, comme il arrive, les besoins de la polémique lui font parfois employer des expressions qui traduisent mal sa propre pensée.

Malgré tout, cependant, nous ne pouvons assimiler au panthéisme cette philosophie qui maintient avec tant d'énergie la distinction fondamentale entre le fini et l'infini. Rosmini nous dit que l'être s'affirme univoquement de Dieu et des créatures, mais il ajoute aussi que les choses créées et Dieu ne possèdent pas l'être de la même manière[1]. Dieu possède essentiellement l'être, ou, plutôt, il est l'être lui-même ; les créatures ne le possèdent que par participation.

Il nous dit encore que Dieu et les choses créées ont une *essence* commune, puisqu'ils rentrent également, bien qu'à des titres divers, dans la classe des choses existantes[2]. Mais le lecteur doit se souvenir que dans la philosophie de Rosmini, nous l'avons déjà observé[3], le mot *essence* possède une signification toute particulière dont il est juste de tenir compte.

L'essence, pour notre philosophe, exprime « ce qui est

---

trompe pas, car nous nous rendons parfaitement compte qu'il n'y a là qu'un procédé de l'esprit, et qu'il serait absurde que l'être devienne le sujet réel des choses finies. — *Rinnovamento*, lib. III, cap. XXXI, p. 217.

1. *Antropologia soprannaturale*, lib. I, cap. I, p. 24.
2. *Teosofia*, II, p. 150.
3. Voyez plus haut, Ire partie, ch. III, p. 61 suiv.

pensé dans l'idée de la chose ». Dire que Dieu et les créatures ont une essence commune revient ici à affirmer que l'esprit les pense également, bien que, encore une fois, à des titres divers (*non nello stesso modo*), sous la forme de l'être. Et cette affirmation, semble-t-il, ne saurait être prise pour une profession de panthéisme.

La source de tous les malentendus réside, croyons-nous, dans la conception assez particulière que Rosmini se fait de l'acte créateur. Si, à proprement parler, Dieu ne crée pas, puisque l'être est éternel, si l'activité créatrice se borne à délimiter l'être, à lui imposer des modes finis et à les réaliser, de sorte que ce que nous appelons les choses n'a pas d'être propre, mais représente seulement des modes de l'être, il semble, sans doute, difficile de défendre la théorie de Rosmini contre l'accusation de panthéisme.

Mais le philosophe italien nie expressément la réalité de la matière en soi : on ne peut donc lui reprocher de confondre la matière et Dieu; il admet l'existence de sujets particuliers, de forces immatérielles qu'il considère comme existants en soi (êtres incomplets absolus) et distincts radicalement de Dieu, être essentiellement complet : que l'on critique sa théorie de la création et la conception si originale qu'il se fait des réalités créées ; qu'on l'accuse même, si l'on veut, de ne point suivre jusqu'au bout le mouvement de sa pensée et de se soustraire au panthéisme en violentant la logique ; il n'en reste pas moins vrai que la pensée de Rosmini prend finalement une direction tout opposée au panthéisme et qu'on ne peut l'accuser de suivre Spinoza ou Hégel que pour n'avoir pas suffisamment saisi l'esprit du système.

Il faut avouer, cependant, que Rosmini est entraîné malgré lui, et bien qu'il ne veuille pas en convenir, vers l'idéalisme allemand. Essayons de déterminer jusqu'à quel point sa pensée s'est laissé influencer par le panlogisme de Hégel.

Pour le philosophe italien comme pour Hégel, le logique est l'élément essentiel : l'idée, voilà la vraie réalité; le monde sensible n'en est qu'un moment et qu'une manifestation secondaire. Pour l'un comme pour l'autre, l'être n'est rien en dehors de la pensée, il n'existe que par elle, que pour elle; en dehors d'elle, il n'est plus qu'une abstraction vide de tout contenu; l'idée gît, pour ainsi dire, au sein même de la nature, et c'est le propre de l'esprit de la découvrir en s'affirmant lui-même. L'un et l'autre prennent pour point de départ de la spéculation philosophique l'être pur et absolument indéterminé, le possible; l'un et l'autre aussi se trouvent d'accord pour déclarer qu'il n'y a là qu'un procédé dialectique de l'esprit, et qu'en fait, cet être abstrait n'est intelligible que si on le rapporte à un principe absolu[1].

Comme Hégel, Rosmini admet que les déterminations contingentes que reçoit l'être ne l'affectent en rien dans sa nature essentielle; elles ne sont, en définitive, que des limitations dialectiques imposées par la pensée à l'être uniforme; elles résultent d'une application de la catégorie de la quantité; c'est donc uniquement dans l'esprit que se consomme, en quelque sorte, la synthèse de l'un et du multiple. C'est que pour nos deux philosophes l'être, en lui-même absolument indéterminé, est cependant essentiellement déterminable : il représente, dans toute la rigueur de l'expression, une pure virtualité par rapport à ses déterminations possibles.

Pour Rosmini comme pour Hégel, enfin, la philosophie est conçue comme un effort pour comprendre la nature et la pensée, le sujet et l'objet, et tout ramener à l'unité; et l'on ne saurait vraiment de qui parle Vacherot, de Rosmini ou du penseur allemand, lorsqu'il résume ainsi la théorie du devenir universel : « Le devenir est un mouvement de l'être en travail pour se dégager du néant. Dans ce mouvement,

---

1. Cf. GEORGES NOEL, *La logique de Hégel*, Paris, Alcan, 1897, p. 11.

l'être abstrait tend à se diviser, à se nier, à se déterminer, à être ceci et non cela[1]. » En lisant ces lignes, comment ne pas penser à la position des êtres par voie de délimitation, c'est-à-dire, en dernière analyse, par voie de négation, telle que nous l'avons rencontrée chez Rosmini? Il y a donc, quoi que d'aucuns aient pu en penser, des points de contact très étroits entre la philosophie de Rosmini et celle de Hégel; il y a certainement plus qu'un simple rapprochement. Rosmini connaît Hégel, et, sans doute inconsciemment, il subit l'influence de cette pensée profondément originale et puissante.

Est-ce à dire, cependant, que l'idéalisme rosminien ne soit qu'une déformation, ou, si l'on veut, un perfectionnement du panlogisme germanique? Ce serait aller trop loin; il y a, en effet, entre les deux théories des différences essentielles. Rosmini garde, au milieu même de ses plus grandes témérités, je ne sais quelle mentalité scolastique qui suffit à le distinguer profondément des penseurs allemands. S'il subit leur influence, la direction de sa pensée n'en est pas foncièrement modifiée: elle n'en revêt qu'une teinte, une tonalité particulière, tout juste assez accentuée pour donner parfois à sa théorie je ne sais quel air d'incomplet et de disparate. Rosmini n'est pas entré résolument dans le courant qui entraîne la pensée allemande; aussi, de ce point de vue, n'est-ce pas tout à fait sans raison qu'un hégélien a pu reprocher à sa philosophie son attitude antihistorique[2].

---

1. VACHEROT, *La métaphysique et la science*, 2ᵉ édition, tome III, p. 14-15.
Le professeur Benzoni fait justement observer que, dans sa *Logique*, Rosmini modifie considérablement le point de vue du *Nuovo Saggio* et se rapproche de Hégel. Dans les premières œuvres idéologiques, l'intuition de l'être est immédiate; dans la *Logique*, elle suppose un travail de l'esprit, une élaboration, une médiation. — BENZONI, *Dottrina dell' essere nel sistema rosminiano*, Fano, tipogr. Sonciniana, 1888, p. 70-71.

2. MARIANO, *La philosophie contemporaine en Italie, Essai de philosophie hégélienne*, Paris, Germer-Baillière, 1868, p. 49 et conclusion.
Dans son livre, d'ailleurs très intéressant, sur la doctrine de l'être dans le

L'idée, chez Rosmini, n'est rien en dehors d'une intelligence première qui constitue le véritable et unique point de départ de toute la série des êtres.

Dieu, l'être absolu, subsistant au point de vue ontologique, voilà, pour le philosophe italien, la vraie réalité : de toute éternité, et d'une manière absolue, elle réalise en elle-même tout ce qu'elle contient de possible. Hégel place le point de départ de la spéculation dans l'idée : c'est ce que Rosmini fait aussi ; mais, tandis que le philosophe allemand, identifiant l'ordre de l'existence et celui de la connaissance, se contente de cette donnée primitive, se confine dans son analyse, et prétend expliquer par elle tout le développement de la nature, l'auteur de la *Teosofia* établit ici une distinc-

---

système rosminien, M. Benzoni nous semble avoir peut-être subtilisé un peu trop pour établir entre Rosmini et Hégel des points de rapprochement.

Dans la *Logique* (p. 11 et 12) Rosmini nous dit que l'être étant la forme commune de tous nos jugements, puisqu'il en constitue nécessairement la copule, il s'ensuit que l'objet propre de l'Esprit, l'être, contient en soi un jugement implicite. Benzoni en conclut que, pour l'auteur de la *Logique*, le *prédicat* la *copule* et le *sujet* de tout jugement sont contenus virtuellement dans l'objet de l'esprit. C'est là, sans doute, une théorie où nous retrouvons Hégel, mais elle est assez différente, semble-t-il, de la vraie pensée de Rosmini. Le philosophe italien ne parle ici que de la *forme* commune à tous nos jugements ; il ne considère que l'être, objet premier de l'esprit et condition de la possibilité de tous les jugements ultérieurs. Pour formuler ce jugement, l'esprit requiert un terme senti qu'il ne contient pas virtuellement, mais qui lui vient du dehors. Le contexte d'ailleurs ne laisse aucun doute sur la pensée de notre philosophe. « La copula d'ogni giudizio si riduce al verbo *essere*, nella forma di terza persona. Questo *è* costituisce quello che c'è di formale in tutti giudizii. Ora in tutte le idee s'intuisce sempre l'*essere*. Ma nell'*essere* c'è implicito l'È, e però c'è implicita la forma di tutti i giudizi. » *Logica*, p. 11 — BENZONI, *dottrina dell' essere*, etc., p. 64-65. D'ailleurs, Rosmini ne saurait admettre que l'idée en se développant devienne la nature. C'est ce que nous verrons un peu plus loin. — CARL WERNER, *Die Italienische Philosophie des xix[ten] Iahrhunderts*, vol. I, *Rosmini und seine Schule*, p. 318, compare la logique de Rosmini avec celle de Hégel. Le philosophe italien, dit-il, s'accorde avec le penseur allemand :

1° Pour faire dépendre toute la logique de l'être.

2° Pour déduire de cette idée tout le contenu de la pensée. Et dans un autre ouvrage, *Rosmini und seine Stellung*, etc, p. 70, le même historien dit que Rosmini voulait s'opposer à Hégel, mais ne parvint pas à dépasser son point de vue. « Rosmini sich in den entschiedensten Gegensatz zu Hegel stellt, man kann aber nicht gleicher Weise sagen, das Standpunckt der Hegel'schen Logik speculativ überwunden hätte. »

tion profonde entre l'ordre logique et l'ordre ontologique.

L'idée, l'être indéterminé et possible, voilà, sans doute, le principe de la connaissance et la lumière de la pensée ; mais, au-dessus de l'idée il y a l'être qui pense éternellement, au-dessus du possible il y a l'être essentiellement actuel et pleinement réalisé qui contient en lui-même la raison d'être et le fondement de toutes les réalités possibles. L'idée chez Hégel semble, du moins au premier moment du processus, se suffire à elle-même ; pour Rosmini, elle n'a de sens que si elle se rattache à une pensée personnelle[1].

Si donc l'être est en devenir, c'est que d'abord il possède une existence actuelle ; il faut en revenir à la profonde pensée d'Aristote : la puissance suppose toujours un acte qui la précède. Il y a là une opposition de points de vue qui est fondamentale et d'où naissent toutes les autres différences entre Hégel et Rosmini[2].

1. « Non posso intendere nè concepire nè pure per qualsivoglia astrazione « un pensare » che non sia un atto, perocchè il pensare è essenzialmente un attività; e un attività non si pùo concepire senza una relazione col soggetto o principio dell' attività, cioè l'atto non si può concepire senza l'agente. » — *Rinnovamento*, p. 210, note 2. — Cf. *ibid.*, p. 214 : « Una cosa che non è ancor fatta, chè è a paria nulla, ha bisogno di un altro principio che la renda qualche cosa. » — Cf. *Teosofia*, II, p. 125.

2. Rosmini revient très souvent dans ses écrits sur le panthéisme hégélien ; nous ne pouvons nous proposer ici d'exposer par le détail toute cette critique. Il suffit à notre but de mettre en relief l'opposition des points de vue chez nos deux philosophes. Voici, d'ailleurs, quelques-unes des critiques particulières que le philosophe italien formule sur la doctrine de Hégel :

1° Hégel a tort d'assimiler l'être indéterminé au néant, car cet être est, au moins, la lumière de nos intelligences (*Rinnovamento*, p. 206 et 213). D'ailleurs, « il est faux que dans l'être on puisse faire abstraction de l'être : l'abstraction ne va pas si loin ; elle n'arrive qu'à dépouiller l'être de ses déterminations, et il reste toujours l'être indéterminé. Supprimer jusqu'à l'être indéterminé, ce n'est plus une abstraction, c'est une négation absolue, par laquelle on abolit l'objet de la pensée et la pensée elle-même. Et la négation de l'être, qui donne le néant, ne laisse plus subsister aucun être avec lequel le néant se puisse mettre en équation. (*Psych.*, III, append., p. 392, n° 167).

2° Hégel se flatte de partir d'une donnée absolument à priori, et cependant son point de départ, le devenir, ne peut lui être donné que dans l'expérience (*Psych.*, III, append., p. 394, note 1).

3° Hégel n'explique pas et ne peut pas expliquer comment l'idée produit la nature. « L'idée n'est autre chose que l'objet de l'intuition mentale, l'essence

Le philosophe italien conserve avec la dernière énergie l'opposition fondamentale du sujet et de l'objet : tout l'es-

des choses. Par exemple, l'idée de l'homme est l'essence de l'homme ; elle n'est ni cet homme-ci, ni celui-là, mais simplement le type de l'homme, l'homme possible. Il faut dire la même chose de toute autre idée. Or, si nous attribuons à l'idée une action quelconque, de manière à en faire un agent, nous associons à l'idée une chose étrangère. Nous n'avons plus seulement l'idée de la chose, mais nous avons un agent associé à l'idée par notre imagination. L'idée n'a d'autre office que de nous faire connaître les choses ; ce sont les choses réelles et existantes qui agissent. Le type qui manifeste les choses réelles et les choses réelles qui agissent sont deux sujets catégoriquement différents... Prétendre que l'idée agit et se transforme en autre chose, c'est changer la nature de l'idée... c'est substituer à l'idée une nature réelle et existante, capable d'action, c'est retomber dans la dualité que l'on voulait supprimer » (*Psych.*, III, append., p. 389, n° 163). — *Saggio critico sulle Categorie*, p. 278-280 — et p. 334-335. D'ailleurs, ajoute Rosmini, toute idée est immuable et éternelle ; il est donc absurde de supposer en elle une passion quelconque (*Psych.*, n° 164). Et enfin « si l'idée pouvait, en se transformant, devenir la nature, elle s'anéantirait elle-même, car elle perdrait ce qui la constitue essentiellement, qui est d'être la lumière de l'intelligence ». — Rien donc ne peut sortir de l'idée pure : l'unité de Hégel, dit Rosmini, demeure inféconde par excès d'abstraction. (*Rinnovamento*, p. 216). Rosmini ajoute : Si ce système montre assez bien comment le réel est en relation avec l'idéal, il ne fait pas voir la distinction profonde qui existe entre ces deux ordres (*Teosofia*, II, p. 113). Hégel est obligé d'identifier avec la pensée, non pas seulement l'être lui-même, mais aussi les multiples déterminations de l'être (*Nuovo Saggio*, discours prélim., n° 27), à moins de les considérer comme une quantité négligeable et les assimiler au néant. (*Teosofia*, II, p. 113).

4° Hégel n'échappe pas au subjectivisme. Cela est évident, dit Rosmini, si l'on considère que, dans ce sytème, l'être et la pensée s'identifient ; que le monde n'est qu'une manifestation de la pensée et que, en dernière analyse, le réel résulte de la forme même de la connaissance (*Teosofia*, II, p. 116). D'ailleurs, le savoir absolu, la pensée pure, considérée comme acte du moi, est tout aussi subjective que n'importe quelle autre modification du sujet conscient (*Rinnovamento*, p. 183, note 1).

Enfin, toutes ces transformations de l'idée, au sens où les entend Hégel, ne peuvent être que de pures « opérations mentales ». Le philosophe allemand suppose avec Fichte « que le sujet qui connaît, ne connaît rien en dehors de lui-même, et que, par conséquent, tout ce qu'il connaît, se réduit à une série d'objets qui naissent en lui ; d'où il suit que toute réalité se réduit à une série de productions de l'esprit » (*Psych.*, III, append., p. 392, n° 167).

5° Hégel se fait une fausse conception du moi. D'abord, il ne distingue pas dans le moi le sentiment et la connaissance que nous en avons (*Rinnovamento*, p. 183). De plus, « l'idée ne peut jamais devenir esprit, parce que l'esprit est le sujet, et l'idée l'objet de l'intuition, d'où il suit qu'il y a entre les deux une opposition de nature » (*Psych.*, III, append., p. 391, n° 166, 8°).

Enfin le moi individuel disparaît lui-même et s'absorbe dans l'esprit absolu qui pense en nous (*Teosofia*, II, p. 124 suiv.).

prit de la philosophie de Hégel va, au contraire, à confondre ces deux termes. Rien n'est plus opposé à la pensée rosminienne que le système de l'identité absolue. C'est ce que reconnaît bien Mariano ; il en fait le principal de ses griefs contre la philosophie du penseur italien ; il lui reproche de maintenir la distinction du sujet et de l'objet, aussi, ajoute-t-il, « la doctrine de Rosmini est un idéalisme superficiel, inconséquent, qui n'a pas conscience de lui-même et qui mérite à peine le nom d'idéalisme[1] ». Rien de plus vrai, s'il s'agit d'idéalisme nettement hégélien !

Il n'est pas étonnant, dès lors, que Rosmini conçoive différemment les rapports que les choses entretiennent avec l'idée. C'est une conséquence même de son point de vue. Le possible n'est rien par lui-même et séparé de l'intelligence divine ; il n'y a donc en lui aucune tendance à la réalisation[2], et, d'après le mot de Bossuet, si Dieu n'était pas éternellement, rien ne serait. Sans doute, le possible implique bien une certaine idée de réalisation, mais le fondement de cette réalisation ne réside que dans l'intelligence divine qui pense les types des choses et dans la volonté toute-puissante et infinie qui les réalise en dehors de la substance de Dieu. L'être suprême seul est capable de faire passer les êtres de la puissance à l'acte.

Au fond, c'est toujours la même opposition que nous rencontrons entre Hégel et Rosmini : Le philosophe alle-

---

6° Hégel n'a pas su trouver le vrai critère de la vérité (*Teosofia*, II, p. 118. — Cf. Ire partie, ch. IV de ce travail).

7° Tout le système de Hégel repose sur un concept absurde et contradictoire. La pensée pure est une chimère ; c'est un abstrait. Le principe premier ne peut être qu'un être qui pense, qu'un sujet (*Teosofia*, II, p. 125 suiv.). — Voir *Rinnovamento*, p. 209, le jugement que Rosmini porte sur la philosophie allemande, en général. Lire aussi la préface de la *Logica* où Rosmini reproduit la réfutation de Hégel. — *Saggio storico critico sulle Categorie*, p. 267 à 287 et 319 à 455.

1. Mariano, *op. cit.*, p. 72.
2. *Teosofia*, I, p. 214 : « È un idea, che a pari di tutte le altre, è uno scibile, ma non ha azione. » — *Ibid.* : « Un principio dello scibile non ha potenza nè azione ne può porre se stesso. »

mand affirme de la pensée en soi ce que l'auteur du *Nuovo Saggio* dit de la pensée divine ; le premier place en l'homme un mode de penser que le second ne peut admettre qu'en Dieu ; pour celui-ci, l'idée est essentiellement un *objet* d'intuition, de contemplation, celui-là en fait la pensée et l'intelligence même.

Pour Hégel, l'esprit absolu est le terme et l'aboutissement du développement de l'idée à travers la nature et le moi ; pour Rosmini, il est le principe même de toutes les réalités particulières.

TROISIÈME PARTIE

L'ÊTRE MORAL

« La Philosophie, écrit Rosmini, peut se diviser en trois groupes de sciences : les sciences idéologiques, les sciences métaphysiques et les sciences déontologiques », qui répondent aux trois catégories que nous avons distinguées dans l'être, l'idéal, le réel et le moral. « Les sciences idéologiques sont celles qui ne tiennent leur objet que de l'intuition; les sciences métaphysiques comprennent les sciences de perception et la première branche de celles de raisonnement, c'est-à-dire les sciences ontologiques; enfin, le groupe des sciences déontologiques comprend l'autre branche des sciences de raisonnement [1]. »

C'est cette troisième grande division de l'être et du savoir humain que nous devons aborder à présent. Jusqu'ici nous n'avons observé que ce que les êtres sont, leur nature intime, leur essence; il est temps maintenant de nous demander *ce qu'ils doivent être pour être parfaits*, pour réaliser pleinement leur type et leur essence.

Tel est l'objet des *sciences déontologiques* (τὸ δέον); « elles traitent de la perfection de l'être et des moyens de l'acquérir et de la perdre [2] ».

---

1. *Psych.*, I, *Préface des Œuvres Métaphysiques*, p. LXXIV.
2. *Sistema filosofico*, n° 189.

La Déontologie est radicalement distincte des sciences métaphysiques. Elle ne laisse pas cependant d'avoir avec elles un lien tout particulièrement étroit; car, dit Rosmini, « la science qui montre ce qu'est l'être est le fondement de celle qui recherche ce qu'il doit être pour être parfait [1] ». Lorsque les deux formes de la réalité et de l'idéalité se trouvent réunies, « elles s'ordonnent nécessairement, car l'être qui résulte de leur union tend nécessairement à se compléter, en mettant l'une en harmonie avec l'autre et en réalisant, par cette harmonie, la troisième forme qui est la forme morale [2] ».

Il faut remarquer que Rosmini donne ici à ce terme *moral* une signification plus étendue qu'on ne le fait ordinairement. Quand il oppose la moralité à la réalité et à l'idéalité, il a moins en vue l'éthique proprement dite ou science des mœurs que la perfection intrinsèque des objets et des individus. Considérer un objet sous la catégorie de la moralité, c'est donc uniquement l'envisager au point de vue de ce qu'il doit être pour réaliser son type. Ainsi, la déontologie établit à quelles conditions se produit, se conserve et se développe cette harmonie intime entre l'être idéal et l'être réel d'où doit sortir la moralité, c'est-à-dire, ici, la perfection [3].

La perfection peut d'abord être considérée en elle-même, et c'est l'étude que se propose la Déontologie générale.

Cette science se divise d'après les trois catégories de l'être. Elle établit donc successivement la perfection générale des êtres moraux, celle des êtres intelligents, et enfin, dans une même classe, d'abord la perfection des êtres sensitifs, puis celle des êtres inanimés que nous ne connaissons que par l'action qu'ils exercent sur notre sensibilité et qui,

---

1. *Psych.*, I, *Préface aux Œuvres de Métaphysiques*, p. LXXIV.
2. *Psych.*, II, n° 953. — *Teosofia*, II, p. 364, art. 5.
3. *Sistema*, n°⁸ 208, 209. — *Ibid.*, n° 191. — Voir aussi *Teosofia*, II, p. 423, 424, 425.

pour cela, dans le langage de Rosmini, prennent le nom d'êtres extrasubjectifs.

Dans chacun de ces groupes d'êtres, la déontologie détermine cette exigence essentielle qui fonde leur perfection et que le philosophe italien définit « la nécessité qui se trouve impliquée dans les conditions nécessaires à la réalisation d'une fin, et dont la nature dépend de cette fin même [1] ».

En Dieu, ajoute Rosmini, les trois genres de perfection existent au plus haut degré : il est l'Être par essence, il est donc à la fois éminemment moral, intelligent et réel; en lui sont réalisées toutes les conditions de l'existence, parce que, éternellement, il actualise ce que son être recèle d'inépuisable possibilité [2]. Une harmonie absolue règne en lui entre l'être idéal et l'être réel.

Il n'en est pas de même des créatures.

D'abord, l'être qu'elles possèdent ne leur est pas essentiel; c'est par participation qu'elles le reçoivent, et jamais il ne se communique à elles dans sa plénitude. De plus, cet être est plus ou moins actualisé, et c'est là une nouvelle source de moindre perfection.

Il s'établit ainsi entre elles une hiérarchie de types où les êtres sont de plus en plus parfaits, dans la mesure où ils possèdent l'être d'une manière plus entière et réalisent plus complètement leur essence [3]. Chaque essence, en effet, pour atteindre le genre de perfection qui lui est propre, obéit à une sorte de nécessité, d'exigence, qui tient au fond même de sa nature, et qui se manifeste également dans l'ordre de l'intelligence et de la réalité comme dans celui de la moralité. C'est là ce que Rosmini appelle les trois

---

1. *Sistema*, n° 197 : « La parole « esigenza » esprime quella necessità che è propria delle condizioni necessarie all' ottenimento di un fine, e che prende natura dal fine stesso ». — Cf. aussi n° 198.
2. *Teosofia*, II, p. 365, n° 1031.
3. *Sistema*, n°ˢ 191, 192.

grandes *nécessités déontologiques*. Elles se distinguent radicalement des nécessités ontologiques correspondantes, en ce que celles-ci n'ont trait qu'à l'existence des êtres, tandis que celles-là expriment les lois de leur perfection [1].

La nécessité déontologique se présente sous un double aspect. Nous l'appelons objective, quand l'esprit se borne à envisager l'être en lui-même, dans sa nature essentielle ; nous la nommons, au contraire, subjective, lorsque nous considérons le sujet particulier dans lequel doit se réaliser l'être pour que ce sujet soit parfait [2]. « La forme qui fait exister l'intelligence est essentiellement un objet ; c'est donc aussi à une forme objective que l'être intelligent doit sa perfection [3]. » Les êtres réels obéissent à une forme purement subjective ; les êtres moraux, doués à la fois de sensibilité et de raison, ne peuvent atteindre leur perfection qu'en se soumettant à une loi subjectivo-objective qui crée en eux un accord d'une nature spéciale entre l'élément rationnel et l'élément sensible [4].

Telles sont les grandes lignes de la Déontologie générale.

La Déontologie spéciale s'occupe de la perfection de chaque être en particulier : c'est dire les proportions que peut affecter cette partie des sciences déontologiques, surtout si l'on sait qu'elle embrasse même dans son objet les êtres artificiels que peut créer l'imagination, et qui sont une des principales formes des Beaux-Arts [4]. Il y a là un champ immense et dont on entrevoit à peine les limites.

Bornons-nous, avec Rosmini [5], à déterminer rapidement l'objet de la déontologie humaine.

La science de la perfection de l'homme, imitant la marche

1. Cf. *Teosofia*, II, p. 429, n° 1076.
2. *Sistema*, n°ˢ 195, 196, 200.
3. *Ibid.*, n°ˢ 202, suiv.
4. *Sistema*, n° 207.
4. *Ibid.*, n° 210.
5. *Ibid.*, n° 211.

que suit la Déontologie générale, cherche d'abord à fixer l'archétype humain, c'est-à-dire le type-homme que les individus doivent imiter pour atteindre leur perfection spécifique ; en second lieu, elle indique les actes les plus propres et les moyens les plus efficaces pour conduire l'homme individuel à la réalisation de plus en plus intégrale de ce type.

Rosmini divise donc ainsi qu'il suit les différentes branches de cette vaste étude :

I. *La Télétique,* qui indique à l'homme la fin vers laquelle il doit tendre, le type général qu'il doit réaliser. Cette science si importante, dit Rosmini, n'a jamais été suffisamment étudiée, peut-être même est-il impossible à l'homme de déterminer quelle est sa vraie perfection dans le double ordre de la nature et de la surnature. Consolons-nous cependant, ajoute-t-il, de cette lacune, puisque Dieu lui-même prend soin de la combler en présentant à nos regards et en proposant à notre imitation Jésus-Christ, l'homme parfait lui-même [1].

II. *L'Eudémonologie* ou science du bonheur qui, au fond, ne fait qu'un avec la science de la perfection [2].

Voici ce que Rosmini en dit dans l'*Introduzione alla filosofia* [3]. « L'eudémonologie a pour objet de mettre en relief l'excellence du bien moral et la laideur du mal moral. Elle montre que l'une et l'autre sont infinies. Elle décrit la dignité et la joie d'une âme vertueuse, la dégradation et la misère de celui qui se livre au vice ; elle prouve qu'aucun homme vertueux n'est vraiment malheureux et que le bonheur est incompatible avec le vice. Elle ouvre de nouveaux horizons aux espérances humaines, en établissant que la vertu doit recevoir une récompense éternelle et le vice un châtiment sans fin : elle le prouve en faisant appel aux

---

1. *Sistema,* n° 214.
2. *Prefazione generale alle opere morali,* ix. Edit. Batelli, vol. 9-10.
3. *Sistema,* n° 225.

attributs divins; et, après avoir conduit l'homme jusqu'à ces hautes considérations, semblable à un sage précepteur, elle ne l'abandonne que pour le confier aux mains d'un maître plus sublime, la Parole révélée. »

III. *L'Ascétique*, qui recherche les moyens les plus propres pour s'élever soi-même à la perfection.

IV. *La Pédagogie* se propose la même fin, mais par rapport aux autres individus.

V. *L'Économie*, qui indique comment la famille et chacun des membres qui la composent peuvent arriver à la perfection et au bonheur.

VI. *La Politique*, enfin, détermine les lois d'un bon gouvernement qui permet à chacun des membres qui constituent la société civile d'atteindre sa fin [1].

Rosmini n'a jamais traité ex-professo la déontologie générale; plusieurs des parties dont devait se composer la déontologie spéciale n'ont été qu'à peine effleurées; d'autres même n'ont jamais été abordées. Limitons-nous donc à la morale proprement dite, à l'Éthique, que Rosmini a développée d'une manière toute spéciale. Aussi bien, le philosophe italien lui-même nous avertit qu'elle est le couronnement naturel de la Déontologie et en résume, par rapport au sujet humain, toutes les grandes lignes [2].

1. *Prefazione generale alle opere Morali*, IX-X. — *Sistema filosofico*, nos 214, à la fin.
2. *Psych.*, I, Préface générale, LXXIV. — Cf. *Introduzione Sistema*, n° 212.

Disons cependant un mot de l'*Esthétique* qui occupe une place spéciale parmi les sciences déontologiques.

Le philosophe italien distingue le *beau* et le plaisir du beau. Le premier est purement intellectuel et constitue l'objet de la *Callologie*, le second est sensible et appartient à l'*esthétique*.

Le beau pur résulte d'une relation comme le vrai et le bien; il n'existe que par sa relation avec un principe *raisonnable*, d'où l'on voit que les animaux peuvent éprouver le plaisir sensible de l'agréable, mais ne goûtent jamais le plaisir intellectuel du beau (*Psych.*, II, n° 1770).

Le beau étant une relation appartient à la forme objective de l'être (*Teosofia*, II, n° 1064). Il se distingue du bien en ce que celui-ci entretient un rapport nécessaire avec la sensibilité (*Teosofia*, II, p. 414). *Principii della scienza morale*, cap. II et IV. — Voir plus bas.

La morale détermine les lois qui doivent diriger l'activité de l'homme ; elle est donc une science, au même titre que l'astronomie qui recherche les lois des révolutions célestes, ou que la biologie qui analyse et classe les phénomènes vitaux organiques. Mais, en même temps, la morale est une science éminemment pratique. Elle est science en tant qu'elle établit des lois, mais c'est des lois mêmes de l'action qu'il s'agit ici : nous concilierons ces deux caractères de la

Le beau est quelque chose d'objectif et voilà pourquoi même un homme laid peut jouir de la vue d'un beau visage (*Ibid.*, p. 415).

Les éléments du beau se réduisent à cinq :

1° L'être ou la vérité ; cependant ce premier élément est insuffisant : on peut connaître le laid ; il est donc, et en tant qu'il est, il est vrai.

2° L'*un* et le *multiple* mis en relation et formant une *totalité*. L'un absolu peut être vrai en lui-même ; au contraire, le beau suppose toujours une relation entre le plusieurs et l'un. Il est une adaptation, un ordre. « Le *plusieurs* est la cause matérielle du beau, *l'un* en constitue la cause formelle » (*Teosofia*, II, p. 417). Le beau, c'est l'ordre dans le vrai (*Teosofia*, II, p. 418. — Voir aussi *Saggio sull' idillio*).

3° Enfin le beau suppose un *assentiment* spécial de l'esprit, *un plauso della mente* (*Ibid.*, II,), et c'est en cela que se distinguent l'ordre et le beau. L'ordre n'exige pas autre chose qu'une certaine réduction du multiple à l'unité.

Cette approbation intellectuelle est objective et désintéressée : « Elle ressemble à un acte de justice par lequel nous reconnaissons dans un être les qualités qui lui appartiennent, sans aucun retour sur nous-mêmes (*Teosofia*, II, p. 419). Aussi, le vrai, le beau et le bien supposent tous les trois un assentiment de l'esprit : dans le premier cas, cet assentiment est *spéculatif*; il est *admiratif* dans le second, et *pratique* dans le dernier.

De cette théorie Rosmini tire la conclusion que tout être, si laid soit-il, possède quelque élément de beauté. *Il est beau* dans la mesure où *il est*. Le laid absolu ne saurait se rencontrer, pas plus que le néant et le faux absolus. Mais ce n'est là encore qu'une beauté purement essentielle et élémentaire ; ce n'est pas ce que les hommes entendent généralement quand ils parlent du beau. Pour déterminer le beau supérieur il faut considérer, non la réalisation de l'essence d'un objet, puisqu'elle est commune à tout ce qui existe, mais la réalisation plus ou moins avancée des perfections que contient l'archétype de cet objet (*Ibid.*, II, p. 432). Il y a donc une certaine latitude dans la détermination des différents degrés du beau et du laid. Rosmini, cependant, formule ces deux règles qui sont loin, d'ailleurs, de présenter une rigueur mathématique : « Ogni qual volta un ente reale s'avvicina al suo archetipo più che non faccia il maggior numero degli altri della sua specie co' quali si confronta, dicesi bello. » « Un ente che realizza il suo archetipo meno che non faccia il maggior numero degli enti della sua specie co' quali si confronta, dicesi brutto » (*Teosofia*, II, p. 433). Toutes ces remarques s'appliquent également au beau artistique et au beau naturel (*Teosofia*, II, p. 472, n° 1109). — Voir *ibid.*, p. 446, etc., p. 465, l'application que Rosmini fait de sa théorie à la beauté en Dieu.

morale en l'appelant « la théorie de la pratique », la théorie de l'action [1].

Si maintenant nous rapprochons l'éthique des diverses sciences qu'on appelle communément « morales », nous sommes frappés, dès l'abord, d'une différence essentielle, et qui, à elle seule, suffit pour assurer à la morale proprement dite une place à part parmi les sciences qui s'occupent de l'homme, de son histoire, de son développement individuel ou social.

La science des mœurs n'est pas hypothétique, conditionnelle : elle ordonne ; elle se présente à la conscience de chacun comme un impératif catégorique.

Elle ne dit pas : « Suis telle ligne de conduite si tu veux être heureux, vertueux » ; elle commande :

« *Fais le bien, sois vertueux.* »

Les autres sciences morales, au contraire, ont toujours quelque chose de cette instabilité qui caractérise le sujet humain ; elles ont toujours une part, large plus ou moins, de conditionnel et de relatif, elles indiquent les moyens les plus propres à procurer certains biens particuliers, mais elles n'obligent jamais : la Morale, elle, distingue entre la fin et les moyens.

C'est en vue du bien que l'homme doit tendre à sa perfection, à *son* bien, à son bonheur ; mais c'est pour eux-mêmes que la vertu doit être pratiquée, le bien recherché et aimé : l'obligation de conformer toutes nos actions à la loi du bien est primitive, indépendante absolument de toute considération utilitaire.

L'éthique n'a pas à tenir compte de l'homme : c'est là un point de vue particulièrement cher à Rosmini, et qui découle de sa théorie sur l'être. Dans la pensée du philosophe italien, le sujet de la moralité est moins l'homme, tel homme, que l'humanité en soi. Aussi la vertu est-elle le seul objet que

---

1. *Prefaz. alle opere morali*, p. v.

se propose la science des mœurs. Quant à la perfection propre et au bonheur, que les Grecs considéraient, et non sans quelque raison, comme des éléments essentiels de l'éthique, Rosmini ne voit là que des concepts tout à fait étrangers à l'*essence* de la morale, et il déplore ce qu'il appelle l'empiètement de l'eudémonologie sur l'éthique proprement dite[1].

La morale est donc bien une science spéciale avec un objet propre et un but nettement déterminé ; elle est la science de la vertu, la théorie du bien absolu. « Elle recueille, dit Rosmini, et dispose dans un ordre systématique les lois qui doivent diriger les actions humaines ; elle établit, de plus, la nature des rapports qui doivent exister entre la loi et les actions[2]. »

La moralité doit, avant tout, ramener les différentes lois particulières à un principe universel, à une loi fondamentale (*legge madre*), qui nous servira à juger de la valeur de chaque action en particulier et doit constituer l'essence même de la moralité. Aussi bien, les lois particulières n'ont de valeur et de force obligatoire que celles qu'elles reçoivent de leur participation à ce principe fondamental.

Tel est le premier problème que doit se poser la science des mœurs.

De plus, ce n'est pas d'une action quelconque qu'il s'agit ici : la morale ne s'occupe que des actes humains. Le moraliste ne doit donc pas se placer en dehors de l'humanité, et l'éthique n'a de signification et de valeur que si elle tient compte, au moins d'une manière très générale, de certaines conditions qui relèvent de la *nature essentielle* de l'agent moral[3].

---

1. *Prefazione*, p. x. — Quand Rosmini dit que l'éthique ne doit pas tenir compte de l'homme, il ne veut parler, comme tout l'indique, que de l'homme individuel, considéré comme sujet particulier.

2. *Prefazione*, ix.

3. *Ibid.*, p. xiii, note 1 : « Il principio morale, il quale non è altro che la suprema di tutte le leggi, non può considerarsi da sè solo, ma è mestieri che

Enfin, il ne suffit pas de déterminer le principe de la morale ni de connaître la vraie nature de l'agent; il faut encore posséder des règles fixes et précises qui nous dirigeront dans l'application que nous devons faire du principe aux différentes actions de l'agent moral[1].

Telles sont les trois questions fondamentales et purement théoriques que comporte la science des mœurs :

1° Quelle est l'essence de la morale ;

2° Quelle est la vraie nature de l'agent moral ;

3° Nature du rapport qui doit exister entre la loi et l'agent pour que son action revête un caractère de moralité.

L'éthique comprendra donc trois parties correspondantes :

La *Nomologie pure*, ou théorie du bien, de la loi ; l'*Anthropologie morale* ou théorie de l'agent ; et, enfin, une science spéciale que Rosmini appelle la *Logique morale* et qui, dans sa pensée, constituerait une sorte de casuistique rationnelle. Rosmini y rattache ce que les moralistes désignent sous le nom de « Traité de la conscience[2] ».

Nous laisserons à peu près de côté, dans notre exposition de la morale rosminienne, cette troisième partie, qui, d'ailleurs, n'offre rien de bien original. Nous ne suivrons pas davantage le philosophe italien dans les développements excessivement étendus qu'il donne à son *Anthropologie morale* : nous nous bornerons simplement à sa théorie de la liberté.

La Nomologie pure présente le côté le plus intéressant et le plus original de la morale de Rosmini; elle constitue, pour ainsi dire, une illustration de la théorie générale de l'être et nous découvre comment, pour Rosmini, les lois

---

si consideri nella relazione essenziale che ha col soggetto (l'uomo), che a lui si conforma o non conforma nell' operare. »

1. *Introduzione, Sistema*, n°ˢ 216-217.

2 *Sistema*, n° 222. — Voir une autre division de l'*Éthique*, dans *Compendio di Etica, breve storia di essa*, Roma, Desclée, 1907, p. 5.

de l'action découlent des lois mêmes de l'entendement[1].

1. Quant à la morale appliquée, Rosmini divise ainsi les différents chapitres dont elle se compose :
Ire partie : Des lois ou formules morales dérivées, considérées en elles-mêmes.
   Sect. I : Formules concernant l'être intelligent suprême : devoirs envers Dieu;
   Sect. II : Formules concernant l'être intelligent humain : devoirs envers l'homme;
   Chap. I : Devoirs envers la nature humaine en général.
   Ch. II : Devoirs envers la nature humaine provenant de rapports spéciaux :
      a) rapports de l'homme avec lui-même : devoirs personnels, b) rapports avec la famille, c) avec la société civile, d) rapports avec la société morale et religieuse, e) rapports résultant de contrats, pactes, etc.
IIe partie : Des lois ou formules morales considérées par rapport à l'agent moral.
   Sect. I : Du principe actif qui met en pratique les formules morales.
   Chap. I : Les actes moraux (l'acte moral, la responsabilité, le mérite).
   Chap. II : Les habitudes morales.
   Sect. morales II : Des moyens qui aident l'agent dans l'accomplissement des lois.
   Sect. III : Des effets que produit dans l'agent moral l'obéissance aux lois morales ou leur transgression : rapports entre la vertu et le bonheur.

CHAPITRE PREMIER

NOMOLOGIE PURE

La Nomologie recherche la véritable essence de la moralité. C'est là le problème le plus important que doit résoudre le moraliste. Aussi longtemps, en effet, qu'il n'a pas déterminé ce qui constitue le fond commun de tous nos jugements moraux, il se trouve dans l'impossibilité de formuler et de justifier aucune loi particulière [1]. Aussi bien, déterminer les lois spéciales à chaque manifestation de l'activité humaine serait un travail inutile et impossible.

Il semble, à première vue, bien difficile, sinon impossible, de réunir sous l'unité d'un concept la multiplicité fuyante de nos actes, et l'on ne voit pas comment enchaîner dans les réseaux d'une formule unique l'activité de l'homme, « être merveilleusement ondoyant et divers ».

N'est-ce pas cependant ce à quoi tend la science des mœurs?

Heureusement, dit Rosmini, qu'il en est de la morale comme de la logique; les idées générales renferment les notions spécifiques et sont elles-mêmes subsumées sous des concepts plus généraux, jusqu'à ce que l'esprit s'élève à une notion absolument générale et universelle, l'être indéterminé [2].

C'est, en effet, ce que nous montre l'analyse des juge-

---

1. *Prefazione*, XIII.
2. *Prefaz. generale* etc., p. XII.

ments moraux. Ils se réduisent tous, en définitive, à une seule et même notion, le bien en général, et ne sont que les applications variées, spécialisées, d'un seul et même jugement fondamental : « Fais le bien moral, fuis le mal moral; *opera il bene morale e fuggi il male morale.* »

« La morale, ajoute notre auteur, peut donc être comparée à un code dans lequel toutes les lois se trouvent classées d'après leur généralité décroissante, de sorte qu'en partant du principe même des lois et en descendant peu à peu aux lois particulières, on arrive à déterminer la conduite de l'homme dans telle ou telle circonstance spéciale [1]. »

Il est, d'ailleurs, facile de constater que de ce principe général découlent toutes les applications particulières que l'on peut faire de la science des mœurs. Si je dis à quelqu'un : « tu ne dois pas voler », je puis rendre raison de ce précepte en ajoutant que voler est un mal moral; mais si l'on vient à me demander pourquoi il faut éviter le mal moral, je n'ai rien à répondre, si ce n'est que c'est le mal moral; tout au plus pourrai-je expliquer la nature de ce mal; d'où il apparaîtra avec évidence qu'un tel mal doit être à tout prix évité. C'est là un principe absolument premier et irréductible [2].

Le bien, voilà donc le soleil qui envoie ses rayons dans toutes les parties de la morale, comme l'être est la lumière qui guide nos démarches intellectuelles et nous conduit à la vérité; et, de même que toutes nos connaissances se réduisent à une affirmation de l'être, ainsi toutes les lois morales se ramènent à une seule loi universelle dont elles dérivent et dans laquelle elles trouvent à la fois leur nature, leur nécessité inéluctable et leur évidence impérative [3].

---

1. *Prefaz.*, xii.
2. *Ibid.*, p. xii.
3. *Ibid.*, xii.

Qu'est-ce que le bien en général?

Demandons-nous d'abord ce que l'on entend généralement par cette expression : un bien.

Le bien est ce que tous désirent [1]. Un objet, dit Rosmini, n'est pour nous un bien que s'il s'adapte à notre faculté de désirer (*appetere*) et la satisfait. Aussi, par rapport à nous, le bien peut-il se définir « une relation de convenance, une adaptation des choses avec notre faculté appétitive ».

Cette relation suppose un être capable de sentir, de désirer, de se porter vers les objets. Or, si un tel être existe, il ne peut faire moins que de se désirer lui-même, c'est-à-dire qu'il veut sa propre existence; il tend à se développer, à persévérer dans l'être. Le contraire serait inintelligible [2]. Nous pouvons même dire que, dans l'homme, la faculté de désirer se réduit au pouvoir de tendre à son propre développement, à sa perfection et tout ce qui peut la lui procurer. Ainsi considéré, le bien n'est pas autre chose que le développement de notre nature et l'expansion de notre vie.

Ce n'est pas tout : dans la satisfaction même de notre faculté appétitive, il y a, dit Rosmini, deux choses à considérer : d'abord, un état général de bien-être, un plaisir, ce que le philosophe italien appelle « *il godimento* »; puis, un accroissement de notre être propre, une adaptation plus complète, une augmentation de perfection naturelle (*la perfezione*).

Jouissance et perfection, tels sont les deux éléments que l'analyse dégage du concept de notre bien propre : mais ces deux éléments sont-ils également essentiels? La jouissance est-elle nécessairement impliquée dans l'idée que

---

1. Cf. S. Thomas, « Bonum... quod omnia appetunt ».
Contra Gent., III, 16. Ratio boni in hoc consistit quod aliquid sit appetibile. — *Sum.*, I, quæst. v, a. 1. — I-II^{æ}, quæst xvi, a. 1, c. a. 3 c. — C'est la définition même que donnait Aristote : *Ethic. ad Nicom.*, c. i.
2. *Principii*, p. 11.

nous devons nous faire du bien? Ne pouvons-nous concevoir le bien qu'en le rapportant à la sensibilité?

Rappelons-nous ce que nous avons dit dans les chapitres précédents sur l'origine et la formation de toutes nos idées particulières : l'homme ne se serait jamais élevé à la connaissance du bien en général, à l'idée de perfection, s'il n'avait *senti* quelque bien particulier, quelque perfection personnelle, quelque satisfaction de sa faculté de désirer. La perfection ne se conçoit, d'ailleurs, que comme la qualité d'un sujet sentant; elle ne se comprend que s'il existe un être capable de la contempler et d'en jouir. C'est ainsi que les enchanteresses harmonies des sons et les mille jeux des couleurs ne sont rien en dehors de l'œil qui les contemple et de l'oreille qui les perçoit. Aussi bien, un être privé de tout sentiment serait par là même dépourvu de conscience, de *moi* : il serait un objet et non un sujet; il n'existerait qu'au regard d'une conscience étrangère à lui et qui le percevrait dans l'intuition sensible [1]. Pour un être de cette nature, il ne saurait y avoir de véritable bien; et si nous le concevons doué de tel degré de perfection, ce n'est pas en lui-même et pour lui-même qu'il la possède. Ce n'est pas sa perfection; il n'en jouit pas. C'est, pour ainsi dire, une perfection qui lui est ajoutée du dehors, et il ne la tient que de l'appréciation que porte sur lui un être doué de jugement et de sensibilité. « Les perfections des êtres inanimés n'existent et ne sont connues que parce que ces êtres entrent en relation avec notre faculté — qui leur est tout à fait étrangère — de sentir et de désirer [2]. »

Nous ne pouvons concevoir la perfection qu'en la rapportant à un sujet qui en jouit; de sorte que, séparée du concept de sensibilité, la perfection perd toute signification et implique même contradiction [3]. Ainsi, ce n'est pas dans

---

1. *Principii*, p. 12-13.
2. *Principii*, p. 13.
3. *Ibid.*, p. 14. — Cf. *Teosofia*, II, n° 1064, p. 413 suiv.

la seule tendance appétitive que réside le bien réel et concret, ni dans la perfection séparée de tout sujet, mais dans la relation qui s'établit entre ces deux termes.

Pour être désiré, un objet suppose toujours un sujet sentant. Mais ici, deux cas peuvent se présenter : ou le sujet lui-même jouit de cet objet, ou bien il se trouve simplement en rapport avec un agent pour lequel l'objet en question est une cause de jouissance.

Prenons, par exemple, un beau spectacle de la nature : je jouis directement de sa vue ou je m'entretiens avec quelqu'un qui me fait part de ses impressions. Dans le premier cas, l'objet est directement un bien pour moi; il est *senti*, vécu, c'est un bien dans toute la force du terme, il est réel, concret, je suis le sujet qui en jouit; dans le second cas, au contraire, cet objet n'est pas directement un bien pour moi qui ne fais que le concevoir; il n'est pas *senti*, il est seulement *connu*. Mais un bien senti directement par moi existe, *pour moi*, plus que si je ne faisais que le contempler dans un autre; il est davantage un bien : plus *il est* pour moi, plus aussi *il est un bien* [1].

Les êtres sont bons dans la mesure où ils sont : « *in quanto sono, in tanto gli esseri sono buoni* ».

L'analyse à laquelle nous venons de soumettre l'idée du bien nous conduit ainsi à cette constatation : le bien et l'être sont deux termes qui s'enveloppent; le concept de bien repose tout entier sur celui de l'être et n'en est qu'une forme particulière [2]. Cette constatation constitue le ressort central de la morale de Rosmini; c'est le point de jonction où l'éthique se rattache à la théorie de l'être et n'en est qu'un corollaire et une application [3].

---

1. *Principii*, p. 15. « Le classi indicate del bene sono diverse, come è diversa l'esistenza degli esseri stessi, cioè a dire che in quanto sono, tanto gli esseri sono buoni », toute la p. 15. — Cf. *Teosofia*, II, p. 376 et suiv., nos 1036 suiv.
2. Cf. ce que nous avons dit plus haut au sujet des concepts élémentaires, part. I, ch. III.
3. *Prefazione*, x. « L'Etica non è che un corollario di questa (teoria degli anti) e al tenor da questa si conforma. »

L'idéologie nous a montré qu'au fond de nos jugements c'est toujours l'idée de l'être que nous retrouvons. Les jugements pratiques n'échappent pas à cette loi des choses et de l'esprit, et le bien que nous affirmons dans notre appréciation morale des choses n'est jamais aussi qu'une forme de l'être [1]. Quand nous disons d'un objet qu'il est parfait, ne voulons-nous pas dire qu'il réalise son type, qu'il est ce qu'il doit être, qu'il *est* dans toute la force du terme? Il actualise tout ce qui est contenu dans son essence; par rapport à cette essence il est en acte, acte d'autant plus parfait que le type en question est plus adéquatement réalisé. Être et être actualisé n'expriment qu'une seule et même chose. Et cela est si vrai, ajoute Rosmini, que lorsque nous pensons à un être déterminé, nous concevons toujours en même temps un acte, l'acte par lequel cet être existe, est réalisé, subsiste. Un objet pourrait-il subsister, si, selon l'heureuse expression de Spinoza, il ne persévérait dans l'être, s'il ne tendait continuellement à son développement, à sa réalisation; si, par là même et de quelque manière, il n'agissait [2]?

Les êtres sont donc bons dans la mesure où ils sont; plus ils sont, plus ils se développent, plus ils possèdent de réalité essentielle, plus aussi ils sont parfaits : l'être indéterminé se confond avec le bien par essence. Nous arrivons ainsi à la même conclusion que les scolastiques : *Ens et bonum convertuntur*. L'être, c'est le bien; le bien, c'est l'être.

Dans l'idée de l'objet connu immédiatement nous percevons intellectuellement l'être de cet objet, son essence; et comme l'être s'identifie avec le bien, nous percevons aussi sa bonté. C'est la connaissance que nous possédons du degré d'être de chaque objet qui nous révèle, en même temps, sa perfection propre et essentielle. Et si nous

---

1. *Principii*, p. 4.
2. *Psych.*, II, n° 1201.

voulons savoir *ce que vaut* un objet, il nous suffira de savoir *ce qu'il est*, de percevoir son essence, sa nature.

Pour s'élever à la conception du bien absolu et universel, l'esprit humain n'a plus qu'à généraliser cette constatation jusqu'ici uniquement empirique.

La notion que nous avons primitivement du bien et de la perfection est entièrement relative à nous; nous commençons, en effet, par lui associer toujours une sensation de plaisir, puisque, à ce premier moment, nous ne concevons de perfection que là où nous éprouvons une jouissance. Mais, ensuite, nous nous habituons à appliquer le concept de perfection à des objets qui nous ont procuré du plaisir, sans doute, mais sans plus porter notre attention sur cette aptitude qu'ils possèdent de nous affecter agréablement. Ainsi, ce terme de perfection finit par avoir au regard de la pensée une signification propre, indépendamment de toute idée de jouissance réelle. Considéré en dehors de toute relation avec un sujet sentant, le bien devient un concept de l'entendement, une idée.

Que contient cette idée?

En premier lieu, elle implique un ordre.

Toutes les fois, en effet, que nous avons éprouvé quelque bien particulier, que nous avons joui d'un plaisir, d'une perfection personnels, nous avons pu remarquer en nous et dans les choses un certain ordre, une adaptation, une convenance, une harmonie[1]. Nous observons qu'il en est de même pour tous les êtres sentants qui s'agitent autour de nous.

L'idée d'ordre s'associe ainsi peu à peu et tout naturellement à celle de perfection et de bien[2].

Nous pouvons généraliser encore davantage. Nous affirmons que chaque objet en particulier possède un ordre intrinsèque qui constitue pour lui sa perfection, sa bonté;

---

1. *Storia critica*, etc., p. 89-90.
2. *Principii*, p. 17.

nous concevons, par exemple, un type de perfection pour le cheval; et, de même que le concept logique, la *chevalité*, nous sert à connaître les individus concrets et particuliers de la race chevaline, ainsi ce type idéal nous sert de règle dans l'estimation que nous faisons de la perfection respective de tel cheval particulier. Dans son actualisation, chaque être obéit à un ordre intrinsèque qui ne trouve de raison que dans la nature même de l'être en général. L'ordre donc commence avec l'existence d'un être et s'accroît avec lui jusqu'à ce que cet être ait atteint son parfait développement, ait réalisé toute son essence.

Nous arrivons ainsi à voir que, pour chaque individu, le bien n'est pas autre chose que l'être envisagé sous le rapport de l'ordre, et cette connaissance de l'ordre intrinsèque des choses marque un nouveau progrès dans la démarche de l'esprit humain[1].

Enfin, nous parvenons à nous dégager de toute considération particulière : nous considérons l'ordre en lui-même et non plus dans ses différentes applications. Nous dépassons toutes les choses passagères : tandis que la nature n'offre jamais à notre vue et à nos désirs que des perfections relatives, des jouissances bornées et des biens toujours imparfaits, l'esprit s'élève à la conception du bien absolu et universel, bien idéal et objectif, de la perfection sans limites, de la jouissance sans ombre de douleur.

Si l'essence de la morale se confond avec l'essence même de l'être, le principe suprême de l'éthique doit posséder les caractères que nous avons reconnus dans l'être idéal et universel.

Cet être, avons-nous vu, est objectif, indéterminé, nécessaire, divin : autant de qualités essentielles que nous retrouvons dans le bien universel.

L'être est et ne saurait ne pas être : voilà, pour Rosmini,

---

1. *Principii*, p. 18. *Compendio di Etica*, etc., p. 17, n° 32.

le principe fondamental de toute la philosophie entendue dans son sens le plus large ; mais il faut en dire autant du bien : il est. Nier le bien, ce serait aussi absurde, aussi contraire aux lois de la pensée que de mettre en doute l'existence de l'être.

Dès lors, le bien est objectif ; considéré en lui-même, il est aussi indépendant du sujet que l'être universel ; nous ne faisons que le constater, ce n'est pas nous qui le créons[1]. Inutile de revenir sur ce que nous avons déjà dit à propos de l'objectivité de l'être : les raisons alléguées à ce sujet s'appliquent avec la même rigueur à la notion fondamentale de l'éthique[2].

D'ailleurs, ajoute Rosmini, — et c'est ce que nous aurons l'occasion de développer dans l'un des chapitres qui suivent[3], — de même que la loi essentielle de la raison pure consiste à saisir l'être en lui-même et non dans son action sur elle, c'est aussi la loi de la raison pratique d'estimer le bien d'après sa valeur intrinsèque et objective, et non d'après les avantages personnels et purement subjectifs que l'agent peut retirer de sa fidélité au devoir[4].

Le bien est nécessaire, immuable, éternel : nécessaire, puisqu'il s'impose avec la rigide nécessité d'un fait, puisque aussi il commande aux consciences avec une autorité que n'a jamais possédée aucune force humaine[5]. Et s'il participe à l'immutabilité même de l'être, il en a l'éternelle stabilité et l'inéluctable évidence[6].

Enfin, le bien est divin ; ce n'est même pas assez dire : le bien et Dieu s'identifient dans la région de l'ordre suprême, de la perfection sans tache, de l'éternelle harmonie. Celui qui a dit de lui-même : *Ego sum qui sum* « ὁ ὤν »,

1. *Filosofia del Diritto*, Sistema morale, p. 51.
2. Cf. Ire partie, ch. i.
3. IIIe partie, ch. ii, p. 295, note 3.
4. *Psych.*, II, p. 380-381.
5. *Principii*, p. 9.
6. *Filosofia del Diritto*, p. 51.

est donc, en même temps, la source de tous les biens et le bien substantiel; l'Être absolu et le Bien absolu se donnent, pour ainsi dire, la main, dans le sein de la divinité; ou plutôt, ils sont Dieu lui-même, considéré à la fois comme principe de l'être et source de l'ordre et de l'harmonie entre les êtres[1].

Le principe de la connaissance et celui de la morale s'identifient donc dans le sein de cette suprême νόησις νοήσεως[2], et c'est là ce qui permet à l'homme, être à la fois intelligent et moral, de garder, dans le développement de son activité, les lois essentielles qui guident toutes les démarches de son entendement. C'est ce que Rosmini exprime très bien dans les lignes qui suivent :

« Si l'être et le bien se confondent (*convertuntur*), si un objet est bon dans la mesure où il est,... si chaque objet possède en lui-même, dans son essence, un ordre intrinsèque qui détermine la nécessité de ses parties, de ses qualités, qualités qui deviennent par là même bien et perfection de cet objet..., il s'ensuit que nous pouvons déterminer le bien, la valeur, la perfection d'un objet, lorsque nous connaissons l'être qu'il possède, c'est-à-dire lorsque nous connaissons l'ordre que cet objet possède en lui-même, essentiellement, l'ordre qui est inhérent à son essence, compris dans son idée, lorsque aussi nous savons dans quelle mesure cet ordre de l'être est réalisé... développé dans la nature. Ainsi, la connaissance de l'être, des modes de l'être intrinsèque d'un objet nous conduit à la connaissance de sa bonté[3], de sa valeur, s'identifie avec cette connaissance : aussi, avec cette seule notion de l'être nous

---

1. *Ibid.*, p. 90. — Cf. SAINT THOMAS, Dieu est la bonté même parce qu'il est l'être par essence. — *Summa*, I, quæst. VI, a. 2.
2. En Dieu se trouvent donc essentiellement réalisées les trois catégories de l'être; Il contient en lui-même l'*ordo vivendi*, comme il est la *Causa subsistendi* et la *ratio intelligendi*. — Cf. SAINT AUGUSTIN, *De Civitate Dei*, VIII, IV. — ROSMINI, *Introduzione*, p. 190, note 1.
3. *Principii*, p. 22, art. 3.

connaissons et déterminons à la fois les degrés d'existence réelle que possèdent les êtres et leurs degrés de perfection, à cause de l'identité de ces deux termes.

« Et d'ailleurs, si l'être et le bien se convertissent, il s'ensuit évidemment que la connaissance de celui-là est aussi la connaissance de celui-ci, puisque encore une fois nous n'avons qu'à considérer l'être dans son ordre intrinsèque et essentiel pour qu'il devienne (au regard de la raison) le bien.

« Concluons donc avec certitude que l'idée de l'être est vraiment la notion, la règle, le principe avec lesquels nous reconnaissons et déterminons la valeur des êtres multiples que nous percevons et que nous connaissons. »

Principe de l'intelligibilité, l'idée de l'être doit se *spécifier*, se limiter, se déterminer, pour nous faire connaître les réalités particulières et concrètes : il en est de même de l'idée du bien universel. C'est là une notion vague, indéterminée, qui n'embrasse les cas particuliers que d'une manière fort indirecte ; elle ne saurait, en cet état, nous fournir une règle d'estimation suffisamment appropriée aux multiples aspects de la vie. Cherchons donc une idée qui dérive de la notion fondamentale du bien universel, et qui, d'autre part, soit plus spécialisée et plus rapprochée de nous.

Cette idée se présente d'elle-même au regard du moraliste : c'est l'idée du *bien humain* que nous avons analysé tout à l'heure [1].

Sans doute, en lui-même, le bien est essentiellement objectif et absolu ; mais, considéré dans sa relation avec l'agent moral, il naît, nous l'avons vu, de la convenance des objets avec le sujet sentant ; il devient, d'une certaine manière, relatif ; et, tout en restant le bien, il se délimite, se spécialise et nous apparaît comme le bien de l'homme, comme notre bien.

---

1. *Principii*, p. 23.

Tout être, par cela même qu'il existe, qu'il participe à l'être en général, participe à la bonté, à la perfection : tout être est donc bon en soi, objectivement. Cependant, pour tel individu et dans telles circonstances données, il peut n'être plus un bien et même devenir un mal. Le concept du bien, rapproché de celui du sujet, subit une modification très profonde, si profonde même, que la plupart des hommes, — et c'est là l'origine de toutes les théories utilitaires, — finissent par n'avoir plus d'autre notion du bien que celle de leur bien particulier. Le bien n'est plus pour eux que ce qui leur plaît, à eux, dans telles et telles circonstances, bien tout relatif, instable, éphémère ; et ils perdent complètement de vue le vrai bien, le bien universel nécessaire, absolu et obligatoire [1].

Ces exagérations, cependant, ne doivent pas nous empêcher de reconnaître que, pour chaque individu, le bien objectif et absolu devient, en un certain sens, relatif. La perfection humaine ne consiste donc pas dans l'accord du sujet avec le bien en soi. Chaque être doit avoir sa perfection propre et particulière ; et c'est ce que les Grecs avaient déjà reconnu : la perfection du bouclier n'est pas celle du casque ; celle de l'homme diffère profondément de celle de l'animal. Chaque essence, chaque idée ou type, disons chaque genre, a sa perfection qui correspond exactement à son degré d'être. La perfection de l'homme individuel devra donc être cherchée dans son essence et non dans ce qu'il a d'accidentel et de périssable : la perfection et le bien, en effet, trouvent leur développement et leur réalisation dans le domaine de la raison, et non dans celui des appétits et des tendances aveugles de la nature sensible.

Plus l'homme *sera* homme, plus *il sera bon*. La mesure de l'être essentiel à chaque individu ou, plutôt, à chaque genre devient ainsi, pour cet individu, pour ce genre, le terme de leur bonté intrinsèque et de leur perfection.

1. *Principii*, p. 24.

Quels sont les biens particuliers? Nous n'avons pas à le déterminer ici, puisque nous nous sommes restreint à n'exposer que le principe fondamental de la morale rosminienne; c'est là, d'ailleurs, un problème qui regarde plus l'*eudémonologie* que l'éthique proprement dite. Qu'il nous suffise d'avoir montré dans les degrés de l'être la raison de la perfection respective des êtres.

Cependant, nous ferons encore remarquer avec le philosophe italien que, si la perfection de l'homme s'accroît dans la mesure où se développent son être, son essence, elle trouve son parfait accomplissement dans la contemplation même de Dieu, dans la possession de ce bien infini, dans la vie divine en nous, dans notre vie en Dieu, dans la réalisation de cette parole de l'Apôtre que Plotin faisait sienne « *In ipso vivimus, movemur* et *sumus* [1] ».

Le souverain bien de l'homme consiste à se rapprocher de plus en plus du Bien absolu et objectif qui est Dieu; « l'intuition de l'être universel est ainsi, ajoute Rosmini, une prise de possession de l'Être absolu, source de toute béatitude [2] ».

A ce stade de la pensée et de l'amour le bien subjectif s'identifie avec le bien objectif, le sujet humain s'unit à son vrai terme, à sa fin ultime, à son centre : l'homme trouve, enfin, dans le sein de la divinité cette paix de l'intelligence, cette joie du cœur, cette satisfaction de tout son être, ce repos et cette harmonie de toutes ses puissances, cette perfection souverainement sainte et heureuse, conforme à l'ordre idéal à la fois et très réel, dont Dieu est la source toujours jaillissante, et dont les choses d'ici-bas ne nous présentent, hélas! que de fuyantes images et combien imparfaites!

---

1. *Ennéades*, V, 1-11.
2. *Principii*, p. 35. — Cf. *Introduzione alla filosofia*.

CHAPITRE II

LA MORALITÉ

Le bien moral est, comme tout bien, objectif; cependant, — et c'est en cela qu'il se distingue de ce dernier, — il inclut un rapport d'une nature spéciale avec l'agent et son bien particulier que nous avons appelé subjectif. Le bien moral naît de la fusion harmonieuse de ces deux sortes de biens : « L'être idéal et l'être réel, dit Rosmini, tendent à s'harmoniser, à s'adapter réciproquement : cette harmonie fonde la troisième forme de l'être en le revêtant de moralité [1]. »

Considéré par rapport à l'homme, cette adaptation du bien objectif et du bien subjectif suppose, de la part de l'agent, certaines conditions dont la détermination fait l'objet de l'*Anthropologie morale*.

De même que l'être ne devient, pour l'homme, principe de connaissance qu'autant qu'il resplendit devant son intelligence, ainsi, dit Rosmini, le bien universel doit-il être connu pour devenir principe de moralité. « Qu'est-ce que la loi morale, sinon une notion intellectuelle, d'après laquelle nous jugeons de la valeur morale des actions humaines [2] ? » Il faut donc qu'elle soit connue, promulguée.

Le principe de la morale est inné en nous. C'est là une conséquence qui s'impose pour quiconque admet, avec le philosophe italien, l'identification, la conversion de l'être et du bien et l'innéité de l'idée de l'être : « Nous possédons en

---

1. Cf. *Psych.*, II, n° 860, note 951. — *Teosofia*, II, p. 3.
2. *Principii*, p. 1-2.

nous toute une morale innée, au moins dans son principe fondamental et comme dans son germe [1]. »

La connaissance que nous avons du principe de la morale ne saurait être empirique. Ce principe est nécessaire, objectif, indéterminé, obligatoire, divin de quelque manière : tous caractères qu'il est impossible d'attribuer à cet assemblage factice de phénomènes qui constituent pour nous l'expérience [2]. L'expérience ne présente jamais que ce qui est; elle peut, dans une certaine mesure, et sous l'action de la pensée, nous faire connaître ce qui sera : elle ne découvre jamais ce qui *doit* être. Ainsi, dès le premier instant de notre vie, nous avons l'intuition immédiate de l'être universel, et dans cette intuition nous recevons à la fois le principe de la connaissance et celui de la morale, la règle de la pensée et le dictamen de l'action.

Le bien objectif contemplé et connu est l'objet propre de l'entendement; il fonde l'évidence, la certitude, l'inéluctable nécessité de la loi morale; mais la moralité suppose encore un autre facteur. « La connaissance du bien, une connaissance purement spéculative, nécessaire, stérile dans le sujet qui la possède, n'a rien de commun avec la moralité. Ce n'est que lorsque le sujet veut le bien qu'il connaît, que ce bien devient moral [3]. » Ainsi la morale plonge ses racines profondes dans le domaine de la connaissance, mais elle requiert, pour s'épanouir et porter des fruits, l'assentiment et l'amour d'un sujet doué de volonté. Le bien moral peut être défini : « le bien objectif connu par l'entendement et recherché par la volonté », ou encore, d'une manière plus simple, « l'amour de l'être [4] ».

Mais remarquons que ce n'est pas d'une volonté quel-

---

1. *Principii*, p. 5, art. 3.
2. *Principii*, p. 6.
3. *Principii*, p. 37. « Il bene morale è l'opera della volontà. »
4. *Principii*, p. 38. — Cf. *Filosofia del Diritto*, p. 46, 47-86. — *Teosofia*, II, p. 292, n° 967 : « L'essere, in quanto amato, è la forma morale. »— Voir *ibid.*, tout l'art. 4.

conque qu'il s'agit ici. « L'âme humaine, dit notre auteur, a deux termes primitifs, celui du sentiment et celui de l'intellection; passive par rapport à l'un, réceptive par rapport à l'autre, elle a donc aussi deux activités de nature différente : l'une s'appelle l'instinct et trouve sa source dans la sensibilité; l'autre s'appelle volonté, et n'apparaît jamais qu'entourée des clartés de l'intelligence [1]. »

L'instinct est une puissance aveugle dépourvue de réflexion, et, par là même, privée du pouvoir de choisir. Et cela même tient à la nature de l'instinct, dont le rôle consiste avant tout à mettre une faculté de l'agent dans l'état qui lui est le plus agréable ou qui est le plus conforme à sa nature [2]. L'instinct ne fait que favoriser une tendance naturelle de l'être sentant, ou plutôt, pour rendre plus exactement la pensée de Rosmini, il est constitué tout entier par cette tendance. Quand le sujet se trouve en présence de deux biens subjectifs sensibles, il se porte fatalement vers celui qui lui procure le plus de plaisir; il faut en dire autant, d'après Rosmini, lorsque, au lieu d'être sensibles, ces deux biens subjectifs sont d'ordre purement intellectuel et se rapportent aux plaisirs de l'esprit. La contemplation de la vérité constitue, en effet, l'acte propre, naturel, accompagné de plaisir, par conséquent, du principe rationnel qui est en nous. Ce plaisir nous attire donc aussi spontanément. Ainsi, partout où se présentent des biens subjectifs, il ne saurait être question de vie morale. C'est que l'instinct est soustrait à la réflexion; il ne saurait comporter de véritable choix, il est placé en dehors des limites de la moralité.

La volonté, telle que l'entend Rosmini, est sans doute illuminée par l'intelligence, mais la connaissance n'est encore qu'un acheminement vers l'acte libre et ne saurait suffire à le constituer [3].

---

1. *Psych.*, II, p. 165.
2. Sur l'Instinct, voir *Psych.*, II, ch. IX, p. 164. — *Teosofia*, V, p. 208-209.
3. *Antropol.*, p. 226.

Lorsque nous nous trouvons en présence d'un objet qui sollicite notre activité, nous sommes attirés, au point de vue rationnel, par le bien essentiel que présente cet objet, bien objectif que nous découvre la connaissance directe de l'être ; mais, en même temps, la sensibilité nous porte à rechercher, dans le même objet, ce qui nous est agréable, le bien subjectif et particulier [1] : de là un conflit, de là la nécessité d'un choix. La liberté ne peut être que le pouvoir de se déterminer par soi-même pour l'un ou l'autre de ces deux biens [2].

Il y a, dans la *Psychologie*, une page bien nette où Rosmini expose sa pensée avec beaucoup de force : « Il n'y a place, dit-il, pour une vraie liberté que dans l'ordre moral, lorsqu'il s'agit de choisir entre une volition conforme à la loi et une volition contraire ; car, en dehors de ce cas, il n'y a pas de raison qui puisse engager l'homme à choisir le mal subjectif au lieu du bien subjectif, ou, entre les biens subjectifs, le plus petit au lieu du plus grand [3]. Mais, lorsqu'il s'agit de mettre en balance l'ordre subjectif avec l'ordre objectif et moral, on comprend comment il peut se faire que l'homme préfère le plus petit des biens de l'ordre objectif et moral au plus grand des biens de l'ordre subjectif, ou qu'il fasse le contraire, préférant le bien subjectif au bien objectif et moral, quelque grand qu'il soit. La raison en est que l'ordre subjectif et l'ordre objectif et moral n'appartiennent pas à la même catégorie et que leurs degrés ne peuvent pas se comparer, faute d'avoir une commune mesure ; d'où il suit qu'ils n'ont rien de commun, ni l'espèce, ni le genre et, par conséquent, aucune ressemblance ni aucune analogie [4]. »

Ainsi, il ne peut être question d'acte libre que lorsque

---

1. *Ibid.*, p. 207.
2. *Ibid.*, p. 241-244-245, chap. xi, Dé limiti della libertà umana.
3. *Antropol.*, p. 225 suiv.
4. *Psych.*, II, n° 894, p. 82-83.

l'agent se trouve en présence de deux biens de nature radicalement différente, irréductibles, et, par conséquent, rebelles à toute comparaison. Dès lors, il faut modifier le concept même de la liberté : elle ne consiste pas dans le choix que nous faisons du bien, puisque nous sommes irrésistiblement portés vers ce qui satisfait le mieux nos tendances sensibles ou rationnelles. « La liberté, écrit Rosmini, ne consiste pas dans le pouvoir de choisir ou de ne pas choisir, mais dans la manière de faire ce choix. La liberté est, lorsqu'on choisit, le pouvoir de choisir l'une plutôt que l'autre des deux volitions [1]. »

Placé entre le bien subjectif, le plaisir, l'utile, et le bien objectif, le devoir, la vertu, l'homme est fatalement déterminé à se porter vers l'un de ces biens — et voilà qui exclut la liberté d'indifférence — mais, en même temps, il possède le pouvoir de se déterminer librement pour l'un de préférence à l'autre, et par là le philosophe italien se sépare du déterminisme. Ce pouvoir constitue l'essence même de la liberté, car Rosmini la situe, non dans la détermination, mais dans l'adhésion que nous donnons intérieurement aux biens de nature différente qui sollicitent notre choix. L'essence de la liberté est d'agir d'une manière absolument indépendante des forces intérieures ou extérieures qui nous sollicitent. Un choix est libre, lorsqu'il est déterminé « par l'énergie même de la volonté et non par les objets [2] ». « Un acte libre est un acte de volonté qui n'est déterminé nécessairement par aucune autre cause que le principe même qui veut [3]. »

Poser encore des « pourquoi » et des « comment », insister encore pour savoir ce qui finalement détermine dans un sens plutôt que dans un autre cette spontanéité même de l'esprit, c'est, dit le philosophe italien, n'avoir pas saisi

---

1. *Psych.*, II, n° 1274, p. 283.
2. *Psych.*, II, n° 1112, p. 183. — *Principii*, etc., c. v, art. VII, p. 59.
3. *Antropol.*, sez. II, ch. v, p. 215.

toute la portée de cette destination qu'il établit ici entre la volition, qui est fatale, et la direction essentiellement libre qui prend ce choix. « Lorsqu'on dit qu'un acte peut se faire d'une manière ou d'une autre, cela ne peut s'appliquer qu'à la volition et non au choix qui la précède. Il y a ici, en effet, deux actes absolument distincts : l'un qui est conçu comme pouvant affecter une direction différente, l'autre qui détermine l'une de ces deux directions. Et ce dernier acte, qui représente l'essence même du choix, est l'acte propre de la faculté de choisir, comme la volition est l'acte de la faculté de vouloir, et la végétation celui de la faculté de végéter [1]. »

Ce n'est pas à dire, cependant, que cette spontanéité libre se détermine sans motifs. « La liberté est le pouvoir d'agir librement d'après un motif »; mais, par lui-même, ce motif ne possède aucune force déterminante; que dis-je? c'est au libre choix lui-même de l'agent qu'il doit ce qu'on est convenu d'appeler sa force : « La liberté consiste essentiellement en ce que, en présence de plusieurs motifs d'agir, l'homme a le pouvoir de faire prédominer l'un des deux sur tous les autres, de sorte que ce motif prédominant détermine la volonté à agir [2]. » L'adhésion que nous donnons librement à l'un de ces biens augmente la délectation que nous trouvons en lui [3] : dans ce sens seulement on peut dire que ce motif devient le plus fort; mais, fait aussitôt observer Rosmini, « je ne veux pas dire par là qu'un motif ait le pouvoir de diriger le choix dans un sens de préférence à un autre, ce qui serait la destruction même de la liberté [4] ». La force que revêt, par rapport à nous, l'un

1. *Antropol.*, p. 237.
2. *Antrop.*, c. VII, p. 225.
3. *Ibid.*, sez. II, c. IX, p. 242.
4. Lorsque, dans un conflit de deux biens qui nous sollicitent, nous nous déterminons finalement pour l'un d'eux, c'est que nous avons reconnu en lui un bien supérieur; c'est que, d'une certaine manière, nous avons, par notre adhésion, accru la valeur même de ce bien par rapport à nous. En le voulant, en le préférant, nous le plaçons plus haut dans l'échelle des biens. Cette augmen-

de ces deux motifs, bien loin de déterminer fatalement notre choix, lui est postérieure et est la conséquence même de ce choix : la véritable et unique raison suffisante de l'acte libre est l'existence même de ce pouvoir de choisir que nous avons appelé la spontanéité de l'esprit. « La raison du choix est donc la faculté elle-même, l'activité même du principe qui choisit... Cette activité est déterminée à son acte nécessairement, comme les autres puissances, lorsque la cause de cet acte est complétée au moyen du nouveau terme qui lui est donné, à savoir les deux volitions; mais elle est déterminée nécessairement à l'acte libre, qui est son acte propre et cet acte est précisément l'élection[1]. »

« Dans l'être entier, complet, absolu, il ne peut jamais y avoir conflit entre ses formes[2]. Et, comme la forme réelle doit être conçue sous la raison de principe, la forme idéale, de moyen, et la forme morale, de fin, la forme morale est comme l'achèvement et fait la perfection des deux autres. aussi là même où l'être n'est communiqué que dans une mesure limitée, la forme morale a cela de propre qu'elle ne peut jamais perdre la raison de fin et de perfection qui en constitue le concept. Si donc elle était subordonnée aux autres et réduite au rôle de moyen ou totalement négligée, il y aurait désordre, c'est-à-dire destruction de l'ordre naturel et intrinsèque de l'être ; il y aurait, dans l'être même, une lutte intestine qui tendrait à le détruire, puisque l'être ne peut exister qu'avec l'ordre qui lui est propre. Dès lors l'âme... doit nécessairement, dans son acte premier, conserver l'ordre que lui fournit l'être qui la

---

tation de valeur est le résultat de ce que le philosophe italien appelle « *la force pratique* » de la volonté. (Cf. *Antropol.*, p. 241). Cette force pratique est, au fond, la raison du choix, elle le produit (*ibid.*, p. 246) et le dirige : sans elle, dit Rosmini, il n'y aurait pas de détermination définitive, mais une simple inclination qui n'aboutirait à aucun choix.

1. *Psych.*, II, n° 1275, p. 284.
2. *Psych.*, II, p. 85.
3. *Teodicea*, n°s 384-397. — Cf. *Psych.*, II, n° 1103.

soutient et l'actue en se communiquant à elle... Si on la suppose exempte de tout dérèglement, elle se conformera dans ses opérations à cette activité première..., c'est donc par un mouvement spontané que l'âme se porte vers le bien moral. » Mais, s'il en est ainsi, comment l'âme peut-elle abandonner le bien moral pour le bien subjectif, comment le péché est-il possible? « En tant qu'elle possède l'activité réelle, répond Rosmini, l'âme est extrêmement mobile : un bien et un mal quelconque, si petit soit-il, suffit pour la déterminer à l'action[1]. Tant que l'action n'est pas en opposition avec l'ordre moral, l'âme agit selon la spontanéité propre de son activité réelle. Mais lorsque l'action est en opposition avec l'ordre moral, il s'élève en elle un conflit entre deux activités qui tendent à la déterminer en sens contraire. Chacune des deux, si elle était seule, suffirait pour la faire agir. Mais, comme elles sont en opposition l'une avec l'autre, quelle est celle qui l'emportera? L'activité morale est supérieure par l'excellence et l'étendue du terme qui la produit, puisque son terme est l'être accompli... Si donc l'ordre moral agissait dans l'âme avec une efficacité égale à son excellence, il devrait y produire une spontanéité sur laquelle rien ne pourrait jamais prévaloir. Mais, bien qu'il soit le terme de l'âme, il n'agit point sur elle avec une efficacité si entière. Dès lors, si elle comprend la dignité de l'ordre et la nécessité absolue de le préférer à tout, l'âme ne tire pas de cette connaissance la force nécessaire pour réprimer la spontanéité de l'activité sensible. Elle y peut réussir néanmoins, mais à la condition de s'unir plus étroitement par elle-même au terme moral d'où lui vient, avec sa forme, son existence même, et d'accroître ainsi l'action salutaire qu'il exerce sur elle, pour devenir moralement plus forte. Elle voit la nécessité de le faire; et si ce n'est pas assez de la voir pour l'y déterminer infail-

---

1. Voir aussi *Antropol.*, p. 229 suiv.

liblement, c'est assez pour lui montrer que, si elle le veut, elle peut s'y déterminer; je dis : si elle le veut, c'est-à-dire si elle accroît la vigueur de sa spontanéité morale en s'attachant au terme moral par une adhésion plus intime qui produise en elle un accroissement de force. Ainsi, *la vue de la nécessité morale*, terme spécial de son intelligence, est la source de la liberté de l'âme, parce qu'elle lui apprend ce qu'elle peut et ce qu'elle doit, bien qu'elle ne la détermine point à vouloir.

« L'intelligence est donc la source de la liberté... La liberté est déterminée par son objet; mais cet objet qui est celui de l'intelligence embrassant à la fois les deux partis opposés, celui où tend l'activité réelle et celui où tend l'activité morale, ne la détermine ni à l'un, ni à l'autre; l'âme y trouve seulement la possibilité de faire prévaloir l'ordre moral... : elle demeure capable de se déterminer par elle-même pour le parti le meilleur ou de céder à l'attrait du pire [1]. »

Ainsi, comme le résume fort bien Pestalozza, la liberté agit d'après une raison suffisante, puisqu'elle est la faculté de se porter vers une chose reconnue comme bonne, mais « une raison n'est qu'une simple idée et, par elle-même, l'idée ne possède pas assez d'efficacité pour mouvoir la volonté ». Aussi longtemps que la volonté n'a

---

[1]. *Psych.*, II, n° 896, p. 84-87. « L'homme, dit ailleurs Rosmini, n'est pas un sujet purement intelligent; il est doué d'une sensibilité corporelle et d'une sensibilité rationnelle. Il s'ensuit qu'il n'agit pas toujours selon l'inclination et la loi de l'intelligence, mais selon celle de la sensibilité animale ou rationnelle. Quand l'inclination de cette double sensibilité prévaut sur l'inclination de la pure intelligence, que fait l'homme? N'aimant pas à renoncer à l'inclination de l'intelligence, il se séduit et se trompe lui-même : il se persuade que le bien que lui présente le sentiment animal ou rationnel est plus grand qu'il n'est, plus grand que ne le lui dit la connaissance directe; et, ainsi, il se forge un objet nouveau, transformant l'objet de la connaissance directe, le détruisant en partie, ou se le cachant à lui-même, y ajoutant par un acte de son imagination et créant en lui le bien qui n'y est pas... Se décider entre les deux partis est proprement le pouvoir qui appartient à la volonté. » — *Psych.*, II, n° 1104. — Cf. *Antropol.*, p. 234.

devant elle que des raisons, elle reste absolument libre à leur égard. La volonté domine donc les raisons; bien loin d'être déterminée par elles, c'est elle qui leur donne leur force et leur efficacité. « Si toute raison faisait défaut, il n'y aurait ni volonté, ni liberté; si une raison était efficace par elle-même, il y aurait encore place pour la volonté, mais non plus pour la liberté ; si enfin la raison n'est efficace qu'en vertu de l'adhésion de la volonté, il y a liberté pleine et entière [1]. »

Une fois déterminées les conditions subjectives qui tiennent à la nature même du sujet humain, il ne nous est plus difficile de préciser en quoi consiste essentiellement la moralité.

Le bien moral n'est autre chose que le bien objectif que

---

1. PESTALOZZA, *Elementi di filosofia,* Pogliani, 1850; tome II, p. 223, n° 557. Lire tout ce chapitre qui est très intéressant. Cette théorie de Rosmini sur l'essence de la liberté a été reproduite en Italie par un grand nombre d'écrivains : MORANDO, *Corso Elementare di filosofia,* 3 vol., Milano, Cogliati, 1898: « Il problema del libero arbitrio ».

BONATELLI, *Intorno alla libertà del volere,* Venezia, 1887.

BENZONI, *l'Induzione,* Genova, 1894.

CANTONI, *Corso Elementare di filosofia,* Milano, 1889.

RUGGIERO BONGHI, *le Stresiane.*

Il serait, sans doute, possible d'établir plus d'un rapprochement entre cette théorie de Rosmini et celle de saint Augustin sur le libre arbitre :

1° *Epist. ad Galatas,* Édition de Migne, n° 52, tome III, col. 2142 : « Il est manifeste que nous vivons selon nos tendances, mais nos tendances se comportent selon l'amour qui est en nous. » Ainsi, pas de liberté d'indifférence; c'est toujours ce que nous aimons qui finalement entraîne et dirige nos déterminations. C'est là une vue très familière à saint Augustin. — Cf. *De musica,* lib. VI, c. XI, n° 29, tome I, col. 1179 : « La délectation est comme le poids de l'âme. » — *Confes.,* lib. XIII, c. IX, n° 10, tome I, col. 849 : « Pondus meum, amor meus. » — *De Civit. Dei,* lib. IX, c. XXVIII, tome VII, col. 342 : « Ita enim corpus pondere sicut animus amore fertur » ; *ibid.,* c. x, n° 18. — *De vera relig.,* c. XIV, n° 28, tome III, col. 134. — *De Quæstionibus* LXXXIII, quæst. LXVI, n° 6, tome VI, col. 64... Ainsi, nous nous déterminons du côté de notre bien.

2° Cependant, nous restons libres, parce que l'amour est libre. Il dépend de nous d'aimer tel objet de préférence à tel autre. — La liberté se situe donc, non dans la détermination qui est fatale, mais dans le motif de détermination, dans l'amour qui reste libre. — Cf. *de Quæstionibus* LXXXIII, quæst. LXX. — Cf. aussi *Contra Fortunatum Manichæum,* disput. II, n° 22, tome VIII, col. 124.

l'intelligence connaît et auquel s'attache librement la volonté : de là découle toute la théorie de l'acte moral.

Pour que l'homme soit vraiment moral, il ne lui suffit pas de connaître le degré de bien et de perfection qui se trouve dans les différents êtres; il doit, de plus, s'y attacher, et il le peut, puisqu'il est doué de liberté. C'est cette adhésion que Rosmini nomme la *reconnaissance* (*il riconoscimento*), et il nous en donne une analyse originale et intéressante.

La reconnaissance, dit-il, consiste à donner, dans notre estime, à chaque être la place qui lui convient. C'est là un acte qui suit évidemment la connaissance ; mais il la dépasse, puisqu'il suppose à la fois liberté, connaissance et amour; c'est un jugement pratique [1].

Voyons comment peu à peu l'homme s'élève à cette « véritable appréciation morale des êtres ».

La première notion que nous ayons du bien et du mal en général nous est fournie par l'expérience; mais il faut, pour que nous trouvions dans cette notion un principe d'estimation, que ce bien ou ce mal concret, réel, senti, se transforme en une idée. C'est là le rôle de l'abstraction. Les premières notions abstraites que nous tirons de l'expérience sont les idées spécifiques du bien et du mal physique. Aussi, le premier but que soit capable de se proposer l'enfant, la première règle de conduite qu'il suit, c'est de posséder le bien physique dont il s'est formé l'idée à la suite de ses expériences personnelles. A ce degré de développement, « les volitions appréciatives » concordent absolument avec les « volitions affectives », et ces dernières ne sont que les manifestations naturelles des purs instincts. Il ne saurait y avoir de lutte ni d'indécision dans la conscience de l'enfant : il se porte spontanément vers ce qui lui plaît. Cependant, de quelque manière, il y a déjà

1. *Antropologia*, lib. III, p. 203, « Giudizi sul prezzo delle cose ». — Cf. *Introduzione alla filosofia*, n° 13, p. 32-33.

choix, puisqu'il arrive souvent que plusieurs biens physiques s'offrent à lui et le sollicitent simultanément; mais, dans ce choix, l'enfant n'a d'autre règle que le souvenir du plus ou moins de jouissance qu'il a trouvé dans les objets. Il se forme ainsi graduellement ce que Rosmini appelle des jugements habituels sur la valeur des choses, bien qu'il n'envisage encore les objets que par rapport à sa sensibilité personnelle. L'enfant ne tarde pas à expérimenter, et, par conséquent, à connaître d'autres biens; par exemple, il apprend à estimer, non plus seulement les biens directs, mais tout ce qui concourt à leur acquisition, comme la propriété, la liberté, l'argent. Enfin, arrive un moment où il reconnaît que ce qui est un bien pour lui-même l'est aussi pour les autres. Il se représente ainsi un bien distinct du sien propre, il passe de la notion égoïste du bien à une notion plus large, indépendante et altruiste. Il n'a plus qu'un degré à franchir pour concevoir, au-dessus de toutes ces formes du bien, un bien absolu et objectif. Il s'élève alors à la conception d'un ordre plus sublime que tous les biens relatifs qu'il a connus jusque-là; il conçoit l'ordre moral; il apprend à estimer les choses d'après ce qu'elles sont en elles-mêmes et non plus par rapport à lui; il découvre, au point de vue de l'intelligence, leur vraie nature; et si, en plus, par sa volonté, il y adhère, il l'aime, il la « reconnaît », il se place de lui-même dans la sphère de la vie morale[1].

L'acte moral consiste à reconnaître, c'est-à-dire à aimer et à vouloir le bien que nous découvrons dans les objets : dans tout acte moral l'amour s'ajoute à la connaissance et la vivifie; il ne suffit pas de connaître la loi morale pour réaliser sa destinée, il faut la vivre. Nous n'aimons jamais un objet que parce qu'il est bon, ou du moins que nous

---

[1]. *Compendio di Etica*, p. 19, n° 40 : « La volontà è buona, quando ella opera in modo che distribuisce la sua affezione ai diversi enti conosciuti, in proporzione del grado di essere che hanno in sè stessi. »

le croyons tel, nous aimons *sub specie boni*, disaient avec raison les scolastiques; ce n'est donc pas, à proprement parler, pour lui-même que nous aimons cet objet, c'est plutôt en raison de la bonté qu'il contient de quelque manière : nous le jugeons bon, nous l'aimons ensuite. Ce jugement moral et pratique constitue le principe et le motif de l'amour qui nous porte vers les objets; et lorsque cet amour est rationnel, lorsque, par un libre choix de la volonté, il nous élève au-dessus des simples instincts et des inclinations intéressées, lorsqu'il découle d'un jugement vrai et se fonde sur l'ordre essentiel des êtres, sur le bien universel, alors notre volonté devient, dans toute la force du terme, une volonté morale[1].

Cette juste estimation de la valeur des choses, fait observer Rosmini, devient aussi le principe de la justice qui consiste à rendre à chacun et à chaque être ce à quoi il a droit, ce qui convient à sa nature[2].

C'est donc pour lui-même qu'il faut aimer le bien et le pratiquer; et l'agent n'est vraiment moral que dans la mesure où sa soumission à la loi est dégagée de toute considération utilitaire[3]. Sans doute, on ne saurait vouloir un

---

1. *Filosofia del Diritto*, vol. 13, p. 85-87. — *Princip.*, p. 49.
2. *Principii*, p. 55. — *Filosophia del Diritto*, p. 85.
3. L'homme ne peut être moral, dit Rosmini, que s'il sait s'objectiver pour ainsi dire dans les choses (inoggettivarsi, inoggettivazione); dans ces appréciations sur la valeur des êtres il doit s'oublier lui-même. — Cf. *Teosofia*, II, libr. III, sect. III, cap. I, p. 171, note : « L'inoggettivarsi è un trasportare se stesso in un altro. »
Quand nous pensons un objet, dit le philosophe italien, nous nous transportons, de quelque manière, par la pensée dans cet objet ; car, en le pensant, nous ne nous pensons pas nous-mêmes ; c'est lui que nous pensons, toute notre pensée est en lui comme s'il n'y avait que lui. Cet objet est donc le vrai terme de l'acte cognoscitif, il en est la forme. Aussi devons-nous tenir que dans l'acte cognoscitif il est exclu, anéanti de quelque manière, il disparait devant l'objet qui est le terme même de la pensée (*Ibid.*, p. 171-173). Ce n'est pas à dire, sans doute, ajoute Rosmini, que le sujet pensant soit réellement anéanti, mais tout se passe, par rapport à son terme, comme s'il l'était.
Or, c'est ce pouvoir que nous avons de nous oublier nous-mêmes, de nous perdre, pour ainsi dire, dans l'objet, qui est la condition de ce que Rosmini appelle la faculté morale. — *Ibid.*, p. 191-192-194. — Cf. *Principii della Scienza morale*, ch. v. — *Teosofia*, II, p. 211-219; III, p. 92.

objet sans s'y complaire et l'aimer, et nous ne concevons pas une volition dont le terme serait un objet antipathique et détesté[1] : l'esprit penche toujours du côté du cœur. Mais, si la volonté suit nécessairement l'amour, nous savons que l'amour est libre[2]; nous avons en nous, au plus intime de notre être, une énergie profonde, capable de diriger nos volitions, assez puissante pour nour faire préférer le bien en soi à notre bien particulier. Et c'est là ce qui rend possible pour le sujet l'acte moral[1].

Ainsi, le jugement moral pratique se trouve à la racine de toutes nos déterminations: il leur communique ce caractère d'universalité qui distingue l'ordre intelligible; il universalise, en quelque sorte, nos appréciations morales particulières; il en fait, selon la belle expression de Kant, des maximes d'une application nécessaire et universelle.

Pour Rosmini, la raison pratique se ramène complètement à la raison pure, et cela tient au rationalisme moral du philosophe italien. Si, en effet, la raison pure est constituée par l'intuition de l'être universel; si la raison pratique n'est que la « reconnaissance » de l'ordre essentiel des êtres; si, enfin, le bien, terme de la raison pratique, et l'être, terme de la raison pure, ne sont qu'une seule et même chose, se convertissent, il s'ensuit que ces deux raisons ont le même objet et le même terme. Elles ne se distinguent même pas; il ne saurait, dès lors, y avoir de conflit entre elles, comme l'a cru bien à tort la philosophie allemande.

Il y a dans cette théorie de notre philosophe une tendance très accentuée vers l'eudémonisme rationnel. Sans doute, Rosmini ne va pas, avec Wollaston, par exemple, jusqu'à assimiler le bien et le vrai. La vertu pour lui est autre chose que la science, puisqu'elle procède de la volonté

---

1. *Princip.*, p. 48.
2. *Principii*, ch. v. — *Teosofia*, II, p. 191.

et de l'amour. Cependant, au fond, Rosmini admet avec Pascal que toute la morale se réduit, en dernière analyse, à bien penser[1]. Suis la loi de ta raison ; obéis à la connaissance que tu as de l'être ; aime-le dans la mesure où tu le connais et apparemment parce que tu le connais, et tu seras moral. Ce qui importe avant tout, c'est de bien penser : l'amour, sans être cependant fatal, suivra naturellement la connaissance, au moins dans l'âme de bonne volonté[2].

Le lecteur, sans doute, s'est reporté plus d'une fois, au cours de cette analyse, à la Morale de Malebranche : Rosmini évidemment s'en est inspiré. Il y a même chez le célèbre Oratorien certaines propositions fondamentales qui contiennent l'essence de la philosophie rosminienne. Le bien, dit Malebranche, est fondé sur l'ordre immuable et la morale repose tout entière sur ce concept de l'ordre. « Comme on remarque immédiatement un rapport d'inégalité entre deux grandeurs, telles que 2 fois 2 et 5, on remarque aussi qu'une bête est plus estimable qu'une pierre et moins estimable qu'un homme, parce qu'il y a un plus grand rapport de perfection de la bête à la pierre que de la pierre à la bête, et qu'il y a un moindre rapport de perfection entre la bête comparée à l'homme qu'entre l'homme comparé à la bête[3]. » « Les rapports de perfection sont l'ordre immuable que Dieu consulte quand il agit, ordre qui doit aussi régler l'amour et l'estime de toutes les intelligences[4]. » « La vertu c'est l'amour habituel, libre et dominant de l'ordre immuable[5]. » Enfin, pour Malebranche comme pour Rosmini, la morale relève directe-

---

1. PASCAL, *Pensées*, Ed. Brunchvicz, n° 347, p. 488 ; Paris, Hachette, 1904 : « Travaillons donc à bien penser, voilà le principe de la morale. »
2. Cf. *Sistema*, n° 203 : « La volontà non dee opporsi all' intendimento ma dee compiacersi nel vero conosciuto dall' intendimento. »
3. MALEBRANCHE, *Morale*, I, I, § 13.
4. *Ibid.*, I, I, 6.
5. *Ibid.*, I, III, 20.

ment de la raison, et, par là, il faut entendre, non pas une faculté individuelle qui serait changeante et ployable en tous sens, mais une vue immédiate de la vérité, une illumination divine, une intuition, qui appartient à l'humanité et non à tel homme en particulier, et qui conserve quelque chose de l'universalité et de l'immutabilité qui caractérisent l'intelligence divine. A chaque instant, le philosophe français fait appel à cette *raison universelle*. Si l'homme ne respecte pas l'ordre des êtres « ce n'est point la *raison universelle*, mais la raison particulière qui le porte à juger comme il fait[1] ». « Chez les Allemands ce n'est pas la *raison*, c'est le vin qui lie les sociétés[2]. » « Il y en a qui s'imaginent suivre la vertu... et comme ce n'est nullement la *raison* qui les conduit ils sont vicieux à l'excès[3]. » « Celui qui donne son bien au pauvre par vanité... n'est point libéral, parce que ce n'est point la *raison* qui le conduit ni l'*ordre* qui le règle[4]. »

Nous voyons ici que Malebranche identifie, de quelque manière, la raison et l'ordre; pour lui, en effet, le propre de la raison est de concevoir l'ordre, parce que l'ordre est nécessaire, universel et immuable; et ces deux concepts sont les éléments essentiels de la vraie moralité, car c'est la raison et l'ordre qui doivent « régler l'estime et l'amour de toutes les intelligences ». Il semblait que Malebranche dût dire : « de toutes les volontés »; mais il est tellement pénétré de cette idée que la morale repose sur la connaissance, que

1. *Morale*, I, I, 13.
2. *Ibid.*, I, II, 7.
3. *Ibid.*, I, II, 6.
4. *Ibid.*, I, II, I. — Cf. aussi *Morale,* IIIe partie, ch. II. « Sans doute, on trouve que chacun a sa morale particulière. — Mais d'où peut venir cette diversité, si la raison de l'homme est toujours la même? C'est, sans doute, qu'on cesse de la consulter, c'est qu'on se laisse conduire par l'imagination, son ennemie. C'est qu'au lieu de regarder l'*ordre* immuable comme sa loi inviolable et naturelle, on se forme des idées de vertu conformes, du moins en quelque chose, à ses inclinations. » — Cf. ROSMINI, *Psych.*, II, p. 380 : « Se régler sur cette mesure (l'essence de l'être) c'est agir en être raisonnable et, par là même, moralement. »

parfois il semble presque laisser dans l'ombre le rôle, cependant si considérable, de la volonté et de la sensibilité. Et c'est bien là une tendance que nous soulignons à chaque page dans la théorie du philosophe italien [1].

Si nous voulons trouver des divergences entre Rosmini et le célèbre Oratorien français, ce n'est pas dans leur conception de la morale qu'il faut les chercher : elles résident dans leurs théories métaphysiques et idéologiques.

Le lecteur peut découvrir maintenant comment se spécialise la formule, encore trop vague, que Rosmini avait assignée à la science des mœurs : *Agis d'après la lumière de ta raison*. Il peut, en effet, la traduire à présent d'une manière plus concrète en disant : *Aime l'être comme tu le connais et dans l'ordre qu'il présente à ton entendement* [2].

Ce concept de l'ordre est, cependant, encore trop indéterminé pour que nous puissions nous y arrêter; il faut un terme plus nettement précisé à la volonté du sujet moral. Quel est ce terme? Quel est l'ordre particulier, la fin nettement déterminée, le bien spécialisé et concret vers lequel doit toujours se porter le libre choix de l'agent, pour que son acte se revête de moralité?

D'abord, ce ne sauraient être les objets privés de sentiment, de pensée, d'intelligence : ces objets n'ont pas d'existence en eux-mêmes [3]; ils ne sont pas leur propre fin, ils ne peuvent se vouloir. Ils ne sont pas, dès lors, revêtus de cette

---

1. Il y aurait intérêt à rapprocher aussi la morale de Rosmini de celle de Gerdil, qui fut, comme chacun sait, un des plus sages défenseurs du malebranchisme. — Cf. *Œuvres complètes*, Édition de Rome, vol. I. — *Principes métaphysiques de la morale chrétienne*, p. 5; IIe principe, p. 16; VIIIe principe, liv. III, p. 44 ; Ier principe, p. 71 ; VIIIe principe, liv. IV, p. 81; Ier princip. ; cf. aussi le traité *Del Senso morale, le Mémoire de l'ordre*, etc.

2. *Principii*, p. 39 : « Vuogli, o sia ama l'essere ovunque lo conosci, in quell' ordine ch'egli presenta alla tua intelligenza. » Cf. Ch. Secrétan, *La Civilisation et la Croyance*, Paris, Alcan, 1887. « La fin de quelque chose est la réalisation de son essence », p. 286. « Êtres libres, nous devons vouloir librement notre nature », p. 326.

3. Cf. ce que nous avons dit plus haut, part. III, ch. I, p. 273.

dignité inviolable qui caractérise la personne humaine. Ils ne sauraient être le terme d'une intelligence éclairée, libre et respectable en soi [1].

L'intelligence, la raison, tel est le vrai terme de la moralité, parce que la personnalité n'est autre chose que l'intelligence se possédant et se voulant elle-même, et que la personnalité est toujours un bien en soi et par soi. La source d'où découle cette dignité de la personne, c'est l'être universel, rayon de l'intelligence de Dieu même, que projette sur nous cet immuable soleil des intelligibles [2]. Dieu seul est donc fin de l'activité humaine : voilà pourquoi la personne ne doit jamais être traitée comme un moyen, comme une chose ; voilà pourquoi elle est sacrée et inviolable. La détourner de cette fin, c'est détruire l'ordre que Dieu a voulu, qu'il a pensé de toute éternité, qu'il a réalisé dans le temps ; c'est s'opposer au bien absolu lui-même ; c'est, pour ainsi dire, tenter d'éteindre la lumière divine qui éclaire le sanctuaire de nos âmes !

---

1. *Principii*, p. 42. — Cf. aussi *Storia Comparativa*, p. 268 suiv.
2. Rosmini s'occupe assez souvent de la théorie morale de Kant : voici les principales critiques qu'il lui adresse :

1º Kant a tort de distinguer dans l'homme une Raison pure et une Raison pratique complètement séparées. La morale, comme toute science, est purement théorique, et si nous lui donnons parfois le nom de philosophie pratique, nous entendons dire uniquement qu'elle est la théorie de l'action (*Prefazione generale alle opere di filosofia morale*, p. vii. — *Opuscoli filosofici*, Milano, 1865, vol. I, p. 106. — *Introduzione alla filosofia*, p. 171, n° 78. — *Principii della Scienza morale*, p. 62, note).

2º La loi morale étant essentiellement objective, c'est un non-sens que de parler de l'autonomie de la volonté. C'est confondre l'objet et le sujet de la moralité. (*Principii*, p. 9).

La grande erreur de Kant vient de ce qu'il considère la volonté comme inviolable (*Storia critica*, etc., p. 131). Il aurait dû distinguer ici deux choses : la volonté et l'inviolabilité. La volonté, comme telle, est tout individuelle et ne peut fonder la moralité ; l'inviolabilité constitue, sans doute, un élément de moralité mais cette inviolabilité tient à l'ordre essentiel des choses et non à l'individu comme tel (*Ibid.*, p. 131).

A propos de l'autonomie de la volonté, Rosmini observe encore que l'obligation ne se conçoit que comme un principe extérieur à l'agent et qui l'*oblige*. Se sentir obligé, ce n'est pas s'obliger soi-même (*Storia*, etc., p. 134).

Aussi l'impératif catégorique reste-t-il inexpliqué dans cette théorie ; tout se

Au-dessus de la raison de l'homme se trouve l'Intelligence suprême : s'attacher aux êtres conformément à leur essence et d'après le degré de bien qu'ils possèdent, c'est s'élever peu à peu, et par une dialectique de l'amour en tout semblable à celle de la pensée, c'est s'élever jusqu'à Dieu, c'est vouloir Dieu lui-même ; c'est considérer tout le reste comme autant de moyens qui permettent à l'âme, selon les poétiques expressions de Platon, de secouer la poussière qui s'attache à ses ailes, pour s'enfuir d'un vol bienheureux dans le sein même de la divinité. Comme moyen, l'ordre est digne d'un souverain respect, parce qu'il est la voie qui nous conduit infailliblement aux fins en soi, la personne humaine et Dieu ; comme but de la moralité, il se confond avec la volonté divine, avec la nature même de Dieu dont il est, par un certain côté, le développement dans l'espace et le temps. La personne humaine, supérieure à toute autre fin créée, à tout ordre extérieur, s'incline à son tour devant la fin suprême, Dieu ; elle devient ainsi pour elle-même et

---

ramène au sujet : volonté, loi, raison ; la volonté de l'agent devient la fin même de la moralité (*Ibid.*, p. 137 suiv.).

3° La confusion entre la volonté et la loi dénature la vraie conception du mérite : le mérite ne consiste pas à respecter la liberté d'autrui ni à faire usage de sa propre liberté : la liberté n'est que le moyen du mérite et de la moralité. De même, la conformité à la loi est un moyen et non pas une fin en soi (*Ibid.*, p. 140).

4° Kant fait reposer toute sa morale sur la dignité de la personne humaine : c'est là, dit Rosmini, un fondement ruineux. Le philosophe allemand ne cherche pas à justifier, à expliquer cette dignité et, par conséquent, toute sa morale demeure sans appui (*Storia*, etc., p. 145). D'ailleurs, ce sentiment de la dignité humaine devient dans la morale de Kant un *motif intéressé* et relatif uniquement à l'agent (*Ibid.*, p. 146).

5° Kant dénature le concept même de *moralité*. Il semble la confondre avec l'*universalité* de la loi morale : Est bonne toute action dont la maxime peut être universalisée. Les règles de nos actions sont donc arbitraires, si on les considère en elles-mêmes. Kant, observe Rosmini, confond ici l'universalité de fait avec l'universalité de droit. (*Storia*, etc., p. 130). — Cf. la critique que le philosophe italien adresse à la conception que Kant se fait du droit, plus bas, ch. III, p. 653, note 1.

6° Enfin la morale de Kant est immorale, car, en dernière analyse, elle ne donne à l'homme pas d'autre fin que lui-même, elle exalte son orgueil ; elle le rend indépendant de Dieu (*Ibid.*, p. 147).

pour les autres une fin relative; pour les autres, puisqu'elle n'est inviolable que par sa participation à la divinité[1]; pour elle-même, car elle n'a de raison d'être qu'en Dieu et pour Dieu[2].

Dieu, telle est donc l'Idée suprême qui plane au-dessus du monde moral comme au-dessus du monde intelligible : l'intelligence libre, voilà la fin de l'univers; Dieu, voilà la fin et des intelligences et du monde[3].

Ces expressions cependant ne doivent pas nous tromper sur la véritable pensée de Rosmini; et lui-même, en déterminant assez bien les rapports qui existent naturellement entre la religion et la science des mœurs, prend soin de nous faire remarquer que l'idée de Dieu n'est le fondement de la morale que d'une manière fort indirecte[3].

Prise en elle-même, la morale peut parfaitement se constituer en dehors de toute préoccupation religieuse. D'après Rosmini, en effet, pour être moral, il n'est pas nécessaire

---

1. *Storia comparativa*, p. 268.
2. Cf. *Filosofia del Diritto*, vol. 13, ch. III : « Della natura del diritto e della sua relazione col dovere », p. 97 — Voyez plus loin (part. III, ch. III, p. 652 suiv.) comment Rosmini fait découler tous les droits de cette conception même de la dignité de la personne.
3. Il ne sera pas sans intérêt de résumer ici, d'après Rosmini lui-même, tout le processus de l'action morale. — Cf. *Princip.*, p. 52-53. Nous découvrons le bien en connaissant l'être; voulu librement le bien devient moral; l'action morale est le résultat de cette libre réalisation de l'idée du bien. Mais tout un travail préparatoire précède ce passage de la simple connaissance à l'acte moral et vertueux. Exposons les différents moments de ce travail :
1° Appréhension ou connaissance directe de l'objet.
2° Réflexion volontaire sur l'objet de cette connaissance. La réflexion sera juste si elle ne déguise rien, si elle envisage l'objet sans se laisser circonvenir par quelque intérêt propre. La réflexion doit donc se borner à « reconnaître » l'essence de l'objet.
3° Appréhension pratique ou active, par laquelle on reconnaît la valeur pratique, la bonté intrinsèque des objets. Cette appréhension suit évidemment la réflexion.
4° Jugement et estime pratiques, par lesquels, à la suite de l'appréhension active, l'agent affirme l'essence, la bonté de l'objet.
5° L'amour pratique, qui est la conséquence du jugement précédent.
6° Détermination de la volonté dans le sens du sentiment de l'amour pratique.
7° Exécution extérieure de l'acte.

d'être religieux : il suffit d'être *raisonnable* et de vouloir l'ordre. Dieu, sans doute, est le bien absolu; mais, pour nous, ce bien absolu n'existe qu'en tant que nous le connaissons, comme l'être universel, indéterminé, n'est, pour nous, que dans la mesure où il est idéal [1].

Le respect de l'ordre rendu moral par l'adhésion d'une volonté libre, telle est la moralité essentielle à la nature humaine. Mais la connaissance que nous avons de l'ordre est indépendante de l'idée de Dieu : ce n'est donc pas cet être suprême qui fonde *pour nous* la morale [2].

Cependant, si nous voulons dépasser la simple conscience psychologique et nous élever jusqu'au principe métaphysique de la morale, — et c'est là une démarche qui s'impose dans la philosophie de Rosmini, — nous ne pouvons nous empêcher de remonter jusqu'à Dieu, le Bien absolu, comme, au sommet de l'échelle des idées, nous avons vu apparaître l'Idée suprême, la Pensée de la pensée, l'Intelligence, encore Dieu ! Qu'est-ce que le bien, sinon l'être? Et qu'est-ce que Dieu? l'être encore : le bien et Dieu se confondent donc en soi [3]. Et c'est là ce qui assure à la morale cette durée éternelle, cette indépendance absolue, ce caractère catégoriquement impératif qui la placent si haut au-dessus de nos inclinations et de nos intérêts [4]. Je dois respecter l'ordre : Pourquoi? ce n'est pas seulement parce que l'ordre est souverainement respectable en soi, car ce serait, dit Rosmini, revenir au stoïcisme, au pur formalisme de Kant, ce serait confiner le devoir en lui-même et ne lui donner d'autre explication que sa propre existence. Il faut monter plus haut. Oui, l'ordre est absolument respectable, mais c'est qu'il prend sa source en Dieu, c'est que la volonté du souverain Législateur, commandant d'après la nature divine

---

1. *Antropol.*, p. 231-232.
2. *Filosofia del Diritto*, vol. 13, p. 69, toute la section III: « Relazione del principio morale col principio religioso ».
3. *Teosofia*, II, p. 364, n°s 1031-1036.
4. *Princip.*, p. 28. — *Storia Comparativa*, p. 90-148-268.

et non par un pur caprice [1], veut cet ordre et laisse à ma volonté libre le mérite de l'embrasser. Vouloir les êtres dans l'ordre où la raison nous les présente, voilà la morale philosophique : elle suffit pour rendre l'homme vertueux ; les vouloir dans l'ordre où Dieu les a placés et parce que Dieu a voulu cet ordre et le propose lui-même à notre obéissance, voilà la morale parfaite, la morale philosophique avec son complément métaphysique, la religion. La première n'offre d'autre but à l'homme que le devoir à accomplir, que l'ordre à respecter ; la seconde y ajoute l'idée d'un Dieu à respecter, d'un commandement divin à exécuter ; la première a toute la noblesse et la majesté sainte du devoir, mais elle en a aussi, si l'on peut dire, toute l'austérité et la sécheresse : elle ne présente à l'homme d'autre motif d'action que le devoir et le laisse ainsi sans défense contre les assauts de la sensibilité, les emportements de la passion, les intermittences du sentiment, la faiblesse même de la raison ; la seconde, sans rien enlever à la morale philosophique de sa noblesse, de sa grandeur et de sa force, la complète par l'idée d'une sanction extérieure au bien, par la crainte d'une juste punition et la fortifie contre les défaillances d'une volonté facilement chancelante.

Ainsi, pour Rosmini, comme d'ailleurs pour toute l'école théologique, le fondement de l'obligation morale est d'abord une raison, « car un précepte sans raison serait un caprice, une tyrannie ; c'est une raison éternelle, car le devoir est de tous les temps : mais cette raison idéale est mise en rapport avec moi par une volonté vivante et souveraine qui m'intime la loi. L'entendement divin, lieu des essences, est la source du devoir ; le vouloir divin, principe des existences, c'est l'agent efficace qui me place, en me créant, sous la domination du devoir [1] ».

---

1. D'Hulst, *Conf.*, 1891, Paris, Poussielgue ; IIIe Conf., p. 153-155, La morale et le devoir. — Rosmini nous fait encore observer que la religion, qui est le fondement métaphysique de la morale, en est aussi le couronnement et l'aboutissement naturel. — *Sistema*, n° 219.

Telle est, pour Rosmini, la source métaphysique et dernière de la loi morale. Si Dieu n'existait pas, il n'y aurait pas lieu de parler d'ordre entre les êtres, il ne saurait, dès lors, y avoir de morale ; et si l'homme n'avait plus à respecter les fins relatives ni à les rapporter à une fin suprême, tout pour lui se vaudrait.

Il ne nous reste plus à présent qu'à déterminer l'origine de cette nécessité toute particulière que revêt la vérité dans le domaine pratique et qui s'appelle l'obligation morale. Nous terminerons par quelques mots sur la sanction.

La vérité brille d'elle-même devant l'intelligence : elle exige l'assentiment, c'est la part de vérité que Rosmini reconnaît dans la théorie de Spinoza. Mais l'obligation morale doit-elle être assimilée à cette nécessité purement logique de l'idée et de la vérité? Le péché et l'erreur ne sont-ils qu'une seule et même chose?

Lorsque nous connaissons directement un objet, nous saisissons avec certitude sa nature, son essence, ses propriétés ; et il ne dépend pas de nous de le voir autrement qu'il n'est. Mais ce n'est là encore qu'un aspect de la réalité. En fait, nous pouvons nier, dénaturer cet objet ; par passion, par intérêt et, souvent même, inconsciemment, nous ne le « reconnaissons » pas, dit Rosmini ; nous tombons ainsi dans l'erreur. Nous avons vu plus haut le processus de cette déviation de l'esprit et l'influence si profonde que la sensibilité et la volonté exercent sur l'entendement. Mais, quand l'erreur est volontaire, quand c'est une passion consciente et voulue qui égare librement l'esprit, qui le détourne de la vérité et lui fait nier ou fausser la nature essentielle des êtres, l'erreur aussitôt est accompagnée d'un sentiment *sui generis* que tous les moralistes ont observé ; une sorte de honte, de malaise s'emparent du sujet. Il a violenté son esprit qui doit obéir aux lois d'identité et de non-contradiction ; il a méconnu sa propre nature d'être raisonnable; il a même, autant qu'il est en lui, détruit l'ordre des êtres en s'opposant à une exigence déontologique essentielle. Le sentiment de cette violence que nous avons faite à notre raison et à notre conscience, voilà, dit Rosmini, l'origine du remords et l'expression la plus nette que revêt chez nous le sentiment de l'obligation morale [1].

Nous voyons par là, ajoute-t-il, combien la nécessité déontologique morale se distingue de l'exigence intellectuelle ou réelle dont nous parlions plus haut. C'est qu'une volonté entre ici en jeu et devient l'élément fondamental et la condition même de la réalisation de la loi déontologique. Tandis que les êtres intelligents et les êtres réels se développent dans l'intelligence et la réalité en vertu d'une nécessité inéluctable, qui tient à leur essence même, ce n'est que par un effort voulu et libre que les êtres moraux se constituent pleinement dans la moralité [2]. Aussi, dans les autres êtres, le manque de perfection tient à leur nature bornée; il n'y a place là pour aucune imputabilité. Chez l'homme, au contraire, l'accomplissement de la loi déontologique dépend de sa volonté; dans l'ordre de la moralité, il est responsable de ses imperfections. Telle est la source du sentiment de l'obligation et de l'imputabilité morale [3].

Un sentiment profondément gravé dans notre nature nous pousse à affirmer l'être partout où nous le rencontrons : nous nous sentons donc tout naturellement *obligés* à ne pas le nier, c'est-à-dire à reconnaître dans chaque être sa nature essentielle, à la respecter, à la vouloir, à tendre ainsi de plus en plus vers l'ordre et l'harmonie. Commettre le mal moral, c'est dénaturer l'être [4]; et nier l'être ou

---

1. *Principii*, p. 57-58. — Cf. *Antropologia*, p. 214. — *Teosofia*, II, n° 1045 p. 387 suiv.
2. *Sistema*, n° 205.
3. *Ibid.*, 206 et n° 204 : « L'obbligazione non è altro che il concetto del male e del bene morale che dimostra all' anima la sua necessità. »
4. *Teosofia*, II, n° 1052, p. 398.

une partie de l'être qui se trouve dans les objets, c'est s'opposer à soi-même : opposition contre nature, douloureuse dès lors [1] ; l'acte commis contre la loi du bien trouve ainsi en lui-même son propre châtiment [2].

La faute morale n'est donc, au fond, qu'une erreur, mais une erreur volontaire : pécher, c'est se tromper à dessein, par passion ; c'est dire ce qui n'est pas, ou ne pas affirmer reconnaître ce qui est. Toute erreur n'est pas une faute morale, mais le péché est toujours une erreur. C'est là ce qui établit entre la logique et la science des mœurs une ligne de démarcation infranchissable : la première oblige d'une nécessité fatale et purement logique ; la seconde, d'une nécessité librement acceptée et voulue par le sujet moral.

L'idée d'obligation se complète tout naturellement par celle de sanction, bien que ce soit là, cependant, des notions profondément distinctes. La science des mœurs, dit Rosmini, ne saurait se confondre avec l'eudémonologie, puisqu'un acte n'est moral que dans la mesure où l'agent a su se dépouiller de tout retour sur lui-même, pour agir uniquement en vue du bien objectif [3]. La vertu et le bonheur sont deux termes absolument irréductibles, et ce serait dénaturer l'acte vertueux, ce serait le ruiner dans son essence même, que de ne voir en lui qu'un moyen pour arriver à la félicité [4]. Il n'en est pas moins vrai, cependant, qu'en raison même de l'union du bien objectif et du bien subjectif, le bien moral procure à l'agent sa perfection et son bonheur ; et Rosmini se demande à juste titre s'il est possible pour l'homme de concevoir un bien dans lequel il ne trouverait pas sa félicité [5]. Et, si l'on va jusqu'au fond de sa pensée,

---

1. *Teosofia*, II, n° 1044, p. 386.
2. *Princip.*, p. 57, 58, 59.
3. *Prefazione generale*, p. ix-x.
4. *Ibid.*, p. xi. — Cf. *Teodicea*, n° 366, où Rosmini parle du rôle considérable que l'effort et le sacrifice jouent dans la vie morale.
5. *Prefazione*, p. viii.

on se convainc que pour le philosophe italien le bien moral n'est une réalité que parce qu'antérieurement à lui il existe un bien naturel à l'homme.

Par le fait même qu'il veut le bien, qu'il s'y attache, l'homme se met à sa véritable place dans la série des êtres ; ses facultés se subordonnent selon leur ordre essentiel : tout en lui devient harmonie, accord, adaptation, et cela même est sa perfection et son bonheur.

Merveilleuse adaptation de la nature humaine avec l'ensemble des êtres créés, avec le principe même de l'existence ! En poursuivant le bien objectif, l'homme atteint tout naturellement son bonheur, son bien subjectif ; en se perdant en Dieu et pour Dieu, il se retrouve tout entier lui-même !

Telle est la véritable et première sanction de la loi morale : l'état de bonheur ou de souffrance qui, d'après la nature même des choses, accompagne infailliblement la pratique de la loi du bien ou sa transgression [1]. Rosmini ne s'en tient pas, cependant, à cette sanction naturelle ; et, outre les sanctions accessoires et accidentelles, telles que l'estime des hommes, la santé, la fortune [2], il admet encore une sanction positive spéciale dont la forme dépend de la volonté du suprême Législateur [3].

Dans toute faute, dit notre philosophe, il y a deux choses à considérer : d'abord, le dérèglement dans lequel la raison s'est jetée, « en contrariant sa vraie nature qui est d'affirmer l'être » ; c'est le mal psychologique. Mais, de plus, et voilà le mal ontologique, autant qu'il est en lui, l'agent établit entre l'être et sa raison « une relation contraire à la nature des choses, et, par conséquent, contraire à l'ordre [4] ». Aussi, pour réparer cette faute, ne suffit-il pas de mettre un

---

1. Cf. *Teodicea*, nos 361-370.
2. *Ibid.*, lib. II, cap. XVI, p. 171, XVII, XVIII, XXIII.
3. *Teosofia*, II, p. 398, n° 1053. Rosmini distingue une justice « che opera nella natura dell' uomo », et une autre « che procede da Dio stesso ».
4. *Psychol.*, II, n° 1431.

terme au mal psychologique, à la prévarication de la volonté, en détestant son erreur coupable; il faut, de plus, que l'ordre extérieur, qui a été violé, soit réparé et telle est, dit Rosmini, l'origine de la justice pénale et vindicative : « Dieu doit exiger une satisfaction pénale du mal moral en faveur de l'être que le mal moral a outragé [1]. »

Il en est de même du bien; outre la sanction naturelle qui consiste dans l'heureux effet psychologique de la fidélité au devoir, il en résulte aussi une récompense dans l'ordre ontologique. « Mais, ajoute Rosmini, cette récompense varie selon l'*être particulier* dont les *justes* exigences ont été respectées.

« Si l'homme juste a rempli ses devoirs envers lui-même... le fruit qu'il en recueillera sera un accroissement de l'amour et de l'estime qu'il a pour lui-même (témoignage de la conscience bien différent du sentiment de l'harmonie morale réalisée dans l'âme).

« Si l'homme juste a rempli ses devoirs envers ses semblables, la récompense ontologique à laquelle il a droit est l'amour et la reconnaissance de ses semblables; et si elle lui est refusée, l'Être suprême, qui préside à l'ordre ontologique, doit lui donner une compensation, comme aussi il doit punir dans les autres cet injuste refus.

« Si, enfin, l'homme juste a rempli ses devoirs envers Dieu, Dieu lui réserve des récompenses dignes de Lui et de la vertu morale pratiquée envers Lui [2]. »

Nous avons reconnu, dans les chapitres précédents, que l'être est à la fois le principe de l'existence, de la connaissance et de la certitude : nous voyons à présent qu'il est, de plus, le principe du bien universel, du bien subjectif et du bien moral.

L'essence de l'être, voilà la vérité ; connaître cette essence,

---

1. *Ibid.*, II, n° 1432. — Cf. aussi *Teosofia*, II, p. 400, n° 1054.
2. *Psych.*, II, p. 382, n° 1433. — *Compendio di Etica*, p. 57, etc.

voilà la certitude; reconnaître l'essence de l'être, l'aimer, la respecter, la vouloir librement, voilà la moralité.

L'homme est un être doué de raison et de liberté. Par la raison, il connait l'être, l'ordre, le bien et y trouve l'essence de la moralité. En même temps, il reconnaît qu'il doit s'attacher au bien immuable, c'est-à-dire que le bien se présente à lui comme obligatoire, comme impératif catégorique, comme devoir. L'homme prend ainsi connaissance de la loi de la moralité.

Enfin, quand il se décide librement à rechercher ce bien, parce que c'est le bien, parce que c'est le devoir, il est moral, il est vertueux; et, comme il s'y porte librement, il a le mérite de sa bonne action, c'est-à-dire que sa valeur morale est augmentée (sanction psychologique); et il acquiert un droit à un bonheur positif en vertu de l'ordre voulu par Dieu (sanction ontologique). A son tour, le mérite développe de plus en plus la perfection de l'homme; et, se trouvant plus parfait, tout en lui est de plus en plus adapté, il est heureux. Ainsi, en se conformant à la loi morale, l'homme obéit au bien objectif et obtient son bien subjectif. Enfin, dans la mesure du possible, il s'élève jusqu'à Dieu lui-même, principe de tout bien comme source toujours féconde de l'existence[1]. C'est là qu'il trouve le complément de sa moralité[2] : son esprit s'éclaire et comprend mieux l'être, le bien, le devoir; sa volonté y adhère et le veut plus puissamment, plus efficacement : son cœur enfin y trouve des joies ineffables, et en conçoit d'inénarrables amours[3].

Nous découvrons ici quelle est la véritable pensée de Ros-

---

1. *Teosofia*, II, n° 1032.
2. Voyez comment, d'après Rosmini, la vraie moralité est le fondement de tout progrès et de toute civilisation : *Storia comparativa*, etc., p. 80-82. — *Principii*, ch. VII, art. VIII. — *Filosofia del Diritto : Diritto Sociale*, lib. IV, sect. II, III° partie.
3. Cf. *Storia dell' Amore*, lib. I, cap. XIII, p. 209; lib. II, cap. IV, p. 260; cap. V. — *Saggio sulla Speranza*, lib. II, n° ? 9, p. 59 : il solo oggetto della felicità verissimo e realissimo è Dio. — *Teodicea*, lib. III, ch. XXV-XXVI.

mini, lorsqu'il écrit que l'être moral résulte d'une harmonie entre l'être idéal et l'être réel. Il entend par là que le sujet humain, considéré dans sa partie la plus noble, l'âme, et, dans l'âme, la raison, n'atteint sa perfection essentielle qu'en réglant sa sensibilité sur la vraie nature des êtres, c'est-à-dire en subordonnant son bien subjectif au bien objectif universel.

Dans l'homme, nous le savons, il existe toujours et essentiellement un désaccord entre la forme réelle de l'être et sa forme idéale : c'est une sorte d'inachèvement qui tient à notre nature d'être créés et limités [1]. Nous sommes imparfaits, c'est-à-dire que chez nous la forme morale n'accompagne jamais nécessairement les deux autres. Il faut faire effort. Il est vrai, ajoute Rosmini, que cet effort est merveilleusement conforme à notre nature et trouve en elle un puissant auxiliaire. En effet, dit-il, partout où se trouvent en présence la forme idéale et la forme réelle, il y a, chez l'être qui résulte de leur union, une certaine tendance à se parfaire, en mettant de plus en plus une de ces formes en harmonie avec l'autre. « Dès lors, si, dans les êtres intelligents et finis, l'ordre moral, qui est aussi ce qu'on appelle le bien moral, n'est pas nécessairement une réalité actuelle, ces êtres ne peuvent cependant manquer d'avoir, avec la puissance de le réaliser, une tendance qui les y porte, et même ils se trouvent dans la nécessité de le faire, s'ils veulent être parfaits [2]. »

Obéir librement et amoureusement à cette tendance; la favoriser de tous ses efforts; renoncer aux plaisirs, à l'intérêt propre; se sacrifier soi-même pour mettre de plus en plus l'être réel, qui est nous, en harmonie avec la forme idéale du bien; subordonner toujours dans notre estime le bien subjectif au bien objectif; ne donner à chaque être, dans notre amour, que la place qui lui est assignée par son

1. Cf. plus haut. III° part., p. 261.
2. *Psych.*, II, n° 953, p. 112. — Cf. aussi n° 954, p. 113.

essence ; vouloir, aimer Dieu, à la fois Être absolu et Bien suprême, au-dessus de tout[1] ; en nous et au dehors, autour de nous, tout rapporter à Lui, comme des moyens et des fins relatives à leur but, à leur fin unique et suprême : voilà l'essence même de la bonne volonté, voilà toute la moralité, voilà aussi toute la grandeur de l'homme, sa vraie noblesse et sa félicité !

1. *Teosofia*, II, p. 379, n° 1039.

CHAPITRE III

IDÉES SOCIALES, POLITIQUES ET RELIGIEUSES [1]

Rosmini a joué un rôle assez important dans l'évolution des idées politiques et sociales en Italie ; et si son influence ne peut se comparer à celle qu'obtint Gioberti par son fameux livre *del Primato*[2], il y a lieu, cependant, de s'y arrêter d'une manière toute spéciale.

De très bonne heure, Rosmini se sentit porté vers l'étude des questions sociales : tout, d'ailleurs, l'y invitait. Il venait d'étudier les théories encore récentes des Encyclopédistes du XVIIIe siècle ; il avait entre les mains les travaux très importants de Melchior Gioia, dont il se fit l'adversaire ardent et convaincu ; et déjà, dans toute la Péninsule, se dessinait ce mouvement d'agitation qui devait plus tard produire les changements que l'on sait et auquel Rosmini lui-même fut personnellement mêlé. Un esprit alerte, passionné pour la liberté et la grandeur de la patrie, libéral par tempérament, ne pouvait rester indifférent et ne pas prendre sa part dans ces aspirations nouvelles qui agitaient tout un peuple.

1. Comme le titre de ce chapitre l'indique suffisamment, nous ne nous proposons pas ici d'exposer dans leur détail les *théories* de Rosmini : ce serait un nouveau livre qu'il faudrait écrire. Il suffit, d'ailleurs, pour le but que nous nous sommes proposé dans ce travail, de mettre en relief quelques-unes de ses *idées*.

2. GIOBERTI, *Del primato morale e civile degli Italiani*, 3 vol. in-8°, 1843.
Le comte Cesare Balbo disait de ce livre : « Cet ouvrage est plus qu'un livre, c'est une action et une action qui ne peut que profiter à la patrie. Voyez BALBO, *Des espérances de l'Italie*, trad. de Leopardi, in-12°, Paris, Didot. 1841 ; préface.

Dès 1827, il écrivait la *Constitution naturelle de la Société*, qui ne devait voir le jour que longtemps après sa mort, en 1886 ; en 1828, il composait son livre de la *Constitution selon la justice sociale*, qu'il publia lors de la révolution de 1848, en y ajoutant un appendice sur l'*Unité de l'Italie*; et enfin, de 1841 à 1845, il publiait son grand travail sur la *Philosophie du Droit* pour la composition duquel, paraît-il, il lut et annota plus de six cents ouvrages [1].

Dans ces différents écrits, Rosmini se montre à nous tel que nous le connaissons déjà : théoricien avant tout, idéaliste convaincu, chrétien militant ; il se donne, en philosophie, la tâche de réconcilier la foi et la raison ; il espère par là fonder le système même de la vérité et créer un véritable mouvement de restauration. Le sociologue et le politique conservent en lui la même attitude : c'est par une alliance du trône et de l'autel, qu'il se flatte de ramener à la paix et à la concorde les esprits divisés ; et la renaissance des gloires italiennes, qui lui tient tant à cœur, il ne la conçoit que sous la forme d'un retour aux traditions religieuses et chrétiennes de ce pays. N'était-ce pas là, d'ailleurs, la préoccupation constante et la mentalité des écrivains en vue de cette époque troublée ? N'est-ce pas ce souffle d'espérances qui anime les pages de Manzoni, de Silvio Pellico, du comte Cesare Balbo, de Gioberti, et, bien qu'à un autre point de vue, de Leopardi et de Foscolo lui-même [1]. Comme eux, Rosmini est italien, il l'est dans l'âme ; comme eux, il rêve d'une Italie indépendante au dehors, forte et libre à l'intérieur. Car, ne l'oublions pas, c'est là un des traits saillants de sa physionomie : si Rosmini rêve d'un retour au passé, il fixe cependant les regards sur l'avenir ; il n'entend pas sa-

---

1. Cf. PAOLI, *Memorie della vita di A. Rosmini*.
2. Voir sur ce mouvement DE SANCTIS, *La letteratura italiana nel secolo XIX*, Napoli, Morano, 1897. — A. GRAF, *Foscolo, Manzoni, Leopardi, Saggi;* Torino, Loescher, 1898.

crifier les exigences de l'esprit moderne sur le terrain civil et politique ; il se fait de la personne humaine une trop haute conception pour l'abandonner aux caprices d'un pouvoir souvent immodéré, et s'il conseille aux sujets le respect de l'autorité légitime, il n'en proclame qu'avec plus de force les droits imprescriptibles de la liberté individuelle.

La justice, voilà le principe sacré auquel fait appel notre philosophe. Toutes ses théories politiques, économiques et sociales reposent sur cette assise : c'est d'elle qu'elles doivent, dans sa pensée, recevoir leur solidité et leur unité. — Mais, comprenons-le ; par *justice* Rosmini n'entend pas une règle pratique qui déterminerait historiquement et délimiterait d'une manière purement empirique les rapports des hommes entre eux : la justice est une idée absolue, éternelle et immuable. Comme le bien, comme le devoir, dont elle n'est qu'une application particulière, cette idée emprunte toute sa lumière à l'être idéal et se trouve ainsi gravée dans le cœur même de l'humanité. Bien loin de se modeler sur les contingences historiques, elle les domine plutôt, les juge et les corrige. « Ce ne sont point les hommes qui ont fondé la justice, écrit-il, il ne leur appartient pas davantage de la détruire : elle est antérieure à toutes les lois des législateurs, et ces lois mêmes ne peuvent en être que l'expression et la manifestation [1]. » Il faut bien reconnaître, sans doute, que ces applications particulières ne peuvent se faire qu'en tenant compte des conditions dans lesquelles se forment et se développent les sociétés : ainsi, avons-nous vu la loi du bien elle-même se spécialiser et, de quelque manière, s'humaniser en prenant contact avec la volonté de l'agent; mais le point de vue utilitaire est purement accessoire : « la justice est un principe; l'utilité, elle, n'est qu'une conséquence [2] », et ce serait ruiner le fondement même de toute société que que d'intervertir l'ordre de ces deux termes.

---

1. *Filosofia del Diritto*, vol. 13, p. 11.
2. *Ibid.*

La justice peut se définir le respect de tous les droits légitimes. Elle suppose d'abord la détermination de ces droits et leur connaissance. « Le premier acte de la justice consiste à juger les choses d'une manière exacte, au moins dans la mesure du possible. » Ainsi, à la base de la sociologie nous retrouvons cette conception du *riconoscimento* sur laquelle le philosophe italien a fondé sa théorie morale. C'est que, pour lui, on ne saurait être un bon citoyen, si d'abord l'on ne s'est efforcé d'être moralement bon.

Ce lien intime qui relie la sociologie aux principes mêmes de l'Éthique se fait voir surtout dans la manière dont Rosmini cherche à déterminer à priori la vraie nature du droit. Il analyse ce concept, afin d'en retrouver les différents éléments. Ces éléments se réduisent à cinq. Le droit, d'abord, suppose l'exercice d'une *activité subjective*, c'est-à-dire que seul un sujet actif peut posséder des droits. Il faut, de plus, que cette activité soit personnelle, c'est-à-dire raisonnable et libre[1]. Il n'y a que les personnes qui puissent avoir des droits, d'abord parce que l'idée du droit implique celle d'obligation, et l'homme ne peut avoir d'obligation réelle qu'envers une personne; puis, parce qu'il n'y a qu'une personne qui puisse posséder un pouvoir moral. L'idée de droit repose donc essentiellement sur la dignité de la personne humaine. Du côté de l'objet, il faut qu'il soit *licite*, conforme à la loi morale; il doit aussi *être utile*, procurer le bien de l'agent, qu'il s'agisse, d'ailleurs, de bien physique ou de bien moral. Le droit, dit Rosmini, a une relation toute naturelle avec le bonheur, puisque celui-ci constitue, en effet, nous l'avons vu, le terme naturel de l'activité humaine. Enfin, le droit possède en lui-même une force de contrainte qui lui est essentielle : étant l'exercice d'une activité, il confère au sujet le pouvoir moral de la développer normalement et d'après les

---

1. *Ibid.*, p. 89, 90.

conditions mêmes que nous venons d'énumérer ; il impose aux autres hommes le devoir moral de respecter cette activité et de ne pas l'entraver[1].

Rosmini définit donc le droit : le rapport du bonheur avec la loi[2]. Tout homme recherche son bonheur, tel est l'élément subjectif du droit ; l'élément objectif est constitué par la loi morale qui ordonne à un chacun de respecter le bonheur (le droit) d'autrui. Ainsi, la morale fonde le droit à deux points de vue : d'abord, elle accorde aux personnes le pouvoir d'agir, de rechercher leur bonheur (elle ne le leur défend pas), et ensuite elle oblige les autres à respecter ce pouvoir ; on peut donc dire du droit qu'il est le pouvoir de faire ce qui plaît, pouvoir que protège la loi morale[3].

Il y aurait plus d'une remarque à faire au sujet de cette détermination des éléments du droit. Elle pèche évidemment par excès. Mais, ce qui est plus grave, nous craignons

---

1. Rosmini critique à ce sujet la conception que Kant se fait du droit, lorsqu'il le définit la faculté de faire toutes les actions dont l'exécution bien qu'universalisée ne s'oppose pas à la coexistence des autres personnes. D'abord, cette définition exclut du droit l'élément moral, en ne tenant pas compte de la licéité de l'action. De plus, le fait de ne pas s'opposer à la liberté des autres personnes ne constitue pas l'essence du droit : il ne faut voir là qu'un signe, qu'un indice, qu'une délimitation du droit.

L'universalité de l'action est également indifférente à l'essence du droit. Enfin, en vertu de son autorité, le père peut rendre illicite une action de son fils qui serait cependant en accord avec la liberté de toutes les autres personnes et pourrait être universalisée. C'est donc que l'essence véritable du droit ne consiste pas dans ces deux caractères. — Cf. *Filosofia del Diritto* (vol. 13), *Della natura del diritto e della sua relazione col dovere*, p. 99. — Sur la théorie kantienne du droit, voir RUYSSEN, *Kant*, p. 225 suiv.

2. *Filosofia del Diritto*, p. 86.

3. *Ibid.*, p. 91-92. — Rosmini fait observer que l'idée de contrainte n'est pas toujours nécessairement impliquée dans celle du droit, car l'exercice d'un droit peut parfaitement se produire sans qu'il y ait lieu de recourir à la contrainte. Cependant, il n'en reste pas moins vrai que le droit implique toujours une certaine contrainte, sinon en acte, du moins en puissance. Un droit qui ne pourrait se faire respecter par défaut de force chez l'agent n'en laisse pas moins d'être un véritable droit. La force ne prime jamais le droit, elle peut le violer, mais il subsiste et s'affirme avec d'autant plus de force que la violation qu'on en fait est plus injuste. — *Ibid.*

bien que l'introduction du point de vue moral ne dénature complètement la vraie notion du droit. Pour Rosmini, il n'y a de véritable droit que celui qui est intrinsèquement conforme à la loi morale[1].

Rosmini cherche ensuite à établir l'origine de la notion de droit. La dignité de la personne humaine, voilà, dit-il, la source d'où découlent le droit en général et tous les droits particuliers. Si nous avons le devoir de respecter la liberté d'autrui, c'est que la personne humaine est souverainement respectable et inviolable. Mais d'où procède cette inviolabilité? Ne semble-t-il pas que le devoir que nous avons de respecter la personne humaine soit fondé d'abord sur le droit qu'elle a à notre respect? C'est là une vue que n'admet pas Rosmini. Selon lui, en effet, la personne humaine ne constitue pas le terme ultime de la moralité; elle n'est pas une fin absolue, un but définitif. Si donc cette dignité constitue, de quelque manière, le fondement du droit au respect, le droit, cependant, ne trouve pas en elle sa raison dernière : il faut remonter plus haut et dire que si la dignité de la personne humaine implique en soi un droit au respect, c'est que, d'abord, de l'ordre des êtres résulte essentiellement pour nous le devoir de la respecter[2]. La pensée du philosophe italien est ici suffisamment nette, l'expression cependant peut en sembler défectueuse, et, sans doute, il eût mieux exprimé ce qu'il voulait dire, s'il avait écrit que le droit et le devoir découlent tous les deux, bien qu'à des titres divers, des relations essentielles qui existent entre les êtres.

Nous voyons, dès lors, quels sont, d'après Rosmini, les rapports qui existent entre le droit et le devoir. Pour lui c'est le devoir qui fonde primitivement le droit : « Si, en effet, le droit est un pouvoir moral par lequel l'homme peut faire ce qui ne lui est point prohibé et même lui est

---

1. *Filosofia del Diritto*, p. 94-95.
2. Cf. *Storia compar.* etc., cap. v, art. 11. — *Filosofia del Diritto*, p. 98.

garanti par la loi morale, il faut de toute nécessité que la notion du devoir soit antérieure à celle du droit et n'en dépende pas[1]. » Ainsi, le sujet ne jouit de véritables droits que parce que la loi morale fait à tous un devoir de respecter la liberté d'autrui. Que le devoir, ajoute notre philosophe, soit fondé sur le droit, cette dernière notion devient inexplicable. Si, en effet, l'homme a le droit de faire ce que le devoir ne lui défend pas ; et si, d'autre part, le devoir ne peut lui interdire une action à laquelle il a droit, on ne voit plus comment pourrait se faire la déduction des devoirs et des droits. Le droit et le devoir ne sont donc pas corrélatifs[2]. Il n'est pas possible non plus de ramener l'une à l'autre ces deux notions. L'idée du devoir est absolument simple et n'implique en aucune manière celle du droit[3]. De plus, le devoir se présente toujours sous une forme négative : il ne commande pas, il défend, car, dans le jugement pratique que l'agent porte sur la valeur des êtres, il lui interdit de les estimer plus ou moins qu'ils ne le méritent. Le droit, au contraire, étend son domaine sur tout ce qui n'est pas prohibé par le devoir : la forme qu'il affecte est essentiellement positive[4]. Enfin, dans toute action, l'obligation naît du devoir, tandis que du droit découle seulement la licéité[5].

Ainsi, conclut Rosmini, il n'y a pas moyen de ramener le devoir à un droit primitif. Bien plus, il peut même se présenter des cas où le devoir subsiste à l'égard d'un individu chez lequel, cependant, le droit aurait cessé d'exister, ce qui arriverait, par exemple, si l'action que fait cet individu devenait pour lui illicite par l'adjonction de quelque motif intérieurement mauvais[6]. Nous n'en aurions pas

1. *Filos. del Diritto*, p. 100.
2. *Ibid.*, p. 101.
3. *Ibid.*, p. 101, art. 2.
4. *Ibid.*, p. 103.
5. *Ibid.*, p. 104.
6. *Ibid.*, p. 94-96.

moins, en effet, le devoir de respecter chez lui la liberté. Et sans aller chercher si loin des exemples, l'homme n'a-t-il pas des devoirs envers lui-même ? et, cependant, il serait absurde, dit Rosmini, de prétendre qu'il ait aussi envers lui-même des droits [1].

Enfin, « le devoir engendre le droit par deux actes, le premier à l'égard de l'agent qui entre en possession de ce droit, et le second, à l'égard des autres personnes chez lesquelles naît le devoir de le respecter [2] ».

Relativement à l'agent, le devoir restreint son activité personnelle dans de certaines limites qui constituent la sphère du droit. Quant aux autres personnes, le devoir les oblige au respect et « c'est surtout, ajoute Rosmini, de ce chef que le devoir élève à la dignité de droit cette portion d'activité en la rendant sacrée et inviolable [3] ». Au point de vue négatif, le devoir rend le droit honnête en le limitant; au point de vue positif il le rend inviolable en imposant aux autres le respect. Cette action positive du devoir est, à proprement parler, ce qui donne au droit sa forme : le droit, en effet, n'est tel que parce qu'il est inviolable, et il ne serait pas un droit, si dans les autres personnes ne résidait, d'abord, le devoir de ne pas entraver l'activité d'autrui et de respecter en chacun la dignité de la personne humaine.

L'obligation juridique est une conséquence de tout ce que nous venons de dire. Rosmini la définit : « Le devoir moral qui oblige une personne à laisser intacte et libre l'activité propre d'une autre personne [4]. »

« C'est l'essence du droit, écrit Luigi Ferri, ou l'idée du droit, qui fournit, suivant Rosmini, par les caractères qui lui sont inhérents, le critérium nécessaire pour déterminer

---

1. *Ibid.*, p. 102 et 108.
2. P. 103.
3. *Ibid.*, p. 103.
4. *Ibid.*, p. 106.

les droits réels dans les différentes sphères de l'activité humaine; c'est en rapprochant cette idée de la réalité qu'on retrouve les titres d'une possession juridique ou les titres du droit. Individuel ou social, naturel ou acquis, primitif ou dérivé, dans les limites de la vie individuelle ou dans le sein de la famille, de l'État et de l'Église, le droit se développe, se déduit et s'enchaîne sous la direction et à la lumière d'une seule idée et d'un même principe[1]. »

Toute cette théorie du philosophe italien est, en effet, au moins dans les grandes lignes, parfaitement cohérente : il se flatte de ramener à l'unité la multiplicité des lois et des concepts juridiques qui doivent régir la société.

Rosmini distingue trois espèces de sociétés : d'abord, la famille qui constitue la société primitive et naturelle; puis, l'État, que le philosophe italien considère comme une société artificielle, et enfin la société théocratique ou l'Église [2].

« La société civile est la réunion d'un certain nombre de pères de famille qui consentent à ce que la modalité des droits[3] soit réglée à perpétuité par un seul esprit et une

---

1. Luigi Ferri, *Essai sur l'histoire de la philosophie en Italie*, I, p. 272.
2. *Diritto sociale*, vol. 14, p. 335.
3. Cette expression, pour Rosmini, s'oppose au droit lui-même qui a une valeur absolue. Les modalités du droit sont constituées par toutes les applications que l'on peut faire du droit sans entamer, d'ailleurs, la valeur qui lui est essentielle. Ces modalités résultent des conditions contingentes dans lesquelles se meuvent les sociétés. La modalité du droit exprime donc la manière dont on se sert du droit; et c'est là, ajoute Rosmini, une chose tout à fait indépendante du droit. — *Filosofia del Diritto. Diritto sociale*, lib. IV, p. 343 suiv. — Cette distinction entre le droit et ses modalités a été mise en lumière avec beaucoup de précision par M. Boistel, professeur à la Faculté de Droit de Paris. Voici comment l'éminent professeur interprète la pensée de Rosmini : « Si la société n'a pas le droit de toucher à un cheveu de notre tête, qu'est-ce qu'elle va pouvoir faire... pour protéger les droits qu'elle a pour mission de garantir? C'est ici qu'une distinction féconde a été fort heureusement établie par Rosmini, c'est celle de la substance et de la modalité des droits... La substance des droits, c'est ce qui représente les avantages réels que le droit procure au fond à son titulaire, ce qui dans le droit est réellement un bien pour la personne. La substance des droits est absolument inviolable... Mais, à côté de la substance du droit, il y a la *modalité*, c'est-à-

seule force sociale, pour la plus grande sécurité et l'usage le plus avantageux de ces droits. La société est une réunion des pères de famille, non sans doute que l'on considère les femmes et les enfants comme n'en faisant pas partie, mais parce qu'ils doivent être représentés par les pères, qui résument en eux-mêmes les droits de tous ceux qui leur sont soumis. Tous les membres de la famille qui dépendent du père sont des citoyens *relatifs* et non des citoyens *absolus*... c'est-à-dire qu'ils sont citoyens seulement par rapport aux autres membres de la société, et non par rapport au chef de famille dont ils dépendent. Ils deviennent ensuite citoyens absolus en sortant juridiquement de la famille paternelle : ils acquièrent alors, en effet, la condition de pères et ils se représentent eux-mêmes dans la cité [1]. »

Cette définition met assez bien en relief les caractères de la société civile telle que l'entend le philosophe italien. D'abord, tous les chefs de famille sont, de droit naturel, égaux [2]. Rosmini rejette ainsi toutes ces formes surannées, monopoles [3], privilèges, charges réservées, qui sont les derniers vestiges, « injustes, inutiles, pernicieux », d'un état de choses païen et sauvage, où la force seule dominait au mépris du droit ; l'idéal de la société civile est de se débarrasser de plus en plus de tout ce qui rappelle le Droit Seigneurial [4]. C'est donc dans tous les chefs de famille indis-

---

dire le mode d'exercice du droit, ce qui peut varier dans un droit sans diminuer les avantages réels qu'il procure à son titulaire... » — *Leçon d'ouverture*, voir *Revue des Cours et Conférences*, année 1894-95, p. 137. — Cf. BOISTEL, *Cours élémentaire de Droit naturel et de philosophie du Droit, d'après les principes de Rosmini*, Lyon, 1870.

1. *Diritto sociale*, lib. IV, p. 342. Rosmini a soin de faire observer que les célibataires majeurs doivent être assimilés aux chefs de famille.

2. *Costituzione secondo la giustizia sociale*, art. 22-40-41, dans le vol. 14 de l'édit. Batelli.

3. *Diritto sociale*, p. 463, nos 2069-2070 ; p. 464 suiv. ; p. 489, n° 2167 ; p. 515, n° 2288.

4. *Diritto sociale*, p. 463, nos 2067-2068. — Cf. *ibid.*, p. 358, art. 13 ; p. 513, n° 2277.

tinctement que réside essentiellement le principe du pouvoir[1]. C'est à eux qu'il appartient de constituer l'État. Il suffit pour cela qu'ils se réunissent et forment ainsi ce qu'on appelle le peuple[2]. S'ils conservent pour eux leur droit au gouvernement, ils s'établissent alors en démocratie; mais, dit Rosmini, c'est là une forme politique qui n'est pas encore réalisable, car elle suppose, parmi les hommes, pour se constituer, un développement de la raison et de la liberté bien supérieur à celui qu'a atteint notre civilisation[3].

La dévolution du pouvoir collectif à une aristocratie ou à un monarque se fait par voie de consentement mutuel[4]. Ainsi Rosmini se trouve d'accord avec J.-J. Rousseau pour faire intervenir ici un pacte et comme une sorte de *contrat social*. Cependant, la pensée de notre auteur est assez différente de celle du fameux Génevois. Voici comment Rosmini s'en explique lui-même : Le système du contrat social, tel que l'entend J.-J. Rousseau, repose sur une confusion que l'on fait entre la société elle-même et le gouvernement qui se trouve à sa tête. Ce dernier est, sans doute, le résultat d'un contrat, car ce n'est que par un accord mutuel que les droits des particuliers au gouvernement sont réunis sur la tête d'un seul. Là où il y a gouvernement, il y a société; d'autre part aussi, l'on peut dire qu'une société dépourvue de gouvernement ne se conçoit pas : il n'en est pas moins vrai, cependant, que gouvernement et société sont deux choses parfaitement différentes. Ceux qui ne font pas cette distinction affectent ici deux positions également vicieuses. Ou bien, ils sacrifient la société au gouvernement; ils con-

---

1. *Ibid.*, p. 360, art. 1er, nos 1701-1703.
2. Rosmini fait observer que le pouvoir n'est pas si inhérent au peuple que ce dernier ne puisse s'en dépouiller pour en revêtir l'un des membres de la collectivité. Le sujet du droit, la personne humaine, est sans doute inaliénable, mais le droit lui-même peut toujours être cédé, pourvu que cette translation soit juste et légitime. — *Diritto sociale*, p. 372, n° 1745-1746.
3. *Costituzione secondo la giustizia sociale*, p. 17, art. 4, 5. — *Diritto sociale*, p. 393, nos 1824.
4. *Diritto sociale*, p. 409-410.

sidèrent, dès lors, l'autorité comme primitive, et, par conséquent, comme absolue : dans une telle conception les droits des particuliers sont rejetés à l'arrière-plan et bien souvent violés. — D'autres, au contraire, ne voient que la société ; ils oublient qu'une telle réunion d'hommes implique toujours, sous une forme ou une autre, une autorité qui dirige. En fait, dit Rosmini, la société civile, qui est la réunion des pères de famille, est fondée juridiquement sur le consentement commun de ses membres ; c'est là ce qu'il y a de vrai dans la théorie de Rousseau ; mais ce philosophe se trompe grandement quand il ne voit pour le gouvernement et l'autorité d'autre origine qu'un contrat primitif. « Ceux qui prétendent que le contrat social est l'unique moyen d'obtenir le droit au gouvernement sont dans l'erreur, parce qu'ils restreignent, sans aucune raison, les différentes manières et les titres divers par lesquels est constituée et légitimée l'autorité. Ils confondent la question de *l'essence de la société civile* avec celle de son *origine*. L'essence de la société civile ne varie pas, mais l'origine des gouvernements peut varier : gouverner est un droit, et ce droit, comme tous les autres, peut s'acquérir de manières bien différentes, quand ce ne serait que par une possession immémoriale et dépourvue même de tout titre primitif[1]... » Le contrat social est une manière comme une autre d'obtenir le droit au gouvernement, mais ce n'est pas la seule. La théorie de Rousseau est donc manifestement fausse. « Elle ébranle les sociétés et les gouvernements constitués : et, en effet, comme la plupart des gouvernements établis ne peuvent justifier leur titre en l'appuyant sur ce contrat, rien de plus facile que de les déclarer illégitimes. » Et Rosmini conclut : si, au lieu d'envisager toujours la société en abstrait, on la prenait telle qu'elle est, en concret, on n'éprouverait pas le besoin, pour légitimer l'autorité, de faire

---

1. *Diritto sociale*, p. 364.

appel à un contrat social, à une vue purement théorique, on n'aurait qu'à s'en tenir aux faits et aux données de l'histoire, qui établissent d'une manière suffisamment précise les titres sur lesquels sont établis les gouvernements et la valeur de ces titres [1].

Si les hommes sont égaux, tous possèdent le même droit au gouvernement; tous donc sont éligibles à la suprême magistrature, pourvu qu'ils en soient capables et dignes. Rosmini considère comme légitimes les différentes formes de gouvernement, mais personnellement il donne la préférence aux monarchies constitutionnelles. « Sous cette forme de gouvernement, pourvu toutefois qu'elle soit organisée selon les principes de la justice sociale, on jouit de plus de liberté que dans une république, car la liberté est plus grande là où elle est plus assurée et mieux protégée [2]. »

Il s'agit de créer des Chambres qui, par procuration, représenteront dans le gouvernement les intérêts de la collectivité. Rosmini rejette le suffrage universel [3]. Au point de vue naturel, dit-il, tous les hommes sont égaux, mais il n'en est pas de même au point de vue social [4], car les intérêts varient presque pour chaque individu et les charges aussi. « C'est par l'argent que subsistent les sociétés; c'est l'argent qui fait vivre ceux qu'elle emploie, les soldats qui la défendent; c'est l'argent qui permet les charges publiques et les travaux d'utilité commune. Rien ne se fait sans argent. La société civile est donc une société de contribuables [5]. » Dès lors, c'est la fortune d'un chacun qui doit déterminer les limites de son influence dans la direction générale des affaires, et, par conséquent, dans l'élection des représen-

---

1. *Diritto sociale*, p. 363-365.
2. *Appendice sull'unità d'Italia*, vol. XIV, tout à fait à la fin du vol., p. 68. — Cf. *Filosofia del Diritto*, vol. XIII, introduction, p. 13, et vol. XIV, p. 392-393. — *Costituzione*, art. 6.
3. *Costituzione secondo la giustizia*, p. 31.
4. *Ibid.*, p. 32-33.
5. *Ibid.*, p. 40.

tants de la nation. Mais, même de ce point de vue, le philosophe italien ne se laisse pas séduire par une égalité trompeuse. Il rejette aussi le système du cens électoral : accorder le même droit de vote à tous ceux qui possèdent un tantum de fortune, c'est de nouveau introduire une inégalité injuste entre les intérêts d'un chacun et son influence sociale [1].

Voici maintenant l'organisation constitutionnelle que propose Rosmini :

« Le vote aura une valeur proportionnelle à l'ensemble des intérêts que représente chaque électeur, afin que tous les droits et tous les intérêts soient également représentés dans les Chambres. C'est ce qu'on obtiendra en faisant en sorte que les citoyens qui représentent moins de droits et d'intérêts se réunissent en collèges électoraux plus nombreux. »

« Ce sont ces collèges électoraux qui élisent les députés; ils en nomment chacun un. — Ayant divisé la somme totale des impôts directs proportionnellement au nombre des députés, la quote-part a droit à être représentée par un collège électoral [2]. — Les grands propriétaires se réunissent de manière à former un collège qui paye en impôts à l'État la quote-part représentée normalement par chaque collège.

« Si un seul propriétaire payait à l'État cette quote-part, il aurait personnellement le droit d'élire un député et pourrait se nommer lui-même. Que si deux propriétaires payent ensemble la quote-part, ils se concertent entre eux pour élire un député.

---

1. *Costituzione*, p. 31. « Il voto universale è lo stesso nelle sue conseguenze che il pareggiamento di tutte le proprietà, è la legge agraria che nei nostri tempi finisce nel communismo : e il voto eguale accordato a tutti quelli che hanno un dato censo ha lo stesso vizio del voto universale rispetto ai proprietari maggiori. » — Cf. aussi p. 32.

2. Voici quelle est la pensée de Rosmini :
Supposons que les contribuables versent à l'État 30.000.000 francs et que le nombre de députés à élire soit de 1.000, nous divisons la somme des impôts par le chiffre des députés : chaque part de 30.000 francs a droit à élire un député.

« Ainsi se forment les collèges électoraux, de plus en plus nombreux à mesure que chacun des membres qui les composent payent à l'état un chiffre d'impôts moins élevé[1]. »

Les sénateurs, aussi bien que les députés, doivent être élus directement par les collèges électoraux; toute leur raison d'être est de représenter les intérêts du peuple; on ne voit donc pas pourquoi le souverain se réserverait le droit de les élire directement.

Enfin, la Chambre des députés et le Sénat ne doivent pas se contenter d'administrer les intérêts des particuliers. Rosmini demande que l'on constitue, au sein même du gouvernement, un tribunal juridique qui décide si telle mesure est conforme au droit, c'est-à-dire, non pas seulement à l'utilité, mais à la justice immuable et éternelle[2].

Une fois que les chefs de famille ont abdiqué leur droit au gouvernement entre les mains d'un pouvoir constitué, celui-ci représente désormais l'autorité, il est investi d'une puissance indépendante. Celui qui possède l'autorité est aussi le juge compétent de l'exercice du pouvoir : il n'appartient plus aux chefs de famille de s'élever contre le pouvoir, à moins que celui-ci se laisse aller à des errements par trop évidents. Mais le monarque, de son côté, reste entièrement soumis à l'obligation juridique et morale de déterminer les droits d'un chacun et d'en assurer l'exercice d'après les principes de la justice et de la prudence.

La seule raison d'être du gouvernement est de protéger tous les droits : *il miglioramento della modalità dei diritti*. Rien n'est plus contraire à l'essence du droit et à la justice que le caprice et le despotisme : à l'égard des sujets, le pouvoir doit se comporter comme ferait une personne privée à l'égard de son semblable. Il ne lui est donc pas permis de sacrifier les droits de la société et des particuliers, fût-ce des plus misérables et des plus pauvres, pour

---

1. *Costituzione secondo la giustizia sociale*, art. 51-52-53.
2. *Diritto sociale*, p. 606, n° 2662, etc.

assurer son bien propre. Sans doute, si on l'attaque, il jouit, comme toute personne, du droit de légitime défense, et encore ici Rosmini fait-il des réserves importantes. — Le gouvernement doit se défendre si l'on attaque les lois, si l'on viole à son égard les principes immuables de la justice; mais si, pour se conserver lui-même, il se trouvait dans l'obligation de violer quelque droit, il devrait plutôt consentir à disparaître. « Les hommes existent indépendamment de la société civile, que dis-je? le fait d'être en société est une relation bien accessoire et accidentelle qui se surajoute à l'humanité. Malheur, si l'on en arrive à confondre l'homme lui-même avec une simple relation! Celle-ci peut se rompre sans que pour cela disparaisse l'individu. Il n'aura qu'à reformer une autre société! Le citoyen doit être subordonné à l'homme et non celui-ci à celui-là : la société est proprement un *moyen*, les individus, voilà la fin. » Rosmini développe ailleurs la même pensée : « La nature humaine existe antérieurement à la société civile. La nature humaine trouve dans la société domestique tout son développement, c'est-à-dire la multiplication des individus et la conservation de l'espèce... La fin prochaine de la société civile consiste à régler les relations entre les familles, afin qu'elles vivent côte à côte pour la plus grande sécurité et le plus grand avantage de chacune[1]. » Ainsi, ajoute notre philosophe, la société civile ne peut jamais sans injustice empiéter sur les droits de la famille : l'autorité paternelle est immédiate et naturelle; bien loin de dépendre du pouvoir civil, elle le fonde et lui reste supérieure[2].

Enfin Rosmini s'attache à distinguer radicalement ce qu'il appelle le *bien public* et le *bien commun* de la société. « Le bien commun est le bien de tous les individus qui composent le corps social : au contraire, le bien public représente le bien propre du corps social considéré dans sa

---

1. *Diritto sociale*, p. 335, n° 1584. — Cf. *Diritto individuale*, p. 151.
2. *Diritto sociale*, p. 376, n° 1756 et 337, art. 8.

collectivité¹. » Or, il est contraire à tous les principes de la justice que le bien commun soit sacrifié au bien public. Et cependant, n'est-ce pas ce qui se produit trop souvent? Sinon en théorie, du moins en pratique, que de gouvernements appliquent ces fausses maximes : *le droit se réduit à l'utile; salus reipublicæ summa lex; expedit ut unum moriatur homo pro populo et non tota gens pereat; la raison d'État justifie toutes les mesures; tout doit se décider à la pluralité des voix; les minorités doivent être sacrifiées à la majorité.* — Ces formules ne sont-elles pas la violation des droits les plus sacrés et les plus imprescriptibles²?

Il s'en faut bien que Rosmini sacrifie, dans sa théorie, l'individu à l'État : à l'époque et dans le pays où il écrivait, il y eut quelque témérité, et, en tout cas, une grande indépendance de pensée à concevoir certaines modifications sociales et surtout à les formuler³.

Il revendique, d'abord, pour les sujets, la liberté de la presse et celle de la parole. — Le peuple, dit-il, doit s'instruire de ses véritables intérêts, puisqu'en définitive, c'est lui-même qui les gère par l'intermédiaire de ses représentants. « Pour que la justice sociale devienne une opinion nationale, pour que les maximes du droit se retrouvent dans tous les esprits, que faut-il? une discussion longue, publique, libre. Les individus dont se composent une société ne peuvent s'entendre entre eux, s'ils ne se parlent beaucoup, s'ils ne se communiquent pas incessamment leur manière de voir individuelle, s'ils ne se passionnent pour leurs opinions. Si l'erreur reste enfermée dans les esprits, si elle ne peut se produire au grand jour et en toute liberté,

---

1. *Ibid.*, p. 348, n° 1644.
2. *Diritto sociale*, p. 349 ; voir aussi pages suivantes.
3. Parlant de son livre de la *Constitution naturelle des sociétés*, qu'il composa en 1827, il ajoute : « A cette époque, ce livre ne put voir la lumière, car, si parmi nous le bon sens n'était pas encore éteint, notre bouche était fermée et la libre communication de la pensée se trouvait prohibée. » — *La Costituzione secondo la giustizia sociale*, p. 5.

il devient également impossible de la combattre sous toutes les formes qu'elle revêt[1].

« Il est certain, dit ailleurs Rosmini, que lorsque les nations sont arrivées à l'âge où elles éprouvent le besoin de se faire, sur les principales maximes de la justice sociale, une opinion commune, à tort ou à raison elles exigent la liberté de la presse. Il ne s'agit plus de se demander alors si la censure évite certains maux, si elle est possible, si, en définitive, elle est plus avantageuse ou plus nuisible[2]. » La liberté de la presse devient un véritable besoin, elle est, dès lors, un droit. Sans doute, pour Rosmini, ce droit ne peut s'entendre que des appréciations purement politiques, car l'État conserve toujours le pouvoir de réprimer les écarts d'une littérature effrénée qui ruinerait à la fois les fondements mêmes de toute société et les principes de la morale, il peut même prendre des mesures préventives, mais seulement à l'égard des écrivains qui ont déjà été condamnés pour délit de presse[3].

« Mais, ces réserves à part, il faut bien se convaincre qu'un peuple formé a le droit de tout savoir. Si autrefois il y a eu un monopole de la science, aujourd'hui c'est une chose enterrée : vouloir, dans une nation civilisée, tenir secrets les principes de la doctrine sociale, c'est une manière de faire mesquine, odieuse, impossible et pleine de mensonges[4]. »

A la liberté de la presse et de la parole doit se joindre, d'après Rosmini, dans un État civilisé, la liberté de conscience et, en général, la liberté de penser[5]. Sans doute, l'homme a toujours le devoir de rechercher la vérité, mais

---

1. *Diritto sociale*, p. 473, n° 2105. — Cf. *ibid.*, p. 520, n° 2312; cf. aussi n° 2308.
2. *Diritto sociale*, p. 473, n° 2106.
3. *Ibid.*, p. 474.
4. *Ibid*, p. 537, n° 2383 et p. 532, n°ˢ 2364-2365. — Cf. *Diritto individuale*, n°ˢ 101 à 121.
5. *Diritto individuale*, p. 174, n°ˢ 182-218.

ses semblables ne sont pas juges de sa conduite; jamais ils n'ont le droit de le poursuivre à cause de ses opinions, vînt-il à les manifester en public et par tous les moyens que la loi autorise. Rien de plus opposé à l'idée de la justice, rien de plus contraire aussi à la dignité de la personne humaine que ces violences dont on poursuivit autrefois certaines idées. Le domaine de la conscience individuelle est sacré. Dieu seul peut y pénétrer, et si même, parfois, nous nous trouvons en présence d'un acte qui nous semble moralement illicite, pourvu qu'il n'aille pas contre l'organisation de la société et ne viole pas les droits des autres citoyens, rien ne nous autorise à l'empêcher : rien ne nous prouve, en effet, que notre semblable ne soit pas de bonne foi. Une conduite contraire serait la justification de toutes les violences. Il faut en dire autant des simples opinions.

Nous ne pouvons songer à reproduire ici toutes les réformes que réclame Rosmini et les applications particulières qu'il fait du principe de la justice sociale. Le lecteur s'en rendra suffisamment compte en parcourant *la Constitution* que le philosophe italien proposa à ses concitoyens lors de la révolution de 1848. Elle résume assez bien ce qu'il y a d'intéressant dans la théorie politique et sociale de Rosmini[1].

Nous n'entreprendrons pas non plus une exposition des théories que professe Rosmini sur l'Économie politique. Ce serait un nouveau chapitre à ajouter à ceux qui précèdent.

---

1. Voir (*Costituzione secondo la giustizia sociale*, p. 5) les critiques générales que Rosmini adresse aux Constitutions qui sont nées des principes de la Révolution française. « Ces constitutions, dit notre philosophe, entretiennent chez tous une ambition immodérée d'arriver aux premières charges; elles ouvrent la voie à la corruption dans l'élection des députés et du président; elles favorisent les partis extrêmes; la prépondérance qu'elles accordent à la Chambre des députés entretient dans l'État un danger permanent de révolution; elles ne garantissent suffisamment ni la liberté des citoyens, ni le partage des propriétés, puisque les grandes propriétés ne sont pas plus représentées que les grandes; enfin elles abandonnent la religion à la merci des intérêts politiques et privent l'Église de sa liberté, qui est la plus précieuse de toutes les libertés du peuple. »

Nous renvoyons le lecteur à l'article richement documenté que le professeur Zoppi[1] a fait paraître sur ce sujet. On pourra lire aussi de Rosmini l'*Examen des doctrines de M. Gioia sur la mode,* les *Essais sur la définition de la richesse* et sur l'usage de la statistique dans la *Philosophie de la politique.*

Dans ces différents ouvrages, l'auteur s'attache surtout à appliquer aux faits sociaux et économiques les principes de la morale et de la justice. Certes, ce n'est pas Rosmini qui songerait à substituer à la science des mœurs l'Économie politique, à la loi du bien celle de l'utilité ! La loi morale doit régir toutes les formes de l'activité humaine : tout désordre social et économique n'est, en définitive, que le contre-coup et la manifestation d'un désordre moral[2]. Ainsi, pour n'en donner qu'un seul exemple, Gioia, dit Rosmini, se laisse séduire par un véritable sophisme économique quand il croit trouver dans le luxe une augmentation de la richesse publique et, par conséquent, une cause de développement pour la société. Sans doute, le luxe est une source de travail, de production et, dès lors, de richesse ; mais un économiste sagace ne se bornera pas à cette constatation. Le luxe est aussi une source de dépravation, d'immoralité ; il affaiblit donc les sociétés ; par là même, il les appauvrit et leur retire d'une main ce qu'il semblait leur donner de l'autre[3]. « Le luxe n'est, d'ordinaire, que l'indice de la richesse ; il est l'indice aussi qu'elle est en train de

---

1. Zoppi, *Antonio Rosmini e l'Economia politica.* Cet article a paru dans l'ouvrage : *Per Antonio Rosmini,* publié en 1897, chez Cogliati, à Milan, à l'occasion du premier centenaire de la naissance de Rosmini, voir vol. I, p. 407.

Voir aussi sur le même sujet :

Morpurgo, *Antonio Rosmini Serbati e i suoi concetti sull' ufficio scientifico della statistica,* publié dans *Archivio di statistica,* anno 1881, 6° année, fasc. II, p. 45-70.

Graziani, *Le idee economiche del Manzoni e del Rosmini, Lettura fatta al R. Instituto Lombardo,* vol. XX, dei Rendiconti, serie II, anno 1887, p. 454.

2. *Diritto sociale,* p. 604, cap. XVI.
3. *Esame delle opinioni di M. Gioia in favor della moda.*

disparaître[1]. » La richesse n'est qu'un élément — et ce n'est point le principal — du bonheur des hommes. Courbé sur les trésors qu'il couve des yeux, l'avare peut être misérable et malheureux, et le sage jouit d'un bonheur parfait avec un pain d'orge et une mesure d'eau.

Les deux premières formes sociales, la famille et l'État, trouvent dans la société théocratique leur assise, leur plus ferme appui et leur stabilité[2].

La société théocratique, dit Rosmini, résulte des rapports que l'homme entretient, en vertu même de sa nature, avec Dieu. Dieu, en effet, est le premier et unique maître de l'homme[3], et Il possède un droit inaliénable à la soumission de ses créatures. Ainsi, la société qui en résulte est primitive absolument, car la famille est fondée sur un contrat que l'homme prend avec sa compagne, tandis que la société théocratique ne dépend pas du libre consentement de l'homme ; elle prend sa source dans les relations essentielles qui unissent la créature au Créateur. Le droit que Dieu possède à la soumission de l'homme a pris une forme plus spécialisée depuis la venue de Jésus-Christ sur la terre. L'établissement de l'Église détermine, en effet, la manière dont Dieu veut exercer ce droit.

L'Église catholique visible représente la forme temporelle que doit affecter ici-bas la société théocratique[4]. Elle est essentiellement une, sainte et universelle ; elle constitue l'idéal même et la pleine réalisation de l'idée de société[5]. A la fois divine et humaine, elle résulte, comme toute société, d'un accord qui s'établit entre les membres qui la composent. Elle est autonome, indépendante[6] ; son domaine

---

1. Rosmini, *Saggio sulla definizione della richezza*, p. 537, édition de Milan, Boniardi e Pogliani, 1858.
2. *Filosofia del Diritto ; Diritto sociale*, p. 96.
3. *Ibid.*, p. 107-108.
4. *Ibid.*, p. 128.
5. *Ibid.*, p. 120, n° 633. — Cf. p. 138, p. 333.
6. Voyez *Constitution*, art. 3.

s'étend, de droit, sur l'humanité tout entière ; comme toutes les sociétés parfaites, elle possède le droit de se régir, de se développer et de posséder [1]. Elle jouit même du droit de sanction ; elle applique aux délinquants, non pas seulement des peines spirituelles, mais de véritables châtiments corporels [2]. Notre philosophe excepte, cependant, la peine de mort. Ce pouvoir de répression l'Église, d'ailleurs, ne peut et ne doit l'exercer qu'à l'égard des fidèles qui sont censés avoir donné leur consentement à cette autorité judiciaire de la puissance ecclésiastique.

Rosmini aborde ensuite la délicate question des rapports de l'Église et de l'État.

L'État, étant, comme nous l'avons vu, une réunion des pères de famille, sera dépendant de l'Église dans la mesure où ces derniers le sont eux-mêmes [3]. Or ils le sont dans tout ce qui regarde les questions d'ordre religieux et moral. Rosmini ne veut pas entendre parler de séparation entre l'Église et l'État. J'appelle système de séparation, dit-il, « celui qui accorde à l'État le droit de faire toutes ses lois et de prendre ses dispositions administratives sans tenir le moindre compte des lois, prescriptions et dispositions de l'Église, comme si elles n'existaient pas ou lui étaient entièrement inconnues [4] ». Ce système, ajoute notre philosophe, méconnaît le droit qu'a l'Église de décider ce qui est juste et honnête. Un catholique ne peut donc pas l'accepter. L'utile seul est du ressort de l'État : pour savoir si l'État et l'Église doivent être séparés, il suffit de se demander si la question de l'utile peut se résoudre en dehors de toute considération d'honnêteté et de morale.

1. *Diritto sociale*, p. 145, tout l'art. 7.
2. *Ibid.*, p. 152.
3. ROSMINI, *Questioni politico-religiose della giornata brevemente risolte e nel centesimo anno della sua nascita raccolte in un volume dell' avv. Pagani con prefazione ed altre opere dell' autore che trattano gli stessi argomenti;* Torino, Unione tipographico editrice, 1897, p. 11.
4. *Ibid.*, art. 2, *Separazione dello Stato et della Chiesa*, p. 20.

Il y a, d'ailleurs, une autre considération qui, dans la pensée de Rosmini, s'oppose à une complète séparation des deux pouvoirs. L'État est obligé, de par sa nature même, à assurer tous les biens des citoyens et, par conséquent, à protéger tous les droits correspondants. Or, parmi ces biens se trouvent, et à la première place, sans doute, les biens spirituels. C'est pour l'État un devoir strict de les respecter et de les protéger[1]. Le système de la séparation est donc « faux et contraire au droit social[2] », « inconciliable avec le catholicisme[3] ».

L'État n'a pas le droit de faire des lois contraires à la religion et à la morale ; la loi ne vaut pas par elle-même : toute sa valeur ne lui vient que de sa conformité avec l'idée de la justice immuable. Aussi bien, en refusant de se soumettre à l'Église dans les questions de morale, en ne se déterminant que d'après des considérations d'utilité et d'intérêt, l'État se prive de ces principes stables et uniformes qui seuls peuvent assurer la dignité et l'unité de sa direction[4].

Que l'État soit indépendant de l'Église dans ce qui touche uniquement aux intérêts temporels, c'est là pour Rosmini une vérité incontestable. Les deux pouvoirs, ayant chacun un objet radicalement différent, sont par là même absolument distincts. Mais le pouvoir de l'État doit toujours rester subordonné à celui de l'Église comme l'utile est subordonné à l'honnête et au juste[5].

Il doit donc exister une certaine harmonie entre l'Église et l'État[6], mais sous quelle forme réaliser cette harmonie ?

Rosmini s'oppose, d'abord, aux partisans de l'ingérence et de l'immixtion, d'après lesquels les deux pouvoirs doivent

---

1. *Ibid.*, *Questioni*, p. 25.
2. *Ibid.*, p. 27.
3. *Ibid.*, p. 44.
4. *Ibid.*, p. 33.
5. *Ibid.*, p. 42.
6. *Ibid.*, art. 4. *Armonia tra lo Stato e la Chiesa*, p. 44 suiv.

nécessairement empiéter l'un sur l'autre en raison de l'existence des matières mixtes. Mais notre philosophe nie l'existence de telles matières. « Sans doute, dit-il, les deux pouvoirs peuvent légiférer sur le même objet, mais c'est qu'ils le considèrent sous des aspects divers et cet objet unique constitue, par conséquent, pour eux, une matière différente[1]. » Il n'y a donc pas de matières mixtes. Rosmini reconnaît, cependant, que dans bien des cas la ligne de démarcation n'est pas si nettement tranchée qu'il ne puisse parfois s'élever des conflits entre les deux autorités : les concordats ont pour but de remédier pacifiquement à cet inconvénient : *Conti chiari, amicizia lunga*.

A la place du système de l'immixtion on a quelquefois préconisé celui d'une alliance entre l'Église et l'État, les pouvoirs s'obligeant à s'entr'aider de telle sorte que les lois de l'Église procurent le bien de l'État et réciproquement[2]. A première vue, ce système semble utile aux deux intéressés, cependant Rosmini le déclare absolument inapplicable. Il est à craindre, en effet, que chacun des deux pouvoirs empiète sur les attributions de l'autre, et, en voulant lui venir en aide, se crée à lui-même de réelles difficultés. La fin unique et immédiate de l'Église est le bien spirituel des âmes; le système de l'alliance, en demandant au pouvoir religieux de s'occuper aussi des intérêts de l'État, dénature ce pouvoir et l'expose souvent à faire servir le spirituel au temporel. N'est-ce pas là la source la plus ordinaire de la corruption du clergé et la cause de tant de haines accumulées dans le peuple contre l'Église?

Rosmini ne voit qu'un seul moyen d'assurer les relations amicales entre l'État et l'Église : que les deux pouvoirs restent distincts; que leur fin soit nettement séparée et leurs attributions franchement déterminées, qu'ils aient toute liberté d'agir dans la sphère de leur juridiction. Ils se déve-

1. *Ibid.*, p. 45.
2. *Ibid.*, p. 46.

lopperont ainsi comme deux organismes séparés, mais parallèles, tendant tous les deux, par des voies différentes, au bonheur total de l'homme.

Il ne saurait y avoir, à proprement parler, de religion d'État [1]; la puissance civile n'est pas chargée de faire exécuter les lois ecclésiastiques [2]. Tout ce que l'Église peut demander à un gouvernement, c'est de ne point s'opposer positivement à ses droits : « La religion catholique n'a que faire de protections dynastiques ; ce qu'il lui faut, c'est la liberté ; elle réclame la protection de sa liberté et rien de plus [3]. »

Pour se tenir au courant des idées modernes et pour réaliser en elle-même l'idée de la justice, l'Église, dit Rosmini, a besoin de deux réformes, l'une dogmatique, l'autre disciplinaire.

Il n'est pas dans notre intention de suivre ici Rosmini dans des discussions purement théologiques. Ce serait là une digression tout à fait étrangère au but que nous nous proposons. Disons seulement qu'en théologie dogmatique notre philosophe s'attaque, surtout dans la question du péché originel, au Molinisme. C'est dans cet esprit qu'il écrivit ses principaux traités théologiques, *Trattato della coscienza morale, Riposta al finto Eusebio Cristiano* (1841)[4], *Razionalismo che tenta introdursi nelle scuole teologiche*[5], *Antropologia soprannaturale*.

En morale, Rosmini s'attache en particulier à la fameuse

---

1. *Costituzione secondo la giustizia sociale*, p. 14. « Non pare conveniente dichiarare nello statuto che la cattolica è la religione dello Stato. » — Cf. aussi *ibid.*, p. 25 où Rosmini parle de la naturelle et légitime indépendance de l'État et de l'Église, à propos de l'art. 36.

2. *Costituzione*, etc., art. 36.

3. *Costituzione*, p. 14.

4. C'est une réponse à un pamphlet lancé contre Rosmini, signé du pseudonyme Eusebio Cristiano.

5. Prato, tipografia di Amerigo Lici Torino, Roma, Firenze, fratelli Bocca, 1882.

question de la *lex dubia*. Suivre dans les cas douteux l'opinion d'un théologien grave, c'est, sans doute, simplifier bien des choses, mais peut-être, dit-il, serait-il meilleur et plus sûr de s'adresser d'abord à la Raison, aux Écritures, aux Pères et aux Docteurs de l'Église. « L'autorité des moralistes est toujours utile et leurs opinions sont plus ou moins respectables, mais toutes ensemble elles ne peuvent arriver à éteindre en l'homme la lumière de la raison ; faire usage de sa raison, soumettre à un examen rigoureux les opinions des moralistes, qui n'ont aucun privilège d'infaillibilité, non seulement c'est une chose permise, mais un véritable devoir[1]. » S'en tenir à un *docteur grave*, c'est admettre, en pratique, que toutes les opinions se valent, c'est aboutir au scepticisme moral[2].

Comme conséquence de ce relâchement dans les idées, Rosmini signale, dans la vie pratique, une diminution du sens chrétien, ce qu'il appelle l'humanisation du ministère ecclésiastique[3]. « J'entends, par là, dit-il, cet esprit qui, tout en conservant les apparences de la piété, est toujours disposé à rehausser l'homme, à l'excuser, à atténuer sa culpabilité, à flatter même ses inclinations vicieuses..., cet esprit qui n'a plus en vue la vertu de la Croix, qui méprise la simplicité évangélique, qui modifie en mille manières les paroles du Christ et les interprète d'une façon toute charnelle. »

Aussi, dit encore notre philosophe, par suite « de ce mélange du rationalisme théologique et de la dévotion »[4], la religion extérieure, le culte, les pratiques, se sont développés au détriment de l'esprit même du christianisme ; c'est une piété sans âme qui se concilie très bien avec l'immoralité et l'orgueil de l'esprit.

---

1. *Trattato della Coscienza morale*, p. 236, n° 5, et p. 242. Toute cette discussion est fort intéressante et très bien menée. Lire tout le ch. v à partir de la page 229.
2. *Trattato della Coscienza morale*, p. 230, 231.
3. « Umanismo nel ministero ecclesiastico ».
4. Au sujet du rationalisme théologique, voir *Riposta al finto Eusebio*, p 57.

Il faut donc réformer la société chrétienne : c'est dans cette intention que Rosmini écrit, en 1832, le livre retentissant des Cinq plaies de l'Église, *Le cinque piaghe della Santa Chiesa*[1].

Nous trouvons dans cet écrit les grandes lignes de ce qu'il nomme la réforme disciplinaire.

La première plaie de l'Église, d'après Rosmini, c'est que, dans le culte, le peuple reste complètement séparé du clergé. La force morale que contient le christianisme ne peut pénétrer les âmes tout entières qu'en illuminant d'abord les intelligences; il faut que les fidèles s'associent aux prières et aux rites de la liturgie et, pour cela, les comprennent[2]. Il n'y a qu'un moyen d'obtenir ce résultat, c'est de supprimer, dans les cérémonies du culte, l'usage de la langue latine que le peuple n'entend plus[3]. Alors, il ne sera plus dans nos temples comme une statue qui ne voit rien, qui n'entend pas[4] : la vie chrétienne parviendra jusqu'à lui; il en vivra, et ce sera le point de départ de la réforme religieuse. C'est au clergé à prendre cette heureuse initiative. Mais, hélas! dit Rosmini, et c'est là la seconde plaie de l'Église, les prêtres eux-mêmes vivent souvent dans une ignorance déplorable[5]. Il faut donc réformer les séminaires, y introduire des études fortes et larges; mettre à leur tête des hommes de valeur : « seuls les grands hommes sont capables de former de grands hommes[6] ».

La désunion des évêques constitue la troisième plaie[7]; mais, où Rosmini déplore surtout la situation actuelle de l'Église, c'est lorsqu'il parle de l'ingérence du pouvoir civil

---

1. *Le cinque piaghe della Sancta Chiesa, trattato dedicato al clero cattolico*, Lugano, Tipographia Veladini, 1848.
2. *Cinque piaghe*, p. 18.
3. *Ibid.*, p. 27.
4. *Ibid.*, p. 29.
5. *Ibid.*, ch. II, p. 31.
6. *Ibid.*, p. 51.
7. Ch. III, p. 76. — Cf. aussi *Costituzione secondo la giustizia*, p. 15.

dans la nomination des évêques et dans la distribution des biens ecclésiastiques.

Ces deux dernières plaies sont les plus douloureuses; si l'Église n'était immortelle, c'est par ces blessures que goutte à goutte s'écoulerait tout son sang [1].

Revenons donc aux anciennes coutumes ! s'écrie avec émotion notre réformateur. Quels évêques ne possédait pas l'Église lorsque le peuple et le clergé prenaient part à leur élection [2]. Le haut clergé se corrompt plus facilement; il se laisse flatter par les puissances temporelles et il ne résiste pas toujours à la tentation de leur plaire. C'est dans le peuple que réside le salut, parce que c'est là que se conserve le mieux le véritable esprit de l'Évangile.

Rosmini généralise trop souvent les cas particuliers; il ne se demande pas non plus si un organisme vivant peut sans difficulté revenir à son état primitif; il semble exalter, et par des considérations qui ne sont pas toujours suffisamment justes, l'élément laïc et le bas clergé, au détriment de l'autorité épiscopale; enfin, il n'indique pas nettement quel sera le rôle du chef suprême de l'Église dans la réforme dogmatique et disciplinaire qu'il préconise.

Il est facile de deviner le bruit que fit ce livre à son apparition : « Je l'ai écrit, dit Rosmini, pour épancher le trop-plein de mon âme »; et à travers toutes ces pages, en effet, circule un souffle puissant d'émotion contenue et communicative.

« Ces idées de Rosmini, dit un historien du philosophe

---

[1]. Ch. IV, p. 122, et chap. V, p. 272.
[2]. Cf. aussi *Costituzione secondo la giustizia*, p. 16. — *Sopra le elezioni rescovili a clero e popolo*, *Lettere cavate dal Giornale Fede e Patria*, Napoli, 1849, Libreria Nazionale. Selon Rosmini, seul le clergé prend part d'une manière directe et efficace à l'élection des évêques; le peuple ne vote pas, il n'a que le « droit de témoignage » : il clero giudice, il popolo consigliere (*Delle cinque piaghe*, etc., cap. IV). — « Il popolo non ha il diritto di eleggersi i propri pastori, il che appartiene al clero; ma egli ha il diritto di avere de' pastori a lui ben accetti, i quali godano la sua stima e la sua confidenza. » *Filosofia del Diritto; Diritto Soc.*, n° 920.

de Rovereto, peuvent être regardées comme le point de départ de toutes celles qui ont été émises depuis en Italie[1]. »
Nous pouvons, en effet, en retrouver facilement la trace et en souligner l'influence dans les écrits des principaux philosophes qui, à cette époque, se sont occupés de ces questions religieuses, Tommaseo[1], Mamiani[2], Gioberti[3], Bertini[4].

1. *Rome et le monde*, Capolago, typographie helvétique, 1852.
2. *Nouveau droit européen*, *La renaissance du Catholicisme*.
3. *De la réforme catholique de l'Église* (posthume).
4. *La question religieuse*, Turin, 1861. — Voir sur l'influence de Rosmini Adolf Dyroff: *Rosmini* dans la collection *Kultur und Katholizismus*, Kirchheim'sche Verlagsbuchhandlung, Mainz und München, 1907.

CONCLUSION

PARENTÉ INTELLECTUELLE DE ROSMINI

Il ne nous resterait plus, pour achever cette étude, qu'à montrer par quels liens Rosmini se rattache à la longue tradition idéaliste qui embrasse dans son développement l'histoire même de la philosophie. Il y a, certes, profit et intérêt à voir comment le penseur italien se fait l'écho de tous ces nobles esprits; comment il sait, lorsqu'il le juge à propos, se dégager des formes parfois trop étroites qu'ils ont données à la grande pensée qui les animait : heureuses ou malheureuses, les corrections qu'il apporte à la théorie idéaliste sont instructives et méritent toute notre attention. Malheureusement, cette recherche élargirait au delà de toute mesure le cadre que nous nous sommes tracé et qui convient à ce travail. D'ailleurs, au cours même de notre étude, nous avons eu plus d'une fois l'occasion de rapprocher la pensée de notre auteur de celle des autres philosophes. Rosmini lui-même nous y invitait, car, dans ses nombreux écrits, il a soin de nous marquer, et parfois d'une manière très heureuse, en quoi sa théorie s'accorde avec celles de ses devanciers et en quoi elle en diffère.

Pour mettre dans tout son jour l'originalité de notre philosophe, il nous suffira donc de marquer, aussi brièvement que possible, quelle attitude il prend à l'égard des principaux innéistes, Platon et Leibniz; quelles sont les relations que présente sa théorie avec celle de saint Thomas et l'ontologisme pur de Malebranche, et enfin quelle influence a exercée sur lui l'auteur de la *Critique de la Raison pure*.

Dans un de ses Dialogues où il traite spécialement de la possibilité de la science [1], Platon met dans la bouche de Ménon cette profonde objection : « Comment t'y prendras-tu, Socrate, pour chercher ce que tu ne connais en aucune manière? Quel principe te guidera dans la recherche des choses que tu ignores absolument? » Et Socrate de répondre à son interlocuteur : « Je comprends ce que tu veux dire, Ménon. Vois-tu combien est gros de problèmes le propos que tu mets en avant? Il n'est pas possible à l'homme de chercher ni ce qu'il sait, ni ce qu'il ne sait pas. Il ne cherchera point ce qu'il sait, parce qu'il le sait; ni ce qu'il ne sait point, par la raison qu'il ne sait pas ce qu'il doit chercher. »

C'est bien là, en effet, la vraie difficulté que rencontre, dès les premiers pas, celui qui veut approfondir le processus de la connaissance; dans toutes ses investigations, l'esprit humain doit à la fois connaître et ignorer, d'une certaine manière, l'objet de sa recherche.

Cette difficulté, que Platon essaie ici de résoudre, est précisément celle que Rosmini s'est proposée lui-même dans le *Nuovo Saggio* [2], puisque son point de départ a été celui-ci : Comment la faculté de juger, qui suppose plusieurs

---

1. PLATON, *Ménon*, édition Didot, Paris, 1856, p. 450. — Édition Tauchnitz, Leipzick, 1816, vol. III, p. 244-245 : XIV. MEN. : καὶ τίνα τρόπον ζητήσεις, ὦ Σώκρατες, τοῦτο, ὃ μὴ οἶσθα τὸ παράπαν ὅ τι ἐστί; ποῖον γὰρ ὧν οὐκ οἶσθα προθέμενος, ζητήσεις; ἤ, εἰ καὶ ὅτι μάλιστα εὐτύχοις αὐτῷ, πῶς εἴσῃ, ὅ τι τοῦτό ἐστιν ὃ σὺ οὐκ ᾔδεισθα;

ΣΩΚ. : μανθάνω, οἷον βούλει λέγειν, ὦ Μένων, ὁρᾷς τοῦτον ὡς ἐριστικὸν λόγον κατάγεις, ὡς οὐκ ἄρα ἐστὶ ζητεῖν ἀνθρώπῳ οὔτε ὃ οἶδεν, οὔτε ὃ μὴ οἶδεν· οὔτε γὰρ ἂν, ὅ γε οἶδε, ζητοῖ· οἶδε γάρ, καὶ οὐδὲν δεῖ τῷ γε τοιούτῳ ζητήσεως· οὔτε ὃ μὴ οἶδεν, οὐδὲ γὰρ οἶδεν, ὅτι ζητήσει.

ROSMINI, *Nuovo Saggio*, I, p. 112-113-114, ch. I. — Cf. S. AUGUSTIN, *De Trinitat.*, lib. X. — Cf. ROSMINI, *Nuovo Saggio*, I, p. 113, note 1.

2. *Ibid.*, p. 115 sqq.

idées préalables, peut-elle exister dans l'homme, étant donné, d'autre part, que seul le jugement est capable de nous fournir les idées.

Il faut donc qu'il y ait en nous une sorte de science innée qui excite et dirige l'esprit dans la recherche des vérités particulières; un état d'intelligence qui tienne le milieu entre la connaissance parfaite et l'absolue ignorance, un jour assez lumineux pour que l'esprit, mis en présence de l'objet de sa recherche, le reconnaisse, assez mêlé d'ombre, cependant, pour que nous éprouvions le besoin de cette recherche et n'arrivions à la pleine connaissance que par elle.

Quelle est donc cette science faite à la fois de lumière et d'obscurité?

Il est certain que la science ne réside pas toute faite dans la nature; c'est nous, en quelque sorte, qui la dégageons du monde des faits; nous avons la faculté de nous élever jusqu'à l'Idée : et voilà ce qui rend possible la vie de la pensée. C'est là un point que Platon a parfaitement mis en lumière, en montrant tout au long les absurdités du sensualisme de Protagoras. Il y a donc, au-dessus des choses sensibles, un principe où elles puisent leur unité, ἐν ἐπὶ πολλοῖς, principe universel absolument, καθ' ὅλου ἄπειρόν τι : ce principe, voilà l'Idée, l'Essence, l'objet de la science en même temps que son terme, l'objet de l'entendement aussi bien que son moyen.

Un autre point que Platon a également établi, c'est que l'esprit ne s'élève à la connaissance des Idées que graduellement et par une ascension dialectique : le premier stade de cette ascension, c'est la sensation. Sous le choc des choses extérieures « nous nous élevons de la multiplicité des sensations à l'unité de l'intelligible ».

Mais comment expliquer ce passage du sensible à l'intelligible?

Débutons-nous par un jugement ou par une idée?

Platon résout la question par sa célèbre théorie de la réminiscence. Les idées se trouvent, en quelque sorte, dans notre raison; le choc de l'expérience sensible les éveille, pour ainsi dire, et les fait monter à la pleine lumière de la conscience. L'expérience sensible donne son complément à la science dont nous parlions plus haut, mais cette science elle-même, cette puissance de science, est nécessaire pour que l'esprit dégage son véritable objet et le découvre au sein de la réalité sensible.

Aussi, pour répondre à la question que lui posait Ménon, Platon observe que si l'homme arrive à connaître par les seules forces de son esprit une chose que d'abord il ignorait, c'est que déjà il possède en lui-même l'Idée, le type de cette vérité qu'il recherchait : aussi, lorsque la vérité se présente à lui, il n'a qu'à la comparer au type qu'il porte en lui-même. Il faut donc admettre que nous portons en nous-mêmes les types innés de toutes les réalités particulières.

La théorie de la réminiscence, dépouillée des allures mythiques dans lesquelles se complaisait l'esprit éminemment poétique du grand philosophe grec, est la solution qu'adopte Rosmini; mais il reproche à Platon d'avoir singulièrement compliqué le problème des idées [1].

D'après Rosmini, Platon aurait dû observer que, pour découvrir les vérités particulières, nous n'avons nullement besoin de posséder déjà en nous les types de toutes ces vérités; il suffit simplement — et en raison même du lien si étroit qui unit les unes aux autres toutes les idées — que nous possédions une seule idée fondamentale, à la lumière de laquelle nous puissions juger de la vérité et de la fausseté de toutes les idées particulières. Ce qui nous importe, en effet, dans tout acte intellectuel, ce n'est pas tant de reconnaître si telle idée, que nous nous formons, correspond bien

---

1. *Nuovo Saggio*, I, a. 3, p. 115; a. 4, p. 118-119; a. 6, p. 122.

à celle dont nous avions une sorte de science innée; l'important est de pouvoir juger si elle est vraie ou non. Or, les types des idées particulières, qu'admet Platon, sont parfaitement inutiles à ce dernier but; ils compliquent tout le processus de la connaissance; ils supposent que nous avons une science innée, bien que virtuelle, de toutes les idées particulières : ils rendent inutiles les expériences extérieures; ils doublent le monde en laissant subsister à côté des intelligibles un monde sensible, inutile pour la connaissance et sans rôle aucun pour le développement de notre esprit [1].

Rosmini rejette tous ces types des vérités particulières et il conclut que préalablement à toute idée acquise et à tout jugement, nous possédons une forme innée unique, nous possédons une idée primitive, l'être, qui est aussi la forme de la vérité et qui constitue véritablement notre instrument judicatoire.

C'est encore l'influence de Platon que Rosmini retrouve et souligne dans le système idéologique de Leibniz : mêmes préoccupations, mêmes vues lumineuses et mêmes erreurs aussi.

On connaît la célèbre formule du philosophe de Hanovre : « Nihil est in intellectu quod non prius fuerit in sensu, excipe, *nisi ipse intellectus* [2]. » Ainsi, dit Rosmini, il admet en

1. Rosmini reproche encore à Platon de s'être fait une idée tout à fait inexacte de la vraie nature de ces types des choses ou essences. Pour Platon, dit le philosophe italien, l'essence est conçue comme identique à la substance, aussi est-il amené à regarder toutes les idées comme existant en soi, comme subsistantes. Il aurait dû remarquer, ajoute Rosmini, que l'essence désigne une pure possibilité, un simple concept de l'esprit et non une réalité concrètement réalisée; il aurait dû surtout établir une distinction irréductible entre l'être réel et l'être possible des choses. (*Nuovo Saggio*, II, p. 144, note 1.)

Rosmini estime que Platon a vraiment enseigné que les idées sont absolument séparées, mais, dit-il, il ne faut voir là qu'un côté tout à fait secondaire de la théorie du penseur grec : c'est une hypothèse — fausse évidemment — dont Platon s'est servi pour indiquer, de quelque manière, comment nous possédons ces idées. (*Nuovo Saggio*, I, p. 125, note 1.)

2. *Nouveaux Essais*, édition Erdmann, liv. II, ch. I. — Cf. *ibid.* : « Une faculté n'est jamais une pure possibilité. »

nous une faculté de penser qui est autre chose qu'une pure possibilité; il reconnaît même que cet *intellectus* possède nombre d'idées qui n'ont pu nous venir de l'expérience [1]; bien plus, ajoute-t-il, « si au lieu de considérer les vérités de droit, on envisage les idées en elles-mêmes, on trouve aussi, en dernière analyse, qu'elles sont irréductibles à l'expérience [2]. C'est donc en Dieu, conclut Leibniz, qu'il faut chercher l'origine et l'explication des vérités nécessaires et des idées [3]. « Dieu est la source ultime de nos idées »; et « notre esprit en est la cause immédiate, il les contient toutes dans ses profondeurs et les tire toutes de chez soi [4] », à l'occasion des images que lui donne l'expérience [5].

Profonde pensée, remarque Rosmini; c'est, en effet, le grand mérite de Leibniz d'avoir compris qu'une faculté de connaître dépourvue de toute idée au moins virtuelle est une véritable contradiction. Dès que l'on admet dans l'homme une puissance de penser innée, on est obligé d'y reconnaître, par là même, quelque idée également innée, à la lumière de laquelle la puissance intellective peut exercer son action sur les données sensibles [6].

Cet *intellectus* inné, voilà qui nous rappelle bien le νοῦς ποιητικός d'Aristote et la puissance dialectique de Platon, par laquelle, au contact des choses externes, l'âme se rappelle les vérités, les idées qui sommeillent dans ses profondeurs. Leibniz, ajoute Rosmini, corrige même assez heu-

1. *Nouveaux Essais,* avant-propos : « Peut-on nier qu'il y a beaucoup d'inné dans notre entendement, puisque nous sommes innés, pour ainsi dire, à nous-mêmes? »
2. *Nouveaux Essais,* 379[b], 13.
Cf. : « Il existe des propositions dont les deux termes sont tellement liés l'un à l'autre que l'on ne conçoit ni lieu, ni temps où le premier n'enveloppe le second. » — *Nouveaux Essais,* 207[a], 1 ; 208[a], 5.
Théodicée, 480[a], 2 ; 512[b], 44. — « Toute idée vraie renferme une aptitude interne à se réaliser indéfiniment dans le temps et l'espace, et cette aptitude dépasse toute expérience. » — *Ibid.,* 379[b], 13.
3. *Ibid.,* 379[b], 380[a]. Cf. 222[a], 1.
4. *Ibid.,* 208[b], 5.
5. *Ibid.,* 208[a], 5 ; 209[b], 5 ; 212[a], 21.
6. Rosmini, *Nuovo Saggio,* I, p. 157.

reusement la théorie du fondateur de l'Académie [1]. Ce que le philosophe italien reprochait surtout à Platon, c'était, nous venons de le voir, d'admettre dans l'entendement humain des types innés de toutes les idées et vérités particulières. Pour Leibniz, au contraire, ce ne sont pas des idées toutes faites que recèle l'âme dans ses virtualités, mais seulement « des aptitudes, des préformations, des traces » de simples possibilités d'idées, semblables aux veines qui circulent dans un bloc de marbre et semblent dessiner par avance les contours que prendra la statue sous les coups redoublés de l'artiste. Les veines, voilà nos idées innées, l'expérience joue ici le rôle du sculpteur.

La pensée du philosophe allemand est donc beaucoup plus nette, plus profonde, son analyse plus pénétrante; l'intellect, ici, fait autre chose que se ressouvenir, il jouit d'une véritable activité et d'un réel pouvoir de formation [2]. Cependant, Rosmini reproche aussi au philosophe de Hanovre de faire trop large la part de l'innéisme. Au lieu de chercher à rendre compte de nos diverses idées, Leibniz aurait dû s'attacher uniquement à analyser notre faculté de connaître. Cette étude lui aurait montré l'enchaînement nécessaire qui existe entre toutes nos idées [3] : il aurait vu, dès lors, combien il est inutile d'admettre dans l'esprit humain la présence, même virtuelle, des vérités premières et des idées particulières; il aurait reconnu qu'il suffit de rendre raison de la première de toutes : il n'aurait plus eu qu'à rechercher l'origine de cette idée fondamentale et il aurait eu la gloire de fonder le système de la vérité [4].

---

1. *Nuovo Saggio*, I, p. 166, art. 7.
2. *Ibid.*
3. « Je ne veux pas dire, ajoute Rosmini, que Leibniz ait ignoré comment une idée se déduit d'une autre, mais je prétends qu'il n'a pas su tirer de ce principe toutes les conséquences qu'il comportait. » — *Nuovo Saggio*, art. 8, p. 167.
4. *Nuovo Saggio*, I, art. 3, p. 159 : « Leibniz vit bien la vraie difficulté du problème idéologique, mais il ne l'envisagea que d'une manière générale. Il vit que la formation des idées exigeait déjà en nous l'existence de quelque

Rosmini ne manque aucune occasion d'appuyer ses théories sur la doctrine de saint Thomas; il prétend n'être que le très fidèle disciple de l'auteur de la *Somme;* en lui il cherche une garantie, une confirmation de ses propres idées, et, avant tout, sans doute, une arme contre les attaques, parfois étroites, qui sont dirigées contre lui. Il espère que devant ce nom vénéré de ses adversaires, théologiens pour la plupart, la critique sera moins sévère, plus prudente et réservée [1]. C'est là une attitude qui a été continuée par les partisans de Rosmini, et la liste serait longue des articles et des brochures auxquels ont donné lieu ces polémiques trop souvent passionnées [2].

Il est donc particulièrement intéressant de rechercher jusqu'à quel point les théories de Rosmini se trouvent d'accord avec celles de saint Thomas. Nous ne nous attacherons ici qu'à ce qui intéresse le plus directement le problème de l'origine et de la formation des idées.

Saint Thomas, disent les partisans de Rosmini, a toujours considéré l'idée de l'être indéterminé comme une notion primitive et innée, à la fois forme de notre entendement et lumière intelligible que Dieu communique à nos intelligences et à la clarté de laquelle nous comprenons et jugeons.

---

idée; mais il ne sut pas descendre jusque dans le détail particulier de cette exigence, comme je l'ai fait moi-même; il ne vit pas, au moins d'une manière précise, que la faculté de former des idées est telle, qu'elle suppose nécessairement l'existence préalable de quelque idée, à l'aide de laquelle l'esprit forme ensuite le jugement, et, grâce au jugement, toutes les autres idées. » Rosmini conclut : « Leibniz avait l'esprit trop pénétrant pour ne pas remarquer cet enchaînement de toutes les vérités particulières, mais, distrait par d'autres préoccupations, il n'a pas su faire de cette constatation tout l'usage qu'elle comportait. » — *Nuovo Saggio,* I, art. 8, p. 167-168.

1. Il tient surtout à n'avoir pas contre lui une si grande autorité. Rosmini, par ailleurs, fait hautement profession d'une parfaite indépendance de pensée. « Io amo assai più di cercare la verità in filosofia e di studiarmi di attenermi ad essa, di quello che sia d'investigare se il tale o il tal' altro autore, la tale o la tal'altra scuola la tiene con me o contro di me. » *Lettre de Rosmini à Alessandro Pestalozza,* 16 mars 1846. — Voir *Introduzione alla filosofia,* p. 429.

2. Voyez dans la *Bibliografia rosminiana* de Paoli, les ouvrages de Valdameri, Francesco Angeleri, Angelo Taglioretti, Giuseppe Petri, Francesco Paoli, Buroni, Ferré, Sebastiano Casara; les articles de la *Civiltà,* etc.

« L'être est la première conception de l'entendement[1] », « il est l'objet propre de l'intelligence et, dès lors, le premier intelligible[2] », et la raison qu'en donne le saint docteur n'est autre que le principe d'universelle intelligibilité : « tout ce qui est, est intelligible, tout ce qui peut être, peut être connu et compris[3] ». Aussi « l'être est-il le résidu intelligible que l'analyse découvre au fond de toutes nos conceptions[4] ». Il est inutile de multiplier les citations. L'esprit tout entier de la philosophie thomiste établit que, pour saint Thomas comme pour Rosmini, l'être est vraiment le fond, la forme de notre intelligence[5], la notion indispensable, nécessaire pour que nous puissions penser quoi que ce soit[6], notion toujours présente à l'entendement[7] dont elle est l'objet, le terme naturel.

Mais que faut-il entendre, au juste, par cette forme commune? Quels sont, d'après l'ange de l'École, son origine, sa formation, sa nature, son rôle? Ici, semble-t-il, le désaccord entre Rosmini et saint Thomas est aussi grand que possible.

Et d'abord, saint Thomas admet-il une forme innée de l'entendement? Nous ne pourrons répondre à cette question qu'après avoir éclairci un autre point plus général : saint Thomas est-il innéiste? Nos idées, d'après lui, sont-elles déjà toutes formées en nous, soit en acte, soit en puissance, ou jaillissent-elles à la pleine lumière de l'entendement sous le choc de l'expérience, à la suite d'une éla-

---

1. Ens est prima conceptio intellectus. — *Comment. in Analy.*, t. I, 5.
2. Ens est proprium objectum intellectus et sic est primum intelligibile. — *Sum.*, I, quæst. V, a. 2, ad conclusion.
3. *Contra Gent.* Quidquid enim esse potest, intelligi potest.
4. Illud quod primo intellectus concepit quasi notissimum et in quo conceptiones omnes resolvit est ens. — Cf. aussi I, quæst. XI, 2-4; quæst. LXXXXIV, art. 2, concl.
5. Ratio entis nobis ignota esse non potest.
6. Ens commune incognitum esse non potest. *De mente*, a. 12, ad 10.
7. *Contra Gent.*, 83. — Cf. aussi *Sum.*, I-II\ae, quæst. LV : « Dicendum quod id quod primo cadit in intellectu est ens. Unde unicuique apprehenso a nobis attribuimus quod sit, ens. »

boration des données sensibles? Là est le nœud de la question.

Pour saint Thomas, c'est par les sens que commencent toutes nos connaissances. A l'origine, notre âme ne possède qu'une simple *possibilité* de connaître, une intelligence en puissance, qui n'exercera son acte propre que lorsqu'elle se trouvera en présence de son terme. Par rapport aux idées qu'elle se formera dans la suite, l'âme ressemble donc, selon l'expression d'Aristote, à une *tabula rasa*. C'est le terme même qu'emploie l'auteur de la *Somme*[1].

Cette intelligence en puissance, voilà ce que saint Thomas appelle l'intellect passif, *intellectus passivus, possibilis*.

La sensibilité est affectée, modifiée par l'action des objets extérieurs; elle en garde des images les « φαντάσματα » qui sont le point de départ de toute science sans être eux-mêmes objets de science. L'intellect actif s'empare de ces φαντάσματα, les élabore, et en forme les espèces intelligibles[2]. C'est alors que l'intellect possible passe de la puissance à l'acte : il reçoit les espèces intelligibles déjà élaborées, il comprend, il connaît dans toute la force du terme. Tel est, d'après saint Thomas, tout le processus de la connaissance.

Or, ajoute le saint Docteur[3], « il est impossible que l'intellect uni à un corps passible, comme il l'est ici-bas, comprenne en acte quelque chose sans avoir recours aux images sensibles ». Et les raisons qu'il en donne[4] sont l'union intime de l'âme et du corps, manifestée surtout par la corrélation du cerveau et de la pensée, et la nécessité où nous sommes d'évoquer des images quand nous voulons

---

1. *Sum.*, I, quæst. LXXIX, art. 2, ad concl. — Voir aussi quæst. LVII, art. 1.
2. *Contra Gent.*, lib. I, cap. XLVII. — Res materialis intelligibilis efficitur per hoc quod a materia et a materialibus conditionibus separatur, etc.
3. *Sum.*, I, quæst. LXXXIV, a. 7, ad concl.
4. Cf. *ibid.*, tout l'article 7.

penser à quoi que ce soit[1]. Ainsi, sans le corps, pas de *phantasmata*, et sans ces images sensibles, pas de concepts : il est difficile de trouver une expression plus nette du péripatétisme de saint Thomas dans la question de l'origine des idées.

Mais, se demande le saint docteur, pourquoi l'esprit est-il obligé de s'appuyer sur le sensible et le particulier pour pouvoir s'élever jusqu'à l'intelligible et se former des idées? « C'est, répond-il, que la puissance cognitive est proportionnée à l'objet qu'elle doit connaître. Ainsi, l'objet propre de l'intellect de l'ange, qui est totalement séparé du corps, c'est la substance intelligible séparée elle-même de la matière, et c'est par cette espèce intelligible qu'il connaît toutes les choses matérielles. L'objet propre de l'intellect humain, qui est uni au corps, c'est l'essence ou la nature qui existe dans la matière corporelle, et c'est par la connaissance des choses visibles qu'il s'élève à celle des choses invisibles. Or, il est de l'essence de ces natures d'exister dans un individu qui ne soit pas absolument étranger à la matière[2]. » Ainsi, c'est dans le particulier qu'il faut chercher, de quelque manière, le nécessaire et l'universel ; c'est des données sensibles qu'il faut l'abstraire ou mieux *l'extraire :* « Notre entendement forme des concepts, lorsque de la matière (individuelle) il abstrait la forme intelligible[3]. »

---

1. *Ibid.* : « Natura lapidis, vel cujuscumque materialis rei, agnosci non potest complete et vere, nisi secundum quod cognoscitur *in particulari existens*. Particulare autem apprehendimus per sensum et imaginationem : et ideo necesse est ad hoc quod intelligat suum objectum proprium, quod convertat se ad phantasmata ut speculetur *naturam universalem in particulari existentem* », etc. — Cf. aussi *ibid.* : « ad cognoscendum intelligibilia non possumus pervenire, nisi per sensibilia. » Quæst. XIV, 2-3 ; quæst. LXXXV, 2 c ; quæst. LXXXVI, 1-3. — Cf. aussi II-II^æ, quæst. CLXXIII, 2 c., 3 c. — *Contra Gent.*, II, cap. XLIX. — *De potent.*, quæst. III, a. 8. — Cf. JOURDAIN, *La Philosophie de saint Thomas*, Paris, Hachette, 1858, vol. I, p. 314 sqq. et GARDAIR, *La connaissance (Philosophie de saint Thomas*, Lethielleux, Paris, 1895). Voir spécialement V, *L'Entendement humain*, p. 137 suiv.

2. *Sum.*, I, I^æ, quæst. LXXXIV, a. 7.

3. Intellectus noster intelligit abstrahendo speciem intelligibilem a materia ; quod autem a materia individuali abstrahitur, est universale. I, quæst.

C'est là pour saint Thomas une loi générale sans exception aucune : il est donc faux que l'idée de l'être nous soit innée. Elle est, comme toutes nos autres idées, le résultat d'une abstraction, et l'esprit ne la saisit d'abord que dans les objets concrets et particuliers que lui présente l'expérience : Primum objectum intellectus nostri secundum communem statum est ens... consideratum in rebus materialibus [1].

Les partisans de Rosmini seront-ils plus heureux quand ils prétendent trouver dans saint Thomas la justification de leur théorie sur l'illumination de nos intelligences par Dieu. La lumière, selon qu'elle se rapporte à l'intellect, dit le docteur angélique, n'est qu'une *manifestio quædam veritatis*[2]. « La lumière intellectuelle qui est en nous n'est pas autre chose qu'une participation, qu'une ressemblance de la lumière incréée qui renferme les raisons éternelles[3]. »

Il serait très facile de multiplier ici les textes : cherchons plutôt à les interpréter.

Dieu nous a créés à sa ressemblance ; il a fait luire sur nous la lumière de sa face ; il nous a donné une intelligence qui, de quelque manière, et toutes proportions gardées, est semblable à la sienne. Et voilà un premier sens d'après lequel il est permis de dire que notre raison est *participatio quædam*.

De plus, et c'est une conséquence de cette première considération, notre intelligence est faite pour atteindre le vrai, l'être ; ses pensées sont donc conformes à l'ordre intelligible, éternel, et représentent en quelque sorte les idées mêmes de Dieu : « Les choses sensibles elles-mêmes qui ser-

---

LXXXVI, a. 1. — Cf. aussi « facit phantasmata a sensibus accepta intelligibilia in actu, per modum abstractionis cujusdam », quæst. LXXIV.
Intellectus agens causat universale, abstrahendo a materia. Quæst. LXXIX.

1. *Sum.*, I, quæst. LXXXVII, a. 3, ad 1.
2. *Sum.*, I, quæst. CVI, art. 1 ; cf. *ibid.*, quæst. LXXXVIII, a. 3.
3. *Ibid.*, quæst. LXXXIV, art. 5. — Cf. *ibid.*, quæst. LXXIX, art. 4 : « Au-dessus de l'intelligence humaine il est nécessaire de reconnaître un entendement supérieur qui donne à l'âme la faculté de comprendre. »

vent de point de départ à toute la connaissance humaine conservent en elles-mêmes un vestige de leur ressemblance avec Dieu puisqu'elles participent à l'être et à la bonté [1]. » Et si cela est vrai des choses sensibles, à combien plus forte raison des idées elles-mêmes?

Dire que notre entendement est une participation de l'intelligence divine, cela revient donc à reconnaître qu'il n'est pas un instrument faussé; il se forme de vraies idées des choses, des idées qui ne diffèrent pas de celles que Dieu lui-même en a de toute éternité. C'est pourquoi saint Thomas peut écrire que par l'intellect actif *nous nous formons* des idées. Cela revient à reconnaître aussi que Dieu, à titre de premier moteur, donne à l'intellect l'activité et le mouvement [2].

On peut dire encore que notre raison est une participation de l'intelligence même de Dieu, en ce sens que c'est de quelque manière en Lui que nous saisissons les raisons éternelles des choses.

« On peut connaître une chose dans une autre, de deux manières :

« 1° On peut la connaître de la sorte, objectivement. C'est ainsi qu'on voit dans un miroir les choses dont il reflète l'image. Dans ce sens, l'âme ne saisit rien dans les raisons éternelles. 2° On dit qu'une chose est connue dans une autre, quand elle est connue dans le principe même de son intelligibilité. C'est ainsi que nous disons qu'on voit dans le soleil les choses que sa lumière nous fait connaître. En ce sens, *il est nécessaire de dire que l'âme humaine connaît tout dans les raisons éternelles,* car c'est à leur participation que nous devons toutes nos connaissances. En effet, la lumière intellectuelle qui est en nous n'est rien autre chose qu'une participation, une ressemblance de la lumière in-

---

1. *Contra Gent.*, lib. I, ch. VIII.
2. Voir *Sum.*, I, quæst. CV, art. 3. : Utrum Deus movet intellectum creatum? et *ibid.*, art. 5 : Utrum Deus operetur in omni operante?

créée qui renferme toutes les raisons éternelles... *Cependant, comme, indépendamment de cette lumière intellectuelle, nous avons besoin d'espèces intelligibles, empruntées aux choses,* pour connaître les objets matériels, il s'ensuit que nous ne connaissons pas seulement la matière suivant que nous participons aux raisons éternelles, mais d'abord en entrant par les sens en communication avec le monde sensible. »

Ainsi, la pensée divine est cause efficiente de la connaissance humaine, puisque c'est de Dieu même que nous tenons et la vie et l'action; elle n'en est pas l'objet immédiat, parce que, au moins ici-bas, nous ne connaissons rien qu'en faisant d'abord appel aux données des sens. « In rationibus æternis anima non cognoscit omnia *objective* in præsenti statu, sed causaliter [1]. » Il est difficile d'être plus net et de marquer en traits plus heureux la ligne de démarcation qui sépare la théorie de l'intellect agent de celle de l'intuition immédiate.

N'y aurait-il pas moyen, cependant, de découvrir comme un second aspect de la pensée de saint Thomas et qui rapprocherait peut-être sa théorie de celle de Rosmini?

La volonté, dit l'auteur de la *Somme*, se porte irrésistiblement vers la fin qui la sollicite [2]. Or, la fin naturelle et dernière d'une volonté créée ne peut être que Dieu [3]; aussi doit-on dire que, comme terme naturel de nos aspirations au bonheur, Dieu nous est connu avant toute autre chose et l'idée que nous en avons ainsi, sans doute encore très vague et confuse, nous est naturelle et innée [4] : « dicendum quod cognoscere Deum esse in aliquo communi sub quadam confusione est nobis naturaliter insertum, in quantum

---

1. *Sum.*, I, quæst. LXXXIV, art. 5, conclusion. — Voir aussi *Sum.*, I, quæst. XII, art. 2. — Iª IIæ, quæst. CIX, art. 1, conclusion.
2. *Sum.*, I, quæst. LXXXIII, art. 4. « Voluntas dicitur esse de fine qui propter se appetitur. »
3. Quæst. CV, art. 4 : Potest autem moveri voluntas, sicut ab objecto, a quocumque bono, non autem sufficienter nisi a Deo, etc.
4. *Sum.*, I, quæst. II, art. 1, ad 7.

scilicet Deus est hominis beatitudo... quod naturaliter desideratur ab homine naturaliter cognoscitur ab eodem ».

Comment concilier ce côté original de la pensée de saint Thomas avec sa théorie de l'abstraction et, en général, avec son système de la connaissance, c'est là un point qui ne semble pas encore historiquement résolu.

D'ailleurs, même sous cet aspect, la théorie thomiste ne saurait se confondre avec celle de Rosmini, puisque, pour saint Thomas, cette espèce de connaissance primitive est bien autre chose que la simple idée de l'être indéterminé et, d'ailleurs, ne constitue à aucun titre la forme de l'entendement.

Voilà ce que les partisans de la philosophie rosminienne ne semblent pas avoir vu, et telle est, croyons-nous, la source de leurs malentendus.

L'auteur de la *Somme* suit à la fois les traces d'Aristote, comme la plupart de ses contemporains, et celles de Platon, par la tradition augustinienne [1].

Cette dualité de doctrines prêtait à équivoque [2]. Rosmini et ses défenseurs n'y ont pas suffisamment pris garde; ils ont trop négligé le côté aristotélicien de saint Thomas, ou plutôt, tous ses textes ont été interprétés avec plus ou moins d'habileté dans le sens de l'idéalisme.

Les doctrines idéologiques de Rosmini se rattachent de la manière la plus étroite à la fameuse théorie de la *Vision en Dieu* de Malebranche. L'auteur du *Nuovo Saggio* et le célèbre Oratorien français appartiennent à la même famille

---

1. Tel est par exemple le cas du Dante. Cf. *La divina Comedia con le chiose di V. Gioberti*, cap. XVII, 13, Napoli, Marchioni, 1866. — MESTICA, *Psicologia della divina Com., Introduzione*, p. XXVIII, Firenze, Bemporad e Figlio, 1893. — OZANAM, *Dante et la philos. cathol. au XIIIe siècle*, part. III, ch. II, etc.

2. Faut-il croire avec le savant Gerdil que saint Thomas ait, de parti pris, suivi Platon en théologie et Aristote en philosophie? Cela ne semble guère soutenable, surtout si l'on considère que pour le docteur Scolastique, les domaines respectifs de la théologie et de la philosophie, n'étaient pas encore définis. (GERDIL, *Défense du sentiment du P. Malebranche*, « Dissertation préliminaire », p. XXXIV). Turin 1748, Imprimerie royale.

philosophique ; leur mentalité se rapproche sensiblement et il n'y a pas jusqu'aux expressions dont ils revêtent leurs pensées qui ne soient souvent identiques. Tous les deux restent attachés avec un respect jaloux à la foi dont ils vivent intérieurement ; tous les deux aussi se montrent avides d'évidence, passionnés pour les droits de la raison, et ils revendiquent avec éloquence la liberté de la spéculation philosophique ; tous les deux, enfin, sont éminemment métaphysiciens et par le tour de leur pensée et par la conception qu'ils se font de l'esprit. Ils partent également d'une simple constatation psychologique, le fait de la pensée ; mais, dès les premiers pas, les voilà qui abandonnent le monde des apparences sensibles et, sur les ailes des idées, s'élèvent dans les sereines régions de la métaphysique ; et l'on peut tout aussi bien attribuer au penseur italien ce qu'un savant interprète de la philosophie de Malebranche écrit au sujet du grand penseur français : « Il se jette tout d'abord dans la métaphysique et commence, non par la théorie de l'intelligence, mais par celle de l'intelligible [1]. »

Pour Malebranche comme pour Rosmini, nos esprits n'ont de lumière et de puissance intellectuelles que celles qu'ils reçoivent directement de Dieu. Rien de fini, dit le philosophe français, ne peut nous représenter la substance de Dieu, c'est en elle-même que nous la voyons [2]. Or ce Dieu qui nous est intimement présent, contient en lui-même toutes les idées et les archétypes des choses ; il est donc « la raison qui m'éclaire par les idées purement intelligibles qu'elle fournit abondamment à mon esprit et à celui de tous les hommes [3]. » Aussi « est-il plus de la nature de notre esprit d'être uni à Dieu que d'être uni à un corps [4]. La distance infinie qui se trouve entre l'être

---

1. Ollé-Laprune, *Phil. de Malebranche*, I, chap. III, p. 152.
2. *Deuxième entretien*, VI, p. 54, édition Jules Simon, Paris, Charpentier 1859.
3. *Ibid.*, I, p. 50 ; cf. V, p. 53.
4. *Recherche de la Vérité*, préface, p. 2, édition J. Simon, 1854.

souverain et l'esprit de l'homme n'empêche pas qu'il ne lui soit uni immédiatement et d'une manière très intime. La raison universelle habite en nous ou, plutôt, c'est en elle qu'habitent toutes les intelligences [1] ».

Comme Rosmini, Malebranche admet que cette communication de la lumière divine aux esprits créés se fait par l'intermédiaire d'une idée. Malgré une certaine diversité dans la manière dont ils conçoivent les rapports que cette idée entretient avec l'intelligence divine, ces deux philosophes sont, cependant, d'accord sur le rôle qu'ils lui attribuent dans la formation et le développement de l'esprit. Pour l'un, c'est l'idée de l'être indéterminé idéal; pour l'autre, l'idée de l'infini qui prend, par rapport aux corps, la forme d'étendue infinie et intelligible. Tous les deux considèrent cette idée comme primitive et innée : elle se trouve en nous, même quand nous n'y réfléchissons pas et bien avant même que nous soyons capables de réfléchir ; et voilà pourquoi ils admettent l'un et l'autre que l'âme pense toujours.

On se souvient avec quelle insistance Rosmini établit le caractère suprasensible de cette idée fondamentale. Malebranche n'est pas moins explicite et les expressions dont il se sert rappellent de très près celles du *Nuovo Saggio*. « L'étendue intelligible est immuable, éternelle, nécessaire... Or tout ce qui est immuable, éternel, nécessaire et surtout infini n'est point une créature et ne peut appartenir à la créature. Donc elle appartient au Créateur et ne peut se trouver qu'en Dieu [2]. » D'ailleurs, comment l'esprit pourrait-il la tirer des données sensibles? est-il donc possible de « tirer l'infini du fini, l'idée de l'être sans restriction des idées de tels et tels êtres », comme si l'esprit pouvait trouver « dans son propre fond assez de réalité pour donner à des

---

1. *Deuxième entretien*, I, p. 50. — Cf. aussi *Méditations chrétiennes*, prière, p. 329.
2. *Deuxième entretien*, I, p. 49.

idées finies ce qui leur manque pour être infinies[1] » ? Cette idée nous vient donc directement de Dieu : elle constitue la lumière des esprits créés, elle est la forme de nos intelligences.

Comme le philosophe italien et presque dans les mêmes termes, Malebranche remarque que toutes nos idées particulières ne sont que des formes, des modes, des limitations de cette idée privilégiée : elle constitue leur fond commun et leur élément intelligible : « Vous ne pourriez jamais penser à ces formes abstraites de genres et d'espèces, si l'idée de l'infini, qui est inséparable de votre esprit, ne se joignait naturellement aux idées particulières que vous apercevez[2]. »
« Vous ne sauriez former des idées générales que parce que vous trouvez dans l'idée de l'infini assez de réalité pour donner de la généralité à vos idées[3]. » Toutes nos idées renferment donc celle de l'infini ; « penser à un cercle en général c'est apercevoir comme un seul cercle des cercles infinis[4] » ; elles n'en sont que des limitations ; c'est l'expression même employée ici par Malebranche : « Toutes les idées particulières que nous avons des créatures ne sont que des limitations de l'idée du Créateur[5]. »

Pour Rosmini, c'est dans l'idée de l'être que Dieu aperçoit et connaît tous les possibles ; cette idée est, de plus, une forme participable ; ses délimitations idéales constituent les archétypes des choses : par rapport aux réalités particulières elle est à la fois un exemplaire et un support dialectique. Écoutons à présent le grand métaphysicien français : « Lorsque vous contemplez l'étendue intelligible, vous... voyez... l'archétype du monde matériel que nous habitons et celui d'une infinité d'autres possibles[6]. » Cette étendue

---

1. *Deuxième entretien*, VIII, p. 55.
2. *Ibid.*, IX, p. 57.
3. *Ibid.*
4. *Deuxième entretien*, IV, p. 52.
5. *Recherche*, liv. III, ch. vi, p. 300.
6. *Deuxième entretien*, III, p. 50.

représente « donc la matière que Dieu peut produire [1] ». « Quand je pense à cette étendue, je vois la substance divine en tant qu'elle est représentative des corps et participable par eux [2] » ; « tous les êtres particuliers participent à l'être, mais nul être particulier ne l'égale [3] ».

Nous avons vu comment, pour Rosmini, toutes nos idées particulières résultent de l'application de la forme de l'être aux données sensibles que le philosophe italien comprend sous la dénomination générale de sentiment : le senti est par lui-même inintelligible, il ne devient pensable que lorsque l'esprit projette sur lui la lumière de l'être idéal. Toute connaissance particulière résulte pour Rosmini de la fusion, de la synthèse de ces deux éléments, l'être intelligible et le sentiment. C'est là encore une théorie que nous trouvons développée dans Malebranche, et il est facile de se convaincre que la similitude ne réside pas seulement dans les mots. Le philosophe français ne prétend bien voir en Dieu que ce qui peut y être vu, c'est-à-dire connu. Or, le senti ne saurait jamais être objet de vision ; et voilà pourquoi Malebranche, lui aussi, le considère comme impensable. Bien plus, dans l'idée elle-même, ce n'est jamais le senti comme tel que nous pensons, car l'infini ne représente jamais le fini. L'auteur des *Entretiens métaphysiques* ne se lasse pas de répéter que les modalités de l'âme, c'est-à-dire les sentiments, les modifications subjectives du sujet conscient, ne sont pas connaissables par elles-mêmes, qu'elles sont confuses et ténébreuses : « Outre la modification de l'âme, dit-il, il est nécessaire qu'il y ait une idée différente de la même modification, afin que cette modification soit perception de quelque chose [4]. » « La modalité de l'âme

1. *Ibid.*
2. *Ibid.*, p. 51.
3. *Ibid.*, IV, p. 52. — Cf. Trois lettres touchant la défense de M. Arnaud, lettre I, p. 343, et *ibid.*, p. 326 : « Dieu voit la matière qu'il a créée dans l'idée qu'il en a de toute éternité. »
4. *Réponse à M. Arnaud touchant les vraies et les fausses idées*, ch. v, p. 76.

ne peut pas représenter les objets, mais seulement la façon d'être, c'est-à-dire la perception qu'elle a de l'objet, laquelle perception se fait sans idée[1]. » Et Malebranche ajoute : « Ceux-là m'entendent bien qui savent la différence qu'il y a entre les idées claires et les sentiments confus, entre connaître et sentir[2]. » Cette distinction, sur laquelle Rosmini revient si souvent, se trouve développée tout particulièrement dans le IIIe livre de la *Recherche de la Vérité*, IIe partie, et dans la *Réponse à M. Arnaud touchant les vraies et les fausses idées*[3].

D'autre part, Malebranche, lui aussi, reconnaît que l'étendue intelligible ne saurait par elle-même nous faire connaître aucune des réalités finies particulières que nous révèlent les sens : tout acte de connaissance exige donc un double facteur. « Pour voir un objet sensible, le soleil, un arbre, une maison, etc., il faut deux choses : la modalité de couleur[4]... et une idée pure, savoir l'idée de l'étendue ou l'étendue intelligible[5]. » Et le philosophe français explique sa pensée par un exemple que nous retrouvons presque identiquement dans Rosmini. « Ce sont les couleurs que l'âme attache aux figures qui les rendent particulières à l'égard de celui qui les voit. Car, lorsque sur du papier blanc j'y vois un corps noir, cela me détermine à regarder ce corps noir comme un corps particulier, qui, sans sa couleur différente, me paraîtrait être le même. Ainsi, la différence des idées des corps visibles ne vient que de la différence des couleurs. De même, la blancheur du papier fait que je le distingue du tapis, la couleur du tapis me le sé-

---

1. *Ibid.*, ch. VI, p. 83.
2. *Ibid.*, p. 72.
3. Surtout ch. VI. Malebranche pousse même si loin cette distinction qu'il l'exagère et il en arrive à dire que l'âme est incapable de connaître ses propres modifications; elle ne peut que les sentir. — Cf. *Réponse à M. Arnaud*, ch. VI, p. 83.
4. C'est-à-dire une modification subjective de l'âme.
5. *Réponse à M. Arnaud*, ch. VI, p. 80.

pare de la table, et celle de la table fait que je ne la confonds pas avec l'air qui l'environne et avec le plancher sur lequel elle est appuyée. C'est la même chose de tous les objets visibles. Ainsi l'étendue conçue sans couleur est l'idée de tous les corps sans cette modification de l'âme [1]. »

Pour les deux philosophes, les idées ne sont pas des productions de notre raison; elles n'en constituent que les objets; elles sont radicalement distinctes de l'acte par lequel nous les percevons, nous ne faisons que les contempler. A ce stade de la pensée pure, notre esprit n'a plus d'activité propre, et l'on sait avec quelle abondance l'auteur de la *Recherche* établit que les idées ne sont pas des modifications de l'esprit qui les possède.

Tous les deux aussi trouvent dans cette idée primitive le ressort caché qui meut toutes les puissances de l'esprit et explique son opération.

Enfin, Rosmini et Malebranche se sentent également entraînés vers le panthéisme : Dieu, dans leur théorie, tend de plus en plus à se substituer aux êtres particuliers, il opère et agit en eux; sa substance intelligible devient, de quelque manière, le substratum de toutes les réalités particulières; et, de même que Rosmini cherche sans cesse à écarter le spectre terrifiant de Hégel qui se dresse constamment devant lui, Malebranche n'attaque si fort le « misérable Spinosa » que parce qu'il se sent avec lui de secrètes affinités [2].

Ce sont là entre Malebranche et Rosmini des points de contact et de ressemblance qu'il est difficile de contester et qui apparentent de très près les deux systèmes. Cependant ce n'est là encore qu'une vue superficielle : s'y tenir serait

---

1. *Ibid.*, ch. vi, p. 90. Voyez plus haut, p.   l'exemple tiré de la *Teosofia*.
2. Cf. *Méditations chrétiennes*, IX, p. 410. — « Je me sens porté à croire que ma substance est éternelle, que je fais partie de l'Être divin, et que toutes mes diverses pensées ne sont que des modifications particulières de la raison universelle. » — A propos du panthéisme de Malebranche voir Ollé-Laprune, *op. cit.*, II, p. 20 et 21, 143 suiv., 317.

ne pas comprendre la véritable pensée de Rosmini et surtout méconnaître son originalité par rapport aux formes traditionnelles de l'ontologisme.

Nous avons déjà eu l'occasion d'insister sur ce point dans la première partie de ce travail [1]. Cherchons à préciser davantage.

Sans doute, si l'on aborde par le dehors leurs théories de la connaissance, nos deux philosophes parlent le même langage et font également intervenir une illumination intérieure, qui met nos esprits en relation directe avec l'intelligence divine. Mais pénétrons dans l'âme même du système : ici le désaccord est plus réel et plus profond qu'on ne saurait croire.

Pour Malebranche, Dieu constitue, à proprement parler, l'objet direct et immédiat de notre vision, car « Dieu ou l'infini n'est pas visible par une idée qui le représente. L'infini est à lui-même son idée... On ne peut pas voir l'essence de l'infini sans son existence, l'idée de l'être sans l'être, car l'Être n'a point d'idée qui le représente [2] ».

Ainsi, penser l'infini, ce n'est pas seulement penser une idée divine, car ici l'idée et la réalité que cette idée exprime se confondent, penser, c'est voir Dieu lui-même, c'est le saisir intellectuellement. Sans doute, le métaphysicien français s'efforce de donner un sens acceptable à sa théorie : nous ne voyons pas l'essence de Dieu, dit-il, « les esprits ne voient point la substance divine prise absolument, mais seulement en tant que relative aux créatures et participable par elles [3] ». C'est ce que Malebranche explique encore mieux dans sa *Réponse à M. Arnaud* : « On peut dire en un sens qu'on ne voit immédiatement que Dieu... Mais il le faut prendre avec équité et comprendre qu'on ne le voit qu'en tant que sa substance a rapport à ses créatures; car, quoi-

---

1. Ire partie, ch. II, p.
2. *Deuxième entretien*, V, p. 52.
3. *Recherche*, lib. III, ch. VI, p. 296.

que tout ce qui est en Dieu soit Dieu, on ne le voit pas, à proprement parler, lorsqu'on ne le voit que selon l'idée qu'il a de ses ouvrages ou que selon qu'il peut être participé par les créatures[1]. » Cette réserve a évidemment une importance remarquable ; il n'en est pas moins vrai, cependant, que pour Malebranche « l'étendue intelligible est en Dieu... qu'on ne la voit qu'en lui... et que, par conséquent, on voit en Dieu toutes ses créatures[2] ».

Le lecteur se rappelle avec quelle énergie Rosmini s'inscrit en faux contre cette théorie de la Vision en Dieu. Prétendre que nous voyons immédiatement Dieu est pour le philosophe italien une chose insupportable : l'être absolu ne saurait tomber sous les prises de l'intuition. Ne savons-nous pas qu'il est de la nature des objets réels de ne pouvoir être connus que s'ils entrent, de quelque manière, en contact avec notre sensibilité ? Faudra-t-il donc croire que Dieu devient pour nous un objet d'expérience ? Non, répond Rosmini, la réalité profonde et substantielle du premier Être ne saurait être et, en fait, n'est jamais une donnée de l'observation. Nous ne voyons par intuition que l'être idéal ; cet être est divin, sans doute, mais, quoi qu'en pense Malebranche, tout ce qui est en Dieu n'est pas Dieu : au moins par rapport à nous, le divin n'est pas Dieu. Il n'est donc pas vrai que la vision de l'infini ou l'intuition de l'être indéterminé nous révèle la substance de Dieu ; cette substance, d'ailleurs, ne fût-elle considérée que comme représentative des créatures et participable par elles. Il y a là entre Rosmini et le philosophe français une opposition de vues très profonde et précisément sur le point central de leur théorie idéologique. Pour les ontologistes purs, le premier être constitue le premier objet de la pensée ; car, comme le fait très bien observer Gioberti dans la critique

---

1. *Réponse à M. Arnaud touchant les vraies et les fausses idées*, p. 119-120.
2. *Ibid.* Cf. *Recherche*, liv. III, ch. VI, p. 296.

même qu'il institue contre Rosmini, « dans l'ordre logique le possible présuppose le réel, parce que sans quelque chose de réel, on ne peut rien concevoir de possible[1] » ; pour Rosmini, au contraire, le premier ontologique ne constitue pas le premier psychologique ; l'être réel et absolu n'est pas le premier objet de notre connaissance ; et voilà, comme l'observe encore Gioberti[2], ce qui sépare radicalement l'intuition rosminienne de la vision immédiate défendue par les ontologistes.

S'il en est ainsi, Rosmini ne peut admettre avec Malebranche que Dieu et son idée se confondent. A prendre les choses à la rigueur, on ne saurait évidemment introduire en Dieu de distinction réelle entre l'essence et l'existence, mais, par rapport aux intelligences finies, Rosmini, nous l'avons vu, considère cette distinction comme légitime, nécessaire même. Aussi, pour lui, le philosophe français commet-il une erreur capitale, quand il écrit que Dieu n'a pas d'idée qui le représente : l'être souverain ne fait pas pour nous exception aux lois générales de la connaissance ; il en est de lui comme de tous les objets que nous connaissons, ce n'est que par son idée que nous pouvons le penser. Ainsi, entre l'esprit et Dieu Rosmini place un intermédiaire, un moyen de connaissance qui rappelle d'assez près le « *principium quo* » de saint Thomas ; et voilà ce qui lui permet de distinguer profondément les esprits créés et l'intelligence divine. C'est là une distinction que Malebranche n'est pas toujours parvenu à maintenir. « Pour Malebranche, il n'y a pas, à proprement parler, d'idée de l'être : entre Dieu et l'homme nul intermédiaire ne s'impose. L'infini est l'objet direct de l'application de notre esprit : nous le saisissons immédiatement dans son attribut essentiel. Ces pensées d'universalité et d'infinité, dont notre intelligence est

---

1. Gioberti, *Introd. à l'étude de la philosophie*, tome II, p. 8, trad. Tourneur et Défourny.
2. *Ibid.*

remplie, ne font que dénoter en nous la divine présence. Pour Rosmini, si l'être est un objet essentiellement différent du sujet qui le perçoit, il n'est pas pensé par nous comme doué d'une autre existence que celle par laquelle il resplendit à notre âme : en sorte que, ôté tout esprit, on ne conçoit plus que cet être subsiste en aucune manière, et c'est en ce sens qu'on dit qu'il est un être mental [1]. »

Un autre point sur lequel Rosmini se sépare très nettement de Malebranche, c'est lorsqu'il entreprend de déterminer le rôle que joue l'expérience dans la formation et le développement de nos connaissances. Nous l'avons déjà dit : pour Rosmini tout acte de connaissance requiert deux facteurs également indispensables : l'idée de l'être et une donnée sensible, sans laquelle l'esprit travaillerait à vide et se trouverait dans une impuissance radicale de connaître quoi que ce soit de réel. Notre âme a donc des fenêtres ouvertes sur le dehors; les corps externes agissent sur elle, et, en la modifiant de mille manières, lui offrent la matière de ses idées. Que nous sommes loin ici de Malebranche et comme cette théorie est plus vraie et plus féconde! Ce n'est pas Rosmini qui écrirait que « les idées des objets sont préalables aux perceptions que nous en avons [2] » ; ce n'est pas lui non plus qui admettrait, comme le fait Malebranche, « que l'âme n'est unie immédiatement ni à son corps ni au monde matériel [3] ». Le philosophe italien voit dans les corps une force essentiellement agissante, qui opère sur nous, qui s'impose, qui, de quelque manière, nous fait violence. Pour Malebranche, au contraire, l'essence des corps est constituée tout entière par la seule étendue ; et dire qu'ils

---

1. BAZAILLAS, *Rosmini et Malebranche*, p. 17. On lira avec intérêt et profit cet article très net où l'auteur fait preuve d'une vraie connaissance de la théorie rosminienne et démêle avec une parfaite sagacité les rapports qui existent entre les deux philosophes. Nous avons mis à profit plus d'une remarque intéressante.

2. *Réponse à Régis*, ch. III, tome III, *De la Recherche de la Vérité*, édition de 1712.

3. *Deuxième entretien sur la mort*.

sont capables d'agir sur nous serait enlever quelque chose à la souveraine efficacité de la cause première.

Ainsi, de quelque côté que nous considérions ces deux théories, que nous envisagions l'élément formel et divin qui rend possible la connaissance, ou le facteur empirique qui lui donne un contenu, nous arrivons toujours à la même constatation : Rosmini et Malebranche se ressemblent sans doute, mais à la manière de ces portraits qu'il ne faut pas examiner de trop près. Le fond même de la doctrine est décidément différent. Malebranche représente surtout la tradition augustinienne ; Rosmini se rapproche davantage de la pensée moderne, il a un sentiment plus juste de la réalité et comprend mieux les exigences de notre mentalité scientifique ; celui-là nie, de quelque manière, la réalité au profit de l'idée ; celui-ci cherche plutôt à concilier les deux termes et se place par là même sur un terrain plus solide ; le premier dépasse de si haut les choses sensibles qu'il risque de se perdre dans les nues ; le second touche toujours la terre, au moyen d'un pied.

Rosmini, sans doute, peut dire avec Malebranche que nos idées sont, d'une certaine manière, les pensées mêmes de l'intelligence divine ; cependant, pour le philosophe italien, cette identité ne porte que sur le fond même de nos idées, sur leur intelligibilité essentielle et non sur leurs modes limités et relatifs à nos esprits finis. C'est la même lumière qui nous éclaire, mais en Dieu elle est parfaite et illimitée : en nous ce n'est plus qu'une lumière bornée, accommodée à la petitesse de nos esprits et, en quelque sorte, une clarté réfléchie. L'intervalle immense qui sépare l'intel-

---

1. On a essayé de rapprocher l'étendue intelligible de Malebranche de l'espace tel que Rosmini le conçoit. Il nous semble assez difficile de justifier ce rapprochement, aussi ne voulons-nous pas y insister. Qu'il nous suffise de remarquer que l'étendue intelligible n'est qu'un concept pur ; pour le philosophe italien, au contraire, l'espace, nous l'avons vu, est le terme matériel de la sensibilité et, de quelque manière, conditionne la perception que nous avons du monde externe.

ligence divine et les esprits créés est ainsi sauvegardé.

Tout le défaut de Malebranche, conclut Rosmini, c'est d'avoir passé insensiblement — et rien dans sa théorie ne justifie ce passage — de l'idée de l'être indéterminé à l'idée de Dieu et à Dieu lui-même. Cet insigne cartésien, dit-il, cet homme de haute valeur a bien vu les caractères tout spéciaux de l'idée primitive; de ses caractères il a su aussi conclure à son origine divine; mais il aurait dû s'en tenir là, ne pas se laisser éblouir par les clartés mêmes de cette idée, et surtout, par une sorte de prestidigitation qui étonne, ne pas la transporter du monde de l'idéalité à celui de la réalité[1].

La confusion de l'ordre réel et de l'ordre idéal, voilà encore, bien qu'à un autre point de vue, l'erreur fondamentale que Rosmini retrouve dans la philosophie de Kant, circulant à travers la *Critique*, en ruinant les conclusions et introduisant au cœur même du système je ne sais quelle incertitude qui tourmente et déconcerte[2]. Cette théorie, prise dans son ensemble, a de quoi captiver l'esprit par la rigueur apparente de l'enchaînement et l'unité du plan,

---

1. *Nuovo Saggio*, II, p. 300.
Rosmini adresse encore au philosophe français quelques critiques de détail; voici les principales : Malebranche a tort de prétendre que l'âme ne se connaît pas par une idée, mais par un sentiment (*Nuovo Saggio*, II, p. 31). C'est là une objection déjà faite par Arnaud (voir ARNAUD, *Des vraies et des fausses idées*, ch. XXII-XXIV. —*Réponse de Malebranche*, ch. XXIII).
Rosmini reproche aussi à Malebranche de placer l'essence des corps dans l'étendue (*Nuovo Saggio*, II, p. 188); de croire que l'idée d'étendue contient en soi et nous fait penser une infinité d'idées; c'est là, dit Rosmini, une prétention absolument chimérique : toute idée est une et le nombre de ses limitations ne peut être que fini.
La théorie des causes occasionnelles provoque aussi les critiques du philosophe italien : pour expliquer l'union de l'âme et du corps il suffit de distinguer le corps objectif et le corps extrasubjectif (*Nuovo Saggio*, II, p. 289-292. — *Psych.*, I, n° 280). — Dans le *Rinnovamento*, Rosmini critique la position que prend Malebranche dans la question du « primo vero » critère de la vérité.
2. *Nuovo Saggio*, I, p. 194 : « L'errore fondamentale del criticismo consiste nell' aver fatto delle idee nostre è delle cose esterne una cosa sola. »

par la puissance de logique et la profondeur d'analyse [1]. Elle constitue une puissante tentative pour concilier la nécessité de nos connaissances avec la relativité et la contingence des données empiriques, et pour expliquer comment des notions tout intellectuelles, idéales, se trouvent correspondre à une réalité qui présente des caractères radicalement différents.

Rosmini ne croit pas, cependant, que ce difficile problème soit résolu par le travail critique de Kant.

Tout le système du philosophe allemand, observe-t-il d'abord, repose sur l'existence des jugements synthétiques à priori : malheureusement Kant n'a jamais prouvé l'existence de tels jugements; les exemples qu'il en donne sont défectueux. Il n'y a pas, il ne peut pas y avoir de jugements synthétiques à priori, au moins dans le sens où l'entend le philosophe allemand [2].

Les jugements synthétiques à priori sont des propositions dans lesquelles le prédicat s'ajoute du dehors au sujet, sans cependant dériver de l'expérience sensible. Il y a de semblables jugements dans la mathématique, dit Kant; par exemple, cette proposition $5 + 7 = 12$. Nous pouvons analyser indéfiniment les deux concepts 5 et 7, jamais nous n'en verrons sortir le concept 12, si déjà il ne nous est fourni par l'esprit.

Mais, fait remarquer Rosmini[3], lorsque nous disons $5 + 7 = 12$, l'affirmation de l'égalité ne porte pas sur la forme sous laquelle nous exprimons les quantités $5 + 7$ et 12, mais bien sur ces quantités elles-mêmes. De sorte que l'analyse de 5 et de 7 doit nous conduire nécessairement au concept 12 que ces quantités contiennent d'une manière implicite. C'est

---

1. *Ibid.*, I, p. 172 : « Tuttavia Kant vesti il suo criticismo di una tal originalità d'espressioni e regolarità di forme ch' egli comparve un sistema nuovo e congegnato con mirabile diligenza. »
2. *Nuovo Saggio*, I, p. 204. Cf. tout l'art. 22.
3. *Nuovo Saggio*, I, p. 205.

ce que nous voyons avec pleine évidence, si nous décomposons chacune de ces valeurs en leurs unités. En retranchant ensuite alternativement une unité à chaque membre de l'équation, nous arrivons finalement à la formule même du principe d'identité, $1 = 1$, $A = A$ [1].

L'exemple que Kant tire de la géométrie n'est pas plus heureux : « La ligne droite est le plus court chemin d'un point à un autre. » A première vue, le philosophe allemand semble triompher. Dans cette proposition, en effet, ne passons-nous pas de l'ordre de la *qualité* (ligne droite), à celui de la *quantité ?* (plus court chemin). Ce jugement est donc synthétique ; il est, de plus, à priori, puisqu'il s'impose avec une nécessité absolue que l'expérience ne contient pas.

Regardons-y de plus près, cependant, nous dit Rosmini, l'argumentation de Kant repose sur une vraie subtilité. Nous ne passons nullement ici de la qualité à la quantité, puisque la longueur est nécessairement impliquée dans le concept même de ligne droite. Une ligne sans longueur ne serait plus une ligne, mais, par définition, un point [2].

Nous pourrions trouver la même confusion dans cet axiome des sciences physiques, « la quantité de matière est constante [3] » ; mais, arrivons tout de suite à ce prin-

---

1. Rosmini ajoute très finement : Sans doute, le terme 12 vient, d'une certaine manière, de l'esprit, puisque dans un sens on peut dire que dans le concept de tout nombre il y a un jugement synthétique à priori, mais le tort de Kant est de placer ce jugement dans la somme de 5 et de 7. L'élément synthétique à priori se trouve dans le concept même de nombre général, puisque seul l'esprit est capable de concevoir, sous forme de totalité, la diversité des objets. — Cf. p. 205, note 1.

2. « Egli sembra evidente che questa qualità (la brevità) è necessariamente inchiusa nella condizione dell' essere retta : nè si richiede altro, se non il concetto puro della rettezza e della curvezza, per trovare nel primo di questi due concetti, scomponendolo, la quantità della maggior brevità possibile relativamente a tutte le curve che terminano a medesimi punti ». *Ibid.*, p. 205. — S'il y a ici, ajoute en note Rosmini, quelque élément synthétique à priori, c'est dans le concept même de ligne qu'il convient de le situer : « Avoir le concept d'une ligne, c'est penser une ligne possible, et la possibilité ne se trouve pas dans la ligne matérielle elle-même, c'est un prédicat ajouté par l'esprit. »

3. Voici le raisonnement de Rosmini : Cette proposition n'est nécessaire que

cipe de causalité sur lequel est fondée, en définitive, la possibilité même de la métaphysique[1]. « Tout ce qui commence d'exister doit avoir sa cause » : sommes-nous là en présence d'un jugement analytique ou synthétique à priori?

La question est de savoir si vraiment l'idée de commencement n'implique pas celle de cause : l'analyse de Kant, dit le philosophe italien, est singulièrement superficielle sur ce point[2].

Les concepts de cause et d'effet sont des termes corrélatifs[3] et si indissolublement liés qu'ils n'ont de signification que par leur juxtaposition dans la pensée : « Si donc vous supposez que je possède déjà le concept du sujet, c'est-à-dire de l'effet, du commencement, vous ne pouvez mettre en doute que je possède aussi le concept du prédicat, de la cause. »

Le concept d'effet ou de commencement n'est donc jamais indépendant de celui de cause; le sujet et le prédicat s'impliquent. Nous percevons un commencement; nous le reconnaissons pour un effet; nous concluons enfin qu'il doit avoir une cause : tels sont les trois moments de toute application du principe de causalité. La difficulté ne consiste pas à expliquer le premier : les sens y suffisent; elle ne consiste pas davantage à justifier le troisième, comme le croyait Kant, qui demandait comment nous passons du sujet au prédicat, puisque l'effet implique la cause. La dif-

---

si les changements qui se produisent dans le monde des corps sont conçus comme de simples changements de formes ou de composés; et c'est bien ainsi qu'on les conçoit en effet. Mais, dans ce sens, il est évident que le jugement en question est analytique, puisque l'immutabilité de la quantité de matière est un concept impliqué dans l'idée même des changements dont parle l'axiome des sciences physiques.

1. *Nuovo Saggio*, I, p. 206, 4°.
2. *Ibid.*, p. 206 suiv., tout l'art. XXIII.
3. « Il concetto di effetto e quello di causa a me sembrano per si fatto modo relativi, che l'uno dee esser inchiuso necessariamente nell' altro, nè si può possedere l'uno senza possedere ancora implicitamente l'attro. » — *Ibid.*, p. 206.

Cf. *Logica*, p. 47 suiv., p. 124, n° 407.

ficulté réside tout entière dans le second moment de ce processus : Comment pouvons-nous identifier, de quelque manière, les idées de commencement et d'effet; comment nous élevons-nous à la conception du sujet? Mais c'est là une question qui n'offre plus aucune difficulté après ce que nous avons déjà dit ailleurs en étudiant l'idée de cause[1]. Nous n'avons pas à y revenir ici : qui dit commencement, dit quelque chose qui n'existe pas de soi, dit effet. Ainsi le processus de toute affirmation de causalité « se réduit à ces trois propositions d'origines différentes :

« Principe à priori : Tout effet doit avoir sa cause[2];

« Fait général : Tout commencement est considéré par les hommes comme un effet;

« Application générale du principe à priori : Tout ce qui commence doit avoir sa cause[3] ».

Le principe de causalité n'est donc pas synthétique à priori; sa nécessité n'est pas créée de toutes pièces par l'esprit; il reprend sa valeur et la métaphysique redevient possible.

L'analyse critique à laquelle nous venons de soumettre les prétendus jugements synthétiques à priori, continue Rosmini, nous découvre très clairement la fausse conception que Kant s'est faite du problème général de la philosophie. L'auteur de la *Critique* se demande comment nous pouvons attribuer à un sujet un prédicat que nous ne trouvons, ni dans l'expérience, ni dans l'analyse de ce sujet. — Il semble donc réduire toute la difficulté à expliquer l'origine de ce prédicat. Mais, d'après Kant lui-même, le sujet nous est connu : c'est une donnée empirique, c'est un objet senti.

---

1. Cf. plus haut, Ire partie, ch. III.
2. C'est là, dit Rosmini, un principe à priori, puisque le concept de cause résulte d'une application *immédiate* de l'idée de l'être aux actions que nous percevons dans l'intuition sensible. Aussi, ajoute-t-il, la proposition qu'étudie ici Kant : *Tout événement doit avoir une cause*, n'est-elle pas un jugement à priori; elle ne constitue qu'une application d'un principe à priori. — *Nuovo Saggio*, I, p. 207.
3. *Nuovo Saggio*, I, p. 207.

Sans doute, le prédicat n'est pas donné avec le sujet dans l'expérience, mais il est impliqué dans son concept, autrement on ne voit pas d'où l'esprit le tirerait, ni de quel droit il l'appliquerait au sujet[1]. L'expérience nous présente l'objet dans son intégrité, tel qu'il est ; nous n'avons plus qu'à l'analyser pour déterminer ses attributs. En prétendant que le prédicat fait partie intégrante de l'objet et le conditionne, Kant méconnaît la vraie nature de la perception intellectuelle. Cette perception consiste essentiellement dans « l'intuition de la relation qui existe entre l'idée de l'être qui se trouve en nous et l'objet que nous percevons par les sens ». Or, dans cette opération, l'élément formel et idéal reste radicalement distinct et séparé de l'objet senti[2].

Kant aurait évité cette erreur, s'il avait eu soin de distinguer ici entre le prédicat et l'attribut des objets. Le prédicat, c'est l'être qui reste toujours distinct de n'importe quel objet particulier[3], l'attribut est, sans doute, donné dans l'objet, mais c'est qu'il ne vient pas de l'esprit[4]. Les jugements synthétiques à priori supposent une absurdité manifeste, et comme c'est uniquement sur l'existence de semblables jugements que le philosophe allemand fonde sa *Critique*, on voit tout de suite quelle en est la faiblesse et le vice interne[5].

Le grand problème de la philosophie consiste à montrer, non pas comment nous attribuons un prédicat à un sujet, mais comment nous nous formons les concepts mêmes des choses.

Les choses existent, avait dit Reid, les idées ne sont rien. Les idées seules existent, lui répond Kant ; les idées, voilà les vrais objets de la connaissance, et il n'y en a pas d'autres. Les concepts sont universels, nécessaires, et irréductibles à l'expérience.

1. *Ibid.*, I, p. 211.
2. *Nuovo Saggio*, I, p. 217, art. XXVIII.
3. Cf. ce que nous disons à ce sujet.
4. *Nuovo Saggio*, I, p. 217, p. 212.
5. Cf. *Saggio sulle Categorie e la Dialettica*, p. 160, art. III.

Rosmini applaudit à cette conclusion[1] : mais de quel droit le philosophe de Kœnigsberg en déduit-il que nos concepts sont un élément constitutif de la réalité et conditionnent leurs objets? Dans tout acte de connaissance nous distinguons deux choses bien séparées : d'abord, le concept, puis l'objet considéré dans sa réalité concrète et individuelle. S'agit-il de l'idée d'existence, par exemple? Nous distinguons l'existence possible, idéale, puis l'existence concrète, réelle, telle qu'elle se trouve dans l'objet particulier que nous percevons. Cette existence concrète, nous ne la connaissons et ne l'affirmons que si notre entendement possède, au préalable, le concept de l'existence possible; mais il ne s'ensuit pas que cette application de la forme à la matière situe dans l'objet sensible une existence universelle, le fasse devenir nécessaire. Loin de là. Oui, c'est grâce à une idée que l'objet particulier est connu; mais remarquons qu'il n'est pas connu comme *idéal*, mais bien comme particulier, dans son individualité, comme tel objet nettement déterminé, défini. Affirmer que cet objet existe, ce n'est donc pas l'universaliser, c'est uniquement le subsumer, le classer parmi les êtres doués d'existence réelle et concrète[2].

C'est pour n'avoir pas distingué le concept universel qui se trouve au préalable dans l'entendement et l'objet particulier que nous connaissons grâce au concept, que Kant s'est engagé dans cette voie pleine de difficultés et d'où il ne peut sortir.

Si la réalité externe est conditionnée par les formes à priori de la sensibilité et de l'entendement, si elle n'est qu'une création de l'esprit, les conditions de l'existence con-

1. *Nuovo Saggio*, p. 200, art. XVIII.
2. *Nuovo Saggio*, I, p. 195 : « Se l'esistenza che noi percepiamo in un dato oggetto, affermandolo, fosse quella medesima, ne più ne meno, che noi abbiamo nel nostro intelletto, in tal caso, quando noi percepiamo un oggetto, dovremmo mettere in esso un esistenza universale, perciocchè l'esistenza nell' intelletto nostro è universale : ma la cosa non è cosi : anzi noi ravisiamo, non mettiamo nell' oggetto un esistenza particolare e a lui solo determinata. »

crète du monde externe ne se distinguent pas de celles de son existence possible, de son intelligibilité. Dès lors, tous les attributs particuliers des objets viennent également de l'entendement. Kant ne peut reculer devant cette conséquence logique : aussi admet-il que les catégories sont toutes des conditions nécessaires de l'expérience, de la connaissance. Il s'ensuit que nous ne pouvons affirmer l'existence d'un objet quelconque sans percevoir et affirmer, par le même acte, sa qualité, sa quantité, ses relations et modalités. Mais c'est là une affirmation gratuite absolument et contraire aux faits. Notre premier jugement ne porte évidemment que sur l'existence actuelle de l'objet; quant à ses attributs, ce n'est que dans la suite que nous les connaissons, à force d'analyses, d'observations, de comparaisons, de jugements particuliers[1].

Cette application des catégories à la matière de l'intuition sensible n'est donc qu'une superfétation pleine d'inextricables difficultés et en opposition complète avec la démarche de notre entendement[2].

Enfin, dit Rosmini, il y a quelque chose d'absurde à supposer, dans l'intelligence, l'existence de plusieurs formes. Par intelligence on entend, en effet, quelque chose de nettement déterminé. Or, ce qui est déterminé ne peut avoir qu'une forme. « La forme d'une chose est ce qui en constitue l'essence, ce qui la fait être ce qu'elle est. Et comme une chose ne peut posséder plusieurs essences, être simultanément plusieurs choses, elle ne peut aussi avoir qu'une seule forme[3]. » Les différentes catégories que Kant croit

---

1. *Nuovo Saggio*, p. 197, art. XVI.
2. *Nuovo Saggio*, I, p. 197-198.
3. *Nuovo Saggio*, I, page 221, note 1. Il faut dire la même chose, observe ailleurs Rosmini, des trois Idées de la Raison pure. Au fond, ces idées se réduisent à une seule, l'idée de Dieu ou de l'absolu réel. D'ailleurs Kant fait ici une confusion complète entre l'absolu relatif (l'âme et le monde) et l'absolu réel, Dieu. — *Nuovo Saggio*, I, p. 223. — Cf. à ce sujet *Saggio sulle Categorie*, p. 159 : « Che pensare sia giudicare, noi l'accordiamo, perocchè pensare è propriamente usare della facoltà del pensiero. Ora analizzando l'atto del pensiero, trovasi che

reconnaître dans l'intelligence humaine ne sont que des formes relatives et secondaires, des déterminations particulières de l'unique et vraie forme qui nous constitue intelligents et qui est l'idée de l'être[1]. Aussi, observe encore Rosmini, en commençant l'étude de l'entendement par les catégories, Kant s'imagine à tort atteindre l'intelligence elle-même. En fait, il n'en saisit que l'acte et les diverses déterminations ; mais l'essence de l'intelligence lui échappe. « Au lieu de s'élever jusqu'à la forme suprême et dernière, l'être, il s'arrête à des formes inférieures, limitées et dépendantes [2]. »

De plus, comme la connaissance à priori n'est universelle et nécessaire que parce qu'elle découle directement de la forme suprême de l'intelligence et en reproduit tous les caractères, en passant sous silence cette forme essentielle, le philosophe allemand se met dans l'impossibilité d'expliquer les caractères de nécessité et d'universalité qui se trouvent dans nos concepts et dans nos jugements scientifiques[3]. D'ailleurs, pour lui, nous le savons, les catégories de l'entendement sont acquises, elles ne se trouvent en nous qu'avec l'expérience bien qu'indépendamment d'elle ; la nécessité que leur attribue Kant reste donc une énigme[4]. Heureux encore si le philosophe allemand avait accordé à ces formes particulières une véritable valeur objective ! mais non : il ne voit là que des lois purement relatives à

---

questo suppone una facoltà innata, e che questa suppone l'intuizione primitiva ed immanente dell' essere. Cosi dal pensare, cioè dal giudicare, il Kant si sarebbe potuto sollevare alla vera teoria dell' umana intelligenza. Ma, invece di ricercare le condizioni del pensiero, le vere anticipazioni, egli s'occupo unicamente... delle forme del pensiero, e credette avere esaurito il suo argomento, quando le avesse diligentemente classificate e distinte. »

1. *Ibid., Nuovo Saggio*. — Cf. *Introduzione alla filosofia*, p. 382-383.
2. *Nuovo Saggio*, III, p. 164. Cf. I, p. 221, note 1.
3. D'ailleurs, ajoute Rosmini, Kant aurait dû remarquer aussi que toutes les connaissances universelles et nécessaires ne sont pas pour cela à priori : ce qu'il y a d'à priori en elles, c'est uniquement leur nécessité et leur universalité (*Nuovo Saggio*, I, p. 216, note 1).
4. *Nuovo Saggio*, III, p. 162, note 3.

l'entendement, et ainsi, comme nous l'avons déjà montré, il réduit le sujet à lui-même et lui ferme toute échappée sur le monde externe. Ou plutôt il est conduit à ne considérer l'univers tout entier que comme un simple produit de l'entendement. Au lieu d'expliquer la formation de nos concepts, l'alliance en nous de l'universel et du particulier, il raye l'un des deux termes en supprimant la réalité externe. Il se condamne par là au relativisme absolu, au scepticisme ; il supprime enfin le problème idéologique au lieu de le résoudre[1].

Ainsi, conclut Rosmini, la part que Kant fait à l'innéisme dans l'entendement humain est à la fois trop étendue et trop restreinte : trop restreinte, puisque, selon lui, les catégories ne précèdent pas l'expérience ; il ne dépasse donc guère ici le point de vue de Reid ; trop étendue, car la seule catégorie de l'être idéal peut, à proprement parler, être considérée comme innée et à priori. La qualité, la quantité et les autres formes kantiennes ne sont que des formes dérivées de l'être.

Le système de Kant pèche à la fois par excès et par défaut[2].

Nous bornant strictement à notre rôle d'historien, nous

---

1. *Nuovo Saggio*, I, p. 194, art. 15. — Cf. aussi p. 225-227. — *Sulle Categorie e la Dialettica*, p. 164.

2. *Ibid., Nuovo Saggio,* I, p. 218, art. 29.

Cf. *Saggio sulle Categorie*, p. 208 : « I fonti logici di un sistema cosi profondamente erroneo furono due :

1° *Il Sensismo*, cioè il pregiudizio che i soli sensi dessero all' uomo degli oggetti reali ; onde venne a Kant l'assunto di dover spiegare tutte le operazioni dell' intelligenza umana in modo che ella non dovesse mai dare all' uomo alcun oggetto, e posciachè ella pur ne dà ; di spiegar questo fatto come una illusione : allo svolgimento di tale assunto si riduce tutto l'idealismo trascendantale. (Cf. à ce sujet Renouvier, *Critique de la doctrine de Kant*, Paris, Alcan, 1906, p. 331.)

2° *L'astrattismo*, cioè il falso metodo di racchiudere la filosofia in pure astrazioni, presupponendo che il problema di essa consista nell' isolare di tutto il rimanente l'*elemento razionale puro* ; il che diviene errore e fonte d'errori, tostochè, invece di considerare l'*elemento razionale puro* come parte di un tutto da cui è indivisibile, si considera come parte di un tutto egli stesso, atto a dare argomento ad una scienza completa, come pare a Kant. »

n'avons pas à chercher dans quelle mesure ces objections de Rosmini ébranlent la théorie du philosophe allemand. Nous pourrions aussi nous demander, comme nous l'avons fait en rapprochant la doctrine de Rosmini de celle de saint Thomas, si le philosophe italien interprète toujours exactement la pensée qui est contenue dans la *Critique*. Pour ce qui est de l'auteur de la *Somme*, la question présentait un intérêt tout particulier, car c'est précisément sur ce point que se sont portées la plupart des discussions qu'a soulevées en Italie la philosophie de Rosmini.

Il serait intéressant de renouveler la même recherche au sujet de Rosmini et de Kant; mais ce travail, qui n'irait à rien moins qu'à reprendre pour notre compte l'examen des théories de la *Critique*, nous entraînerait trop loin. Aussi bien, à s'en tenir aux grandes lignes et à l'ensemble même du système, le philosophe italien nous semble avoir suffisamment saisi dans son originalité la pensée maîtresse de la *Critique de la Raison pure*, au moins en ce qui regarde, à proprement parler, la théorie de la connaissance.

On pourrait, cependant, lui reprocher de faire reposer tout le kantisme sur l'existence des jugements synthétiques à priori. L'existence de ces jugements tient, sans doute, une place très importante dans la doctrine de Kant, il y aurait, cependant, une exagération à en faire le pivot même de toute la *Critique*. « Dans sa marche régressive des jugements synthétiques à priori aux conditions de leur possibilité, Kant ne prétendra arriver qu'à une hypothèse. C'est par l'analyse directe de la raison qu'il établira son système d'une manière apodictique. Le système ne serait donc pas ruiné d'avance par cela seul qu'on aurait démontré qu'il n'y a pas de jugements synthétiques à priori. Tout ce qu'on aurait ruiné, c'est la présomption que tire Kant de ces jugements en faveur de son système[1]. »

---

1. E. Boutroux, *Revue des cours et conférences*, année 1894-95, p. 327.

On trouvera aussi, à un autre point de vue, que Rosmini ne s'est pas rendu compte de la vraie portée de l'œuvre de Kant. Pour avoir méconnu la relation naturelle qui existe, dans la pensée du philosophe allemand, entre les deux Critiques, l'auteur du *Nuovo Saggio* ne voit guère dans la doctrine de Kant qu'un scepticisme aussi désastreux que celui de Hume. Rosmini aurait dû reconnaître que pour Kant la *Critique de la Raison pure* n'est qu'une préparation, qu'un premier pas dans l'acheminement de l'esprit vers la vérité qui fait vivre. Le philosophe allemand le déclare lui-même plus d'une fois dans la *Critique de la raison pratique* et déjà dans le *Canon de la raison pure*, et en des termes qui ne laissent aucun doute sur sa véritable pensée. La raison a un usage pratique; et, comme le souverain bien, qui détermine la fin suprême de la raison pure, n'est pas seulement un idéal, mais bien une réalité, que postule l'unité systématique des fins, il s'ensuit que le scepticisme de la *Critique de la Raison pure* s'achève dans le dogmatisme moral le plus assuré et le plus conscient de lui-même. C'est là, dans l'interprétation de la philosophie de Kant, une vue que l'on peut discuter; la laisser dans l'ombre, c'est tronquer l'œuvre du philosophe allemand et, par conséquent, en fausser la signification et la portée.

Que la pensée de Rosmini se soit laissé influencer par la philosophie critique, c'est un point hors de doute; mais jusqu'où s'étend cette influence? il est assez difficile de le déterminer.

Les uns voient en Rosmini un successeur immédiat de Kant[1], un disciple qui a produit fidèlement la doctrine

---

[1] BERTRANDO SPAVENTA, *Prolusione e introduzione alle lezioni di filosofia*, Napoli, Vitale, 1862, p. 114 : « Rosmini... non s'intende bene senza Kant. »
Du même auteur : *La filosofia di Kant nella sua relazione colla filosofia italiana*, Torino, Unione tip. editrice, 1860, p. 20 : « Il Rosmini è successore immediato di Kant. » L'auteur considère le philosophe italien comme le très fidèle discipe de Kant.

de son maître en lui apportant quelques modifications heureuses et intelligentes.

Les autres [1], nous l'avons dit, ce sont les moins nombreux, estiment que si les expressions du philosophe italien se rapprochent parfois singulièrement de celles que nous trouvons dans Kant, l'esprit qui anime ces deux philosophes n'en est pas moins radicalement opposé : il n'y a aucune influence même légère de celui-ci sur celui-là.

D'autres [2] encore tiennent que la philosophie de Rosmini

DONATO JAJA, *Studio critico sulle Categorie e forme dell' essere di A. Rosmini*, p. 4 : « Il Rosmini nella *Ideologia* crede di battere la sintesi a priori di Kant e riuscì di fatto, non dico ad esser più Kantiano di Kant, come egli s'immaginò, ma certo quanto Kant medesimo, inteso davvero nella sostanza del suo criticismo, non colto nella superficie della semplice introduzione.

VINCENZO GIOBERTI, *Degli errori filosofici di A. Rosmini ; avvertenza per la seconda edizione*, p. 41 : « Imperocchè la theoria ideologica del Rosmini, essendo per la sostanza perfettamente identica a quella della filosofia critica, il panteismo del Fichte e dello Schelling è una conseguenza necessaria dell' una quanto dell' altra. »

LABANCA, *Della dialettica, libri quattro*, Firenze, Cellini, 1874, vol. I, p. 500. « Salvo le buone intenzioni del Rosmini, il suo sistema dell' identità dialettica abbraccia o la stessa conseguenza scettica della dialettica trascendentale del Kant, o la stessa conseguenza della identità trascendentale dello Schelling.

LIBERATORE, *Della conoscenza intellettuale*, 2 vol., Napoli, 1855. La théorie de l'être possible de Rosmini n'est qu'un Kantisme simplifié. Il n'y a d'autre différence entre ces deux philosophes que le nombre des formes qu'ils placent dans l'entendement. Vol. I, p. 351.

1. VINCENZO LILLA, *Kant e Rosmini*, Campo dei filosofi, t. V, anno 1869, p. 114-241, 289. Le point de départ et le point d'arrivée n'ont rien de commun chez Kant et chez Rosmini. Voir aussi, du même auteur, l'article qui se trouve dans le Ier vol., *Per Antonio Rosmini nel primo Centenario*, etc., article intitulé : « Le fonti del sistema filosofico di A. Rosmini ».

TOMMASEO, même vol. du *Campo dei filosofi*, p. 525-526 : Kant ne justifie pas sa théorie ; Rosmini au contraire établit qu'en dehors de son propre système tout devient inexplicable.

2. LORENZO BILLIA, *Lo studio critico di Donato Jaja sulle Categorie e le forme dell' essere di A. Rosmini esaminato*, Venezia, Fontana, 1891 ; Extrait du périodique *Ateneo Veneto*, April, Giugno, 1891. L'auteur reconnaît que Rosmini prend son point de départ dans la philosophie de Kant ; mais, dit-il, Rosmini n'en reste pas moins le plus grand adversaire de Kant et de Hégel. Il n'a avec eux aucune parenté. — Voyez chapitre IV, p. 7 et 8.

ACRI, *Critica di alcune critiche di Spaventa, Fiorentino, ecc., su i nostri filosofi moderni*, Lettera del prof. Acri, Bologna, Società tip. dei compositori, 1875, p. 40 : « Confesso... che Rosmini a risentito l'efficace di Kant, ma nego che sia Kantiano. »

B. DONATI, *Campo dei filosofi*, vol. II, Napoli, 1866, p. 217 suiv. : *Hegel e*

est la continuation logique de celle de Kant, mais qu'elle s'en sépare ensuite d'une manière profonde et définitive.

Rosmini, confronto analitico dei sistemi dell' identita assoluta e dell' identità dialettica, p. 224. L'auteur oppose Rosmini à Kant en disant que celui-ci doute de la valeur de la raison, tandis que celui-là n'en fait la critique que pour la défendre.

FIORENTINO, *Manuale di storia della filosofia*, Napoli, Domenico Morano, 1881, p. 317 : l'auteur préfère Rosmini à Kant parce que pour le premier toute la diversité de la pensée vient des sensations, puisque la forme de l'esprit est unique; pour Kant elle vient de l'esprit lui-même.

BENZONI : *Dottrina dell' essere nel sistema rosminiano*, Fano, tip. Sonciniana, 1888.

P. 15-16 : « Il Kant aveva asserito chiaramente che il molteplice sensibile veniva unificato (percepito intellettivamente) dalle forme a priori della sensibilità e più ancora dalle categorie dell' intelligenza. Il Rosmini accetta le analisi del Kant, ammette la percezione come un fado composto, solo si riserva di trovare i componenti in modo diverso degli altri filosofi. »

P. 49 : « Il Rosmini fu… critico perchè si propose il medesimo problema del Kant; restò eziandio critico quando imprese la riduzione delle categorie Kantiane; ma divenne e rimase dogmatico allorchè sostenne che la vera categoria, che riduce ad unità le singole altre e le rende tutte possibili, è l'essere obbiettivo non solo, ma esistente fuosi dell' intelletto e della mente intuitiva. »

P. 50 : « La forma… questa è secondo noi la base del dogmatismo rosminiano. » (Voir aussi LUIGI FERRI : La *phil. en Italie au XIXe siècle*, I, p. 140 à 150 — et *Filosofia delle scuole italiane*, anno III, vol. III).

P. 99 : « Dei giudici sintetici a priori nella filosofia di Kant e nelle dottrine italiane del secolo XIX. » On peut résumer ainsi la pensée de cet auteur sur la question qui nous occupe : Il n'y a aucune différence entre Kant et Rosmini, si l'on ne considère que la théorie des jugements synthétiques à priori et la formation des concepts, mais ce qui distingue très nettement ces deux philosophes, c'est que le penseur italien réduit toutes les catégories à la seule forme de l'être et surtout qu'il donne à cette forme une valeur objective. Il substitue un « idéalisme subjectif » à l'idéalisme subjectif de Kant. — Voir *Philosophie italienne*, etc., I, p. 158.

PIETRO DE NARDI, *La teorica rosminiana dell' umana intelligenza ne' suoi rapporti colle teoriche di Kant, Cartesio*, etc., Voghera, Gatti, 1891. — P. 10 : « Restava dopo del Kant, di semplificare, riducendo al menomo possibile la *parte formale* delle cognizioni, la quale s'era conosciuto dover esser data all' uomo dalla natura. Restava ancora, e dippiù, da stabilire che il *formale minimo* della cognizione è qualche cosa non di *soggettivo*, come voleva Kant, ma di oggettivo… questo fece Antonio Rosmini. — Voir aussi du même auteur : *Rosmini e Kant*, Forli, tipogr. sociale, 1902.

Telle est aussi l'opinion de M. Eugène Beurlier dans son article : *L'Évolution du Kantisme vers le Rosminianisme*, etc., dans la publication *Per Antonio Rosmini*, parte II, Milano, Cogliati, 1897, voir p. 198.

Dans cet article, M. Beurlier signale des points de contact, en effet, très étroits et intéressants entre certaines théories de Rosmini et la pensée de M. Lachelier, surtout dans *Psychologie et Métaphysique*.

Une étude approfondie des deux systèmes ne permet pas d'exagérer dans un sens ni dans l'autre : l'influence que Kant a exercée, non pas seulement sur le point de départ, mais sur le développement même de la philosophie de Rosmini, est manifeste. Elle n'est pas telle, cependant, que nous devions considérer le philosophe italien comme un disciple fidèle du penseur allemand.

Que le point de départ de Rosmini soit inspiré par les résultats de la philosophie critique, il est difficile de le nier. L'auteur du *Nuovo Saggio* continue, tout en la modifiant, la direction que Galuppi avait imprimée à la spéculation italienne, et l'on sait l'influence profonde que Kant a exercée sur ce dernier philosophe. D'ailleurs, il est clair que Rosmini se propose, à l'exemple de Kant, de résoudre le grave problème de la connaissance ; il le prend au point où l'avait laissé le philosophe allemand et c'est une mentalité critique qui, chez Rosmini, préside à ce travail. A l'exemple de Kant aussi, le philosophe italien croit trouver une solution dans une conciliation harmonieuse de l'empirisme et de l'intellectualisme.

Si maintenant nous pénétrons au cœur même du système, l'influence de la philosophie critique s'y révèle de plus d'une manière.

Rosmini distingue dans la connaissance une forme et une matière ; la forme, voilà l'élément *à priori* qui rend possibles la connaissance et, en particulier, les jugements nécessaires ; de plus, par elle-même, cette forme est absolument vide et ne nous fait rien connaître : elle n'est qu'une simple condition de la pensée. A la suite de Kant, Rosmini estime qu'un intellect dénué de toute forme est un non-sens ; il admet, bien qu'avec certaines modifications, l'existence d'un jugement synthétique *à priori* ; il réduit la pensée discursive au jugement ; il croit qu'en dehors du concept *à priori* l'intuition empirique est aveugle ; il soumet cette intuition à la forme de l'espace ; et, enfin, il explique par l'unité fondamentale du moi la synthèse qui s'opère, dans tout acte intellectuel, entre l'élément *à priori* et les données de l'intuition sensible. Il y a là évidemment autre chose que de simples rapprochements [1].

Et cependant nous persistons à croire que la philosophie de Rosmini est foncièrement différente de la théorie de Kant. Nous ne dirons pas, pour justifier notre sentiment, que le philosophe italien attaque souvent l'auteur de la *Critique* : c'est là un argument puéril [2]. Nous ne dirons pas davantage que Rosmini n'admet qu'une seule forme de l'entendement, tandis que, pour le philosophe allemand, le nombre des formes *à priori* est beaucoup plus considérable, ce ne serait encore là qu'une question de plus ou de moins [3].

Mais ce qui nous paraît fondamental ici et vraiment caractéristique c'est que, dans la pensée de Rosmini, la forme de l'être est essentiellement objective; elle nous révèle la vérité ontologique; elle nous transporte, de quelque manière, hors de nous-mêmes; elle nous élève jusqu'aux choses en soi et, par là, en nous soustrayant au relativisme Kantien, elle nous établit dans le dogmatisme le plus assuré [4].

---

1. Plus d'une fois Rosmini témoigne de son admiration pour Kant qu'il appelle un grand homme (*Storia comparata dei sistemi intorno al principio della morale*, p. 100, note 2). Il le loue d'avoir saisi le problème de la connaissance d'une manière plus profonde et plus générale que tous ses devanciers (*Nuovo Saggio*, I, p. 201). Il a montré d'une manière définitive que le sensualisme est impuissant à résoudre ce problème (*Ibid.*, I, p. 191). Il a vu que la pensée se réduit au jugement. « L'analyse minutieuse de la faculté de comprendre révéla à Kant une vérité très importante, c'est que toutes les opérations de notre esprit se réduisent, en dernière analyse, à un jugement » (*Ibid.*, I, art. 19, p. 201). C'est là ce qui rend Kant supérieur à tous ceux qui l'ont précédé. Cette vérité une fois découverte, « Kant vit tout de suite que notre entendement ne pouvait juger que s'il était fourni de notions et de concepts... car le jugement consiste uniquement à mettre un objet particulier sous un concept universel » (*Ibid.*). Rosmini reproche à Kant de s'être ensuite égaré, mais il loue sans réserve son *point de vue*.

2. Nous rencontrons cet argument dans l'étude citée plus haut de Vincenzo Lilla, p. 115-116.

3. Cf. *Sapienza*, anno VII, vol. XI, p. 413. *Dialog. inédits de Rosmini*.

4. Cf. GUSTAVE DE CAVOUR, *Fragments philosophiques*, Turin, Fontana, 1841, p. 142.

Une autre différence qui sépare profondément les deux philosophes, c'est la conception qu'ils se font du rôle que joue l'expérience dans la formation de nos connaissances. Pour le philosophe italien, l'expérience présente simultanément au sujet la matière de la connaissance et tous les attributs qui constituent les qualités de l'objet; l'esprit ne fait qu'ajouter ensuite à cette matière, ainsi douée d'attributs, la forme universelle de l'être : l'apport de l'entendement est donc aussi réduit que possible. Pour Kant, au contraire, la diversité même de l'intuition sensible doit être rapportée à l'esprit : en dehors du sujet qui connaît, il n'y a pas, à proprement parler, d'objet d'intuition sensible, car c'est uniquement « par le fait d'être unifiées et d'être unifiées pour le sujet, que les choses peuvent être données comme objet [1] ». Pour le philosophe allemand, ce que nous appelons les rapports des choses ne peut exprimer que les lois mêmes de l'entendement; Rosmini, au contraire, y trouve la représentation de ce qui est objectivement et en dehors de nous. L'élément *à priori*, chez Kant, modifie et conditionne la matière; chez Rosmini, il la laisse intacte tout en lui appliquant la forme de l'être.

Enfin, avec une telle divergence de vues, les deux penseurs ne peuvent accepter dans le même sens l'existence des jugements synthétiques *à priori*. Si l'expérience ne nous fournit pas les attributs des choses, comme le croit Kant, la fonction synthétique de l'esprit consistera essentiellement à lier un attribut au concept d'un sujet dans lequel cet attribut n'est pas contenu. Pour Rosmini, tout le processus de la connaissance consiste à unir, dans l'acte de la perception intellectuelle, les données de l'expérience et l'idée innée de l'être. Chez Kant, le jugement synthétique *à priori* crée, de quelque manière, les concepts des choses et les objets de la connaissance; chez Rosmini, il les

---

1. E. Boutroux, *Études*, etc., p. 352.

suppose; tout son rôle se borne à leur communiquer l'objectivité et l'intelligibilité qui sont essentielles à la forme de l'être.

Il y aurait bien encore plusieurs différences à souligner entre ces deux philosophes, mais elles ne présentent pas la même importance, et, d'ailleurs, nous avons eu soin généralement de les noter au fur et à mesure que nous les rencontrions au cours de notre étude.

Telle est, sauf erreur, dans les grandes lignes, cette philosophie de l'être considéré sous les trois formes de l'idéalité, de la réalité et de la moralité. Elle devait, dans l'intention de son auteur, servir de base à toute philosophie future et fonder le système même de la vérité [1].

Le philosophe italien a-t-il atteint le but qu'il se proposait? A-t-il régénéré la philosophie et inoculé dans ses veines une vie nouvelle et féconde? Notre tâche d'historien étant achevée, nous laissons le lecteur juge de la question.

Il ne sera pas sans intérêt, cependant, de rechercher les causes de l'opposition que souleva cette philosophie : nous y trouverons, en effet, l'explication de l'abandon ou du refroidissement qui succéda peu à peu aux enthousiasmes des premiers jours; nous comprendrons aussi pourquoi les idées de Rosmini ont eu tant de peine à franchir la frontière.

Ces causes sont multiples et, d'ailleurs, assez diverses.

L'opposition la plus vive vint d'abord des partisans plus ou moins éclairés du thomisme traditionnel. Ils ne virent pas sans inquiétude s'élever, du sein même du clergé, une philosophie qui contrariait les habitudes intellectuelles qu'une longue discipline avait formées. Ils l'attaquèrent donc, sans cependant aborder, au moins généralement, le fond du débat : ils s'inquiétaient avant tout de savoir si Rosmini était d'accord avec saint Thomas; et, de ce point

---

[1]. *Introduzione alla filosofia*, p. 24.

de vue, l'accusation vague de Kantisme servit de réponse à toutes les défenses que pouvaient présenter les partisans, parfois eux aussi mesquins et exagérés, de Rosmini. Ces luttes trop personnelles et petites présentent quelque chose de pénible et d'humiliant sur quoi nous n'avons pas voulu insister [1].

La condamnation à Rome des Quarante Propositions de Rosmini, en 1888, mit apparemment fin aux débats. Beaucoup aussi s'éloignèrent, peu à peu, de l'étude de cette philosophie qu'ils croyaient connaître suffisamment par quelques extraits de Revues et des polémiques de théologiens.

Une fidélité ardente à la tradition thomiste, une opposition générale à l'esprit même de la philosophie de Kant, et aussi, il faut bien en convenir, un peu de parti pris et d'intérêt personnel expliquent les discussions qui s'élevèrent entre catholiques au sujet de la philosophie rosminienne.

Le caractère trop aprioriste de cette spéculation, l'innéisme qu'elle place à son point de départ, le discrédit qui s'est attaché à l'ontologisme en général, le succès toujours grandissant de la philosophie positive, la reconnaissance plus éclairée de la part qui revient à l'expérience dans le développement même de l'esprit, le peu de bruit que fit, en général, à l'étranger la philosophie italienne et peut-être, enfin, l'effroi qu'inspirent à première vue les énormes volumes de huit cents pages, telles sont, croyons-nous, avec quelques autres, sans doute, les principales causes de l'insuccès de la philosophie de Rosmini et de l'obscurité où elle est généralement restée [2].

Rosmini voulut entreprendre au XIXᵉ siècle l'œuvre de

---

[1]. Voir sur ce sujet un article du docteur BERNARD SCHMIDT BLANKE : *Neue Rosminiliteratur* dans *Kölnische Volkszeitung*, 6 décembre 1906. Supplément.

[2]. Voir le livre de L. NICOTRA : *Le ultime scuole filosofiche siciliane*, Acireale, 1906.

restauration qui fit au xiiie siècle la gloire de saint Thomas. Fonder une philosophie qui fût le plus ferme appui de la théologie, montrer que l'être saisi dans toute sa plénitude est le seul objet de l'intelligence divine, et que ce même être, vu d'une manière imparfaite et limitée, constitue aussi le seul objet de l'esprit humain ; établir ainsi que la lumière de Dieu et la lumière de notre raison sont identiques, et sur cette base toute rationnelle sceller enfin la réconciliation de la science et de la foi, tel fut le dessein que poursuivit pendant toute sa vie Rosmini. Quel que soit le résultat auquel a abouti une si difficile entreprise, il faut reconnaître dans son œuvre l'effort d'une pensée puissante et l'exemple rare, mais toujours fécond, d'une noble probité intellectuelle.

En dépassant les bornes trop étroites du sensualisme dominant il a su ouvrir à la pensée les horizons plus larges et plus vrais qu'offre la philosophie de l'idée ; par une heureuse réaction contre les excès de la spéculation aprioriste, il a cherché à mettre en relief l'importance de l'élément matériel dans le développement de la connaissance ; il a tenté de ramener à l'unité d'une puissante synthèse les multiples divisions du savoir humain ; il a compris aussi que c'est avec toute son âme qu'il faut aborder les graves problèmes que posent à la fois l'action et la pensée : n'eût-il que ce seul mérite, c'en serait assez pour sauver Rosmini d'un injuste oubli et le recommander à l'attention et à l'étude des philosophes.

APPENDICE

TAVOLA SINOTTICA DEI SISTEMI FILOSOFICI INTORNO AL CRITERIO DELLA CERTEZZA

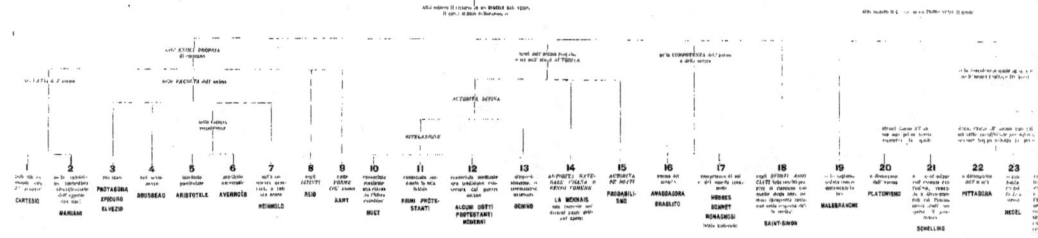

INDEX BIBLIOGRAPHIQUE

I. — Œuvres philosophiques de Rosmini

1822. *Saggio sulla felicità*, Rovereto, réuni plus tard aux *Opuscoli filosofici* sous le titre de *Saggio sulla speranza* (vol. VIII de l'édition Batelli).

1827-28. *Opuscoli filosofici*, 2 vol., Milano.

1830. *Nuovo Saggio sull' origine delle idee*. 4 vol., Salviucci, Roma. — IIe édition, Pogliani, Milano, 1836. — IIIe, Pogliani, 1838. — IVe, Batelli, Napoli, 1842. — V^e, Pomba, Torino, 1850-51. — VIe, Bertolotti, Intra, 1875-77.

L'ouvrage est divisé en huit sections : Principii da seguirsi in queste ricerche; difficoltà che s'incontra nello spiegare l'origine delle idee; teorie false per difetto; teorie false per eccesso; teorie dell' origine delle idee; del criterio della certezza; delle forze del ragionamento a priori; sulla prima divisione delle Scienze.

Nous citons l'édit. *Batelli*, dans laquelle le *Nuovo Saggio* remplit les volumes II, III et IV.

1831. *Principii della scienza morale*, Pogliani, Milano. — IIe édit., Batelli, Napoli, 1837. — IIIe, Bertolotti, Intra, 1867. — vol. IX de l'édit. Batelli que nous citons.

1836. *Il rinnovamento della filosofia in Italia, proposto dal Conte Terenzio Mamiani ed esaminato da A. Rosmini Serbati*, 1 vol., Milano. — IIe édit., Milano, Pogliani, 1836. — IIIe, Pogliani, 1840. — IVe, Batelli, Napoli, 1842.

Cet ouvrage constitue le complément naturel de *Nuovo Saggio*. Rosmini y traite encore de l'origine des idées et de la valeur de la connaissance. C'est un travail de polémique contre le livre que Mamiani avait publié à Paris, en 1830, sous ce titre : *Rinnovamento della filosofia antica in Italia*. — Edit. Batelli, vol. V.

1837. *Storia comparativa e critica de' sistemi intorno al principio della morale*, Pogliani, Milano. — IIe édit., Batelli, dont cet ouvrage forme une partie du IXe vol. — IIIe édit., Bertolotti, Intra, 1867.

1837. *La sommaria ragione per la quale stanno o rovinano le umane società*, Pogliani, Milano; réimprimé en 1839 en un seul volume avec l'ouvrage : *La società ed il suo fine*. — IIe édit., Pogliani, 1858. — Se trouve dans le Ier vol. de l'édit. Batelli.

1838. *Antropologia in servigio della scienza morale*, 1 vol., Pogliani, Milano. — IIe édit., Batelli, Napoli. — IIIe, Miglio, Novara, 1847.

Dans cet ouvrage, Rosmini étudie l'homme animal et raisonnable dans son rapport avec la loi morale. Les principales questions traitées sont : la définition de l'homme; l'animalité, les facultés passives et actives; la spiritualité de l'homme; l'homme comme sujet moral; la liberté, le mérite. — Vol. X de l'édit. de Batelli.

1839. *La società ed il suo fine*, Pogliani, Milano. — IIe édit., Batelli. — III , Pogliani, 1858. — Se trouve dans le volume I de l'édit. Batelli.

1839. *Trattato della coscienza morale*, Pogliani, Milano. — II°, Pogliani, 1844. — III°, Batelli, Napoli.

L'ouvrage se partage ainsi : libro I : della moralità che precede la coscienza; lib. II, della moralità che consegue alla coscienza; lib. III, regole della coscienza. — Edit. Batelli, vol. XI.

1841-45. *Filosofia del Diritto*, 2 vol., Pogliani, Milano. — II° édit., Batelli. — III°, Bertolotti, Intra, 1865-66. — Le premier vol. est consacré au Droit individuel et le second au Droit social.

I vol. : Sistema morale ; del principio e dell' essenza della moralità ; relazione del principio morale col principio religioso ; della natura del Diritto e della sua relazione col Dovere ; Del principio della derivazione dei diritti.

Diritto derivato : diritto individuale : de' diritti connaturali ; dei diritti acquisiti ; della trasmissione de' diritti ; delle alterazioni de' diritti. — II vol. : Diritto sociale : diritto sociale universale ; diritto sociale speciale ; società teocratica ; società domestica ; società civile. — vol. XIII et XIV de l'édit. Batelli.

1821. Divers opuscules moraux : *Risposta al finto Eusebio cristiano*, Pogliani, Milano. — *Le nozioni di peccato e di colpa illustrate* : la première partie, Pogliani, 1841 ; la seconde, 1842.

1843. *Il razionalismo che tenta insinuarsi nelle scuole teologiche*, Amerigo Lici, Prato. — L'impression fut suspendue et l'ouvrage ne parut qu'en 1882, fratelli Bocca, Torino.

1845. *Sistema filosofico*, Pomba, Torino, publié d'abord dans les « Documents » de l'*Histoire Universelle* de C. Cantu. — II° édit., Fumi, Montepulciano, 1846. — III°, Casale, 1851, dans le vol. intitulé *Introduzione alla filosofia*. — IV°, Benedini Giudotti, Lucca, 1853 ; réimprimé en 1886, Unione, tipografico-editrice, Torino.

1845. *Teodicea*, libri tre, 2 vol., Boniardi-Pogliani, Milano ; II° édit., 1857 Unione tipog.-editrice, Torino. Cet ouvrage très est une apologie de la conduite de la Providence à l'égard des hommes, surtout par rapport à la question du mal. D'abord, dit Rosmini, nous ne connaissons que quelques effets, le plan d'ensemble nous échappe, nous ne sommes donc pas bons juges dans la question. Secondement, l'existence du mal ne s'oppose pas à la sainteté de Dieu ; le mal vient de l'homme et l'homme peut le faire servir à son bien ; enfin le mal est la conséquence de la grande *loi de la moindre action* ou de la moindre dépense (*legge del minimo mezzo*) qui manifeste admirablement la sagesse divine et la bonté de Dieu à l'égard de ses créatures.

1846. *Vincenzo Gioberti ed il panteismo*, se compose de 12 leçons sur le panthéisme de Gioberti.

Les six dernières furent publiées en 1846 dans le *Filo cattolico*, à Florence ; les 12 furent ensuite publiées ensemble en 1853, Giusti, Lucca.

1847. *Compendio di Etica*, publié sous un faux nom par Sciolla, à Turin 1847, avec ce titre : *Elementa philosophiæ moralis*. Desclée, Roma, 1907, vient de le faire paraître sous son véritable titre : *Compendio di Etica e breve storia di essa con annotazioni di G. B. P.*, in-8°, p. xv-300.

1846-50. *Psicologia*, 3 vol., Miglio, Novara, 1846-1850. — II° édit., Rossi, Romano, Napoli, 1859. — III°, Hœpli, Milano, 1887.

Cet ouvrage très volumineux est divisé en 10 livres qui traitent : de l'essence de l'âme humaine ; de ses propriétés ; de l'union de l'âme et du corps et de leur action réciproque ; de la simplicité de l'âme ; de l'immortalité de ; l'âme et de la mort de l'homme ; des lois qui gouvernent l'activité de l'âme des lois qui gouvernent l'animalité.

Cet ouvrage contient aussi une *préface générale aux œuvres métaphysiques* et un *appendice* de 150 pages sur les diverses opinions des philosophes touchant la nature de l'âme.

Nous citons la traduction française de M. Segond. Voir plus loin.

847. *Del bene del matrimonio cristiano*, Mussano, Torino. — II° édit., Leviucci, Roma, 1848. — III°, Ducci, Firenze, 1862.

1848. *Costituzione secondo la giustizia sociale*, 1 vol., Redaelli, Milano. — II° édit., Ducci, Firenze, 1848, avec une *lettre sur les élections des évêques*. — III° édit., Batelli, Napoli, se trouve dans le XIV° vol. de cette édition. C'est de cette édition que nous tirons nos références.

1848. *Delle cinque piaghe della santa Chiesa*, Veladini, Lugano. — II° édit., Société typographique, Bruxelles, 1848. — III°, Genova; et Batelli, Napoli, 1849. — IV°, Rovereto, 1863. — V°, Rivingtons, London, 1883.

1849. *Sul communismo e sul socialismo*, libreria Nazionale, Napoli. — II° édit., Fernando, Genova, 1849, inséré en 1858 dans le volume : *Filosofia della politica*. Voir le Ier volume de l'édition Batelli.

1850. *Introduzione alla filosofia*, 1 volume, Casuccio, Casale. Ce volume contient un certain nombre d'articles détachés, mais inspirés tous par le même esprit : Degli studi dell' autore; Caratteri della Filosofia; Sistema filosofico; sull' essenza del conoscere; come si possano condurre gli studi della filosofia ; sulla classificazione de' sistemi filosofici, etc.

1854. *Logica*, libri tre, Pomba, Torino. — II° édit., Bertolotti, Intra, 1868. C'est cette seconde édition que nous citons. Lib. I, Degli assensi; lib. II, Il ragionamento; lib. III, Del criterio.

Citons encore tout un groupe d'études réunies dans l'édit. Batelli (VIII vol.), sous le titre général d'*Apologetica* : Della speranza, Saggio sopra alcuni errori di Ugo Foscolo ; breve esposizione della filosofia di Melchiorre Gioia ; Esame delle opinioni di M. Gioia in favore della moda; Saggio sulla dottrina religiosa di Romagnosi ; frammenti di una storia dell' impietà.

II. — Œuvres posthumes.

1857. *Aristotele esposto ed esaminato*, società editrice di libri di filosofia, Torino. Rosmini avait achevé ce travail dès 1853, la mort l'empêcha d'y mettre la dernière main.

1859-1875. *La Teosofia*, 5 volumes. — Ier vol., Torino, società editrice, 1859. — II° et III° vol., Torino, Sebastiano Franco, 1863 et 1864. — IV° vol., Intra, Bertolotti, 1869. Dans ce volume se trouve le traité de « l'Idea » que nous citons très fréquemment. — V° vol., Intra, Bertolotti, 1875.
Cet ouvrage, vraiment énorme, se divise en trois grandes parties qui traitent de l'*Ontologie*, de la *Théologie naturelle* et de la *Cosmologie*. Cette dernière partie est restée inachevée. — L'*Ontologie* remplit les trois premiers volumes; elle traite des *Catégories*, de l'unité et de la trinité de l'être. — La *Théologie naturelle* étudie l'Idée et le Divin dans la nature. — La *Cosmologie* s'occupe du *réel*, et comprend deux divisions : les éléments de la matière et l'ordre ontologique de l'être réel. — La *Teosofia* fut commencée par Rosmini en 1846 et achevée deux ans plus tard.

1881. *Della missione a Roma di A. Rosmini Serbati, negli anni 1848-1849*, Paravia, Torino.

1882. *Introduzione del Vangelo secondo Giovanni*, Unione tipograf. editrice, Torino; Rosmini le commença en 1839, l'interrompit et l'acheva en 1849.

1883. *Saggio storico-critico sulle Categorie e la Dialettica*, Unione tipogr. editrice, Torino. Écrit en 1846 et 1847.

1897. *Le quistioni della giornata, etc.* Unione editrice, Torino. C'est un recueil d'articles séparés et publiés par Rosmini dans différents périodiques.

1905. *Epistolario completo di A. Rosmini Serbati*, 13 volumes, in-8°. Unione editrice, Torino, 1887-1894, publiés seulement en 1905.

1907. *Compendio di Etica e breve storia di essa con annotazioni di G. B. P.*, Roma, Desclée.

III. — Traductions.

En Français : En 1844 fut commencée à Paris une édition du *Nuovo Saggio* par un certain abbé André, chez Wailles. Le traducteur s'arrêta après le premier volume. — *La Psychologie de A. Rosmini*, traduit de l'italien par E. Segond, 3 vol., 1888, Paris, Didier.

En Anglais : Trad. du *Sistema filosofico*, par Tommas Davidson, London, Kegan, Trench and C°, 1882.
Le *Nuovo Saggio* fut traduit par les frères de l'Institut de la charité et publié à Londres, Kegan, 1883-1884.
Psychology, London, Kegan, etc., 3 vol., 1884, 1885, 1888.
Theodicy, London, Kegan and C°.
Le *Cinque Piaghe*, Rivingtons, Londres, 1883, trad. par H. P. Liddon.

En Allemand : A. Rosmini Serbatis philosophisches system übersetzt nach der neusten Ausgabe aus dem italienischen, Regensburg, Druck und Verlag von Georg Manz, 1879.

IV. — Biographie.

Il nous suffira d'indiquer ici deux ou trois travaux de fond :

William Lockhart : *Life of Antonio Rosmini*, 2 vol. in-12, Kegan, Trench and C°, London. — Traduction française par E. Segond, 1 vol. in-8°, Paris, Perrin, 1889. — Trad. italienne par Sernagiotto, 1 vol., Venezia, 1888.

Paoli : *A. Rosmini e la sua prosapia*, Grigoletti, Rovereto, 1880.

Du même auteur : *Memorie della vita di A. Rosmini*, 2 vol., 1880-84.

La vita di A. Rosmini scritta da un sacerdote dell' Istituto della Carità, 2 vol. in-8°, Unione editrice, Torino, 1897. Cette dernière biographie, un peu volumineuse, est de beaucoup la plus exacte et la mieux documentée.

V. — Études diverses sur Rosmini.

Nous nous étions d'abord proposé de présenter ici au lecteur la bibliographie rosminienne qui est très riche. Il se trouve que ce travail a été exécuté d'une manière très exacte par *Paoli*, d'abord dans le II volume de ses *Memorie della vita di A. Rosmini* (Torino, 1880-1884), puis dans une publication détachée et assez volumineuse, sous ce titre : *Bibliografia rosminiana*, Grigoletti, Rovereto, 1884. — *Continuazione della bibliografia rosminiana*, 1887. C'est là un volume de plus de cinq cents pages dans lequel sont énumérés et brièvement appréciés un millier d'écrits ayant trait à la philosophie de Rosmini. A partir de 1887, consulter, pour la bibliographie, le *Bolletino Rosminiano*, le *Nuovo Risorgimento*, et la *Rivista Rosminiana*. Cette dernière revue a publié son premier numéro en juillet 1906. Qu'il nous suffise donc d'indiquer ici les ouvrages les plus importants et ceux qui doivent intéresser le plus le lecteur français. Nous les présenterons dans l'ordre chronologique de leur publication.

1841. Gustave de Cavour. — *Fragments philosophiques*, Turin, Fontana. Voir *Exposition de la doctrine métaphysique de l'abbé Rosmini*, pages 139-205.

1841. Gioberti. — *Degli errori filosofici di Antonio Rosmini*, 3 vol., Bruxelles.

1843. Giuseppe Ferrari. — *Essai sur les principes et les limites de la philosophie*, Joubert, Paris.

1845. F. Labis. — *Examen de la doctrine philosophique de l'abbé Rosmini sur l'origine des idées*, Louvain.

1850. Pestalozza. — *Elementi di filosofia*, Milano, Boniardi, Pogliani.

1854. — Trullet. — *Parere intorno alle dottrine ed alle opere dell' abbate*

Rosmini, Roma. Traduit en français par Sylvestre de Sacy : Examen des doctrines de Rosmini contenant l'abrégé et l'analyse de ses principales œuvres, Wattelier, Paris, 1893.

1855. BARTHOLMESO. — *Histoire critique des doctrines religieuses de la philosophie moderne*, Paris.

1855. LIBERATORE. — *Della conoscenza intellettuale*, 2 vol., Napoli. Traduit en français par E. Sudre, Paris, Lethielleux, 1863.

1856. HUGONIN. — *Études philosophiques*, Paris, Belin.

1856. Du même auteur : *Ontologie*, Paris, Belin.

1858. Jacques BALMÈS. — *Philosophie fondamentale*, 3 vol., Paris. Traduit de l'espagnol par E. Manet.

1858. DE FRESNE. — *De l'Invention*, dialogue philosophique de Manzoni pour servir d'introduction aux œuvres de Rosmini, Paris, Vaton.

1859. Marc DEBRIT. — *Histoire des doctrines philosophiques dans l'Italie contemporaine*, Paris, librairie Meyruéis.

1860. SPAVENTA. — *La filosofia di Kant nella sua relazione colla filosofia italiana*, Torino, Unione tipografico-editrice.

1862. Du même auteur : *Prolusione ed introduzione alle lezioni di filosofia*, Napoli, Vitale.

1864. Augusto CONTI. — *Storia della filosofia*, 2 vol., Firenze, Barbèra. Traduit en français, 2 vol., par L. Collas, Paris, Victor Palmé.

1865. Du même auteur : *La philosophie contemporaine en Italie*, petit opuscule traduit de l'italien par Ernest Naville, Paris, Cherbuliez.

1866. B. DONATI, dans *Campo dei filosofi*, vol. II, Napoli, 1866, p. 217 : Hegel e Rosmini, confronto analitico dei sistemi dell' identità assoluta e dell' identità dialettica.

1866. BURONI. — *Nozioni di ontologia*, per introduzione allo studio della teologia. Confronti tra la teosofia del Rosmini e le Somme di S. Tommaso, Torino, Paravia e comp.

1868. MARIANO. — *La philosophie contemporaine en Italie*, Paris, Germer Baillière.

1869. Luigi FERRI. — *Essai sur l'histoire de la philosophie en Italie au XIXe siècle*, 2 vol., Paris, Didier.

1869. Vincenzo LILLA, dans *Campo dei filosofi*, tome V, année 1869 : Kant e Rosmini, pages 114-241-289.

1870. A. BOISTEL. — *Cours élémentaire de Droit naturel et de philosophie du Droit*, d'après les principes de Rosmini, Lyon.

1878. CALZA et PEREZ. — *Esposizione ragionata della filosofia di Antonio Rosmini*, con uno sguardo al luogo ch'ella tiene fra l'antica scienza e la nuova, 2 vol., Intra, Bertolotti.

1878. BURONI. — *Dell' essere e del conoscere*. Studii su Parmenide, Platone e Rosmini, Torino, Paravia.

1879. Du même auteur : *La Trinità e la creazione*, nuovi confronti tra il Rosmini e San Tommaso, edizione seconda cresciuta di molte aggiunte, Torino, Paravia.

1881. CCRNOLDI. — *Il rosminianismo, sintesi dell ontologismo e del panteismo*, Roma, Alessandro Befani.

1884. Carl WERNER. — *Die italienische Philosophie des XIX[ten] Jarhhunderts*, 5 vol., Vienne, Faesy, 1884-87. Voir vol. I, *Rosmini und seine Schule*.

Du même auteur : *Antonio Rosminis Stellung in der Geschichte der neueren Philosophie*, 1884, dans le vol. XXXV de la collection *Denkschrift* der philosophistorich. Classe der Königlichen Academie der Wissenchaften, Wien.

1888. DIDIOT. — *La fin du rosminianisme*, Amiens.

1888. BENZONI. — *Dottrina dell' essere nel sistema rosminiano*, Fano, tipografia sonciniana.

1888. Eyre JAWIS. — *Rosmini a christian philosopher*, as understood by his own school. Yorkshire, Market Weighton.

1889. BILLIA. — *Quaranta Proposizioni*, attribuite ad Antonio Rosmini coi testi originali completi dell' autore. Milano, Ulrico Hæpli.

1890. Ausonio FRANCHI. — *Ultima critica*, 3 vol. Milano, Palma, 1890-93.

1891. Pietro de NARDI. — *La teorica rosminiana dell' umana intelligenza ne' suoi rapporti colle teoriche di Kant, Cartesio*, etc. Voghera, Gatti.

Du même auteur : *Rosmini e Kant*, Forli, tipogr. sociale, 1902.

1892. D'HULST. — *Mélanges philosophiques*, Paris, Poussielgue. Voir : *Les propositions de Rosmini*, p. 459-502.

1897. *Per Antonio Rosmini nel primo centenario della sua nascità*, 2 grands vol., Milano, Cogliati. Cet ouvrage comprend une réunion d'études sur Rosmini. Nous signalerons en particulier : Eugène BEURLIER : *L'évolution du kantisme vers le rosminianisme dans la philosophie française contemporaine. L'Être idéal chez Rosmini et chez M. Lachelier* (II vol., p. 185, etc.).

BAZAILLAS. — *Rosmini et Malebranche* (vol. II, p. 23, etc.), a paru à part chez Roger et Chernoviz, Paris, 1901.

1906. MORANDO. — *Esame critico delle XL proposizioni rosminiane*, Lodi. (Voir aussi du même auteur son cours de Philosophie inspiré tout entier par les principes de Rosmini : *Corso elementare di filosofia*, 3 vol., Milano, Cogliati, 1898.)

1907. DYROFF. — *Rosmini*, dans la collection Cultur und catholizismus, Kirchheimsche Verlagsbuchhandlung, Mainz und München.

Comme l'accord est loin d'exister sur l'interprétation des doctrines de Rosmini, nous nous sommes appliqués avant tout à dégager du texte original la pensée de notre auteur. Ce n'a pas toujours été une tâche facile. Trop souvent l'exposition de Rosmini semble se perdre sous la multitude des détails et des digressions ; son style est généralement clair — pas toujours — mais la brièveté et la concision n'en sont point les qualités. Les termes qu'il emploie reçoivent fréquemment sous sa plume une signification toute nouvelle et ne se comprennent bien que par une connaissance approfondie de toute la théorie. Ce sont là de graves difficultés contre lesquelles nous avons eu souvent à lutter. Nous citons de préférence les grandes œuvres qui résument le mieux la théorie de notre philosophe, le *Nuovo Saggio*, la *Psicologia*, la *Teosofia*, les *Principii della scienza morale*.

Le lecteur trouvera un plan général de la philosophie de Rosmini dans son opuscule *Sistema filosofico* dont une édition très correcte et enrichie de nombreuses références aux autres écrits de l'auteur a été publiée par les soins de Paganini, à Turin, en 1886 (Unione tipografico-editrice).

TABLE DES MATIÈRES

	Pages.
Avant-propos	IX
Introduction. — État de la philosophie en Italie au moment où parut Rosmini. Division de cette étude d'après les trois catégories fondamentales que Rosmini distingue dans l'être : l'*idéal*, le *réel* et le *moral*.	1

PREMIÈRE PARTIE

L'ÊTRE IDÉAL.

CHAPITRE PREMIER

LA MÉTAPHYSIQUE DE L'ÊTRE

L'être idéal, sa nature et ses caractères. — Sa relation essentielle avec l'intelligence divine... 5

CHAPITRE II

L'ÊTRE ET LA PENSÉE HUMAINE : L'INTUITION

L'être est pour la pensée humaine l'objet d'une intuition primitive, innée, immédiate. Il est donc connu en dehors de toute donnée sensible. Cette intuition est la condition même de l'exercice de la pensée ; c'est ce que Rosmini exprime en disant que l'être idéal est la *forme* innée de notre entendement. — L'ontologisme de Rosmini : le philosophe italien n'est pas ontologiste au sens strict du mot, puisqu'il nie que nous voyions Dieu et les idées en Dieu. Il y a cependant un lien très étroit entre la théorie de Rosmini et celle de Malebranche...

CHAPITRE III

LA CONNAISSANCE A PRIORI

L'idée de l'être est une forme vide de tout contenu *réel*; mais elle constitue la condition la plus générale de la connaissance. Elle fonde la connaissance à priori en ce sens qu'il suffit d'*analyser* ou d'*utiliser* l'être (sans recourir à aucune donnée sensible spéciale) pour en voir sortir les notions pures et les principes absolus. Ainsi les principes de contradiction et de causalité sont purement analytiques et se ramènent à une simple affirmation d'identité......... 53

CHAPITRE IV

CERTITUDE ET VÉRITÉ

L'être que nous venons de considérer comme le principe de l'intelligibilité est aussi le fondement de la certitude. L'être pensé, voilà le vrai : d'où, la connaissance de la vérité, considérée en soi, est fatale. Critique du scepticisme transcendantaliste. — L'erreur : délimitation de son domaine : la connaissance à priori, étant immédiate, est soustraite à toute possibilité d'erreur. Rosmini suit Malebranche dans la détermination des causes psychologiques de l'erreur. Il tient la voie moyenne entre Descartes et Spinoza. L'erreur n'est possible logiquement que parce qu'elle contient une part de vérité ou se dissimule sous une vérité : le faux absolu, le néant absolu sont impensables.. 75

DEUXIÈME PARTIE

L'ÊTRE RÉEL

CHAPITRE PREMIER

LA PERCEPTION INTELLECTUELLE

Le réel c'est le *senti* : il constitue la *matière* à laquelle s'applique la forme à priori de l'être : l'expérience joue un rôle très considérable dans la théorie de Rosmini. — De l'union ou synthèse de la forme et de la matière résultent les connaissances particulières. Cette synthèse se fait par voie de *perception intellectuelle*. — La perception intellectuelle est une affirmation par laquelle l'esprit attribue l'*être* au *senti* et en fait un objet pensable. Ainsi, si l'on excepte l'intuition primitive de l'être, la vie de l'esprit débute, non par une appréhension immédiate, mais par un jugement. Les formes particulières de l'activité mentale : réflexion, abstraction, généralisation........ 107

CHAPITRE II

LA MATIÈRE

A la lumière de la théorie qui précède, Rosmini montre comment se forment nos idées acquises ou mixtes. Dans chacune d'elles, l'élément formel est identique, l'être, mais la matière varie selon la nature des expériences invoquées. — Le corps; la durée, le mouvement, l'espace, la matière... 133

CHAPITRE III

L'AME

Pages.

Il faut d'abord dégager le concept de l'âme, des apports étrangers qui sont impliqués dans son affirmation sous forme de *moi*. L'âme nous apparaît alors comme un *sentiment substance* qui a pour termes naturels l'être idéal et l'espace illimité. Le *sentiment fondamental*. — Comment connaissons-nous l'âme ? comme tous les autres objets, en appliquant l'idée innée de l'être au sentiment qui nous constitue. Cette affirmation, cette application de l'être au sentiment, constitue la conscience de soi et comme la prise de possession de l'âme par elle-même. — Rapports de l'âme et du corps. — La vie ; l'organisation ; la conservation ; la mort. — La génération ; passage chez l'homme de l'âme végétative à l'âme intellective. — La vie universelle dans les éléments ; la génération spontanée. — La destinée de l'âme.. 168

CHAPITRE IV

LES RÉALITÉS PURES

La réalité n'existe pour nous que dans la mesure où nous la sentons. Cependant, derrière cette réalité sentie, le raisonnement transcendantal conduit l'esprit à affirmer une réalité pure, une chose en soi. — Théorie de l'être incomplet, intermédiaire entre l'être et le néant, non-être au sens où les Grecs employaient cette expression. — Rosmini et l'immatérialisme de Berkeley. La réalité pure ne peut exister que par et dans une intelligence. D'autre part elle s'impose à nous et se manifeste ainsi comme étrangère à nous et indépendante : c'est donc que la pensée éternelle la fait subsister. — L'acte créateur : ses moments, l'abstraction, l'imagination, la synthèse en Dieu. — L'acte créateur est un jugement synthétique par lequel Dieu, en attribuant l'être aux êtres particuliers qu'il a imaginés, pose des réalités en dehors de lui-même. — L'acte créateur et la liberté divine. — Le monde et Dieu : Rosmini est-il panthéiste ? — Rosmini et Hégel.................................. 215

TROISIÈME PARTIE

L'ÊTRE MORAL

Les sciences déontologiques. Nous venons de voir *ce qu'est l'être* : il s'agit, à présent, de déterminer *ce qu'il doit être* pour être pleinement et réaliser adéquatement son essence. Tel est l'objet des sciences déontologiques. — L'Éthique ou science des mœurs : déontonlogie humaine. — Les divisions de l'Éthique........................... 259

CHAPITRE PREMIER

LA NOMOLOGIE PURE

Pages.

Cette science, ou plutôt cette partie de la science des mœurs, cherche à déterminer la véritable essence de la moralité. — Qu'est-ce que le bien? c'est l'être; d'où, les *êtres sont bons dans la mesure où ils sont :* ens et bonum convertuntur. — La perfection implique nécessairement un rapport avec la sensibilité. — Le bien et l'ordre essentiel des êtres. — Caractères de la loi du bien. — Le bien spécialisé : le bien humain... 270

CHAPITRE II

LA MORALITÉ.

Les conditions de la moralité : connaissance et liberté. — La théorie de la liberté : l'instinct est amoral ; la volonté suit toujours le plaisir ; la liberté vraie consiste essentiellement dans le pouvoir que nous avons de diriger notre choix. — L'acte moral consiste à *reconnaître* le bien ou le degré d'être qui se trouve dans les créatures ; reconnaître le bien, c'est le vouloir, l'aimer. Pour être morale, cette reconnaissance doit être objective, c'est-à-dire désintéressée. — Eudémonisme rationnel qui rappelle de très près celui de Malebranche : la connaissance fonde la moralité. — Pour Rosmini la formule de la morale s'énonce ainsi : *Aime l'être comme tu le connais et dans l'ordre essentiel qu'il présente à ton entendement.* — Cet ordre spécialisé présente comme fins de notre activité : 1° les êtres raisonnables ; 2° Dieu qui est la fin absolue des personnes et des choses. — Rapports de la métaphysique et de la morale. — La sanction, le mérite, le bonheur, la sainteté.................................... 283

CHAPITRE III

IDÉES POLITIQUES, SOCIALES ET RELIGIEUSES

Le droit et le devoir, le fondement du droit ; les divers droits et leur dérivation. — L'État et les citoyens ; la famille. — La Constitution. — L'État et l'Église. — Les réformes religieuses.................. 313

CONCLUSION

Parenté intellectuelle de Rosmini. Platon, Leibniz, Saint Thomas, Malebranche et Kant.. 342

APPENDICE : Tavola sinottica dei sistemi filosofici intorno al criterio della certezza.. 388

BIBLIOGRAPHIE.. 389

Vu,

le 1ᵉʳ juillet 1907.

*Le Doyen de la Faculté des Lettres
de l'Université de Paris,*

A. CROISET.

Vu et permis d'imprimer,

le Vice-Recteur de l'Académie de Paris,

L. LIARD.

TYPOGRAPHIE FIRMIN-DIDOT ET Cie. — MESNIL (EURE).

www.ingramcontent.com/pod-product-compliance
Lightning Source LLC
Chambersburg PA
CBHW052229230426
43666CB00034B/2365